Schätze des Alten Syrien
Die Entdeckung des Königreichs Qatna

Schätze des Alten Syrien
Die Entdeckung des Königreichs Qatna

Herausgegeben vom Landesmuseum Württemberg, Stuttgart
in Zusammenarbeit mit
Michel Al-Maqdissi, Daniele Morandi Bonacossi und Peter Pfälzner

Das Buch erscheint anlässlich der Großen Landesausstellung im Landesmuseum Württemberg, Stuttgart,
die in Zusammenarbeit und mit Unterstützung der
Generaldirektion der Antiken und Museen der Syrischen
Arabischen Republik verwirklicht werden konnte.

Impressum

Bibliographische Information der Deutschen Nationalbibliothek
Die Deutsche Nationalbibliothek verzeichnet diese Publikation
in der Deutschen Nationalbibliographie; detaillierte bibliographische
Daten sind im Internet über ‹http://dnb.d-nb.de› abrufbar

© 2009 by Landesmuseum Württemberg, Stuttgart
        Konrad Theiss Verlag GmbH, Stuttgart

Kataloggestaltung: Verlagsbüro Wais & Partner, Stuttgart,
Hans-Jürgen Trinkner
Umschlaggestaltung: Attraktive Grautöne, Stuttgart, Birgit Koelz
Bildbearbeitung: DDS Lenhard, Stuttgart
Druck und Binden: Firmengruppe Appl, aprinta Druck, Wemding

Abbildungen
Umschlagbilder: Ahnenstatuen aus der Grabkammer in Qatna
Kapiteltrennblätter und Vorworte siehe Abbildungshinweise S. 318

ISBN: 978-3-929055-70-2 (Museumsausgabe)
ISBN: 978-3-8062-2272-2 (Buchhandelsausgabe)

Die Ausstellung und der Katalog wurden großzügig gefördert durch die Adolf Würth GmbH & Co. KG

Premium Sponsor

Inhalt

Grußwort

Syrien zählt zu den bedeutendsten Kulturlandschaften der Welt und gilt als Ursprungsland einiger der ältesten Zivilisationen. Beeindruckende Baudenkmale und Ausgrabungsstätten zeugen von der jahrtausendealten Geschichte des vorderasiatischen Landes.

Zu den Zeugnissen der frühen Hochkultur im Vorderen Orient zählt das Königreich Qatna, das seit dem Jahr 1999 in einer syrisch-italienisch-deutschen Kooperation archäologisch untersucht wird. Diese internationale Zusammenarbeit gipfelt nun in der Großen Landesausstellung „Schätze des Alten Syrien – Die Entdeckung des Königreichs Qatna". Die eindrucksvollen Funde aus Qatna, an deren Ausgrabung das Altorientalische Seminar der Universität Tübingen maßgeblich beteiligt war, werden damit erstmals in Europa der Öffentlichkeit präsentiert. Ich freue mich sehr darüber, dass diese Ausstellung der Schätze des Alten Syriens in unserer Landeshauptstadt stattfindet. Sehr gerne habe ich daher die Schirmherrschaft für die Große Landesausstellung übernommen.

Die Förderung des internationalen kulturellen Austauschs ist ein wichtiges Anliegen der Landesregierung. Die erfolgreiche Zusammenarbeit zwischen dem Landesmuseum Württemberg, der Generaldirektion der Antiken und Museen der Syrischen Arabischen Republik und der Universität Tübingen spiegelt sich nicht nur in der Ausstellung, sondern auch in diesem umfangreichen Begleitbuch wider. Wissenschaftler aus aller Welt haben sich hier mit Fachartikeln beteiligt. Allen Autorinnen und Autoren möchte ich meinen Dank aussprechen. Besonders bedanken möchte ich mich bei Prof. Dr. hc. mult. Reinhold Würth, der mit seiner großzügigen finanziellen Unterstützung die Ausstellung zu verwirklichen half. Mein herzlicher Dank gilt auch den Mitarbeiterinnen und Mitarbeitern des Landesmuseums Württemberg. Durch ihr großes Engagement und ihre Professionalität ermöglichen sie den Ausstellungsbesuchern einen Einblick in eine faszinierende antike Kultur.

Ich wünsche der Ausstellung eine große Öffentlichkeit und den Besucherinnen und Besuchern interessante Stunden bei der Entdeckung des Königreichs von Qatna.

Günther H. Oettinger
Ministerpräsident des Landes Baden-Württemberg

Grußwort

Qatna ist in der weltweiten Öffentlichkeit bisher ein wenig bekannter historischer Faktor gewesen. Nun ist es durch die sensationellen Ausgrabungsergebnisse der letzten Jahre aus dem „Dornröschenschlaf" erweckt worden. Durch die Ausstellung in Deutschland soll Qatna jetzt weltweit bekannt werden. Es ist das erste Mal, dass die kostbaren Funde aus Qatna Syrien verlassen und als Botschafter Syriens in die Welt ziehen.

Qatna war eine der bedeutendsten und prachtvollsten Kulturen der Bronzezeit auf dem Boden Syriens. Es besaß eine blühende Zivilisation und hatte Kontakte zu allen anderen Hochkulturen der damaligen Welt. Es zeigt die Weltverbundenheit Syriens von den frühen Phasen seiner Geschichte an. Mit seinen Mauern und Palästen war die Stadt Qatna vor fast 4000 Jahren eine wahrhafte Metropole der Alten Welt.

Die Ausgrabungen sind möglich geworden durch die Initiative der syrischen Generaldirektion der Antiken und Museen beziehungsweise des Ministeriums für Kultur Syriens, die erst 1982 das bestehende Dorf umgesiedelt haben, um Platz für moderne Ausgrabungen an dieser riesigen Ruinenstätte, einer der größten Syriens, zu gewinnen. Und Qatna ist zum Symbol für die enge und erfolgreiche internationale Zusammenarbeit der syrischen Archäologen mit den ausländischen Wissenschaftlern und Universitäten aus Europa geworden. Die Universitäten Udine (Italien) und Tübingen (Deutschland) arbeiten seit 1999 mit unseren syrischen Archäologen der Antikendirektion Damaskus eng zusammen und haben gemeinsam eines der umfangreichsten archäologischen Ausgrabungsprojekte der Neuzeit in Syrien begründet.

Die Freilegung des Königspalastes mit seinen riesigen Sälen und den farbenprächtigen Wandmalereien sowie die Entdeckung weiterer Paläste und Häuser haben ein neues Kapitel unseres Wissens über die alte Zivilisation Syriens aufgeschlagen. Die Entdeckung des ungeplünderten 3400 Jahre alten Königsgrabes von Qatna im Jahr 2002 mit seinen Hunderten von Funden kann als die bedeutendste archäologische Entdeckung in Syrien in den letzten Jahrzehnten gelten. Durch die wissenschaftliche Auswertung dieser Funde, die von den archäologischen Teams seither mit großer Energie geleistet worden ist, sind die kulturellen Leistungen Syriens in der Bronzezeit, die hohe Blüte der syrischen Künste, und die intensive Vernetzung Syriens mit allen Kulturen und Gesellschaften der damaligen Welt eindrucksvoll belegt worden.

Deshalb wünsche ich der Ausstellung viel Erfolg und ich hoffe, dass sie nicht nur den kulturellen Reichtum Syriens immer mehr Menschen ins Bewusstsein rückt, sondern dass sie auch die enge und vertrauensvolle Zusammenarbeit unseres Landes mit Deutschland unter Beweis stellt.

Ing. Mohammad Naji Ottri
Vorsitzender des Ministerrats der Syrischen Arabischen Republik

Grußwort

Die reiche Vergangenheit Syriens spiegelt sich in den zahlreichen archäologischen Stätten des Landes wider, die zu den weltweit bedeutendsten wie auch bekanntesten historischen Orten zählen. Deren große Anzahl ermöglicht es vielen nationalen und internationalen Archäologen, ihre Forschungen durchzuführen. Die Zusammenarbeit zwischen meinen syrischen Kollegen und internationalen Wissenschaftlern ist auf diesem Gebiet wünschenswert und unerlässlich, da nur so der großen Vielfalt und der historischen Bedeutung dieser Ausgrabungsorte gerecht zu werden ist. Dies zeigt sich in besonderem Maße in Qatna, wo syrische, italienische und deutsche Ausgrabungsteams seit einer Dekade die Hinterlassenschaften der bedeutenden Stadt archäologisch untersuchen. Dank der sorgfältigen Ausgrabungen, die sich über das ganze Stadtgebiet erstrecken, wird es erst möglich, ein genaues Bild vom Leben vom 3. bis 1. Jahrtausend v. Chr. zu erhalten: Was wurde gegessen, was produziert, mit wem betrieb man Handel, welche Götter wurden verehrt, wie sahen die Jenseitsvorstellungen aus und wie weitreichend waren die internationalen Verbindungen? Diese überregionalen Kontakte sind kennzeichnend für die Geschichte Syriens. Bedingt durch seine besondere geographische Lage war unser Land stets eine Schnittstelle zwischen den Völkern des alten Vorderen Orients. Dass Qatna, in dem im 2. Jahrtausend v. Chr. so viele unterschiedliche Kulturen aufeinandertrafen, durch eine internationale Kooperation erforscht wird, ist geradezu die Fortsetzung der Weltoffenheit Syriens, die sich durch alle Epochen des Landes beobachten lässt.

Ich freue mich sehr, dass die hervorragende Zusammenarbeit zwischen der Generaldirektion der Antiken und Museen Syriens, den Ausgräbern Michel Al-Maqdissi, Daniele Morandi Bonacossi und Peter Pfälzner sowie dem Landesmuseum Württemberg es nun ermöglicht, die bedeutenden Funde und Befunde aus Qatna erstmals in Europa im Rahmen der Großen Landesausstellung „Schätze des Alten Syrien – Die Entdeckung des Königreichs Qatna" vorzustellen und diese Kultur auf dem aktuellen Stand der Forschung einem breiten Publikum näherzubringen.

Ich wünsche dieser mit außerordentlichem Engagement aller Beteiligten realisierten Ausstellung in Stuttgart eine große Resonanz und viele interessierte Besucher.

Dr. Bassam Jamous
Generaldirektor der Antiken und Museen der Syrischen Arabischen Republik

Grußwort

Durch seine besondere Lage zwischen Asien, Afrika und dem Mittelmeerraum wurde Syrien schon früh zu einer Brücke zwischen den Völkern und zur Schnittstelle von Kontakten verschiedener Kulturen. Die zahlreichen archäologischen Stätten aus unterschiedlichen Epochen des Landes sind hierfür noch immer beredtes Zeugnis: so etwa der Palast von Ugarit. In diesem wurde der älteste Nachweis eines niedergeschriebenen Alphabets gefunden, das später durch die Phönizier nach Griechenland gelangte und so die Basis für unser Alphabet bildete. Ein weiteres Beispiel ist Palmyra, die Oasenstadt an der Seidenstraße, die für den Warenverkehr zwischen Ost und West von immenser Bedeutung war. In diese Aufzählung lässt sich auch das bronzezeitliche Qatna einreihen, ein bedeutendes Königreich und eine Handelsdrehscheibe zwischen dem alten Mesopotamien und dem Mittelmeerraum: Hier wurde inmitten der Stadtanlage, die seit einigen Jahren durch eine Kooperation syrischer, italienischer und deutscher Archäologen ausgegraben wird, für die Herrscher des Stadtstaates im 2. Jahrtausend v. Chr. ein Palast errichtet, der zu den größten seiner Zeit im Alten Orient zählt. Im Jahre 2002 konnte schließlich die ungestörte Gruft der Könige entdeckt werden, was als archäologische Sensation gewertet werden muss.

Dieser bedeutenden Ausgrabungsstätte ist nun zurecht eine Große Landesausstellung gewidmet worden. Zum ersten Mal werden Funde aus der Stadt, dem Palast und der Gruft in Europa gezeigt.

Es ist mir eine große Freude, dass diese einzigartige Präsentation in der Landeshauptstadt Stuttgart stattfinden kann. Die finanzielle Förderung eines solchen Projekts ist für mich ein besonderes Anliegen, denn es ermöglicht Einblicke in ferne Lebenswelten und trägt darüber hinaus zu einem kulturellen Austausch und Verständnis bei.

Der Großen Landesausstellung wünsche ich einen angemessen hohen Erfolg.

Professor Dr. hc. mult. Reinhold Würth

Grußwort

Im Vergleich zu den klingenden Namen der Zentren des Alten Orients – Assur, Ur und Babylon – war Qatna bislang eine unbekannte Größe. Fachgelehrten als wichtiger Stadtstaat in Syrien wohlbekannt, war der breiten Öffentlichkeit Qatna kaum ein Begriff. Dies änderte sich in den letzten zehn Jahren durch zahlreiche neue Entdeckungen in Qatna grundlegend. Mit der Großen Landesausstellung in Stuttgart wird Qatna nun endgültig seinen gebührenden Platz im Reigen wichtiger Kulturzentren des Altertums einnehmen.

Das lange Schattendasein Qatnas erstaunt, geht doch die Entdeckung des Ortes bereits auf das Jahr 1924 zurück, als der französische Graf du Mesnil du Buisson mit Ausgrabungen auf dem riesigen Ruinenhügel begann. Er fand Tontafeln, die den alten Namen der Stadt verrieten, und deckte den Königspalast auf. In der 400 km entfernt gelegenen Stadt Mari tauchten ab 1933 Keilschrifttafeln auf, die immer wieder Qatna erwähnen. Sie wurde als das neben Aleppo bedeutendste Königtum Syriens angesehen.

Dennoch versank Qatna im Dornröschenschlaf. Die französischen Grabungen endeten 1929, danach wurde fast die gesamte Ruinenstätte überbaut. Erst 1982 musste das Dorf weichen, um neue Ausgrabungen zu ermöglichen. Die neue Ära begann 1994, als Michel Al-Maqdissi eine syrische Grabungsmission in Qatna begründete. Im Jahr 1999 kamen das deutsche und das italienische Team hinzu. Seitdem arbeiten drei Missionen am Ort, die syrische unter Leitung von Al-Maqdissi, die italienisch-syrische unter gemeinsamer Leitung von Morandi Bonacossi und Al-Maqdissi und die deutsch-syrische unter Leitung von Pfälzner und Al-Maqdissi. Damit hat sich Qatna zu einer der größten archäologischen Unternehmungen unserer Tage entwickelt. Jeden Sommer arbeiten zahlreiche Wissenschaftler verschiedener Nationen und viele lokale Arbeiter daran, die Geheimnisse der Stadt schrittweise zu lüften.

Die spektakulären Funde, insbesondere aus der Königsgruft, aber auch die historischen Erkenntnisse jüngster Forschungen wurden durch das Landesmuseum Württemberg und die Ausstellungskuratorin Ellen Rehm mit großer Sorgfalt zu einer eindrucksvollen Ausstellung geformt, die die historische Bedeutung Qatnas erklärt. Sie verdeutlicht den Beitrag des Stadtstaates bei der Vermittlung zivilisatorischer Errungenschaften der altorientalischen Hochkulturen an die Kulturen Europas. Durch die Kulturvermittlung an der Schnittstelle zwischen Orient und Okzident wurde das frühe Europa maßgeblich geprägt. Dies wirkt bis in die heutige Zeit nach. Unternehmungen dieser Art sind heutzutage nicht mehr ohne vielfältige Förderung möglich. Unser Dank für großzügige finanzielle Unterstützung geht an die Deutsche Forschungsgemeinschaft, an das Auswärtige Amt Deutschlands, an die Universitäten Tübingen und Udine, an das italienische Außenministerium, an die Fondazione CRUP, an die Generaldirektion der Antiken und Museen Syriens sowie an private Sponsoren.

Dr. Michel Al-Maqdissi   Professor Dr. Daniele Morandi Bonacossi   Professor Dr. Peter Pfälzner

Grußwort

Als die Tübinger Archäologen um Prof. Peter Pfälzner zusammen mit ihren italienischen und syrischen Kollegen 1999 mit archäologischen Ausgrabungen in der monumentalen syrischen Palastanlage von Qatna begannen, war nicht absehbar, welche sensationellen Funde sie hier zutage fördern sollten. Im Oktober 2002, kurz vor Ende der Grabungssaison, stießen sie auf eine ungeplünderte königliche Familiengruft mit überaus reichen Beigaben. Die mehr als 2000 Objekte, darunter Goldschmuck und Skulpturen von höchster Qualität, zeigen, dass Qatna in der ersten Hälfte des 2. Jahrtausends v. Chr. nicht nur eine wichtige politische Macht in der Region, sondern auch ein bedeutendes Handelszentrum war.

Bereits seit dem Jahr 2000 fördert die Deutsche Forschungsgemeinschaft (DFG) die archäologischen Feldarbeiten. Nachdem schon während der ersten Forschungsjahre deutlich wurde, dass aufgrund der exzellenten Befunde ein langfristiges und intensives Engagement der Wissenschaftler notwendig ist, wurde das Vorhaben schließlich 2004 in das sogenannte Langfristprogramm der DFG aufgenommen. Mit dieser Förderung, die geistes- und sozialwissenschaftliche Projekte von herausragender wissenschaftlicher Bedeutung unterstützt, wurde die bisherige außergewöhnliche Forschungsarbeit der Tübinger Archäologen gewürdigt und die Möglichkeit eröffnet, ein bis zu zwölf Jahre dauerndes Forschungsprogramm umzusetzen. Die jüngsten Grabungsergebnisse lassen auch in den kommenden Jahren sicherlich weitere wissenschaftliche Überraschungen erwarten.

So exzellent wie die archäologische Forschung ist auch ihre Vermittlung an die interessierte Öffentlichkeit. Die eindrucksvolle Ausstellung, die das Landesmuseum Württemberg in Zusammenarbeit mit den Archäologen und der syrischen Generaldirektion der Antiken und Museen zusammengestellt hat, ist hierbei ein Meilenstein.

Wissenschaft und Forschung sind auch kulturelle Faktoren. Sie können nur zur Wirkung gebracht werden, wenn die Institutionen der Wissenschaft und die Wissenschaftlerinnen und Wissenschaftler selbst die Vermittlung ihrer Arbeit an die interessierte Öffentlichkeit als eigenständige Aufgabe ernst nehmen und sie gemeinsam mit den Akteuren in Kultur, Politik und Gesellschaft betreiben. Diese Ausstellung ist ein herausragendes Beispiel für eine gelungene Kooperation.

Namens der Deutschen Forschungsgemeinschaft gratuliere ich allen Beteiligten zu dem gemeinsam Erreichten und freue mich auf weitere Aktivitäten in diesem Sinne.

Professor Dr.-Ing. Matthias Kleiner
Präsident der Deutschen Forschungsgemeinschaft

Vorwort

 Im Jahre 2002 gelang mit der Entdeckung einer unberührten Königsgruft in der von italienischen, syrischen und deutschen Forschern archäologisch untersuchten altsyrischen Stadt Qatna eine Sensation. Ein Großteil der hierbei zutage getretenen Objekte wird nun erstmals in Europa gezeigt. Es erfüllt uns mit großer Freude, dass dies im Rahmen einer Großen Landesausstellung am Landesmuseum Württemberg in Stuttgart geschieht. Da Archäologen der Universität Tübingen an diesem von der Deutschen Forschungsgemeinschaft geförderten Projekt maßgeblich beteiligt sind, ist das Landesmuseum der ideale Ort für die Präsentation der einzigartigen Funde. Sie belegen kulturelle und politische Veränderungen in Qatna, einem Schnittpunkt zwischen den verschiedenen Kulturräumen des Vorderen Orients während der Bronzezeit.

In dieser Hinsicht ist besonders die hervorragende Kooperation mit der Syrischen Arabischen Republik und ihrer Generaldirektion der Antiken und Museen hervorzuheben, deren wertvolle Leihgaben diese Ausstellung erst ermöglicht haben. Die gemeinsame Schirmherrschaft von Herrn Ministerpräsident Günther H. Oettinger und S. E. Ing. Mohammad Naji Ottri, dem Vorsitzenden des Ministerrats der Syrischen Arabischen Republik, ist kennzeichnend für die ausgezeichnete Zusammenarbeit und unterstreicht die große Bedeutung dieser Ausstellung.

Das Zustandekommen eines solchen Projekts bedarf des Engagements vieler; so wäre es ohne die großzügige finanzielle Unterstützung des Landes Baden-Württemberg nicht denkbar gewesen. An dieser Stelle möchten wir auch dem Premium Sponsor Prof. Dr. hc. mult. Reinhold Würth und der Adolf Würth GmbH & Co. KG unseren herzlichsten Dank aussprechen. Diesen möchten wir auch gegenüber S. E. Dr. Hussein Omran und den Angestellten der Syrischen Botschaft in Berlin sowie gegenüber S. E. Dr. Andreas Reinicke und den Mitarbeitern der Deutschen Botschaft in Damaskus zum Ausdruck bringen. Ebenso sei den Leitern der jeweiligen Ausgrabungsteams, Dr. Michel Al-Maqdissi, Prof. Dr. Daniele Morandi Bonacossi und Prof. Dr. Peter Pfälzner, für ihre tatkräftige Hilfe bei der Realisierung der Ausstellung vielmals gedankt.

Unser persönlicher Dank gebührt selbstredend allen Mitarbeiterinnen und Mitarbeitern, die durch ihren außergewöhnlichen Einsatz entscheidenden Anteil am Erfolg der Ausstellung haben, insbesondere dem Projektteam Ellen Rehm, Christiane Herb und Karin Birk sowie Peter Frankenstein, Petra Härtl, Thomas Hoppe, Marc Kähler, Tanja Karrer, Ulrike Klotter, Elke Kreimendahl, Martin Raithelhuber, Vera Schernus, Heike Scholz, Jan Christian Warnecke, Markus Wener, Nina Willburger, Hendrik Zwietasch und Erwin Keefer, dem Initiator des Projekts.

Professor Dr. Cornelia Ewigleben   Ulrich Volz
Direktorin Landesmuseum Württemberg   Kaufmännischer Direktor Landesmuseum Württemberg

Syrien › Das Land

Zwischen Wüste und Mittelmeer – Geographie Syriens

Mohamed Al Dbiyat

Als nach dem Ersten Weltkrieg das Osmanische Reich auseinanderbrach, teilten Frankreich und England den Bilad al Scham – also den Libanon, Jordanien, Palästina und Syrien – untereinander auf: So entstand die heutige Syrische Arabische Republik. Durch das Aufeinandertreffen der drei Kontinente Asien, Europa und Afrika verfügt der Bilad al Scham über eine wichtige geographische Lage und war als Durchgangsland zu allen Zeiten eine wichtige Region für den Austausch.

Der Fruchtbare Halbmond

Heute grenzt Syrien im Westen an das Mittelmeer, den Libanon und Palästina, im Norden an die Türkei, im Osten an den Irak und im Süden an Jordanien. Das Land hat eine Gesamtfläche von 185 180 km² und mit einem nur 180 km langen Küstenstreifen einen bescheidenen Zugang zum Mittelmeer. Seine Bevölkerung lag bei der letzten Volkszählung im Jahr 2004 bei etwa 18 Millionen Einwohnern und wird heute auf ungefähr 20 Millionen geschätzt. Die Ansiedlungen konzentrieren sich vor allem auf die wichtigsten Städte des Fruchtbaren „syrischen" Halbmonds, der sich vom Südwesten des Landes, dem Gebiet des Hauran und der Golanhöhen über die Oase von Damaskus, die Ebene von Zentralsyrien und das Ghab-Tiefland, durch das der Orontes fließt, erstreckt. Diese fruchtbare Region setzt sich weiter in der Küstengegend fort, schließt den gesamten Küstenstreifen sowie das Bergmassiv ein, erweitert sich nach Osten und reicht bis in die Hochebenen des Euphrats und in den Norden der Jezirah. Hier befinden sich die beiden wichtigsten Zuflüsse des Euphrats: Balich und Chabur. Dieser

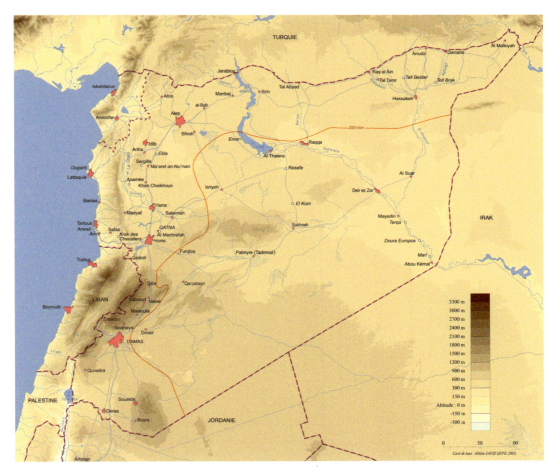

‹ Die „Homser Pforte"

Das fruchtbare Tal des Orontes bietet besonders in der Ebene von Homs gute Lebensgrundlagen. Neben dem Wasser des Orontes ist die Gegend durch Niederschläge begünstigt, die vom Meer zwischen den Küstengebirgen durch die „Homser Pforte" nach Mittelsyrien gelangen.

Karte von Syrien

Ein Wadi in der Jezirah

Im Nordosten von Syrien befindet sich die bis 400 m hohe Jezirah-Ebene. Sie wird vom Euphrat und seinen Nebenflüssen Balich und Chabur durchzogen und gehört zum sogenannten Fruchtbaren Halbmond.

Halbmond, der im Westen das Gebiet der Mittelmeerküste und im Norden die an die Türkei grenzende Region mit einbezieht, ist der regenreichste Teil des Landes mit durchschnittlichen Niederschlagsmengen von 300 bis 500 mm im Jahr. Er nimmt zwar nur ein Drittel der Gesamtfläche des Landes ein, aber hier wohnen etwa 80 % der Bevölkerung und befinden sich fast alle Städte. Dazu gehören die Hauptstadt Damaskus, Aleppo, Homs, Hama und Lattakia im Westen sowie Raqqa, Hassake und Qamischli im Nordosten, in der Jezirah.

Wiege der Urbanität

Die erwähnten Orte bilden das kulturelle Erbe Syriens. Nicht umsonst wird es aufgrund seiner frühen städtischen Siedlungen, die schon im 3. Jahrtausend v. Chr. gegründet wurden, als eine der Wiegen der Urbanität bezeichnet. Die antiken Städte verteilen sich über das ganze Land. Als Beispiele sind Mari in Mesopotamien und Ugarit an der Mittelmeerküste zu nennen sowie Ebla und Qatna in den Ebenen, deren Lage am Rand der Steppe die typisch syrische Landwirtschaft mit nicht bewässertem Ackerbau und Viehzucht bestimmt.

Die Geographie

Zwei geographische Einheiten kennzeichnen den syrischen Raum, die Ma'moura und die Badia. Der Fruchtbare Halbmond, also das Gebiet der sesshaften Bevölkerung, der Städte und Bauerndörfer, ist die erste Einheit. Die Grenze zwischen den beiden Bereichen wird durch die Isolinie einer Niederschlagsmenge von 200 mm im Jahr gebildet. Bei der zweiten Einheit handelt es sich um das Land der früher als Nomaden lebenden beduinischen Viehzüchter, das mittlerweile aber bereits seit über 50 Jahren als Winterweideland für die Herden der großen sesshaften und halbsesshaften Züchter der an die Steppe grenzenden ariden Gegenden genutzt wird. Ein besonderes Kennzeichen des syrischen Gebiets ist ein junges, mit 1568 m in Nabi Yunus nicht sehr hohes Küstengebirge, das steil zum Meer abfällt und aufgrund eines sehr schmalen Küstenstreifens größere Ansiedlungen nahezu unmöglich macht. Dieser Gebirgszug bildet eine natürliche Barriere für die aus dem Westen kommenden Niederschläge und Meereseinflüsse. Auf einen regenreichen und damit fruchtbareren Küstenstreifen mit einer durchschnittlichen Niederschlagsmenge von 1000 mm im Jahr folgt unmittelbar die Steppe, die Badia, in der es weniger als 200 mm im Jahr regnet.

Das Klima

Syrien wird im Norden und in der Küstenregion vornehmlich vom Mittelmeerklima beherrscht, im Landesinneren von einem semiariden Kontinentalklima. Im Westen und Nordwesten sichert die Niederschlagsmenge eine Vegetationsdecke mit Kiefern- und Zedernwäldern. Dagegen verwandelt eine lange Trockenzeit die Steppenebene zeitweise in eine echte Wüste. Allerdings dringt das Meeresklima durch die sogenannte Senke von Homs zwischen dem syrischen Küstengebirge und dem Libanon-Gebirge im Süden ins Landesinnere. So gelangen die Niederschläge nach Osten und bewässern die weiten Flächen des Getreideanbaus in der Hochebene von Zentralsyrien.

Gebirge, Steinwüste und Steppe

Jenseits des Küstengebirges und des westlichen Kalkmassivs besteht das Landesinnere aus einer weiten, eintönigen Hochebene, aus der hier und da einige Gebirgsketten herausragen: die palmyrenischen Berge, insbesondere im Norden und Süden der Oase von Palmyra, das Qalamoun-Gebirge im Norden von Damaskus, das direkt an den Anti-Libanon anschließt, das Kalkmassiv im Norden von Hama, der Jebel al Zawiya, in dem die Toten Städte aus der byzantinischen Zeit liegen, im Westen von Aleppo der Jebel Semaan mit dem Simeonskloster, der Berg Hermon (Jebel esch-Sheich, 2814 m) und das Vulkangebirge des Jebel al-Druz (1736 m). Die weite Steppenebene fällt nach Norden und Osten ab und geht nach und nach in eine Steinwüste über: die Jezirah-Wüste im Norden und die Schamiya-Wüste im Süden. Hier verlaufen der Euphrat und seine Zuflüsse Chabur und Balich; diese bewässern die Ebene der Jezirah und die Terrassen des Euphrats und machen sie fruchtbar.

Je weiter man in die Steppenregionen vordringt, desto schwieriger werden die Lebensbedingungen, so dass eine Bewässerungslandwirtschaft nur an wasserführenden Orten möglich ist. Die Dörfer sind dementsprechend klein und oft von Beduinenstämmen bewohnt, welche als ackerbaubetreibende oder halbsesshafte Hirten leben. Sie treiben im Winter ihre Herden tief in die Steppe und nutzen im Sommer die Regionen des Getreideanbaus im Westen oder im Norden der Jezirah als Weideland. Größere Siedlungen sind selten und befinden sich nur an Orten mit großem Wasservorkommen oder an den großen Fernhandelswegen wie die Oase von Palmyra.

Resümee

Neben den Steppen umfasst das syrische Gebiet fünf große regionale Einheiten: erstens die Küste, an der seit der Antike einige Hafenstädte wie Lattakia und Tartus liegen. Zweitens Zentralsyrien mit dem Orontes: Es bildet ein sehr wichtiges Landwirtschaftsgebiet, vor allem in der Ebene von Homs (die Gärten des Orontes) und im Ghab-Tiefland, in dem seit den 1960er Jahren landwirtschaftlicher Anbau betrieben wird. Diese Gegend konzentriert sich um die beiden Städte Homs und Hama. Drittens Nordsyrien mit Aleppo als regionaler Hauptstadt und wichtigem nationalem und sogar internationalem Wirtschaftszentrum. Die Stadt war eine bedeutende Station an der Seidenstraße. Viertens die Jezirah mit dem Euphrat und seinen Zuflüssen. Sie bilden inmitten der Wüste ein grünes Band, an dessen Rand sich Siedlungen befinden wie am ägyptischen Nil. Fünftens Südsyrien, eine Region rund um die Landeshauptstadt Damaskus. Der Oase reicht der Wasserlauf des kleinen Flusses Barada, um ein Kanalsystem aufrechtzuerhalten, das fruchtbares Ackerland hervorruft. Das Gebiet – Al Ghouta – ist für seine Nussbaum-, Oliven- und Aprikosenhaine bekannt.

Letztendlich ist Syrien ein kleines Land, in dem die Landwirtschaft weiterhin eine große Bedeutung hat. Durch seine geographische Lage war es aber in allen Epochen eine Drehscheibe für Handel und Verkehr sowie Durchgangsgebiet für die Heerscharen verschiedenster Reiche. So entstand ein Land unterschiedlichster Einflüsse, berührt von frühen Hochkulturen und muslimischen Imperien, deren Höhepunkt die Omayaden-Dynastie mit Damaskus als Hauptstadt darstellte.

› Al Dbiyat 1995; Dupret et al. 2007; Jaubert/Geyer 2006; David/Al Dbiyat 2001; Wirth 1971

Die syrische Küste

Der fruchtbare syrische Küstenstreifen ist oft nur schmal, denn dahinter erheben sich die hohen Berge des Libanon- und des Alawitengebirges. Nur bei Homs gibt es einen Durchgang zum Meer, dem in der Antike Qatna seinen Aufstieg mit verdankte.

Syriens wechselvolle Geschichte – Ein Überblick

Gernot Wilhelm

Der Geograph Eugen Wirth nannte Syrien zu Recht „ein Land des Überganges", um die klimatische, geophysikalische und kulturelle Vielfalt sowie die enge Verbindung mit den angrenzenden Großräumen – dem östlichen Mittelmeer, Anatolien, Mesopotamien und Ägypten – zu beschreiben. Kulturelle Anregungen von vielen Seiten wurden aufgenommen und produktiv verarbeitet, in politischer Hinsicht allerdings wurde das Gebiet oft genug von angrenzenden Großreichen dominiert, deren Interessenzonen sich hier überschnitten.

Erste Städte

Seinen Ausgang nahm der Prozess der Urbanisierung, also der Übergang von prähistorischen Dorfkulturen zu städtischer Zivilisation, im Südmesopotamien des 4. Jahrtausends v. Chr. Die nach der Stadt Uruk benannte Kultur breitete sich euphrat- und tigrisaufwärts über große Teile Vorderasiens aus. Die Ausgrabungen in Tell Qannas / Habuba Kabira zeigten, dass dort am Westufer des mittleren Euphrats im ausgehenden 4. Jahrtausend v. Chr. auf einer Fläche von 18 ha eine mit einer Mauer umgebene Stadt existierte, die in Architektur, Keramik, Glyptik und sogar in der Herstellung von gesiegelten Tontafeln mit Zahlzeichen so eng an die Uruk-Kultur anschließt, dass man sie als eine Art Kolonie betrachten darf.

Die Städte Ugarit, Ebla und Hama, die im weiteren Verlauf der Geschichte eine größere Rolle spielten, waren zu dieser Zeit ebenfalls bereits besiedelt, doch kann bislang wegen der jüngeren Überbauung keine Aussage zu ihrer Größe getroffen werden. Schriftliche Quellen aus der ersten Hälfte des 3. Jahrtausends v. Chr. liegen bisher nicht vor.

Ebla: Eine frühsyrische Stadt mit weitreichenden Verbindungen

Die politisch-militärische Situation in Nordsyrien um die Mitte des 3. Jahrtausends v. Chr. wird schlaglichtartig durch umfangreiche Textfunde aus der 65 km südwestlich von Aleppo gelegenen Stadt Ebla beleuchtet. Diese Keilschrifttexte deuten auf enge kulturelle Kontakte mit dem südlichen Zweistromland hin und belegen zudem ein dichtes Geflecht von Allianzen und Konkurrenzen der verschiedenen Stadtstaaten. Rivalisierende Nachbarn verbündeten sich mit entfernteren Staaten, um den benachbarten Gegner von zwei Seiten attackieren zu können: So suchte sich Ebla gegen seinen übermächtigen Nachbarn Mari durch einen Vertrag mit dem obermesopotamischen Abasal zu schützen und später durch ein Bündnis mit der nordbabylonischen Stadt Kisch. Phasen friedlichen Kontakts wechselten mit Zeiten kriegerischer Auseinandersetzungen, bei denen es nicht nur um Plünderung und Tribut ging, sondern anscheinend auch um die Kontrolle von Handelswegen. So entstand ein starker Interessenkonflikt zwischen Ebla und Mari, als Letzteres das obermesopotamische Königreich Nagar eroberte. Dadurch waren für Ebla beide Verbindungswege mit Babylonien – zum einen entlang des Euphrats, zum anderen über Obermesopotamien – versperrt. Der Stadtstaat reagierte mit einem erfolgreichen Angriff auf Mari, für den er auch die Unterstützung von Kisch erhielt. Noch bevor die Eroberungszüge der Könige von Akkad die politische Landkarte Vorderasiens grundlegend veränderten, wurde Ebla jedoch zerstört – vielleicht durch ein wiedererstarktes Mari, das allerdings wenig später seinerseits durch Sargon von Akkad vernichtet wurde.

Nomaden gründen Dynastien

Um 2000 v. Chr. wurde ganz Vorderasien von tiefgreifenden Veränderungen erschüttert, denn aus der syrischen Steppe drangen kleinviehzüchtende Nomaden in die Ackerlandzonen des Fruchtbaren Halbmonds vor – von Palästina im Südwesten über Mittel- und Nordsyrien, Obermesopotamien bis Assyrien und Babylonien. Sumerische Texte zeigen die Mischung von Verachtung und Angst, mit denen die Stadtbewohner den Neuankömmlingen begegneten: „Leute mit Gesichtern wie Dämonen und der Stimme des Hundes" seien sie; der Nomade sei „einer, der sich mit Schafhäuten bekleidet, der ein Zelt bewohnt, der Wind und Regen ausgesetzt ist,

‹ Intarsie aus dem Palast von Ebla

Kriegerische Auseinandersetzungen prägten alle Zeiten. Darstellungen von Gefangenen, an gut sichtbaren Stellen angebracht, sollten die potentiellen Gegner warnen. Dieses 13,5 cm hohe Marmorfragment, Teil eines Frieses, zeigt einen nackten gefesselten Feind, der von dem Sieger vorgeführt wird. Mitte 3. Jahrtausend v. Chr. Nationalmuseum Idlib.

der am Rande des Berglandes Pilze ausgräbt, der ungekochtes Fleisch isst, der zeitlebens kein Haus hat, der nach seinem Tod nicht richtig bestattet wird". Diese Nomaden werden als *Martu-* oder *Amurru*-Leute bezeichnet. Die „amurritische Wanderung" führte dazu, dass die politischen Machtzentren Vorderasiens seit dem 19. Jahrhundert v. Chr. fast alle von amurritischen Dynastien beherrscht wurden, darunter auch die mächtigsten Stadtstaaten Aleppo und Qatna sowie Mari, Babylonien und Obermesopotamien.

Syrien in der Zeit der Mari-Archive

Für diese Zeit berichten vor allem die reichen Textfunde aus Mari von Allianzen, Konkurrenzen und Kriegen. Als mächtigster amurritischer Herrschaftsbereich etablierte sich im 18. Jahrhundert v. Chr. das „Königreich Obermesopotamien" unter seinem Herrscher Samsi-Addu (1769–1712 v. Chr.). Er kontrollierte zunächst Assyrien, erweiterte seine Macht bis ins Gebiet des Chabur und eroberte schließlich auch Mari, wo er einen seiner Söhne als König einsetzte. Samsi-Addu schloss ein Bündnis mit Ischchi-Addu von Qatna. Qatna – in dieser Zeit die „Drehscheibe von ganz Syrien und Palästina" – und das Königreich Jamchad mit der Hauptstadt Aleppo konkurrierten um die Vorherrschaft in Syrien, und Ischchi-Addu konnte einen mächtigen Bündnispartner gut brauchen.

Mit dem Tod Samsi-Addus zerfiel auch sein Reich; hier wird einmal mehr deutlich, dass die Macht der Herrscher stark von ihrer Persönlichkeit abhing und Reiche häufig ebenso schnell untergingen, wie sie entstanden waren. In Mari nahm mit Zimrilim (1711–1697 v. Chr.) ein Spross der alten Dynastie den Thron ein und unterhielt ein enges Bündnis mit dem König von Aleppo. Aus dieser Zeit gibt es auch Nachrichten über Ugarit, das mit Aleppo und Mari gute Beziehungen pflegte; sogar von einem Staatsbesuch der Könige von Aleppo und Mari in Ugarit ist die Rede. Auch Jamchad war eine altorientalische Großmacht, so heißt es in einem Mari-Brief: „Es gibt keinen König, der für sich allein stark ist. Hammurapi [1728–1686 v. Chr.], dem Herrscher von Babylon, folgen 10, 15 Könige. Rim-Sin, dem Herrscher von Larsa, ebenfalls. Ibal-pi'el, dem Herrscher von Qatna, ebenfalls. Dem Jarimlim, dem Herrscher von Jamchad, folgen 20 Könige".

Tontafel aus Ebla
In dem umfangreichen Archiv kamen Tontafeln zutage, die auch kulturelle Kontakte zu Mesopotamien beleuchten. 24. Jahrhundert v. Chr. Nationalmuseum Idlib.

Gussform für eine Fensteraxt
Eine außerordentlich filigrane Art der Bearbeitung zeigt diese zweiteilige Steinform. Sie stammt aus einem Grab in Ebla. 18. / 17. Jahrhundert v. Chr. Nationalmuseum Aleppo.

Alabasterscherbe mit Hieroglypheninschrift
Auf dem Fragment des Alabastergefäßes,
das in Ebla gefunden wurde, wird der Pharao
Pepi I. genannt. Um 2300 v. Chr. Nationalmuseum Aleppo.

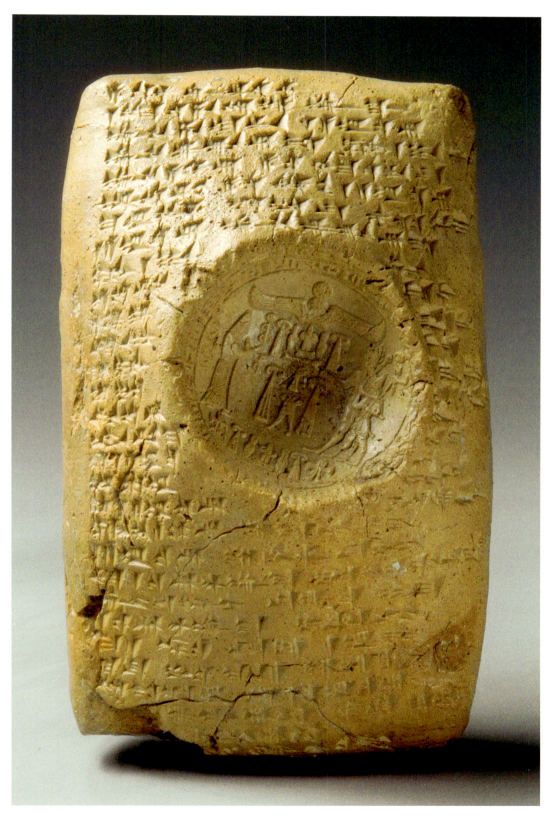

Tontafel des Hethiterkönigs Tutchalija IV.
Wie vehement die Großmächte in das Geschehen der syrischen Kleinstaaten eingriffen, belegt diese Tafel mit der Scheidungsangelegen-
heit des ugaritischen Königs und seiner Frau,
einer Prinzessin aus Amurru. 13. Jahrhundert
v. Chr. Nationalmuseum Damaskus.

Einlage aus Knochen

Die kleine, nur etwa 7 cm hohe Intarsie aus Ebla zeigt einen syrischen Herrscher mit seinem typischen Kinnbart. Sein Wulstmantel springt vorne auf und erlaubt einen Blick auf seinen kurzen Schurz. Um 1700 v. Chr. Nationalmuseum Idlib.

Syrien zwischen expandierenden Großmächten

Im 16. Jahrhundert v. Chr. entstand in Zentralanatolien das Reich der Hethiter, dessen Könige bald den reichen nordsyrischen Raum angriffen und nach anderen Städten schließlich auch Aleppo eroberten. Gleichzeitig war in Obermesopotamien das hurritische Mittani-Reich entstanden, das ebenfalls Richtung Nord- und Mittelsyrien expandierte. Schließlich trat Ägypten als neue Großmacht in Vorderasien auf und machte die zahlreichen Stadtstaaten in Palästina und Südsyrien zu Vasallen unter ägyptischen Gouverneuren. Da die Hethiter aufgrund innerer Auseinandersetzungen zunächst aus der Großmachtkonkurrenz ausschieden, kämpften Mittani und Ägypten ein Jahrhundert lang um die Vorherrschaft in Syrien. Danach fanden sie zu einer Verständigung, traten in einen friedlichen Austausch ein und festigten ihre Beziehungen durch Heiratsverbindungen.

Diese Friedensphase der ersten Hälfte des 14. Jahrhunderts v. Chr. endete, als das Hethiterreich sich wieder gefestigt hatte und unter König Suppiluliuma I. (etwa 1355/50–1320 v. Chr.) Nord- und Mittelsyrien eroberte und das Mittani-Reich zerstörte. Dafür gibt es mit den hethitischen Staatsverträgen und Tatenberichten sowie den Briefen aus dem ägyptischen Staatsarchiv von El-Amarna reiche Quellen. Die Stadtstaaten Syriens schwankten gegenüber der neuen Macht zwischen Unterwerfung und dem Versuch, sich dieser durch Bündnisse untereinander oder durch eine engere Anbindung an Ägypten zu entziehen. Letzteres ist besonders im Falle Qatnas zu beobachten, das zunächst unter König Idanda auf hethitischer Seite stand, aber unter dessen Nachfolger Akizzi auf Ägypten baute und damit einen verhängnisvollen Fehler machte: Es wurde von Suppiluliuma zerstört und geplündert, seine Bevölkerung nach Anatolien deportiert.

Gegen Ende des 14. Jahrhunderts v. Chr. versuchte der ägyptische General und Pharao Haremhab, verlorenes Terrain in Syrien wiederzugewinnen. Er unterstützte einen Aufstand syrischer Kleinstaaten gegen die hethitische Herrschaft, und unter Pharao Ramses II. kam es 1274 v. Chr. zur Schlacht von Qadesch, die für ihn beinahe in einer Katastrophe endete, dann aber nur den politischen Status quo festigte: Die Hethiter konnten ihren Besitzstand in Mittelsyrien halten. 15 Jahre später schlossen beide Seiten einen Friedens- und Freundschaftsvertrag, der bis zum Ende des Hethiterreiches im frühen 12. Jahrhundert v. Chr. gültig blieb.

Die Situation im hethitisch beherrschten Syrien war von Suppiluliuma nachhaltig verändert worden: In Karkemisch am westlichen Euphrat-Ufer hatte er einen seiner Söhne als König eingesetzt, dessen Nachkommen übernahmen im Auftrag des hethitischen Großkönigs zunehmend die Aufsicht über die syrischen Vasallen.

Bedrohung vom Meer und eine neue politische Landkarte

Gegen Ende des 13. Jahrhunderts v. Chr. sahen sich die Küstenstädte des östlichen Mittelmeeres durch Seeräuber unklarer Herkunft – traditionell als „Seevölker" bezeichnet – bedroht, die, selbst wenn sie in nur kleinen Flottenverbänden auftraten, Furcht und Schrecken verbreiteten und Küstensiedlungen, sogar mit Mauern geschützte Städte wie Ugarit, bedrohten. Gleichzeitig verlor das Hethiterreich seine innere Stabilität und zerbrach schließlich.

Mitte des 13. Jahrhunderts v. Chr. erwähnen assyrische Quellen erstmals aramäische Stämme, die in der Folgezeit im gesamten Fruchtbaren Halbmond vorkommen. Mit ihrer Ansiedlung traten neue Staaten in Erscheinung, darunter als mächtigster Damaskus. Syriens politische Landkarte veränderte sich grundlegend, auch wenn in Nord- und Mittelsyrien, insbesondere in Karkemisch und Hama, hethitische Traditionen fortbestanden.

Die Städte der vorgelagerten Küstenebene des Libanon-Gebirges, vor allem Sidon und Tyros, erfuhren durch Handelsgeschäfte, deren Gewinne nun nicht von einem Großreich abgeschöpft wurden, eine rasante Entwicklung; sie gründeten Kolonien im gesamten Mittelmeerraum und unternahmen Entdeckungsfahrten bis an die westafrikanische und europäische Atlantikküste. Weiter südlich gelegene Küstenstädte wurden von Philistern besiedelt, in denen die Nachfahren der „Seevölker" und altansässiger kanaanäischer Bevölkerung aufgegangen waren.

Rollsiegel mit Kampfdarstellung aus Ugarit
Diese typisch altorientalischen Objekte
wurden als „Unterschrift" auf Tontafeln abgerollt. In Ägypten fanden sie keine Verwendung, da dort auf Papyrus geschrieben wurde.
Dieses Siegel mit der Darstellung von Ägyptern war wahrscheinlich die Auftragsarbeit
eines in Ugarit lebenden Ägypters. 15./14. Jahrhundert v. Chr. Nationalmuseum Damaskus.

Abwehrkämpfe und assyrische Vorherrschaft

Für die Zeit vom 12. bis zum frühen 9. Jahrhundert v. Chr. gibt es nur wenige Quellen. Das ändert sich mit dem
Wiedererstarken Assyriens, welches ab dem Ende des 10. Jahrhunderts v. Chr. an seine frühere Westexpansion
anknüpfte. Assurnasirpal II. (884–859 v. Chr.) unternahm Feldzüge bis an das Mittelmeer, bei denen er reichen
Tribut einsammelte. Sein Nachfolger Salmanassar III. brachte in den Jahren 858 bis 856 v. Chr. den nach Nordsyrien führenden Euphratübergang endgültig unter seine Kontrolle, was zahlreiche syrische Staaten, sogar die
phönizischen Küstenstädte, zu Tributleistungen zwang. Beim weiteren Vordringen in Richtung Mittelsyrien trat
ihm allerdings 853 v. Chr. bei Qarqar, zwischen Aleppo und Hama, eine große Koalition syrischer und palästi-
nischer Staaten entgegen, darunter Damaskus und Hama; selbst ein arabisches Kamelreiterkontingent war
beteiligt. Ob diese Schlacht mit einem überwältigenden assyrischen Sieg endete, wie die Inschriften behaupten, bleibt unklar; Damaskus zu erobern gelang Salmanassar jedenfalls nicht. Nach einem halben Jahrhundert
assyrischer Schwäche nahm Tiglatpileser III. (745–727 v. Chr.) die Eroberungspolitik erfolgreich wieder auf,
die unter Sargon II. (722–705 v. Chr.) ihren Höhepunkt erreichte. In zahlreichen Staaten Syriens wurden nun
die einheimischen Dynasten zugunsten einer Provinzialverwaltung beseitigt.

Eine Schlacht um die Herrschaft

Mit der Zerstörung des assyrischen Reiches durch Meder und Babylonier 612 v. Chr. war die politische Zukunft
Syriens plötzlich offen. Der Versuch des letzten assyrischen Herrschers, von Harran aus den westlichen Teil
des Reiches zu kontrollieren, scheiterte. Pharao Necho II. (610–595 v. Chr.) wollte verhindern, dass das entstehende neubabylonische Reich mit der Herrschaft über Syrien dasselbe Gewicht wie einst Assyrien gewann,
welches erst sechs Jahrzehnte zuvor Ägypten erobert hatte. Nach anfänglichen Erfolgen erlitt er jedoch 605 v. Chr.
bei Karkemisch eine katastrophale Niederlage gegen den babylonischen Kronprinzen Nebukadnezar, der bald
darauf den Thron bestieg. Syrien fiel an Babylonien, und Nebukadnezar sicherte seine Kontrolle über das Land
in mehreren Feldzügen.
Mit der Einnahme Babylons durch Kyros II. 539 v. Chr. wurde nicht nur Babylonien, sondern auch Syrien Teil
des persischen Großreiches und nahm an dessen weiterem Schicksal teil, bis mit der Eroberung durch Alexander
den Großen die Geschichte des Landes neue Wege ging.

> Heinz 2002; Klengel 1970; Klengel 1992; Wirth 1971

Syrien › Die Stadtstaaten

Aufstieg und Niedergang – Qatna im 2. Jahrtausend v. Chr.

Horst Klengel

Die auf dem Ruinenhügel Tell el-Mischrife, 18 km nordöstlich der mittelsyrischen Stadt Homs gelegene, seit 1924 archäologisch erforschte bronzezeitliche Stadt Qatna hat in der Geschichte des alten Vorderen Orients nicht nur als regionales landwirtschaftliches Zentrum eine Rolle gespielt, sondern auch als Kreuzungspunkt von Handelsrouten sowie als königliche Residenz. Qatnas politische Bedeutung wird seit dem frühen 2. Jahrtausend v. Chr. in der keilschriftlichen Tradition reflektiert und durch das Zeugnis mesopotamischer, hethitischer sowie ägyptischer Überlieferung in einen überregionalen historischen Rahmen gestellt. Durch die Verlagerung des Fernhandelsverkehrs Mesopotamiens von der Region am Persischen Golf auf das östliche Mittelmeergebiet im frühen 2. Jahrtausend v. Chr. wurde Qatna zu einem wichtigen Ort auf der Route, die von Mesopotamien kommend am mittleren Euphrat abzweigte und durch die syrische Wüstensteppe über Tadmur / Palmyra nach Qatna und dann weiter durch die sogenannte Senke von Homs zur Mittelmeerküste bei Gubla / Byblos verlief. Alternativ führte eine Route von der Euphratstadt Emar über Halab / Aleppo und Qatna nach Hazor nördlich des Sees Genezareth weiter bis nach Ägypten. Qatna entwickelte sich damit zu einer Station wichtiger Fernhandelswege sowie zur Residenz einer Dynastie.

Die Herrscher

Der erste Herrscher dieses dynastischen Königshauses war Ischchi-Addu. Texte aus Mari zeigen, dass er in einem guten Verhältnis zum assyrischen König Samsi-Addu (1769–1712 v. Chr.) stand, der Obermesopotamien kontrollierte. Ischchi-Addu gehörte einer Konföderation an, die sich gegen Sumu-epuch von Halab richtete; es war sogar geplant, Sumu-epuch gefangen zu nehmen und an ihn auszuliefern.

Nachfolger des Ischchi-Addu auf dem Thron Qatnas wurde sein Sohn Amutpi'el, der zuvor bereits als Kronprinz die zu Qatna gehörende Ortschaft Nazala / Qaryatein verwaltet hatte. Er war ein Zeitgenosse der Könige Zimrilim von Mari (1711–1697 v. Chr.), Jarimlim von Halab sowie des Hammurapi von Babylon (1728–1686 v. Chr.). Nach seiner Thronbesteigung nahm Amut-pi'el Beziehungen zu einer ganzen Reihe von Fürsten auf, darunter vor allem zu Hammurapi von Babylon sowie den Herrschern von Halab, dem Hauptort des nordsyrischen Königreiches Jamchad, und den Machthabern von Larsa im mittleren Mesopotamien sowie von Eschnunna im Dijala-Gebiet. Nach einem Konflikt mit dem König von Halab unterhielt der Qatna-König Kontakte zu dem

‹ Tontafel mit hethitischem Siegel

In dieser Urkunde wird eine Übereinkunft des Königs von Karkemisch mit dem König von Ugarit bezeugt. Beglaubigt wurde der Text mit einem typischen runden Siegel, das in der Mitte eine bewaffnete Gottheit zeigt. 13. Jahrhundert v. Chr. Nationalmuseum Damaskus.

Goldenes Kollier aus Ebla

Auch wenn der Stadtstaat nach dem 3. Jahrtausend v. Chr. an Macht verlor, zeugen die Funde aus der königlichen Gruft noch immer von großem Einfluss und Reichtum. 2. Hälfte 18. Jahrhundert v. Chr. Nationalmuseum Aleppo.

Zwei Intarsien aus Ebla

Die beiden Einlagen aus Nilpferdzahn wurden in einem Palast in Ebla gefunden und bezogen mit ihren ägyptischen Motiven – den Göttern Sobek und Osiris – auch für das Landesinnere enge Verbindungen zum Reich der Pharaonen. 18. / 17. Jahrhundert v. Chr. Nationalmuseum Idlib.

wichtigen Handelsplatz Mari, der andererseits wiederum eine dynastische Verbindung mit Halab einging. Wie einem Mari-Text zu entnehmen ist, entsandte auch Hammurapi von Babylon einen Sohn dorthin; dieser sollte von Mari nach Qatna oder Halab weiterreisen. Bereits zu jener Zeit wird die wichtige Rolle von Qatna als Vermittler zwischen dem Euphratgebiet und der Küste des Mittelmeeres deutlich. Die Mari-Texte verweisen sogar darauf, dass die guten Beziehungen zwischen Mari und Qatna durch eine Eheschließung untermauert werden sollten; in diesem Zusammenhang wird erwähnt, dass das „Haus von Qatna" ebenso wie das von Mari „einen Namen" habe. Eine Reihe von Mari-Briefen bezieht sich auf diese dynastische Verbindung und auf die Reise der Qatna-Prinzessin zunächst nach Emar am Euphrat und von dort mit Schiffen den Strom abwärts nach Mari, wo König Zimrilim die syrische Braut empfing.

Qatna war in den überregionalen Botenverkehr und den wirtschaftlichen Warenhandel im Vorderen Orient eingebunden. Weitere Texte aus Mari bezeugen auch den Austausch von „Geschenken" unter den Herrschern. Dabei achtete man streng auf eine Gleichwertigkeit der Sendungen, deren Überbringer jeweils eskortiert und mit Proviant versehen werden mussten. Qatnas wichtige Rolle als bedeutendes Verwaltungszentrum schlägt sich auch in der Bezeichnung *kārum* (akkadisch für etwa: Lagerplatz, Hafen) nieder. Von Qatna aus gab es direkte Kontakte zur syrischen Küste; damit war der Ort Drehscheibe zwischen der Levante, Ägypten und der Ägäis sowie Mesopotamien und weiterer östlich liegender Gebiete.

Eine besondere Rolle kam dem Handel mit Zinn aus dem afghanischen Badachschan zu, der nötige Rohstoff, um zyprisches Kupfer zu Bronze zu verarbeiten. Andere, weitverhandelte Güter waren Schmucksteine wie der wegen seiner blauen Farbe begehrte Lapislazuli sowie bestimmte Stoffe und Gewänder, Bögen und Wein. Doch die Texte geben nicht nur über die Waren Auskunft, sondern auch über die Transporte. So liefert eine Notiz in einem Mari-Text (ARM I 66) über eine Proviantaufnahme für maximal zehn Tage für den geplanten Weg – vom Euphrat durch die Wüstensteppe bis Qatna – einen Hinweis auf die normale Dauer der Reise, wenngleich jedoch Verzögerungen stets mit einkalkuliert werden mussten.

Die Zeit des Hammurapi

Mit dem Ende der Stadt Mari, herbeigeführt durch einen Feldzug des Königs Hammurapi von Babylon, versiegen auch hinsichtlich der mittelsyrischen Stadt Qatna die Informationen aus den Tontafelarchiven dieses am Euphrat gelegenen Ortes. Das Königtum von Halab / Jamchad in der nordsyrischen Ebene wurde nunmehr zum wichtigsten Nachbarn Qatnas. Wenn man einem Jahresdatum des Königs Jarimlim III. von Jamchad auf einem Text aus Alalach (AlT *6) folgen darf, gelang es diesem, Qatna zeitweilig in seinen Herrschaftsbereich einzubeziehen. Auch ein weiterer Text aus Alalach (AlT *259), der über die Verwendung von Arbeitskräften aus Qatna im Gebiet von Jamchad berichtet, dürfte in diese Richtung zeigen. Mit der Herausbildung des Königreiches Mittani im nördlichen Mesopotamien, dessen Herrschaftssitz Waschschukkanni am oberen Chabur wurde, entstand eine neue und expansive politische Macht, die ihr Herrschaftsgebiet auch auf das nördliche Syrien ausdehnte. Mittani wurde damit zum Rivalen von Ägypten, dessen Pharaonen der frühen 18. Dynastie eine ganze Reihe von Feldzügen nach Syrien unternahmen; einige in Qatna entdeckte keilschriftliche Inventare könnten in diese Zeit datieren.

Konflikte mit Ägypten und den Hethitern

Die ägyptischen Feldzüge nach Syrien setzten zu einer Zeit ein, als nach dem Zusammenbruch des nubischen Kerma-Reiches im oberen Niltal die Gefahr eines Angriffs aus dem Süden für Ägypten nicht mehr länger bestand. Nun begann die pharaonische Armee unter Amenophis I. (1525–1504 v. Chr.) eine Reihe von Feldzügen nach Norden, auch die Truppen von Thutmosis I. (1504–1492 v. Chr.) durchquerten Syrien bis zum Euphrat; in beiden Fällen ist noch nicht gesichert, ob Qatna davon berührt wurde. Dass es dort zu dieser Zeit eine eigene, „west-

Sichelschwert aus Ugarit

Dieser vorderorientalische Waffentypus gelangte auch nach Ägypten und wurde dort mit dem kämpferischen Gott Re-Horus von Edfu verbunden. Das Objekt belegt, dass der Kulturaustausch in beide Richtungen stattfand. 15. / 14. Jahrhundert v. Chr. Nationalmuseum Aleppo.

Tontafel des Hattusili I.

Die in Boğazköy / Hattusa gefundene Keilschrifttafel (26,5 cm x 17,1 cm) berichtet von Taten des hethitischen Königs, der sein Reich in Richtung West-Kleinasien, Nordsyrien und Obermesopotamien ausdehnte. Um 1565 / 1530 v. Chr. Museum für anatolische Zivilisation Ankara.

semitische" Dynastie gab, belegen jedenfalls nicht zuletzt die auf dem Tell el-Mischrife entdeckten Tempelinventare mit Nennung der Fürsten Naplimma, Sinadu, Addunirari, Ulasuda(?) und Idanda. In den Inventaren bezeugte hurritische Ausdrücke sowie die Erwähnung eines Ewri / Ibri-scharri verdeutlichen den Einfluss des Mittani-Reichs, das in der Folgezeit zum vorrangigen Gegner Ägyptens in der Auseinandersetzung um Syrien wurde. Die ägyptische Expansion in das nun von Mittani dominierte Syrien erreichte unter Pharao Thutmosis III. (1479–1425 v. Chr.) in dessen 33. Regierungsjahr mit Sicherheit das Staatsgebiet von Qatna, das aber zunächst noch weiterhin unter mittanischer Herrschaft verblieb. Als Amenophis II. (1428–1397 v. Chr.) mit seiner Armee den Orontes überquerte, wurde er von Qatnas Kavallerie angegriffen. Die ägyptische Darstellung der Ereignisse dieser Zeit nennt Amenophis II. als Sieger über die Streitwagen und Fußtruppen des Gegners. Ägyptische topographische Listen verzeichnen seitdem jedenfalls Qatna als unterworfen, doch scheint die Stadt weiterhin unter der Oberhoheit von Mittani verblieben zu sein. Als der hethitische Großkönig Suppiluliuma I. (etwa 1355 / 50–1320 v. Chr.) später auf seinem großen „einjährigen" Syrienfeldzug den Taurus überquerte, wandte sich Fürst Akizzi von Qatna in mehreren Briefen an den Pharao um Hilfe (EA 52–56); dabei wurden auch die Fürsten von Qadesch am Orontes und die des mittelsyrischen Staates Amurru als dem Hethiterkönig feindlich gesonnen dargestellt. Akizzi verweist in diesem Zusammenhang sogar darauf, dass schließlich schon seine Vorfahren „Diener" des ägyptischen Königs gewesen seien; von Mittani war offenbar keine Unterstützung gegen die Hethiter zu erwarten. Die Ägypter aber kamen nicht zu Hilfe, die hethitischen Truppen plünderten das eigentlich unter der Oberherrschaft Mittanis stehende Qatna und „die Stadt Qatna" (das heißt deren Bewohner und Besitztümer) wurde nach Anatolien gebracht. Der archäologische Befund der Ausgrabungen deutet auf eine Zerstörung des Königspalastes, des Tempels der Ninegal und des Heiligtums der „Götter des Landes" durch Feuer. Brandspuren konnten auch in verschiedenen Wohnvierteln der Stadt nachgewiesen werden. Ein Vertrag zwischen dem hethitischen Großkönig und dem Qatna-Fürsten ist bislang nicht überliefert; vielleicht spielte hier die Position der Stadt im Grenzbereich zu den Besitzungen des Pharaos eine Rolle. Die hethitischen Truppen zogen sich jedenfalls aus Mittelsyrien nach Norden zurück.

Das 1. Jahrtausend v. Chr.

Qatna wird in der späteren keilschriftlichen sowie ägyptischen Überlieferung nicht mehr genannt – auch wenn die Grabungsbefunde nahelegen, dass noch in neubabylonischer Zeit, also im 6. Jahrhundert v. Chr., an dieser Stelle eine Siedlung existierte. Die Nachfolge der bedeutenden Stadt auf dem Tell el-Mischrife als Zentrum einer Ackerbauregion sowie als ein Ort auf der Route zum Mittelmeer und dem Hafen Gubla / Byblos trat in der Antike dann die mittelsyrische Stadt Emesa an, das spätere Homs. Auf dem Tell el-Mischrife ist erst in der Neuzeit um 1850 wieder gesiedelt worden. Es entstand ein christliches Dorf, in dem jedoch noch Reste einer früheren Bebauung erkennbar waren; später wurde es verlegt, um der archäologischen Forschung Raum zu geben.

> Klengel 1969; Klengel 1992; Klengel 2000; Richter/Pfälzner 2006

Mari – Der mächtige Nachbar

Jean-Claude Margueron

Abschnitt des großen Schifffahrtskanals
Noch heute ist der einstige Verlauf des Kanals in der Landschaft deutlich erkennbar.

Die Gründung von Mari im 29. Jahrhundert v. Chr. war politisch motiviert und hatte zwei Ziele: Zum einen ging es darum, die etablierte Handelsroute über die Flüsse Chabur und Euphrat zwischen den beiden sich ergänzenden Wirtschaftsregionen des Vorderen Orients – den anatolischen Bergen im Norden und Mesopotamien im Zentrum – zu kontrollieren, eine Handelsroute, deren Bedeutung seit dem Ende des 5. Jahrtausends v. Chr. immer mehr zunahm. Zum anderen sollte der Transport für die Metallverarbeitung gesichert werden, die den Reichtum Maris ausmachte. Am linken Flussufer bauten die Stadtgründer einen 120 km langen Kanal, der vor allem die Stromaufwärtsfahrt der Schiffe sichern sollte und Zeugnis über die wirtschaftliche Bedeutung sowie die Macht des neu gegründeten Ortes ablegte.

Niedergang und Wiederaufbau

Gegen Ende des 27. Jahrhunderts v. Chr. erlebte Mari jedoch einen starken Niedergang und wurde vielleicht sogar zeitweise aufgegeben. Wenig später ebnete man das Gelände vollständig ein, errichtete die Stadt aber erneut mit dem gleichen kreisförmigen Grundriss, ihrem Schutzwall und denselben Kanälen, allerdings auf neuen Fundamenten und mit einer für den Ablauf des Oberflächenwassers geeigneten Straßengestaltung: Diese zweite Stadt herrschte zwei Jahrhunderte lang – vom Ende der Frühdynastischen Zeit bis an das Ende der Akkad-Zeit (etwa 2500–2250 v. Chr.) – über einen Großteil von Nordmesopotamien.

Während sich zur Zeit der ersten Stadt die Aktivitäten vor allem auf die Berge im Norden und die Chabur-Ebene konzentrierten, erfuhr die zweite Stadt eine tiefgreifende Neuorientierung ihrer Interessenschwerpunkte. In dieser Periode fand die Urbanisierung Westsyriens statt: Der Euphrat übernahm die Rolle als Verbindungsachse zwischen dem Mittelmeer und dem Persischen Golf, und Mari kontrollierte nicht nur den Handelsverkehr,

‹ **Löwenprotome aus Mari**
Die kupferne Figur von etwa 70 cm Länge hat Augen aus Kalkstein und Schiefer, die Zähne wurden aus Knochen hergestellt. Solche Skulpturen aus dem Tempel des „Gottes des Landes" müssen einst golden, furchterregend und majestätisch gewirkt haben. 18. Jahrhundert v. Chr. Musée du Louvre, Département des Antiquités orientales, Paris.

Rekonstruktion des frühen Mari
Die kreisrunde Siedlung im 3. Jahrtausend v. Chr. mit dem Ableitungs- und dem Bewässerungskanal am rechten Ufer sowie dem Schifffahrtskanal am linken Ufer.

Backformen aus Mari

Im Wirtschaftsteil des Palastes wurden diese Formen aus porösem Ton gefunden, in denen man wahrscheinlich Kuchen oder Ähnliches gebacken hat. Keilschrifttexte aus dem syrischen Raum erwähnen für besondere Anlässe Brote mit Früchten. 19. / 18. Jahrhundert v. Chr. Nationalmuseum Aleppo.

sondern wurde zum wahren Zentrum von Nordmesopotamien, während Ebla im Westen über Westsyrien herrschte. Es war wohl Naram-Sin und nicht wie manchmal angenommen Sargon von Akkad, der Mari zerstörte (um 2300 v. Chr.). Anschließend folgte ein relativ zügiger Wiederaufbau mit einer Neuorganisation der Stadtanlage sowie Neuerungen in der religiösen und königlichen Architektur, während die Infrastruktur und Fundamente der Vorgängerstadt beibehalten wurden. Hinter diesen gestalterischen Veränderungen stand eine neue Einstellung zur Machtausübung, zu religiösen Praktiken, Lebensweisen und der Organisation des Wirtschaftslebens. Es war die Zeit, in der die 3. Dynastie von Ur über die südliche Hälfte von Mesopotamien herrschte. In Mari wurde die Herrschaft von den *Schakkanakku* ausgeübt, deren Macht sicher genauso groß war wie die der Herrscher von Ur und sich über den nördlichen Teil der syrisch-mesopotamischen Welt ausdehnte. Da aber in Mari kein Archiv mit aussagekräftigen Texten aus dieser Zeit gefunden wurde, ist diese Machtausdehnung nicht klar zu bestimmen. Aufgrund der politisch motivierten großen Baumaßnahmen in der Stadt und der außergewöhnlichen Grabbeigaben gilt es dennoch als sicher, dass Mari sehr reich war und über ein großflächiges Gebiet herrschte.

Die amurritischen Dynastien

Am Anfang des 2. Jahrtausends v. Chr. ging die Herrschaft überall auf die amurritischen Dynastien über, auch in Mari. Es war eine sehr unruhige Zeit mit ständigen Kämpfen und Umkehrungen der Allianzen; eine Epoche, in der Königreiche rasch an Macht gewannen und genauso schnell wieder untergingen. So ist es äußerst schwierig, ein deutliches Bild zu gewinnen. In Westsyrien etablierte sich die Herrschaft von Qatna, einem Königreich, das zur Drehscheibe zwischen dem Norden – Halab / Aleppo –, dem Süden und den Küstenhäfen wie Ugarit wurde. Mari befand sich genau im Zentrum zwischen Babylonien und den westlichen Regionen, und seine politischen Aktivitäten richteten sich bis zu seiner Zerstörung (um 1760 v. Chr.) gleichermaßen nach Osten wie nach Westen. Das änderte sich nur während des kurzen Bestehens des nordmesopotamischen Königreichs, als Mari diesem unter der Herrschaft von Samsi-Addu einverleibt wurde, denn Samsi-Addu setzte dort seinen Sohn Jasmach-Addu als Vize-König ein.

Mari stand in Verbindung mit mehreren westlichen Königreichen, von denen nach bisherigem Forschungsstand einige nur eine ziemlich untergeordnete Rolle gespielt haben, wie Emar, Karkemisch oder Ugarit. Qatna und Halab hingegen befanden sich im Zentrum eines diplomatischen Spiels, das wiederum die politischen, mit wirtschaftlichen Bedürfnissen verbundenen Ambitionen widerspiegelte. Unter Samsi-Addu nahm Qatna die wichtigste Rolle in der Politik von Mari ein. Mit Zimrilim trat dann Halab in den Vordergrund.

Für die Bewohner von Mari hatten diese beiden Städte jedoch eine unterschiedliche Bedeutung: Aleppo im Nordwesten, etwa 100 km vom Ende der Wasserstraße entfernt, die normalerweise für alle Reisen benutzt wurde, war leicht erreichbar und Teil eines gut beherrschten Systems. Im Gegensatz dazu war Qatna unzugänglicher, da es im Südwesten jenseits der Wüste und der Steppe lag. Sicherlich konnte man diese Hindernisse überwinden, wie ein berühmter Brief von Samsi-Addu an seinen Sohn zeigt, hatte aber mit den Schwierigkeiten der Wasserversorgung genauso zu kämpfen wie mit der Gefahr, von Räuberbanden überfallen zu werden. Trotzdem wollte der König von Nordmesopotamien eine Armee von 20000 Mann durch diese Gegend nach Qatna ziehen lassen, um der Stadt zu Hilfe zu eilen. Man kann sich die Schwierigkeiten eines solchen Unterfangens vorstellen, wenn man bedenkt, dass die Armee von Streitwagen und vielen Eseln begleitet wurde und mindestens zehn Reisetage nötig waren. Anscheinend gab es drei mögliche Routen, die alle über Palmyra führten. Alternativ konnte man auch den Wasserweg über Emar nehmen und sich von dort aus nach Süden wenden. Allerdings verdoppelten sich so Dauer und Kosten der Reise.

Qatna übte offenbar eine große Anziehungskraft auf die Bewohner von Mari aus, was gewiss am milderen Klima, aber auch an den beträchtlichen Ertragsquellen lag. Das Weideland war berühmt und die dort gezüchteten

Rekonstruktionsvorschlag des Hofes vor dem Thronsaal
Unter dem von Säulen getragenen Vordach befinden sich die für Mari so typischen Wandmalereien. 18. Jahrhundert v. Chr.

Rekonstruktion des Palastes von Mari
Diese Anlage war im Altertum so berühmt, dass auch andere Herrscher sie besuchten. Das Modell verdeutlicht die gewaltigen Ausmaße des Palastes. Musée du Louvre, Département des Antiquités orientales, Paris.

Pferde wurden hochgeschätzt. Zudem ermöglichten es Abkommen, dass Hirten aus Mari im Fall großer Trockenheit ihre Schafe zum Weiden dorthin treiben konnten. Und Mari konnte sich über Qatna mit bestimmten Holzarten versorgen, von denen viele aus dem Libanon kamen.

Diese guten Beziehungen zwischen Qatna und Samsi-Addu gingen auf eine gemeinsame Feindschaft gegen Halab zurück, das mächtige Königreich in Nordsyrien, das über etwa 20 Vasallenkönige herrschte und dessen Ambitionen groß waren. Deshalb setzte sich Samsi-Addu dafür ein, Ischchi-Addu, den König von Qatna, zu unterstützen, indem er Truppenkontingente in die libanesische Region entsendete, um eine Offensive aus Halab zu stoppen. Die Allianz war aber nicht nur von wirtschaftlicher oder militärischer Art: Jasmach-Addu, der Sohn von Samsi-Addu und Vizekönig von Mari, heiratete eine Tochter von Ischchi-Addu. Diese brachte eine Mitgift von 15 Silbertalenten (etwa 430 kg) mit in die Ehe und erhielt den Rang einer Königin von Mari, der mit politischen Vorrechten verbunden war. Es gab auch noch andere Heiratsverbindungen zwischen den großen Familien der beiden Königreiche.

Das änderte sich mit der Thronbesteigung von Zimrilim in Mari, der sich die Unterstützung des Königs von Halab gesichert hatte, um seinen Thron wiederzuerlangen. Die Vertreibung von Jasmach-Addu machte den Weg frei für eine andere Ausrichtung der Politik: Jetzt orientierten sich die Heiratsverbindungen wieder mehr in Richtung der Hauptstadt von Nordsyrien, als deren treuer Anhänger Zimrilim oft erscheint. Wenn die Verbindungen zu Qatna auch gelockert waren, wurden sie doch nicht ganz unterbrochen. Die wirtschaftlichen Verbindungen setzten sich fort und es hat den Anschein, dass Zimrilim eher eine Friedenspolitik mit Amut-pi'el, dem Nachfolger von Ischchi-Addu, anstrebte, denn Qatna blieb in dieser Zeit eine Großmacht.

Der Untergang

Das Blatt wendete sich gänzlich mit Maris Zerstörung durch Hammurapi von Babylon um 1760 v. Chr., weil dadurch ein politisches Vakuum in der Mitte des Euphratlaufes entstand. Obwohl das altbabylonische Reich diese Lücke sicher für einige Zeit füllte, wurde das System erschüttert: Die regionale Organisation erreichte nie wieder den Zustand, den Mari auf dem Höhepunkt seiner Macht innehatte. Damals war Mari als Hauptstadt des mittleren Euphrattals maßgebend für die Verbindungen zwischen Ost und West, wie die engen Kontakte erst zu Ebla und später zu Qatna nahelegen.

Regionale Verbundenheit? – Das Königreich Ebla

Paolo Matthiae

Tontafel aus Ebla
Bei den Ausgrabungen kamen im Palast Tausende von Tontafeln und Tafelfragmenten zutage. Sie lagen in einem kleinen Raum, dem Palastarchiv. Aus der Fundlage der Tafeln konnte man rekonstruieren, dass sie einst in Regalen aufbewahrt wurden. 24. / 23. Jahrhundert v. Chr. Nationalmuseum Idlib.

Ebla, das heutige Tell Mardich, liegt 60 km südlich von Aleppo und war etwa zwischen 2400 und 1600 v. Chr. eines der wichtigsten urbanen Zentren Syriens. In dieser Zeit war der Kontakt mit Qatna vermutlich sehr eng. Jedoch gibt es nur wenige historische Belege zu den Beziehungen zwischen diesen beiden großen Städten Westsyriens. Es ist zweifelhaft, ob Qatna überhaupt in den Verwaltungstexten der königlichen Archive des frühsyrischen Ebla, die etwa 50 Jahre zwischen 2350 und 2300 v. Chr. abdecken, erwähnt ist, denn Gadanu, der für das antike Qatna vorgeschlagene Name, kommt nur selten vor. Es wird sich dabei eher um ein kleineres Zentrum in der Nähe von Ebla gehandelt haben. Für die altsyrische Periode (etwa 2000–1550 v. Chr.), die Zeit der amurritischen Dynastien in Aleppo, Ebla und Qatna, erlaubt das rätselhafte Fehlen von Erwähnungen Eblas in den königlichen Archiven von Mari, im Gegensatz zu Qatna, keine Aussage darüber, ob es zwischen den Städten Ebla und Mari Kontakte – seien es nun direkte oder indirekte – gegeben hat.

Der historische Überblick

Durch die archäologischen Forschungen liegt die Vermutung nahe, dass beide Zentren in der Frühbronzezeit IV (2400–2000 v. Chr.) recht engen und häufigen Kontakt hatten. Sicherlich gehörten sie zu demselben kulturellen Milieu, dessen materielle Kultur durch das Vorhandensein von spezifischer Keramik – sogenannter „Caliciform Simple and Painted Ware" – charakterisiert wird. Diese Verbindung darf angenommen werden, obwohl bisher weder die Größe noch die Bedeutung von Qatna zu dieser Zeit geklärt werden konnte. Vielleicht dominierte Ebla gegen 2300 v. Chr. die Region von Qatna, denn die Texte beschreiben verschiedene siegreiche Kriegszüge von Ebla im Land von Ibal, das mit großer Wahrscheinlichkeit in der Region von Homs und damit von Qatna lokalisiert werden kann. Das Gebiet könnte während der Frühbronzezeit zwischen 2300 und 2000 v. Chr. eine intensive urbane Entwicklung erlebt haben, die sich nach der Zerstörung von Ebla fortsetzte. Nach dieser Vernichtung Eblas in der frühen altsyrischen Periode deuten mehrere schriftliche und archäologische Quellen darauf hin, dass sich die Stadt nicht nur erholte, sondern auch im nördlichen Bereich des westlichen Syriens eine Vormachtstellung innehatte. Allerdings gelang es Jarimlim I. von Jamchad kurz nach 1800 v. Chr. Halab / Aleppo eine hervorragende Position, vielleicht sogar über ganz Nordsyrien, zu verschaffen. Es ist sehr wahrscheinlich, dass Ebla während des 18. Jahrhunderts v. Chr. zusammen mit Karkemisch, Halab und Qatna sowie mit weniger bedeutenden Städten zur Herausbildung einer Hochkultur beitrug, die während der klassischen altsyrischen Periode, der Mittelbronzezeit II, ihre Blütezeit erlebte. Unterdessen kam Halab im Norden und Qatna im Süden sicher eine führende politische und kulturelle Rolle zu. Die schwere Krise um 1600 v. Chr., welche die nördlichen Zentren wie Aleppo und Ebla durch die Eroberung und Zerstörung durch Mursili I. von Hatti und seinen Verbündeten Pizikarra von Ninive in wenigen Jahren erfuhren – dasselbe Schicksal war kurz zuvor zumindest Urschu und Alalach durch Hattusili widerfahren –, erreichte die Region von Homs vermutlich nicht, so dass Qatna die Katastrophe überlebte. Ebla hingegen konnte sich nicht erholen und wurde nie wieder zu einem urbanen Zentrum.

Kulturelle Kontakte

Obwohl unser Kenntnisstand über die materielle Kultur der Hauptzentren Westsyriens in der altsyrischen Periode lückenhaft ist – eine Konsequenz von zuweilen unsystematischer oder zu kurzer und manchmal völlig fehlender archäologischer Forschung –, scheint es während dieser Zeit eine enge kulturelle Einheitlichkeit im gesamten westsyrischen Raum gegeben zu haben, in einem Gebiet, das sich vom Taurus im Norden bis zur Region von Homs im Süden, von den Rändern der syrisch-arabischen Wüste im Osten bis zum Jebel Ansariyah, dem Alawitengebirge, im Westen erstreckt. Diese Einheitlichkeit, die teilweise auch das südliche Syrien und wesentliche Teile Palästinas einbezog, zeigte sich in der Keramik, der Metallverarbeitung und in einem geringeren Grad auch in der Koroplastik; dennoch waren sicherlich auch regionale Varianten möglich. Deutlich

‹ Figur eines Königs aus Ebla
Im Bereich des Tempels P2 wurden unterlebensgroße Steinskulpturen menschlicher Figuren in verschiedenen Haltungen gefunden. Sie waren dort einst als Weihgaben für die Götter aufgestellt. Um 1700 v. Chr. Nationalmuseum Idlib.

charakterisierende und unverwechselbare Züge sind in der Architektur zu registrieren: die städtischen Befestigungsanlagen mit ihren mächtigen Erdwallanlagen, von denen in Ebla und Qatna die wohl beeindruckendsten erhalten sind; ferner die typischen langgestreckten Stadttore mit drei Torengpässen und zwei Kammern und die Tempelanlagen mit separaten Kultgebäuden, deren Eingänge mit Anten versehen sind und die in der Regel lang-rechteckige Cellae besitzen. Vermutlich bildet auch bei den Wohnbauten der Haustypus mit einem großen Raum vorn und zwei kleineren auf der gegenüberliegenden Seite ein weit verbreitetes Modell, das häufig und unterschiedlich abgewandelt und weiterentwickelt wurde und sich in Siedlungsgebieten in der gesamten Region zwischen dem Taurus und Homs, vielleicht sogar in der Region um Damaskus findet. Bei der Palastarchitektur allerdings zeigt sich immer noch ein uneinheitliches Bild: Ebla scheint in dieser Hinsicht ein beispielhaftes Zentrum für einen altsyrischen Typus zu sein, der vermutlich auch in den nördlichen Zentren wie Alalach und Tilmen Höyük zu finden ist. Qatna hingegen wirkt beeinflusst von klassischen mesopotamischen Modellen, vergleichbar im Monumentalen mit dem sogenannten Palast des Zimrilim in Mari oder in bescheidenerer Form mit dem Palast in Tuttul. Noch ist es zu früh, die These zu vertreten, dass die Architektur des grandiosen Königspalastes von Qatna als beispielhaft für eine Tradition gelten könne, die sich bis in das südliche Syrien ausbreitet. In dieser Tradition könnte auch der nicht fertiggestellte Palast von Tell Sakka stehen.

Das Kunsthandwerk

Im Kunsthandwerk spielte Ebla in der frühen altsyrischen Periode sicherlich eine hervorragende Rolle, wohingegen ab etwa 1800 v. Chr., also in der klassischen altsyrischen Periode, auch Aleppo, vielleicht außerdem Karkemisch im Norden und Qatna im Süden, eine ähnliche Bedeutung zukam. Der strenge Stil des frühen altsyrischen Ebla mit seinen massiven und plastisch schweren Formen, wie wir ihn an den – leider häufig beschädigten – königlichen Statuen ablesen können, wächst in der ersten Hälfte des 18. Jahrhunderts v. Chr. zu exquisiter Eleganz heran, die wahrscheinlich während des 17. Jahrhunderts v. Chr. im hohen Stil mündet. Diese Entwicklung in der Steinskulptur findet etwa zur selben Zeit in verschiedenen Zentren von Aleppo bis Qatna, von Alalach bis Ebla statt. Die wunderbaren, fast komplett erhaltenen Königsstatuen vom Eingang des königlichen Hypogäums von Qatna belegen diesen reifen Stil, der – nach der zeitgleichen Glyptik zu urteilen – in den königlichen Werkstätten von Aleppo entstand.

In ganz ähnlicher Weise zeigen Qatnas Bronzewerkstätten ein hohes Niveau und belegen die ausgereifte Kenntnis von Regeln, Technik, Ikonographie und Stil altsyrischer Produkte, die der kulturellen und politischen

Fingerring aus der Königsgruft in Ebla
Florale Motive wie Lilien, einst mit bunten Einlagen aus Frittepaste versehen, umrahmen einen Skarabäus. Da Motive und Technik aus Ägypten stammen, war der Ring wohl ein Geschenk aus dem Land am Nil. Um 1750 / 1700 v. Chr. Nationalmuseum Aleppo.

Armband aus Ebla
Im Grab einer jungen Frau, Prinzessinnen-Grab genannt, lag dieses Schmuckstück. Auch hier ist Gold mit Halbedelsteinen kombiniert. 19. / 18. Jahrhundert. Nationalmuseum Aleppo.

Kette aus der Gruft in Ebla
Die beiden Anhänger in Form von Haselnüssen, eine davon aus kostbarem und schwer zu bearbeitendem Bergkristall, gehören nicht zum orientalischen Repertoire und scheinen aus einer ortsansässigen Werkstatt zu stammen. Um 1750 / 1700 v. Chr. Nationalmuseum Aleppo.

Welt von Jamchad zugeschrieben werden können. Qatna scheint – möglicherweise noch mehr als Ebla – gemeinsam mit Jamchads Hauptstadt Halab der Protagonist des voll entwickelten klassischen altsyrischen Stils gewesen zu sein.

Und schließlich hatte Qatna, anders als Ebla, das seit Beginn der mittelsyrischen Zeit (1600–1400 v. Chr.) nicht länger zu den städtischen Zentren zählte, eine nicht unwesentliche Funktion bei der Übermittlung der großartigen altsyrischen architektonischen und künstlerischen Tradition in die folgenden Zeiten. Trotz einer gewissen politischen Fragmentierung im Umfeld einiger urbaner Zentren blieb die kulturelle Einheitlichkeit während der altsyrischen Periode auf der höfischen Ebene erhalten. Am Anfang der mittelsyrischen Periode hingegen führten verschiedene Tendenzen zu einer stärkeren Regionalisierung: dem Aufkommen verschiedener Strömungen populären Geschmacks, den Einwirkungen großer fremder künstlerischer Traditionen und den Einflüssen eines weiter gespannten internationalen Handelsnetzes. Jedoch hatte die Internationalisierung der Kultur Syriens während der altsyrischen Periode bereits den Grundstein für eine Tradition größerer Einheitlichkeit in der Region gelegt.

› Akkermans/Schwartz 2003; Archi et al. 1993; Astour 1988; Feldman 2006; Matthiae 1962; Matthiae 1975; Matthiae 1995; Morandi Bonacossi 2007

Alalach – Konkurrent oder Partner?

Marlies Heinz

Mykenische Bügelkanne aus Alalach
Gefäße wie dieses exportierte man in großer
Anzahl nach Syrien. Wahrscheinlich waren sie
mit wertvollen Flüssigkeiten, etwa kostbaren
Ölen, gefüllt. Bügelkannen wurden vielleicht
wegen ihrer praktischen und ansprechenden
Form in der Levante nachgemacht; bisweilen
so täuschend echt, dass sie von den eingeführten Originalen kaum zu unterscheiden sind.
14. / 13. Jahrhundert v. Chr. British Museum,
Department of the Middle East, London.

‹ **Statue des Idrimi von Alalach**
Auf der Sitzfigur des Königs befindet sich eine
lange Inschrift, die als eine der ersten Auto-
biographien angesehen wird. In dieser berichtet Idrimi, wie er als Prinz aus Halab / Aleppo
verjagt wurde, in der Stadt Emar Zuflucht
fand, dann aber wieder an Macht gewann und –
mit Hilfe von Mittani – König von Alalach
wurde. 15. Jahrhundert v. Chr. British Museum,
Department of the Middle East, London.

Die Amuqebene als Teilregion des Orontestals verfügt über fruchtbare Flussauen und somit über exzellente
Bedingungen für den Lebensunterhalt. Anrainer nutzten den Fluss als Verkehrsweg für den Handel ebenso wie
als Transportweg für militärische Unternehmungen. Überlandstraßen kreuzten sich auf der Höhe von Alalach
und banden den Standort in regionale und überregionale Verkehrsverbindungen ein.
Berghänge und Hochebenen des Amanusgebirges, das die Ebene im Westen begrenzt, dienten als Weideland,
die Ebene selbst wurde für den Anbau genutzt. Darüber hinaus lieferte das Gebirge Zedern, einen seit dem
3. Jahrtausend v. Chr. bei mesopotamischen wie ägyptischen Herrschern begehrten Rohstoff für prestigereiches
Bauen. Metallvorkommen im nahen Taurusgebirge – und die sich daraus ergebenden Wirtschaftsmöglichkei-
ten in der Amuqebene – dürften die Attraktivität der Region zusätzlich erhöht haben.

Urbanes Zentrum im oberen Orontestal

Der Tell Atchana umfasst eine Fläche von etwa 700 m x 300 m. Im erhöhten Norden des Tells liegen die Stand-
orte und Bauten, die auf die urbane Funktion der Ansiedlung verweisen: der Palast, die Festung und der Stadt-
tempel. Südlich dieses Verwaltungs- und Kultbezirkes, den die Architektur der religiösen und politischen Re-
präsentation prägte, lagen die Wohngebiete.
Insgesamt sind 17 Siedlungsschichten nachgewiesen. Die Besiedlung begann nach heutigem Wissen um etwa
3200 v. Chr. und endete im späten 13. Jahrhundert v. Chr. Von Beginn an scheint die Stadt über einen Kultbau
verfügt zu haben. Ein Palast wurde erstmals Mitte des 3. Jahrtausends v. Chr. errichtet. Im frühen 2. Jahrtausend v. Chr. entschied man sich für eine umfassende Neugestaltung des Stadtbildes. Tempel und Palast wurden
umgebaut, der Palast zudem funktional modifiziert. Seine Außenmauer diente ab etwa 1750 v. Chr. zugleich
als Befestigungsmauer für die Stadt. Die komplexe bauliche Infrastruktur kennzeichnete das urbane Alalach
bis zu seiner Aufgabe im 13. Jahrhundert v. Chr.
Von Beginn der Besiedlung an waren die Bewohner in regionale und überregionale Beziehungen integriert und
bezogen Güter aus Ägypten, dem ägäischen Raum, Mykene und Zypern sowie aus Mesopotamien.
Im 2. Jahrtausend v. Chr. wurde es erstmals nötig, die wirtschaftlichen Transaktionen schriftlich festzuhalten,
wie die gefundenen Keilschriftarchive im Palast belegen.

Jamchad – Alalach – Qatna

Zwischen etwa 1800 und 1600 v. Chr. etablierte sich in Nordwestsyrien der Territorialstaat Jamchad mit
Halab / Aleppo als politischem Zentrum. Im Süden grenzte Jamchad an das Machtgebiet der Stadt Qatna und
konkurrierte mit dieser über viele Jahre erbittert um die Kontrolle der überregionalen Handelswege von der
Mittelmeerküste ins Binnenland und die damit verbundenen wirtschaftlichen Pfründe. Alalach als von Aleppo
abhängige Stadt gehörte zunächst zwangsläufig zu den Gegnern des südlichen Nachbars Qatna. Die so belastete
Beziehung änderte sich, als in Mari und Qatna neue Könige an die Macht gelangten und Mari zwischen Aleppo
und Qatna vermittelte. Zur Regierungszeit des Jarimlim II. von Alalach und des Amutpi'el von Qatna um
1750 v. Chr. begann eine Phase der politischen Kooperation, die erst durch die kriegerischen Überfälle der
Hethiter im 17. Jahrhundert v. Chr. ein vorläufiges Ende fand.

Ein Regent, aber kein König

König Aba'el von Aleppo entschied im Laufe seiner Herrschaft, seinen Bruder Jarimlim II. als Regenten in Alalach
einzusetzen. Den Status eines Königs sprach er ihm nicht zu und die Kontrolle Aleppos über die Stadt blieb
bestehen. Ungeachtet dieser politischen Abhängigkeit scheint der Ort von der Regentschaft des Jarimlim und
der von ihm begründeten Dynastie profitiert und eine prosperierende Entwicklung durchlaufen zu haben. Der
Neubau des Stadttempels und auch die Errichtung des Palastes werden Jarimlim zugeschrieben. Im Archiv des

Schminktöpfchen in Entenform aus Alalach

Die aus mehreren Teilen gefertigten kleinen Dosen erfreuten sich in Syrien großer Beliebtheit und wurden wahrscheinlich in eigenen Werkstätten aus einheimischem Elfenbein hergestellt. Sie unterscheiden sich kaum von ihren ägyptischen Vorbildern. 15. Jahrhundert v. Chr. British Museum, Department of the Middle East, London.

Palastes fanden sich 175 Tafeln, die Einblicke in Aspekte des geltenden Rechts und des wirtschaftspolitischen Geschehens erlauben. So war es unter Jarimlim II. gängige, aber bislang noch unerforschte Praxis des Regenten, Nachbarortschaften käuflich zu erwerben. Innen- und außenpolitisch bedeutsame Veränderungen fanden zur Regierungszeit von Ammitakum, Sohn des Jarimlim, statt, der sich offenkundig nun „König" nennen und außenpolitisch unter eigenem Namen agieren durfte. Dieser neue Status wurde durch einen weiteren politischen Akt bestätigt: Ammitakum heiratete eine Tochter des Königs von Ebla und folgte damit einer zu der Zeit üblichen Form der Bündnispolitik, die ein positives und stabiles Miteinander der so verbundenen Städte garantieren sollte.

Alalachs prosperierender Entwicklung zur Zeit der mit fünf Regenten belegten Dynastie von Jarimlim wurde offenbar durch die Expansionspolitik der Hethiter ein Ende gesetzt, herbeigeführt durch die Zerstörung durch König Hattusili I. um 1650 v. Chr.

Alalach in der Spätbronzezeit

In der zweiten Hälfte des 2. Jahrtausends v. Chr. griffen drei Großmächte in das politische Geschehen der bis dato unabhängigen Stadtstaaten Westsyriens und der Levante ein. Gegen Anfang des 15. Jahrhunderts v. Chr. übernahmen hurritische Invasoren die politischen Geschäfte in Aleppo und weiteten damit den Herrschaftsbereich des Mittanireiches von Nordostsyrien über die Levante bis an die Mittelmeerküste im Westen aus. Von dieser Expansionspolitik waren die Amuqebene und das Einzugsgebiet des Orontes direkt betroffen – Alalach wurde wie Qatna zum Vasallen von Mittani.

Leben in der Besatzungszone – Die Zeit von etwa 1500 bis 1200 v. Chr.

Die Könige des Mittanireiches erlaubten es dem Vasallen Alalach nicht, eine eigene, lokale Herrscherdynastie als Repräsentanten der geltenden Ordnung einzusetzen, und bestimmten einen Regenten. Ihnen ging es um die Ausbeutung der wirtschaftlichen Pfründe sowie die Nutzung der wirtschaftlichen und politischen Kontakte der Peripherien. Der hurritische Machthaber Parratarna setzte Idrimi (etwa 1490–1460 v. Chr.), den Sohn des früheren Königs von Aleppo, als Regenten ein. Dieser leitete die Regierungsgeschäfte über 30 Jahre lang und konnte sich wie seine Nachfolger, sein Sohn Niqmepa (um 1460 v. Chr.) und sein Enkel Ilim-ilimma II. (um 1420 v. Chr.), nicht aus der Kontrolle durch Mittani lösen. Idrimis Politik hatte sich an den Interessen der Großmacht auszurichten. Die hohen Steuern und Abgaben an den Königshof von Mittani und damit die Belastung für die Bevölkerung kann man erahnen. Außerdem hatte die Armee der Stadt auf Anforderung Truppenkontingente für die militärischen Unternehmungen Mittanis zur Verfügung zu stellen, eine besonders perfide Form der strukturellen Gewalt, die von den Unterworfenen verlangte, ihr Leben in den Kriegen und für die politischen Ziele der eigenen Unterdrücker zu riskieren.

Lange konnte sich Mittani als uneingeschränkter Fremdherrscher im Norden des Orontestales nicht halten. Gefahr drohte jedoch nicht primär aus den Reihen der besetzten Städte und Ortschaften. Es waren die Hethiter, die von Nordwesten kommend Anspruch auf die Region erhoben, die Vorherrschaft Mittanis zurückdrängten und im 14. Jahrhundert v. Chr. ihren Machtanspruch unter König Suppiluliuma I. (etwa 1355/50–1320 v. Chr.) bis nach Qadesch im südlichen Orontestal ausgeweitet hatten. Erneut waren Alalach wie Qatna betroffen und wieder sah sich die Stadt in ihren politischen Belangen der Kontrolle einer Fremdherrschaft unterstellt.

Für Alalach änderte sich vor allem der Name des Fremdherrschers. Der Status der Stadt und ihrer politischen Elite als abhängiger Vasall einer Großmacht blieb unverändert und überdauerte den großpolitischen Wandel. Sowohl Mittani als auch die Hethiter scheinen die wirtschaftliche Entwicklung des Ortes nicht behindert zu haben, denn in diesen Zeiten sind rege Bautätigkeiten zu verzeichnen. Auch der Außenhandel brach offen-

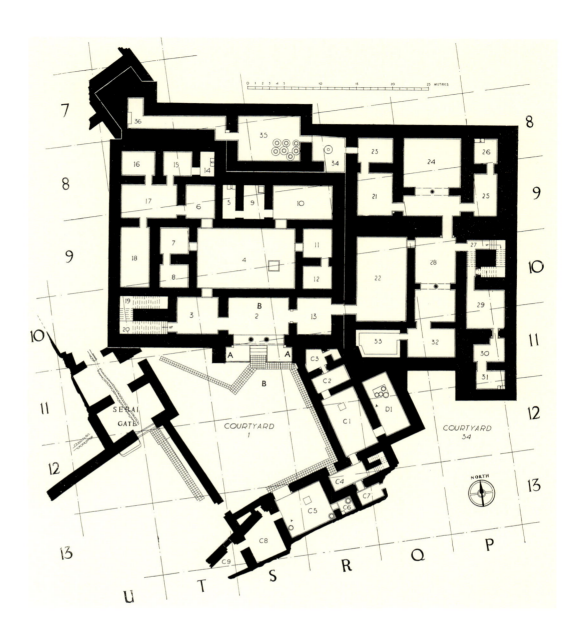

Plan des Palastes

Mitte des 2. Jahrtausends v. Chr.

kundig nicht ab, worauf Importe wie Elfenbeingefäße in Entenform aus Ägypten, mykenische Keramik und der Einfluss minoischer Malerei auf die lokale Keramik verweisen.

Fazit

Die günstigen Bedingungen des Orontestales haben im 2. Jahrtausend v. Chr. zur Entwicklung einer prosperierenden Kulturlandschaft geführt. Alalach im Norden und Qatna im Süden bildeten politische und wirtschaftliche Zentralorte in dieser urbanen Landschaft und dürften aus diesem Grund von denselben Großmächten okkupiert worden sein. Die konkreten Beziehungen der zwei Städte, die als gegeben vorausgesetzt werden können, sind bislang noch kaum bekannt, ein Desiderat, dass durch die neu aufgenommenen Ausgrabungen in beiden Orten in naher Zukunft wohl behoben wird.

> Heinz 2002; Klengel 1989; Klengel 1992

Byblos – Ägyptens Pforte zur Levante

Helene Sader

Byblos, das heutige Jbail, liegt an der libanesischen Küste, etwa 40 km nördlich der Hauptstadt Beirut. Seit dem 2. Jahrtausend v. Chr. erscheint es in den Schriftquellen unter dem Namen Gubla. Die Ägypter nannten es *kpn* oder *kbn* und die Griechen gaben ihm den uns heute geläufigen Namen Byblos, was „Papyrus" bedeutet, denn im 1. Jahrtausend v. Chr. war die Stadt der Hauptumschlagplatz für dieses Material.

Die wichtigste Hafenstadt

Innerhalb des Handelsgeflechts im antiken Nahen Osten spielte Byblos eine bedeutende Rolle. Im 3. Jahrtausend und der ersten Hälfte des 2. Jahrtausends v. Chr. war es die bedeutendste Hafenstadt für die Handelsbeziehungen zwischen Ägypten und Syrien. Qatna hingegen stieg erst zu Beginn des 2. Jahrtausends v. Chr. zu einer wichtigen Handelsstadt auf.

Beide Orte waren zentrale Stationen auf einem bedeutsamen Verkehrsweg zwischen dem Mittelmeer und dem Orontestal. Zwar fehlt uns eine explizite Reisebeschreibung in antiken Quellen, welche die Überlandroute vom Hafen von Byblos nach Qatna nennt, dennoch ist diese Strecke wohlbekannt und wurde seit dem 2. Jahrtausend v. Chr. stark frequentiert. Sie verläuft durch das Tal des Nahr el-Kabir al-Janubi – dem antiken Eleutherus, auch Homser Pforte genannt – in Richtung Qatna und Aleppo und weiter über Emar an den Euphrat.

Das Handelsnetz

Auch wenn es für die enge Beziehung zwischen Byblos und Qatna keinen unmittelbaren Beleg in den Schriftquellen gibt, kann trotzdem erschlossen werden, dass beide Städte im 2. Jahrtausend v. Chr. Bestandteil desselben Handelsnetzwerks waren. Einen deutlichen Hinweis darauf geben die Archive in Mari, in denen Qatna als Lieferant der sogenannten Byblos-Textilien genannt wird. Der Warentransport ging also eindeutig über die genannte Route Byblos–Qatna–Mari.

Auch die Keramik belegt diese Handelsbeziehungen, denn das Vorkommen von Krügen der sogenannten „Levantine Painted Ware" in Qatna, einer für die zentrale und südliche Küste der Levante typischen Keramik, kann als Indikator für den Kontakt mit Byblos im frühen 2. Jahrtausend v. Chr. geltend gemacht werden.

Aegyptiaca in Qatna

Den wesentlichen Hinweis für eine unmittelbare Verbindung zwischen Byblos und Qatna liefert jedoch die Tatsache, dass in Qatna eine Fülle von Objekten ägyptischer Provenienz und von lokalen Objekten mit deutlich

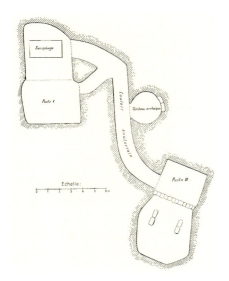

Plan der beiden ältesten Königsgräber in Byblos
In den Gräbern wurden Reste einer reichen Ausstattung gefunden, darunter auch Geschenke ägyptischer Könige. Obwohl die zeitgleichen überirdischen Bauten nicht mehr nachweisbar sind, kann man davon ausgehen, dass sich die Begräbnisstätten unter dem damaligen Palast befanden. 18. Jahrhundert v. Chr.

‹ Goldene Prunkaxt aus Byblos
Die im Obeliskentempel gefundene Waffe gehört zum Typus der sogenannten Fensteraxt, benannt nach den beiden ovalen Durchbrüchen. Bei dieser luxuriösen Ausführung ist der innere Teil goldummantelt und mit feinsten Mustern aus Filigran und Granulation verziert. 1. Hälfte 2. Jahrtausend v. Chr. Nationalmuseum Beirut.

Rollsiegel mit Abrollung
Ein typisch vorderasiatisches Rollsiegel verziert mit ägyptischen Motiven weist auf die enge Verbundenheit und den gedanklichen Austausch zwischen der Küstenstadt Byblos und dem ägyptischen Reich hin. Ähnliches ist für in Qatna gefundene Rollsiegel belegt. 3. Jahrtausend v. Chr. Nationalmuseum Beirut.

Ägyptische Gefäße aus Byblos

In den Gräbern wurden verschiedene Gegenstände aus Ägypten gefunden. Das Steingefäß mit den Knubben stammt aus dem 3. Jahrtausend v. Chr., kam also schon als Antiquität nach Byblos. Dies war wohl durchaus üblich, denn auch in der Gruft in Qatna entdeckte man ältere ägyptische Gefäße. 3. Jahrtausend v. Chr. Nationalmuseum Beirut.

ägyptischem Einfluss gefunden wurde. Seit der spektakulären Entdeckung einer großen Anzahl von ägyptischen und ägyptisierenden Fundstücken in Byblos aus der 12. und frühen 13. Dynastie (etwa 20.–18. Jahrhundert v. Chr.), die eine enge Verbindung zwischen der libanesischen Stadt und dem Niltal offenbarten, wird für jedes ägyptische Gefäß aus der Frühen und Mittleren Bronzezeit angenommen, es habe Zentralsyrien über Byblos erreicht. Gestützt wurde diese Annahme von der Tatsache, dass Ägypten in den zeitgleichen Keilschrifttexten aus Syrien und Mesopotamien nicht genannt wird. Die fehlende Erwähnung, die mit der zufälligen Erhaltung von Texten zusammenhängen könnte, mag andererseits darauf hindeuten, dass keine direkten Verbindungen zwischen Zentralsyrien und dem Niltal existierten, sondern der Handel hauptsächlich über Byblos abgewickelt wurde. Die Stadt wurde sogar als „Schleier" oder „Filter" bezeichnet, hinter dem Ägypten verborgen lag. Selbst der Terminus *gublayu*, „aus Byblos", soll sich nicht nur auf in Byblos hergestellte Produkte bezogen haben, sondern auch auf ägyptische Waren, die dort lediglich erworben wurden. Schließlich wird diese Hafenstadt der Hauptumschlagplatz für die meisten ägyptischen Importe gewesen sein.

Die bedeutendsten in Qatna gefundenen ägyptischen Stücke sind ein Fragment einer königlichen Statue und einer Sphinx, das den Namen der Prinzessin Ita, der Tochter von Amenemhet II. (1914–1879/76 v. Chr.), trägt und aus dem Mittleren Reich stammt, sowie Steingefäße und Schmuck aus dem Königsgrab, das während der Mittleren und Späten Bronzezeit belegt wurde. Das Grab selbst, ein in den Felsen unter dem Palast getriebenes, aus vier Kammern bestehendes Schachtgrab, ähnelt sehr den gleichzeitigen Königsgräbern in Byblos. In beiden Fällen wurden monolithische Sarkophage für die Bestattungen verwendet. Zudem stellen die ägyptischen Objekte in Byblos wie auch in Qatna und dem benachbarten Ebla den überwiegenden Teil der repräsentativen Grabbeigaben. In Qatna sind dies im Wesentlichen Steingefäße mit deutlichen Parallelen aus Byblos: Zum Beispiel haben das Steingefäß in der Hauptkammer und die im Grab von Qatna entdeckten Alabastergefäße identische Gegenstücke unter den Weihegaben des Depots im Tempel der Stadtgöttin beziehungsweise in den Königsgräbern von Byblos.

Was die lokal hergestellten Funde unter ägyptischem Einfluss wie Schmuck und Waffen anbelangt, findet das Goldblech des Köchers von Qatna im Hinblick auf die Technik des Treibens, der Filigranarbeit und der Granulation sein Vorbild in Goldblechen, die Griffe von Zeremonialäxten in Byblos zieren. Auch Phänomene der Glyptik weisen in dieselbe Richtung: Es kann kaum Zufall sein, dass eben die dem Ägyptischen entliehenen Motive in Qatna, beispielsweise die Hathor-Figuren und Hieroglyphen, genau denen entsprechen, die bereits im 3. Jahrtausend v. Chr. in Byblos auf dem Siegel eines lokalen Herrschers verwendet wurden. Zuweilen wird in der Forschung jedoch auch ein anderer Übertragungsweg für die ägyptischen Motive in Qatna vorgeschlagen: Syrische Handwerker aus Ägypten hätten diese mitgebracht, als sie zu Zeiten der 13. Dynastie von dort zurückkamen (s. S. 246 ff.).

Die Hafenstadt als Schlüsselposition

Die Rolle der levantinischen Städte als Vermittler im Transfer ägyptischer Motive nach Zentralsyrien wird in der jüngeren Forschung hervorgehoben. Eine Hypothese besagt sogar, dass ägyptische Kunsthandwerker eigens zu dem Zweck, dort Kostbarkeiten im ägyptischen Stil herzustellen, nach Byblos gebracht wurden. Obwohl heute allgemein anerkannt ist, dass Byblos in der ersten Hälfte des 2. Jahrtausends v. Chr. das Hauptbindeglied zwischen Ägypten und der Levante war, belegt die große Zahl jüngster Funde von ägyptischen Objekten in Städten Zentralsyriens – darunter Qatna und Ebla – jedoch, wie stark der ägyptische Einfluss dort zu dieser Zeit gewesen sein muss. So stellt sich die Frage, ob Byblos tatsächlich der einzige Kanal war, auf dem die ägyptischen Güter ihr Ziel erreichten. Davon abgesehen sprechen jedoch alle Indizien für eine entscheidende Rolle der Stadt als Drehscheibe ägyptischer Objekte und Kultur nach Zentralsyrien im Allgemeinen und Qatna im Besonderen.

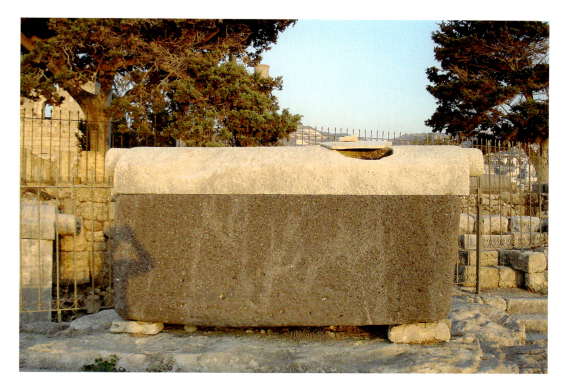

Monolithischer Sarkophag aus Byblos

In einigen der Königsgräber wurden wie in Qatna Steinsarkophage gefunden und teilweise aus den bis zu 12 m tiefen Schächten geborgen. Dieser Sarg stammt aus der Gruft, in der auch der berühmte Ahiram-Sarkophag entdeckt wurde, der mit Reliefs und einer Inschrift versehen ist. 2. Hälfte des 2. Jahrtausends v. Chr.

Byblos' „Monopolstellung" erklärt sich daraus, dass es seit dem 3. Jahrtausend v. Chr. in engem Kontakt mit Ägypten stand. Während des Mittleren Reichs erreichte die Verbindung ihren Höhepunkt, als die lokalen Herrscher der Stadt den ägyptischen Titel „Bürgermeister" trugen und damit ihr Vasallenverhältnis gegenüber dem Pharao zum Ausdruck brachten. Eine jüngst in Mit Rahina in Ägypten entdeckte Inschrift des Pharaos Sesostris III. (1872–1853 / 52 v. Chr.), die den unmittelbaren politischen Einfluss dieses Landes auf Byblos zu attestieren scheint, bestärkt das Bild der hervorragenden Position der levantinischen Hafenstadt als Haupthandelszentrum für ägyptische Güter während der Mittleren Bronzezeit.

> Ahrens 2006; Dunand 1958; Durand 1990; Helck 1994; Montet 1928

Handelszentrum Ugarit – Seine Kulturkontakte zu Qatna

Annie Caubet

Das antike Ugarit, heute Ras Schamra, wurde 1929 zufällig entdeckt. Seitdem finden dort archäologische Untersuchungen statt, die sich bis heute in einer französisch-syrischen Kooperation fortsetzen. Ugarit war von 1800 / 1750 v. Chr. bis zu seiner Zerstörung durch die Seevölker um 1190 / 1185 v. Chr. die Hauptstadt eines Königreichs. Es erstreckte sich im Süden bis zur Mündung des Wadi es-Sin, im Norden bis an den Gebel Aqra, den Berg Sapanu aus der Mythologie, und im Osten bis an das Alawitengebirge (Gebel Ansariye). Seine fruchtbare Ebene wurde von mehreren saisonal Wasser führenden Flüssen gespeist. Nur zwei weitere Orte des Königreiches wurden ausgegraben: die Hafenstadt Mahadu / Minet el-Beida und eine königliche Wohnanlage in Ras Ibn Hani.

Texte und Archive

In Ugarit fand man etwa 6000 Keilschrifttafeln, davon sind mehr als 2500 in Akkadisch verfasst, der damaligen „internationalen" Sprache, die aus Silbenzeichen bestand. Auf ungefähr 2000 Tafeln befindet sich ein davor unbekannter Dialekt, der in einer Alphabetschrift verfasst wurde. In dieser als Ugaritisch bezeichneten westsemitischen Sprache schrieb man mythologische Gedichte, epische Zyklen, wirtschaftliche Texte sowie Briefe und Verträge. Die wichtigsten Archive wurden im Königspalast entdeckt, aber auch in Häusern von Würdenträgern kamen Privatarchive und literarische Texte zutage. Die diplomatische Korrespondenz behandelt die Beziehungen zwischen dem Hof von Ugarit und seinen Nachbarn sowie die Stellung Ugarits als Vasall des hethitischen Herrschers.

‹ Fragment eines Pyxisdeckels aus Ugarit
Die „potnia theron", Herrin der Tiere, wird hier beim Füttern von Ziegen gezeigt. Der Stil lehnt sich deutlich an die mykenische Kunst an; dort findet man solche in schuppenartige Röcke gekleidete Frauen mit schmaler Taille. Dennoch handelt es sich hier wohl um eine einheimische syrische Arbeit, die aber den engen gedanklichen und handwerklichen Austausch mit der Ägäis belegt. 13. Jahrhundert v. Chr. Musée du Louvre, Département des Antiquités orientales, Paris.

Goldene Schale aus Ugarit
In einem Versteck nahe des Baaltempels wurden zwei goldene, aufwendig verzierte Schalen gefunden. Nicht nur ihr materieller Wert, sondern auch die hervorragendes technisches Können voraussetzende Ausführung lässt vermuten, dass diese Objekte aus königlichem Besitz stammen. 14. Jahrhundert v. Chr. Nationalmuseum Aleppo.

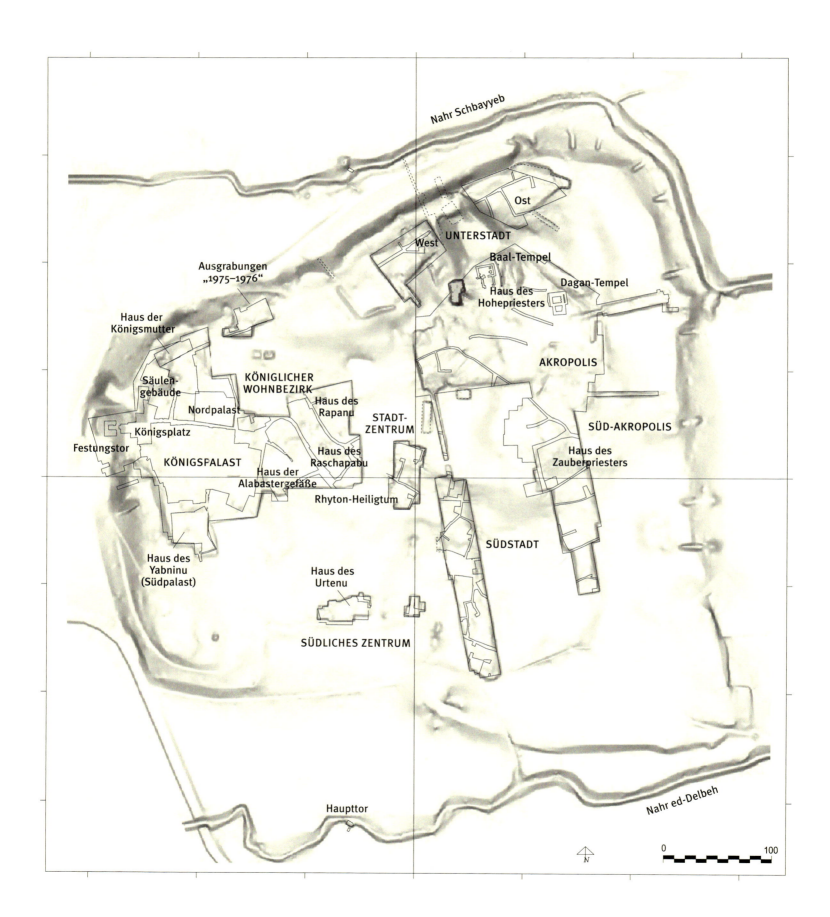

Nahr Schbayyeb

Ost

UNTERSTADT

West

Baal-Tempel

Dagan-Tempel

Haus des
Hohepriesters

Ausgrabungen
„1975–1976"

AKROPOLIS

Haus der
Königsmutter

Säulen-
gebäude

KÖNIGLICHER
WOHNBEZIRK

Nordpalast

Haus des
Rapanu

SÜD-AKROPOLIS

Königsplatz

STADT-
ZENTRUM

Festungstor

KÖNIGSPALAST

Haus des
Raschapabu

Haus des
Zauberpriesters

Haus der
Alabastergefäße

Rhyton-Heiligtum

SÜDSTADT

Haus des
Yabninu
(Südpalast)

Haus des
Urtenu

SÜDLICHES ZENTRUM

Haupttor

Nahr ed-Delbeh

0   100

N

‹ Plan von Ugarit

Zwei Bügelkannen

Die beiden Gefäße zeigen, wie eingeführte Tonwaren aus der Ägäis in der Levante imitiert wurden. Links eine mykenische Bügelkanne aus Keramik, rechts eine Nachahmung aus Fayence, die sich nur noch vage an der typisch mykenischen Bemalung orientiert. 14./13. Jahrhundert v. Chr. Nationalmuseum Aleppo.

‹ Plan von Ugarit

Die beiden Flüsse Nahr Schbayyeb und Nahr ed-Delbeh umfließen im Norden und Süden die Stadt. Im Westen befindet sich die Palastanlage, im Norden die höchste Erhebung, die Akropolis, mit den Tempeln des Wettergottes Baal und des Getreidegottes Dagan. Die historisch nicht belegten Bezeichnungen stammen von den Ausgräbern.

Das Stadtbild von Ugarit

Die ersten Siedlungsreste in Ugarit stammen aus dem 7. Jahrtausend v. Chr., aber der Aufschwung der Stadt fand erst mit der Besiedlung durch die Amurriter im 2. Jahrtausend v. Chr. statt. Nun war der Tell von einer Stadtmauer umgeben, die im Süden und Norden an kleine Flüsse grenzte. Im Süden befand sich das Haupttor, das über einen Damm zu betreten war; im Westen führte eine schmale Ausfallspforte in den Königspalast. Das Stadtbild wurde durch enge Straßen, quer verlaufende Gassen, Sackgassen und Häuserblocks mit mehreren Wohneinheiten geprägt. Eine der Besonderheiten von Ugarit sind unter den Häusern angelegte Grabbauten, von denen die jüngsten aus Quadersteinen bestehen und ein Kuppelgewölbe aufweisen. Es handelt sich um Familiengräber, die der Elite vorbehalten waren. Die Größe der Privathäuser schwankt zwischen wenigen und bis zu etwa 20 Räumen im Erdgeschoss. Wahrscheinlich lagen die Privatgemächer in den nicht erhaltenen Obergeschossen. Einige Wohnhäuser konnten, dank ihrer Archive, Verwandten der Königsfamilie zugewiesen werden.

Der spätbronzezeitliche Palast

Der Königspalast im Westen der Stadt wurde zu Beginn der Späten Bronzezeit errichtet und war verschiedenen Katastrophen ausgesetzt, darunter einem Erdbeben um 1350 v. Chr., so dass mehrmals Reparaturen durchgeführt werden mussten. Neben dem monumentalen Haupttor weist das Gebäude nur wenige Öffnungen auf. Im Inneren sind die Räume um eine Reihe von Höfen angelegt, denen jeweils eine Halle mit zwei Pfeilern vorgelagert ist. Ein großer Audienzhof öffnet sich zu einem Thronsaal hin und mündet in einen großräumigen Bankettsaal. Treppen belegen mindestens ein Obergeschoss. Im Osten befand sich ein Gartenhof mit einem Pavillon, in dem Möbel aus Elfenbein – ein Bett, ein Tisch und mehrere Hocker – gefunden wurden. Wie in Qatna besaß der Palast im Untergeschoss eine königliche Grabanlage, die leider geplündert war.

Die Kultbauten der Stadt

Die imposantesten Tempel sind die auf der Akropolis errichteten Heiligtümer für die Götter Dagan und Baal aus der Mittleren Bronzezeit. Sie besitzen eine Cella sowie eine vorgelagerte Kammer und können somit dem syrischen Bautyp zugeordnet werden. Obwohl mehrere andere Kult- oder Versammlungsstätten nachgewiesen sind, entspricht ihre Anzahl nicht der großen Zahl ugaritischer Götter, denen, wie es in den Ritualtexten heißt, „in ihrem Haus" Opfer und Weihgaben dargebracht wurden. Zu einem anderen Bautyp gehört das „Rhyton-Heiligtum", so bezeichnet aufgrund der dort gefundenen zahlreichen Libationsgefäße vom Typ Rhyton. Es handelte sich nicht um ein alleinstehendes Gebäude wie die Tempel der Akropolis, sondern um einen Versammlungssaal, der in den Wohnbereich integriert war und in dem wahrscheinlich die aus den Texten bekannten, rituellen Bankette *marzihu* abgehalten wurden.

Handel und Wirtschaft

Über die Wirtschaft und die Gesellschaft von Ugarit geben Keilschrifttafeln und andere Funde Auskunft. Die ökonomische Grundlage war vor allem die Landwirtschaft. Handelsbeziehungen über Karawanen ins Landesinnere und über den Schiffsverkehr zum Mittelmeerraum wurden vom Königshof kontrolliert. Berufsnamen belegen, dass viele Bewohner in der Metallverarbeitung tätig waren. Andere Begriffe bezeichnen die wohlhabenden Gesellschaftsschichten, wie die *marijannu*, Streitwagenbesitzer, die eine Art Kriegerelite bildeten. Das Gros der Stadthäuser gehörte wohl den „Männern des Königs", während die restliche Bevölkerung in Dörfern lebte.

Die Funde

Nach ihrer Zerstörung um 1190 / 1185 v. Chr. wurde die Stadt systematisch geplündert. Kunstwerke, die diesem Raub entgingen, stammen vor allem aus Gräbern und bezeugen eine große Offenheit für fremde Kulturgüter aus dem Mittelmeerraum, aber auch aus Mesopotamien und Ägypten. Die feine, für Bankette bestimmte Keramik wurde aus Zypern oder aus den mykenischen Werkstätten des kontinentalen Griechenlands und der anatolischen Küste importiert. Luxusartikel, Schmuck, Elfenbeinobjekte, Fayencen und andere glasartige Materialien zeugen vom Rohstoffverkehr und Technologietransfer zwischen sehr weit entfernten Regionen. Zu vielen Funden, wie den Fayence-Bechern in Form von Frauengesichtern und den Gefäßen in Tiergestalt, gibt es Vergleichsstücke von Zypern bis Mesopotamien. Ein Großteil der bildlichen Darstellungen ist durch die ägyptische Bilderwelt inspiriert, so die Paneele des Elfenbeinbetts im Palast, die Fayence-Schalen mit Nillandschaften und die Alabastergefäße. Aufgrund ihrer großen Anzahl und hohen Kunstfertigkeit gehören die Kunstwerke aus Elfenbein zu den spektakulärsten Fundstücken; sie waren wohl der königlichen Familie vorbehalten. Im Palast fand man neben Möbeln mit Elfenbeindekor den großformatigen Kopf einer Gottheit sowie einen Stoßzahn – wohl ein Horn –, der mit einer nackten, von Sphingen eingerahmten Göttin verziert ist. Andere Objekte waren aus weniger exklusivem Nilpferd-Zahn geschnitzt, so Kästchen in Entengestalt, linsenförmige Pyxiden oder Geräte wie Spindeln und Spinnwirtel. Obwohl ebenfalls mit großer Kunstfertigkeit gearbeitet, darf man sie als Besitz der nichtköniglichen Gesellschaft ansehen. Dennoch verzichtete diese nicht gänzlich auf Elfenbein, was kleine Objekte aus diesem Material in Privatgräbern belegen. Eine Besonderheit stellt der Deckel eines großen, zylinderförmigen Kästchens dar, der das außerordentlich gekonnt gearbeitete Motiv der „Herrin der Tiere" zeigt. Auch bei den Metallfunden lässt sich eine Unterscheidung in königlich und privat vornehmen. In einem Versteck in der Nähe des Baaltempels wurden zwei außergewöhnliche Goldschalen gefunden, die eine mit einer Wagenjagdszene, die andere mit mythologischen Kampfszenen verziert. Ein Hortfund aus einer Kultstätte im südlichen Teil der Stadt umfasst einen Silberrhyton, Silberschalen und einen goldenen Dolch. Diese qualitätvollen Objekte waren Weihgaben, eventuell vom König in Auftrag gegeben. In den Privatgräbern fand man Schmuck aus Edelmetallen, darunter sternförmige Medaillons und die in der Levante beliebten Anhänger mit der Darstellung einer nackten Göttin.

Zur „syrischen Kunst" dürfen des Weiteren die exzellenten Plastiken gezählt werden, für die gute Vergleichsstücke aus Ebla und Qatna vorliegen. Mehrere Stelen aus lokalem Stein kamen im Bereich des Baaltempels zutage, andere waren über die Stadt verteilt. Das Relief auf der größten Stele zeigt den sogenannten „Baal au foudre" (s. S. 89).

Zu den Plastiken gehört eine Steinstatuette in Gestalt eines alten, gebeugten Gottes auf einem Thron (s. S. 79). Sie wurde im „Rhyton-Heiligtum" gefunden und stellt eine Friedensgottheit dar, vielleicht El oder Ilu, den Göttervater der mythologischen Texte. Stilistisch ähnelt sie den beiden Sitzstatuen aus Qatna. Alle Figuren haben eingelegte Augen. Daneben sind mit Gold überzogene Bronzestatuetten zu nennen, die man zusammen mit Figuren des Kriegergottes und Stierfigurinen, dem Attributtier des Gewittergottes, fand. Als Zeugnisse des re-

Kanne des Typus „Base Ring Ware"
Diese Keramik zeichnet sich durch einen Standring aus und hat ihren Ursprung in Zypern. Gefunden in Ugarit, dokumentiert das Gefäß den Kontakt zwischen der Mittelmeerinsel und der Levante. 13. Jahrhundert v. Chr. Nationalmuseum Damaskus.

Kopf eines Syrers
Die vielleicht aus Amarna stammende Kachel
zeigt einen Levantebewohner. Charakteristisch
sind unter anderem Kinnbart und Stirnband.
14. Jahrhundert v. Chr. Museum August Kestner,
Hannover.

ligiösen Glaubens in Ugarit sind sie vergleichbar mit anderen Werken der Levante und wahrscheinlich spezifisch syrische Produkte der Späten Bronzezeit.

Insgesamt kann Ugarit als kulturell vielschichtig bezeichnet werden. Kunsthandwerklich stehen neben syrischen
Eigenheiten Einflüsse aus Zypern, der Ägäis und Ägypten. Intellektuell und literarisch war die Stadt aber in die
mesopotamische Welt eingebettet. So übernahm man die Keilschrift und die Verwendung von Tontafeln und
Rollsiegeln zur Kennzeichnung der Dokumente aus dem Zweistromland. In der Religion hingegen wurde den
eigenen, spezifisch syrischen Gottheiten ein Platz gewährt.

› Michaud 2007; Yon 2006

Politik und Diplomatie – Die Mari-Korrespondenz

Dominique Charpin / Nele Ziegler

1934 bis 1938 wurden im Palast von Mari / Tell Hariri mehrere tausend Tontafeln beziehungsweise Fragmente davon entdeckt, die Auskunft über zwanzig Jahre Politik und Gesellschaft am Königshof von Mari im 18. Jahrhundert v. Chr. geben. In den etwa 8000 publizierten Texten wird Qatna siebzigmal erwähnt, aber auch andere Städte des Reichs wie Nazala / Qaryatain sind bezeugt. Zur Zeit des Herrschers Samsi-Addu (1769–1712 v. Chr.) war Qatna mit dem Obermesopotamischen Reich, zu dem auch Mari gehörte, verbündet. Mehrere Briefe zwischen den Königen von Qatna und Mari sind bislang bekannt: sechs Briefe des Königs Ischchi-Addu von Qatna an den Herrscher Jasmach-Addu von Mari (nach 1734 v. Chr.), ein Brief an dessen Bruder Ischme-Dagan, Herrscher von Ekallatum, zwei Briefe von Jasmach-Addu an den König von Qatna sowie drei Briefe von deren Nachfolgern Amut-pi'el von Qatna und Zimrilim von Mari (1711–1697 v. Chr.). Die Informationen, die uns die Korrespondenz aus Mari liefert, werden durch zahlreiche Verwaltungstexte ergänzt.

Qatna und Mari

Zum Königreich Qatna, dem Nachbarn von Mari, gehörte neben der Hauptstadt Qatna auch die Oase von Nazala, die Qatnas Kronprinzen unterstand. Qadesch war eine der wichtigsten Städte des Reichs. In den Texten wird auch der See von Homs erwähnt sowie eine in der Nähe gelegene Grenzfestung namens Dur-Ischchi-Addu. Die Oasenstadt Palmyra / Tadmor war wohl der östlichste Vorposten des Reichs in der Steppe.

Es gab eine regelrechte Grenze zwischen den Einflussgebieten von Mari und Qatna, die in dem Brief eines Beamten an König Jasmach-Addu genannt wird. Er überliefert die Anweisung, dass die Eskorte eines Boten an dieser Grenze umkehren sollte:

„Belschunu wird nach Qatna reisen. Mein Herr möge ihm sieben Träger bis nach Qatna und eine Eskorte bis zur Grenze zur Verfügung stellen." (ARM V 58)

‹ **Sogenannte wasserspendende Göttin aus Mari**
Diese Figur mit wellenförmigem Gewand wurde im Palast des Zimrilim gefunden, Zeichnungen von Fischen betonen den Symbolcharakter von Wasserströmen. Ein im Inneren der Figur verlaufender Kanal ermöglichte, dass aus dem Gefäß in den Händen der Göttin Wasser fließen konnte. Wahrscheinlich um 1700 v. Chr. Nationalmuseum Aleppo.

Aquarell der Wandmalerei aus Mari mit der „Investitur des Zimrilim"
In den Höfen des Palastes befanden sich Wandmalereien. Das Hauptbild zeigt einen König vor der Göttin Ischtar, umgeben von kultischen und weltlichen Szenen. Wahrscheinlich um 1700 v. Chr. Musée du Louvre, Département des Antiquités orientales, Paris.

Zeugen einer diplomatischen Heirat
Die Texte berichten über die Aussteuer einer
Prinzessin aus Qatna, die an den König von
Mari verheiratet wurde. Auf ihrer Reise wurde
sie von einer Eskorte begleitet. 18. / 17. Jahr-
hundert v. Chr. Nationalmuseum Der ez Zor.

Wo genau die Grenze zwischen den beiden Reichen verlief, ist derzeit nicht nachweisbar. Das Steppengebiet
wurde auf jeden Fall von jaminitischen und sutäischen Nomaden durchzogen. Ein Brief berichtet, dass 2000
Sutäer Palmyra angegriffen hätten, aber abgewehrt worden seien. Wohl zum Schutz gegen nomadisierende Bevölkerungsgruppen wurde bereits viele Jahrzehnte zuvor eine lange, von Festungen gesäumte Mauer durch die
syrische Steppe errichtet, die etwa 50 km entfernt von Qatna einen Bogen um die Stadt beschrieb und das fruchtbare Weideland schützte. Als jedoch eine starke Trockenheit in Obermesopotamien den Nomaden das Über-
leben erschwerte, schlug Ischchi-Addu von Qatna in einem Brief Jasmach-Addu, dem Herrscher von Mari, vor:
„Deine Schafe, die Nomaden sollen hierher [die Steppe] durchqueren und meine Schafe sollen mit deinen
Schafen weiden. Weideland gibt es überaus viel. Schicke deine Scheichs her, ich will ihnen Anweisungen geben
und ihnen deine Schafe überantworten. Und meine Schafe sollen mit deinen Schafen gemeinsam weiden!"
(ARM V 16)

Politik und Diplomatie

Ischchi-Addu von Qatna war mit dem Vater von Jasmach-Addu von Mari, dem obermesopotamischen „Großkönig" Samsi-Addu, verbündet; die Allianz zwischen den beiden Höfen wurde durch die Heirat von Jasmach-
Addu und einer Königstochter aus Qatna namens Damchurazi besiegelt. Gemäß der Gepflogenheiten der Zeit
musste ein Brautpreis für die Prinzessin bezahlt werden. Der zukünftige Schwiegervater Samsi-Addu schrieb
diesbezüglich seinem Sohn Jasmach-Addu:
„Ich werde die Tochter des Ischchi-Addu für dich [als Ehefrau] nehmen. Das Haus Mari ist berühmt und auch
das Haus Qatna ist berühmt. Der Brautpreis ist gering! Es ist eine Schande [so wenig] zu geben! 5 Talente Silber
[etwa 150 kg] Brautpreis werden Qatna gegeben: 1 Talent 10 Minen [etwa 35 kg] Silber, 12 Minen [etwa 6 kg]
Gold, [mehrere] Tausend Schafe für 1 Talent Silber; [x Hundert Rin]der für 1 Talent Silber [etwa 30 kg]."
(ARM I 77)
Die Prinzessin sollte von ihrem Vater eine ansehnliche Mitgift erhalten, die anscheinend doppelt so hoch wie
der Brautpreis ausfallen sollte. Sie wurde auf 10 Talente Silber (etwa 300 kg), die Hälfte davon in Form von
Textilien, ausgehandelt. Neben ihrer Mitgift brachte die Prinzessin auch Personal mit nach Mari, davon wird
vor allem die Amme erwähnt. Es scheint, dass die Prinzessin noch sehr jung war. Ein Palastbeamter berichtete
dem abwesenden Jasmach-Addu über einen Hitzeschlag, den die junge Königin ein Jahr nach ihrer Hochzeit
im Palast von Mari erlitt. Im Brief des eher missmutigen Beamten erfahren wir weit mehr über das höfische
Leben jener Zeit als über die Krankheit:
„Es gibt im Palast keine hochrangigen betagten Damen, die in den Diensten der Königin [Damchurazi] stehen
und ihr sagen, was angemessen ist, und die sie anweisen. Falls sich vier oder fünf betagte Damen bei Mubal-
saga befinden, die in den [Angelegenheiten] des Palastes erfahren sind und die der Königin zu Diensten stehen
könnten, so [möge mein Herr] sie herführen lassen und sie sollen ihr zu Diensten stehen. Sie mögen sie dort
beraten, wo es angemessen ist, und sie anleiten. Die Amme [wörtl. „Mutter"] der Herrin, die aus Qatna gekommen ist, – wenn es auch sein mag, dass diese Frau die Herrin von klein auf erzogen hat, und sie sehr gut
kennt, – so hätte man diese Frau doch an dem Tag, da die Königin Qatna verließ, von ihr trennen sollen – man
hat sie uns aber nach Mari mit der Herrin geschickt. Aber sie hat keinerlei Erfahrung in Palastangelegenheiten.
Durch diese unzuverlässige Frau, die meiner Herrin zu Diensten steht, hat sie während der Nachmittagsruhe,
als die Riegel des Palastes heruntergelassen waren, die Musikerinnen zur *šurarum*-Zeremonie zum Eschtar-
Tempel herauskommen lassen. Im Hof des bunten Tempels hat sie der Hitzeschlag getroffen und seit diesem
Tag ist [sie] krank. Nun möge sich mein Herr nicht sorgen. Ihre Krankheit ist im Vergleich zu früher geringer
geworden. Nach diesem meinem Brief lasse ich vier Tage vergehen und dann werde ich meinem Herrn gute
Nachrichten schicken." (ARM XXVI/ 2 298)

Brief an den König von Mari

Der Vertraute des Königs beschwert sich, dass der jungen Königin, der Prinzessin aus Qatna, keine passende Hofdame zur Seite gestellt wurde und diese sich nun leichtsinnig verhalten habe: „Im Hof des bunten Tempels hat sie der Hitzeschlag getroffen und seit diesem Tag ist [sie] krank." 18. / 17. Jahrhundert v. Chr. Nationalmuseum Der ez Zor.

Ischchi-Addu von Qatna schrieb nach der Ankunft seiner Tochter im Reich von Mari einen Brief an seinen Schwiegersohn Jasmach-Addu, in dem er seinen Stolz über diese Verbindung zum Ausdruck brachte: „Ich habe deinem Schoß mein Fleisch und Blut gegeben. Die Dienerin, die ich dir gab – möge der Gott deinem Antlitz Gunst für sie gewähren. Ich habe deinem Schoß mein Fleisch und Blut gegeben und dieses Haus [Qatna] ist zu deinem Haus geworden! Das Haus Mari ist zu meinem Haus geworden!"

Nach Abschluss der Allianz pflegten die beiden Reiche besonders gute diplomatische und wirtschaftliche Kontakte. Beide standen mit dem Königreich Aleppo auf schlechtem Fuß. Im Rahmen der diplomatischen Zusammenarbeit stellte Samsi-Addu dem König von Qatna Truppen zur Verfügung, um eine Revolte im Süden des Reiches niederzuschlagen. Diese gelangten im Rahmen ihrer Kampagne bis in die Umgebung von Damaskus. Briefe der Generäle des Mari-Heeres unterrichteten ihren König Jasmach-Addu über den Verlauf der Militäraktion, die für die Soldaten sehr erschöpfend verlief und sich in die Länge zog. Erst nach zwei Jahren durften die Männer wieder in ihre Heimat zurückkehren.

Einige Jahre später kam es zu einem Thronwechsel in Mari. Zimrilim, wohl aus der einheimischen Herrscherfamilie Maris stammend, die von Samsi-Addu verdrängt worden war, eroberte die Stadt zurück. Dabei fand Jasmach-Addu den Tod. Dennoch endeten die Kontakte zwischen den beiden Königreichen nicht. Im Gegenteil, Zimrilim heiratete Damchurazi, die Witwe seines Vorgängers, wobei die Beweggründe nicht klar sind. Vielleicht war es ihm unmöglich, der Prinzessin ihre Mitgift zurückzuerstatten, und er wollte es sich auch nicht mit dem neuen Herrscher von Qatna, Damchurazis Bruder Amut-pi'el, verscherzen. Die Prinzessin aus Qatna gebar zwei Jahre nach ihrer Hochzeit mit Zimrilim einen Thronfolger und blieb die erste Ehefrau sowie die offizielle Hauptfrau des Herrschers von Mari, auch als dieser eine Prinzessin aus Aleppo ehelichte, die in der Folgezeit eine aktivere Rolle spielte.

Zahlreiche Boten aus Qatna werden in den Wirtschaftstexten erwähnt und bezeugen die Anwesenheit von Diplomaten in Mari. Das Verhältnis Amut-pi'els von Qatna zum König von Aleppo, dem Oberherren Zimrilims, blieb aber gespannt, und als im Jahr 1765 v. Chr. eine Großinvasion aus Elam drohte, verweigerte Amut-pi'el die Teilnahme an einer anti-elamischen Koalition, weil der Herrscher von Aleppo zu dieser gehörte.

Handel und Kontakte

Qatna war berühmt für seine weißen Pferde, die zu den beliebtesten Luxuswaren gehörten. Die Herrscher Samsi-Addu, Ischme-Dagan und Zimrilim besaßen solche Tiere. Neben der Pferdezucht, und generell der Viehwirtschaft, genoss das Handwerk des Königreichs hohes Ansehen. In den Archiven aus Mari werden eine Sänfte und in zwei aufeinanderfolgenden Jahren zweirädrige Wagen aus Qatna genannt, die Amut-pi'el an Zimrilim sandte. Auch der Wein jener Gegend war ein Handelsprodukt. Ein Brief erwähnt den Transport von sechs Krügen Wein nach Babylon als Geschenk für König Hammurapi, andere Texte nennen wertvolle Hölzer für Mari. Aber nicht nur Handelsgüter wurden ausgetauscht, auch Musiker und Musikerinnen gelangten von Qatna nach Mari. Ein Wirtschaftstext aus Mari beschreibt die Ausgabe von Gewändern, Wasserschläuchen und Schuhen für drei Musikerinnen, die man nach Qatna schickte.

› Charpin 1998; Charpin/Ziegler 2003; Geyer et al. 2007; Joannès 1997; Ziegler 2004; Ziegler 2006; Ziegler 2007a; Ziegler 2007b

Echnatons Archiv – Qatna in ägyptischen Quellen

Joachim Marzahn

„Wir haben unserem König, unserem Herrn, dem König von Ägypten, 20 Jahre lang geschrieben, und nicht ein Wort unseres Herrn hat uns erreicht." (EA 59 43–46). Dieses Zitat aus einem Brief der Stadtältesten von Tunip, einem antiken Stadtstaat im heutigen Libanon, umreißt wohl recht gut die Situation, in der sich viele der levantinischen Kleinstaaten – besonders der nördlichen Zone – am Ende des 14. Jahrhunderts v. Chr. befanden, als der politische wie militärische Druck seitens der Hethiter in der Region immer stärker wurde. Die Lage der bislang unter ägyptischer Kontrolle stehenden Gebiete drohte unhaltbar zu werden. Wie Tunip, dessen König offenbar schon gefallen war, erging es auch seinen Nachbarn Sumur, Irqata, Gubla / Byblos und nicht zuletzt Qatna, wie man zahlreichen zeitgenössischen Schriftquellen entnehmen kann. Eine Situation, die bekanntlich in der direkten Konfrontation Ägyptens mit den Hethitern in der Schlacht bei Qadesch im Jahr 1274 v. Chr. endete und die uns den ersten belegten Friedensvertrag der Weltgeschichte überlieferte, da keine der Seiten letztlich obsiegte.

‹ **Echnaton, eigentlich Amenophis IV.**
Der mit Nofretete verheiratete Pharao erhob den Sonnengott Aton zur höchsten Gottheit im Land am Nil. Seinen neu erbauten Regierungssitz im heutigen Tell el-Amarna nannte er „Achet-Aton" (Horizont des Aton). Außenpolitisch schwach, richtete er sein Streben vor allem auf die innere Erneuerung Ägyptens. Um 1353 / 1336 v. Chr. Staatliche Museen zu Berlin, Ägyptisches Museum und Papyrussammlung.

Das Archiv

Unsere Kenntnis der unmittelbar vorhergehenden Geschichte des östlichen Mittelmeerraums stützt sich dabei zu einem beträchtlichen Teil auf die sogenannte Amarna-Korrespondenz, eine Sammlung von Keilschrifttafeln, die 1887 in Tell el-Amarna, dem ägyptischen Achet-Aton, gefunden wurde und heute in mehreren Museen der Welt aufbewahrt wird. Dorthin gelangten die überwiegend nicht aus regulären Ausgrabungen stammenden Dokumente durch den damaligen Kunsthandel. Dieses Korpus, zu dem die oben genannten Urkunden gehören, wird in die Zeit von Amenophis II. (1428–1397 v. Chr.) bis zum ersten Jahr Tutanchamuns (1333–1323 v. Chr.) datiert. Es umfasst heute mehr als 380 Keilschrifttafeln, darunter etwa 350 Briefe, aber auch eine Anzahl von sich auf die Briefe beziehenden Inventaren (Geschenklisten) sowie einige literarische Texte – Epen, Mythen,

Brief des Königs Akizzi von Qatna an den Pharao

Akizzi fordert hier unter anderem den ägyptischen Herrscher auf, versprochenes Lösegeld zu senden, das er benötigte, um einen Teil seiner vom Feind verschleppten Untertanen wieder freizukaufen. 14. Jahrhundert v. Chr. British Museum, Department of the Middle East, London.

Brief des Königs Akizzi von Qatna an den Pharao

In diesem Brief bittet Akizzi den Pharao um militärische Unterstützung: „Wenn der König, mein Herr, will, so zieht er aus. Es ist aber gesagt, dass der König, mein Herr, nicht auszieht. So möge denn mein Herr Feldtruppen aussenden, und sie mögen kommen". 14. Jahrhundert v. Chr. British Museum, Department of the Middle East, London.

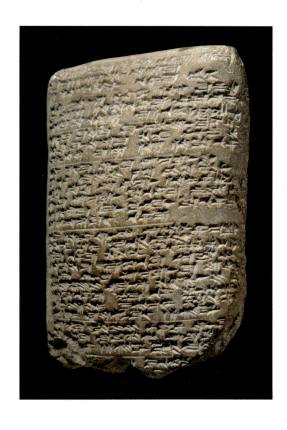

Wörter- und Götterlisten. Freilich dürfte dies nur den zufälligen Rest eines einst weit umfangreicheren Bestandes aus der Kanzlei des Pharaos darstellen, der auf nicht weniger als 3000 Briefe geschätzt wird.

Internationale Korrespondenz

Zu diesem Archiv zählen Briefe aus Babylonien und Assyrien sowie solche aus dem Mittanireich und dem Hethiterreich (Hatti) als historisch bedeutsame Schreiben einer „internationalen" Korrespondenz; hinzu kommen weitere Briefe aus Zypern und sogar aus Regionen von der kleinasiatischen Küste bis in den ägäischen Raum. Sie belegen den Kontakt und politischen Interessenausgleich der damaligen Großmächte des Vorderasiatischen Raumes mit Ägypten in einer Zeit, die sicher zu Recht als eine Periode des relativen Gleichgewichts gewertet werden kann; gelang es doch für eine geraume Zeit keiner Seite, ein eindeutiges Übergewicht zu gewinnen. Vielmehr waren einige davon wie Babylonien, Mittani und das Hethiterreich sogar an der Aufrechterhaltung dieses Zustandes interessiert, den sie durch gegenseitige Waren- und Geschenklieferungen und auch durch dynastische Eheschließungen zu festigen suchten. So sandten die genannten Staaten mehr als einmal Prinzessinnen zur Heirat an den ägyptischen Hof und tauschten Informationen und Botschafter aus.

Abhängige Kleinstaaten

Anders als der Schriftwechsel der Großmächte enthält die Korrespondenz zahlreicher Kleinstaaten der Levante einen Tenor, der deutlich auf ihre Abhängigkeit von Ägypten hinweist. Die im Vasallenverhältnis zu Ägypten stehenden Herrscher der Gebiete oder Städte, wie Ugarit, Amurru, Qadesch, Damaskus, Byblos, Beirut, Tyros und Sidon im Norden oder etwa Hazor, Megiddo, Sichem, Jerusalem, Gezer und Askalon im Süden, wandten sich in ihren Briefen ebenfalls an den Pharao. Sie erstatteten Bericht über die jeweils aktuelle Lage in ihrer Heimat und brachten in der Regel ihre Loyalität zum Ausdruck, nicht selten gefasst in die Formel „zu den Füßen meines Herrn [gemeint ist der Pharao] falle ich siebenmal, siebenmal falle ich nieder". Des Weiteren sind darin überwiegend Bitten um Unterstützung durch die Ägypter enthalten, zum Beispiel Forderungen nach Truppen, Wagen und natürlich auch nach Gold, die aus der eingangs geschilderten politischen Lage heraus entstanden. Insgesamt lassen sich die Amarna-Briefe gut mit jenen keilschriftlichen Materialien anderer Orte in Beziehung setzen, die für dieselbe Epoche entscheidende Quellen darstellen: die Archive aus der hethitischen Hauptstadt Hattusa und aus Ugarit.

Allerdings stellen die erhaltenen Amarna-Briefe nur eine einseitige Korrespondenz dar, die sich im Kanzleiarchiv in Achet-Aton fand. Obwohl inzwischen zum Beispiel in der Levante Texte gefunden wurden, die aus Ägypten stammen, sind solche, die sich etwa als Antworten vom ägyptischen Hof her direkt an die Briefe aus Amarna anschließen ließen, bisher nicht bekannt. Dass es sie gegeben hat, steht jedoch außer Zweifel, denn zu diesem Korpus gehören auch einige Schreiben der ägyptischen Seite. Sie sind in akkadischer Sprache auf Keilschrifttafeln abgefasst; darunter befinden sich ein Brief an Kadaschman-Enlil I., den König von Babylon (1374–1360 v. Chr.), und eine in hethitisch geschriebene Tafel an den König von Arzawa. Sie darf man als Archivkopien der eigentlichen Schreiben ansehen, die Ägypten verlassen haben. Darüber hinaus wurden wohl die „Antwortschreiben" auch in Ägyptisch auf Papyrus verfasst, allerdings hat sich hiervon nichts erhalten.

Die Korrespondenzsprachen

Neben den wichtigen historischen Informationen, die uns die Texte vermitteln, wird deutlich, dass man sich im Schriftverkehr zwischen Vorderasien und Ägypten als Korrespondenzsprachen vorwiegend der Keilschriftsprachen bediente, zu denen das sogenannte Kanaano-Akkadisch zählt. Das sind die westsemitischen Dialekte des babylonischen Akkadisch. Demnach diente das Akkadische damals als eine Art Lingua franca des Altertums. Außerdem gibt es Belege für das Assyrische, ebenso wie für das Hurro-Akkadische aus Mittani und Ugarit

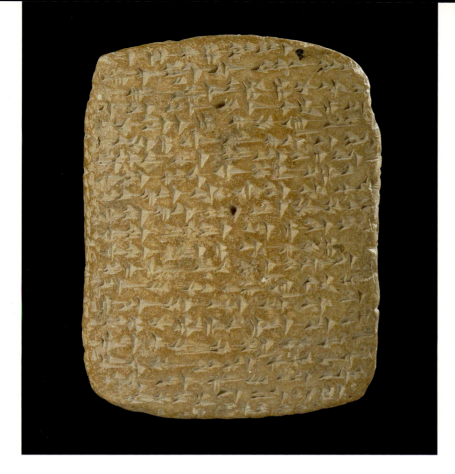

Brief des Herrschers Rib-Hadda von Byblos

Mit diesem Brief erhofft sich Rib-Hadda vom Pharao eine Unterstützung für seine Kavallerie: „So gib mir denn 30 Paar Pferde nebst Wagen. Širma-Leute sind vorhanden, Wagen habe ich aber nicht und Pferde habe ich nicht zum Ziehen gegen die Feinde des Königs." 14. Jahrhundert v. Chr. Staatliche Museen zu Berlin, Vorderasiatisches Museum.

Brief des Herrschers Rib-Hadda von Byblos

Er bittet den ägyptischen König um Hilfe, die dieser bislang verweigerte: „Aber siehe, ich habe geschrieben an meinen Herrn nach Kriegern; Besatzungsleute sind aber nicht gesandt worden, und gar nichts wird mir gegeben". 14. Jahrhundert v. Chr. Staatliche Museen zu Berlin, Vorderasiatisches Museum.

sowie für das Hurritische. Letzteres findet sich in einem Brief des Tuschratta von Mittani, mit 45 cm x 26 cm eine der größten erhaltenen Keilschrifttafeln. Diese Vielsprachigkeit setzt voraus, dass am ägyptischen Hof Schreiber tätig waren, die über eine entsprechend fundierte Ausbildung verfügten.

Ein Teil einer Schreiberausbildung umfasste auch das Kopieren von literarischen Texten. Solche wurden – wie oben erwähnt – ebenfalls in Amarna gefunden und bezeugen, dass man sich mit der sogenannten hohen Literatur des Zweistromlandes beschäftigte. Ob es sich hierbei jedoch um Ägypter handelte oder um am Hofe des Pharaos tätige Fremde aus Vorderasien, ist nicht bekannt.

Qatna in den Amarna-Briefen

Leider sind in der Amarna-Korrespondenz nur sechs Briefe erhalten, die sich mit Qatna verbinden lassen, davon einige sehr fragmentarisch. Doch zeigen sie die Bedrängnis, unter die Akizzi, der letzte Herrscher von Qatna, durch die Hethiter und die Herrscher von Amurru geraten ist. Zwar widerstand Akizzi dem Angebot des politischen Seitenwechsels und gelobte seine Treue: „Ich bin dein Diener und du, mein Herr, darfst mich nicht aus deiner Hand lassen. Ich, für meinen Teil, werde nicht abweichen von meinem Herrn. Ich habe mein Vertrauen in meinen Herrn gesetzt, in seine Truppen und in seine Wagen[truppen]." (EA 56 9–13). Aber sein dringendes Flehen nach Truppen aus Ägypten, die nur in Jahreskampagnen nach Norden kamen, offenbart seine Verzweiflung. Denn: „... Arzauia, der Herrscher von Rogisi, Te'uwatti, der Herrscher von Labana und der König von Hatti ... alle stehen gegen den König, meinen Herrn." (EA 54 31–34). Überdies hatte Aitukama von Qadesch einen anti-ägyptischen Aufstand gewagt (EA 53), und Qatna selbst war bereits von den Hethitern und Amurru überfallen worden. So bittet Akizzi um Auslösung der durch Aziru von Amurru entführten Geiseln sowie um weiteren Beistand, da andernfalls Qatna verloren gehen würde (EA 55). Dabei verweist er auf das Schicksal von Tunip (EA 57). Dass diese Schreiben wirkungslos blieben, zeigt der weitere Verlauf der Geschichte.

› Izre'el 1997; Izre'el 2000; Knudtzon 1915; Moran 1987; Moran 1992
siehe auch: http://amarna.ieiop.csic.es/index.html

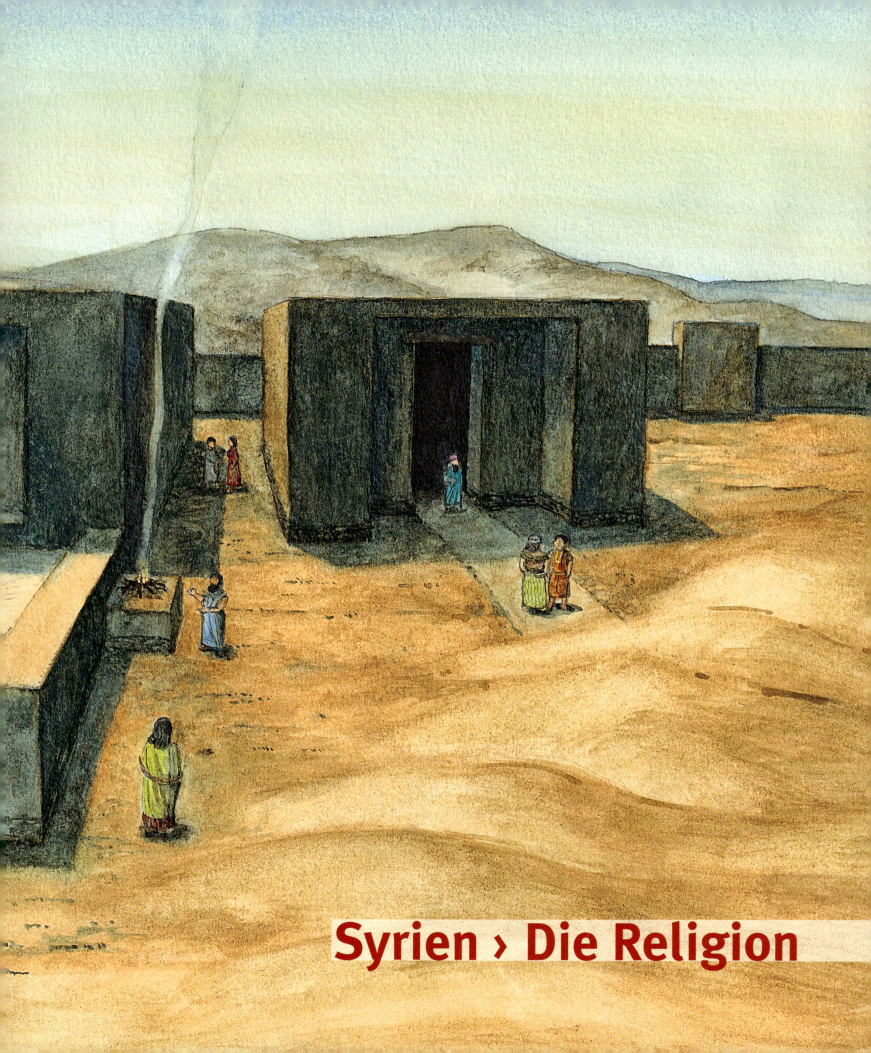

Syrien › Die Religion

Vielfalt der Götter – Syriens Religionen

Herbert Niehr

Anhänger mit Astralsymbol
Der Stern ist das Zeichen der Ischtar beziehungsweise ihrer syrischen Erscheinungsform, der Astarte. Sie ist die zentrale altorientalische Göttin und tritt als kriegerische Gottheit auf, ist aber auch für die Liebe zuständig. 13. Jahrhundert v. Chr. Nationalmuseum Aleppo.

Im Unterschied zur Lebenssituation des Menschen in den modernen westlichen Gesellschaften, die durch eine Trennung von Weltlichem und Geistlichem, von Staat und Kirche sowie der damit verbundenen Verdrängung von Religion in die Privatsphäre charakterisiert ist, stellte in den Kulturen des Alten Orients Religion keine Substruktur dar. Vielmehr durchdrang sie mit ihren Gottheiten, Dämonen und Ritualen die Gesellschaft und die Kultur in all ihren Bereichen, so dass es keinen religionsfreien Raum gab.

Dabei ist zu beachten, dass es im Alten Syrien nicht *die* Religion gab, sondern dass wir je nach Raum und Zeit zwischen den unterschiedlichen Ausprägungen altorientalischer Religionen unterscheiden müssen. Im Folgenden können deshalb nur die Grundstrukturen der Religionen Syriens im 2. Jahrtausend v. Chr. vorgestellt werden. Bedeutende Kultorte waren Mari, Emar, Ebla, Aleppo, Alalach, Ugarit, Byblos und Qatna. Hierbei, wie auch in allen anderen weniger prominenten Orten Syriens, sind die unterschiedlichen Ebenen der Religionsausübung und Kulte zu berücksichtigen. Als Träger der Religion stehen neben dem König, der für den Kult an den Haupttempeln verantwortlich war, auch die Familienoberhäupter und Stammesherrscher im Vordergrund.

Worin lag nun die Bedeutung von Religion im Alten Orient? Religionen vermittelten Ordnungsstrukturen des gesamten Kosmos. In diese Ordnungsstrukturen gehörten die Beziehungen der Götter untereinander, die Beziehungen der Menschen zu den Göttern und die Beziehungen zwischen den Menschen. Die in Tempeln, dörflichen Heiligtümern und in den Häusern ausgeübten Kulte dienten also dem Erhalt der kosmischen Ordnung beziehungsweise ihrer Wiederherstellung und Erneuerung.

Gottheiten und Panthea

Die besondere Eigenart altorientalischer Glaubensvorstellungen bestand darin, dass es sich bei ihnen um polytheistische Religionen handelte. Diese können nicht einfach als Addition unterschiedlicher Göttinnen und Götter betrachtet, sondern müssen vielmehr als Interaktionssysteme beziehungsweise Interpretationssysteme, etwa im Hinblick auf die Aufrechterhaltung des Kosmos, verstanden werden. Erst im Rahmen eines solchen Interaktions- beziehungsweise Interpretationssystems erhielten die Göttinnen und Götter ihre jeweilige Stellung.

Da wie im nördlich angrenzenden Anatolien und im südlich gelegenen Palästina auch in Syrien das Leben in entscheidendem Maße vom Regenackerbau abhängig war, kam den Wettergöttern eine entscheidende Rolle für die Aufrechterhaltung des Lebens von Mensch, Tier und Vegetation zu. Im 2. Jahrtausend v. Chr. begegnen uns die Wettergötter unter den Namen Addu, Haddu oder Baal. Als ihre Gefährtinnen traten die Göttinnen Hepat, Schala, Anat oder Ascherah auf. Neben der Vegetation bildete der Krieg eine entscheidende Machtdimension der Wettergötter: Sie verteidigten den ihnen anbefohlenen König und sein Reich gegen mögliche Feinde von außen.

Weitere große Gottheiten waren der Unterwelts- und Getreidegott Dagan, der Pest- und Seuchengott Raschpu, die für die Einhaltung der Rechtsordnung zuständige Sonnengottheit und der für die Fruchtbarkeit wichtige Mondgott. Zu den kleineren Gottheiten gehörten Botengötter, Geister und Dämonen sowie die nach ihrem Tode vergöttlichten Könige.

Die Zusammengehörigkeit aller Gottheiten untereinander zeigt sich vor allem anhand der Pantheonskonzeptionen, welche dazu dienen sollten, die Vielzahl von Gottheiten in eine Ordnung zu bringen. Darüber hinaus spiegeln sich hierin die Gesellschafts- und Herrschaftsstrukturen der semitischen Staaten.

Das Königtum

Der König galt als Sohn des höchsten Gottes und fungierte als sein irdischer Stellvertreter. Insofern bildete der Herrscher den Garanten der göttlich gewollten Ordnung, die er mittels der in den Tempeln abgehaltenen Kulte, aber auch durch seine Sorge für die Rechtsprechung etablierte und aufrechterhielt.

‹ Götterfigur aus Qatna
Die kleine Bronzefigur wurde vor den offiziellen Ausgrabungen in Qatna gefunden. Ein Gott mit hoher Hörnerkrone, gekleidet in einen Mantel mit dickem Wulst, sitzt auf einem Schemel, die eine Hand auf dem Schoß, die andere vorgestreckt. Er hielt wahrscheinlich früher einen Becher. Die Augen waren einst eingelegt. 17. Jahrhundert v. Chr. Musée du Louvre, Département des Antiquités orientales, Paris.

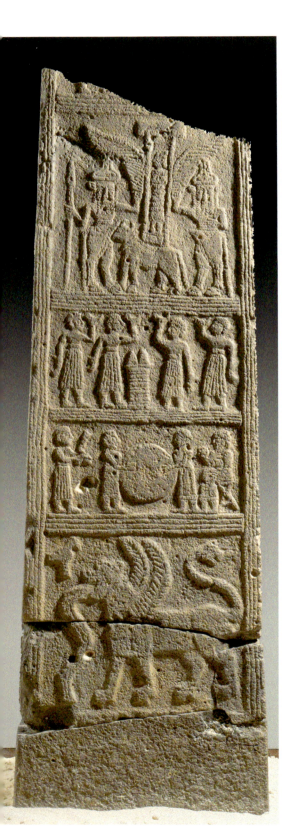

Zu seinen Lebzeiten galt der König nicht als Gott, nach seinem Tode jedoch wurden ihm im Rahmen des königlichen Totenkultes göttliche Ehren zuteil. So wurde er in die Zahl der Götter aufgenommen und erhielt Anteil an den Opfern.

Im Zusammenhang mit den Gottheiten stellt sich die Frage nach ihrer adäquaten Versorgung durch die Menschen. Hierbei bildete das Königtum das Bindeglied zwischen Göttern und Menschen. Der König war Segens- und Heilsmittler für Land und Menschen, Erbauer der Tempel, setzte die Priester ein und stand dem Kult vor, der in seinem Namen vollzogen wurde.

Die Tempel

Die Gottheiten waren in den Tempeln, die ihre Wohnstätten darstellten, mittels ihrer Kultbilder oder Kultsymbole präsent. Seitens der Menschen bestand die Pflicht, sie mit allem Lebensnotwendigen auszustatten. Zum ordnungsgemäßen Vollzug dieser Versorgung gab es Rituale, deren Ausarbeitung, Beachtung und Durchführung den Priestern oblag. Im Einzelnen umfasste die Versorgung der in ihrem Kultbild beziehungsweise Kultsymbol präsenten Gottheit die Speisung (Beopferung) und die Libation (das Trankopfer), das Spenden von Weihrauch sowie das Waschen, Bekleiden und Schmücken der Götterstatue. Dazu kam die Verehrung durch Gebete, Hymnen, Kultlieder und Musik. Wurden diese Aufgaben nicht in rechter Weise ausgeführt, zog sich die Gottheit im Zorn aus ihrem Tempel zurück. In diesem Fall war sie für die Menschen nicht mehr ansprechbar und es blieb jegliche göttliche Hilfe aus, was Krankheiten oder chaotische Zustände zur Folge hatte. Um derartige Konsequenzen zu vermeiden, stellte man mittels Götterlisten sicher, dass keine der großen Gottheiten im Kult übergangen wurde.

Als Kultpersonal an den Tempeln traten neben den Priestern und Priesterinnen unter anderem Sänger, Metzger und Wasserträger auf. Die Tempelcella war zwar nur der Priesterschaft zugänglich, doch die Verehrer einer Gottheit waren durch die in den Tempeln errichteten Beterstatuen immer im Gebet vor ihr anwesend.

Gelegenheiten, das Götterbild zu sehen, ergaben sich im Rahmen von Götterbildprozessionen anlässlich bestimmter Feste. Wesentliche Bestandteile dieser Feierlichkeiten waren Musik, Gesang und Tanz.

Familien- und Ortsreligion

Sowohl die literarische als auch die archäologische Fundlage verführte die moderne Forschung zu einer einseitigen Betonung der staatlichen Religionsausübung. Deshalb wird häufig der Faktor der Religionspraxis in den Häusern und auf der Ebene des Dorfes beziehungsweise außerhalb der Siedlungen vernachlässigt.

Neben den Haupttempeln der Städte gab es Ortsheiligtümer, das heißt Kultstätten, die oft unter freiem Himmel lagen, und außerhalb der Städte gelegene Kultorte wie heilige Berge, Quellen und Haine.

Wichtige Indizien für die Existenz von Hauskulten sind Funde von Götter- und Ahnenfigurinen aus Ton und Metall sowie von Tempel- und Heiligtumsmodellen. In den Häusern wurde gebetet und es wurden auch Opfer dargebracht. Hauptanliegen der Hauskulte waren die Wiedererlangung von Gesundheit, Bitten um Nachwuchs beziehungsweise um Fruchtbarkeit sowie die Begleitung bei Übergangssituationen in der Familie wie Heirat, Geburt und Tod. Für diese Fälle gab es jeweils Rituale und Gebete. Ebenso sind das Fasten und die Einhaltung bestimmter Speisevorschriften bekannt.

Feste und heilige Zeiten

Anhand der Feste, die den Alltag unterbrachen und als besonders herausgehobene Zeiten mit Kulten, Arbeitsruhe und eigenen Ritualen zu verstehen sind, wird eine Mythologisierung und Ritualisierung der Zeit erkennbar. So waren insbesondere für den Ahnenkult der erste, siebte und fünfzehnte Tag eines Monats von besonderer Wichtigkeit. Des Weiteren gab es landwirtschaftliche Feste. Als Jahresfest rückt vor allem das im Herbst gefeierte

Rollsiegelabrollung

Hauptfigur ist die sich entschleiernde Göttin in der Mitte, die sicher in den Bereich der Ischtar/ Astarte gehört. Vor sie tritt ein Mann mit kurzem Schurz und runder Kappe mit angehefteter Uräusschlange, dem königlichen Symbol Ägyptens. Dahinter steht ein Betender. 17. Jahrhundert v. Chr. Staatliche Museen zu Berlin, Vorderasiatisches Museum.

‹ Stele aus Ebla

Die heute noch 1,50 m hohe Stele wurde in einem Tempel gefunden. Sie ist von allen Seiten mit flachen Reliefs verziert, deren vielfältige Darstellungen aus dem mythischen und kultischen Bereich stammen. Der oberste, wahrscheinlich halbrund abschließende Fries ist verloren. 18. Jahrhundert v. Chr. Nationalmuseum Idlib.

Neujahrsfest in den Blick, an dem die Wiederkehr des Wettergottes aus der Unterwelt und der damit verbundene Neubeginn der Vegetation feierlich begangen wurden.

Divination und Magie

Da alles, was geschah, auf den Willen und das Wirken der Gottheiten zurückzuführen war, kam der Erkundung des göttlichen Willens eine entscheidende Bedeutung zu. Unglücksfälle wie Pest, Hungersnot und Krieg sowie auf der persönlichen Ebene etwa Kinderlosigkeit oder Not wurden als Indikatoren für den Zorn der Götter angesehen. Um Abhilfe zu schaffen, galt es Ursachen und Gründe für diesen Groll zu ermitteln und in Erfahrung zu bringen, wie die Götter wieder versöhnt werden konnten. Hierzu verhalf die von Spezialisten ausgeübte Weissagung, die Divination.

Einzelne Divinationstechniken umfassten die Leber- und Lungenschau, die Auslegung von Gestirnsvorzeichen, die Interpretation des Vogelflugs, die Deutung von Missgeburten bei Mensch und Tier (Geburtsomina), die Befragung der Toten (Nekromantie) mit Bitte um den Segen der Verstorbenen, die Gabe von Orakeln oder die Heilung von Krankheiten.

Mittels magischer Praktiken beziehungsweise des Ablegens von Gelübden versuchte der Einzelne, sich des Einflusses der Gottheiten innerhalb bestimmter Situationen zu versichern.

Totenpflege und Totenkult

Grundlegend für das Verständnis dieses Bereichs ist der Gedanke, dass zur semitischen Familie der Antike auch die Verstorbenen gehörten. Der Prozess des Sterbens bedeutete, dass der Totengeist den Menschen verließ. Nach dem Tode eines Menschen waren im Hinblick auf die Todesbewältigung die von den Hinterbliebenen vollzogenen Übergangsriten für die Verstorbenen wie für die Lebenden in gleicher Weise elementar. Hier spricht man von der sogenannten Totenpflege. Die Trennungsriten beinhalteten die Waschung, Salbung und Aufbewahrung des Toten bis zur Beisetzung und wurden mit dem Schließen des Grabes beendet. Weitere Riten

Götterstatuette aus Ugarit
Gekleidet und bekrönt in ägyptischer Tracht,
gehört die kleine Bronzefigur zu den syrischen
Göttern, die einst von den Ägypten adaptiert
wurden, in Ägypten den dortigen Moden unterworfen waren und in dieser Ausstattung wieder
zurück in die Levante gelangten. Vielleicht
handelt sich es um eine Darstellung des Gottes
Reschef. 14./13. Jahrhundert v. Chr. Nationalmuseum Aleppo.

begleiteten den Übergang des Verstorbenen vom Grab ins Jenseits. Diese Riten waren verbunden mit Besuchen am Grab, Opferhandlungen und Grabbeigaben. Es folgten Eingliederungsriten, die in der Welt der Lebenden in Form von Mählern (zum Teil mit den Totengeistern) gefeiert wurden und deren Ziel die Vereinigung des Verstorbenen mit den Ahnen im Jenseits war.

Davon zu unterscheiden ist der Totenkult für die vergöttlichten Ahnen einer Familie, bei dem diesen geopfert wurde. Dieser Zug ist vor allem im königlichen Totenkult ausgebildet. Archäologisch und inschriftlich sind für Syrien im 2. Jahrtausend v. Chr. Totenpflege und -kult in Mari, Ebla, Alalach, Ugarit, Kumidi, Qatna und Byblos gut belegt.

Mythen und Epen

Der narrative Zusammenhalt des Kosmos wurde durch Mythen gewährleistet. Deren Wesen und Funktion lassen sich nicht auf einen Nenner bringen. Teilweise stellen Mythen Gründungslegenden dar, haben legitimierende oder ätiologische, also den Ursprung erklärende Funktion oder existieren als Bestandteil von Ritualen.

Des Weiteren sind kosmologische Vorstellungen vor allem auf der Basis der Mythen zu erkennen. Der Sitz der Götter, besonders der Sitz des Wettergottes, wird auf heiligen Bergen verortet. Auch Quellen, Haine und Grotten können Göttersitze sein. Daneben ist die Unterwelt als Sitz unterirdischer Götter sowie des Ortes der Toten nicht zu übersehen.

Der bekannteste Mythos aus dem Syrien des 2. Jahrtausends v. Chr. handelt vom Kampf des Wettergottes gegen den Meeresgott. Ursprünglich an der Westküste Syriens im Bereich des Djebel al-Aqra beheimatet, wurde der Mythos über Aleppo bis nach Mari am mittleren Euphrat verbreitet. Seinen literarischen Niederschlag fand er auf den sechs Tontafeln des Baal-Zyklus aus Ugarit. In diesen geht es um den Palastbau des Baal, seinen Kampf gegen den Unterweltsgott Mot sowie seine Rettung und Wiederkehr aus der Unterwelt. Daneben sind Epen aus Ugarit zu nennen, die Themen aus dem Bereich der Königsideologie ansprechen, so etwa in den Epen über König Kirta und Prinz Aqhatu aus Ugarit.

› Cornelius/Niehr 2004; Del Olmo Lete 2008; Haider et al. 1996; Xella 2007

Sitzender Gott aus Ugarit

Diese kleine, 25 cm hohe Figur wird aufgrund des langen Bartes als Darstellung des Göttervaters El oder aufgrund des Fehlens von Hörnern an der Krone als die eines vergöttlichten Königs gedeutet. Wie auch bei anderen Figuren waren die Arme und Augen aus anderem Material ergänzt. Bitumen, von dem sich Reste erhalten haben, diente als Klebstoff für die separaten Teile aus Holz oder Elfenbein. 14. Jahrhundert v. Chr. Nationalmuseum Lattakia.

„Ein Rind, sechs Schafe wird man vor Addu opfern" –
Tempel und Tempelkulte

Ellen Rehm

Tempel galten im Alten Orient als Häuser der Götter und wurden auch in den Keilschrifttexten so bezeichnet. In der Regel handelte es sich dabei um freistehende Bauten an topographisch auffallenden oder kultisch wichtigen Plätzen. Erbauer waren die Könige, die sich in den Inschriften dafür rühmten. Aber die Tempel, meist aus getrockneten Lehmziegeln auf einem Steinfundament errichtet, bestanden nicht für die Ewigkeit und mussten ständig erneuert werden. Neubauten wie Renovierungen stellten umfangreiche Arbeiten dar, die nicht immer zu Lebzeiten eines Herrschers vollendet wurden; diese Aufgabe übernahm dann der Thronnachfolger. So heißt es in einer Ziegelinschrift des altassyrischen Königs Ikunum: „Erischum nahm am Tempel des Adad Baumaßnahmen vor und machte seine Werke dauerhaft; daraufhin hat Ikunum, sein Sohn, den Tempel des Adad vollendet."

Beterfigur aus Ebla
Die 7,4 cm hohe Figur aus Nilpferdzahn zeigt einen Adoranten, der ein kleines Opfertier in seinen Händen trägt. In der Plastik sind diese Figuren selten, auf Rollsiegeldarstellungen hingegen werden oft Beter mit einem Opfer in den Armen abgebildet. 17. Jahrhundert v. Chr. Nationalmuseum Idlib.

Tempelrelief aus Ebla
Die Wandverkleidung zeigt zwei aufrecht stehende Stiermenschen. Dieses beliebte mythologische Wesen hat ein menschliches Gesicht, Stierohren und -hörner, einen menschlichen Oberkörper sowie einen Stierunterkörper. 18. Jahrhundert v. Chr. Nationalmuseum Damaskus.

Die Architektur

Die Form der Tempel war unterschiedlich; sie konnte sich von einem Einraum-Gebäude bis zu einem komplexen Gebäudesystem mit Höfen und Nebenräumen erstrecken. Ebenso gab es in Paläste integrierte Heiligtümer. Durch die Vielfältigkeit des Tempeläußeren war auch der Zutritt ins Allerheiligste unterschiedlich. Bei den meisten Typen stand man nach dem Eintritt sofort gegenüber der Kultnische. In Langraum- oder Antentempeln – einer in Syrien besonders häufig auftretenden Form – befanden sich der Eingang und die in der Achse liegende Kultstelle an den Schmalseiten, bei Tempeln mit Breitraumcella lag das Allerheiligste an den Breitseiten. Einen anderen Aufbau wiesen dagegen sogenannte Knickachstempel auf. Wie der Name nahelegt, war die Kultachse geknickt. Es bedeutete, dass nach dem Eintreten eine 90°-Wendung nötig war, um die Kultstelle zu erblicken. An diesen häufig als Nische ausgebauten Stellen konnte eine Götterstatue stehen. Alternativ konnten Baitylen oder Masseben aufgestellt sein. Das sind anikonische, also unbearbeitete, natürliche Objekte; oft handelt es sich dabei um unbehauene Steine. Entwicklungsgeschichtlich eigentlich Vorläufer menschengestaltiger Götterbilder, bildeten sie sich gerade in der Levante als eigene Gattung heraus und fanden noch im Alten Testament Erwähnung. Sie wurden als Götterbilder, aber auch als Gedenksteine für Verstorbene angesehen (s. S. 85). Vor den Baitylen oder Götterstatuen konnte sich ein Altar für Opfergaben befinden; in vielen Tempeln waren zudem an den seitlichen Wänden Bänke installiert. Auf ihnen wurden Weihgaben abgelegt oder Figuren von Lebenden und Verstorbenen plaziert, denen man opfern wollte.

Wenngleich man bei einigen Tempeltypen nach dem Eintritt in das Gebäude, beziehungsweise bei vorgeschalteten Räumen nach dem Eintritt in das Allerheiligste, vor dem Antlitz der Gottheit stand, wird der Anblick dieser meist den Priestern vorbehalten gewesen sein. Ein Betreten der Heiligtümer war der Allgemeinheit vermutlich nur bei besonderen Festen erlaubt. Gewöhnlich blieben die dunklen Kulträume durch Vorhänge verborgen.

Wohnraum der Götter

Gelegentlich verließen die Götter ihre Häuser, um auf Reisen zu gehen und andere, mit ihnen verbundene Götter an fernen Orten zu besuchen. Texte berichten von langen Reisen zu Land und zu Wasser. Ebenso fanden an bestimmten Feiertagen Prozessionen statt, bei denen die Kultbilder durch Stadt und Umland getragen wurden und somit für die Gläubigen zu sehen waren.

Viele Heiligtümer waren nicht nur einer Gottheit geweiht, sondern beherbergten weitere Götter. Göttliche Partner, aber auch andere Gottheiten konnten zusammen wohnen. Sie wurden wie Menschen mit Nahrung versorgt, bekleidet und gesalbt. Und sie besaßen sehr menschliche Eigenschaften: „Die Götter essen und trinken, sie trinken Wein bis zur Sättigung, Traubenmost bis zur Trunkenheit".

Das Leben im Tempel

Zahlreiche Texte geben Hinweise auf das kultische Leben. Das altorientalische Jahr und der damit untrennbar verbundene kultische Kalender wurden mit dem Mondzyklus gekoppelt, bestimmte Feste – oft die der Ahnen – standen mit den Mondphasen in Verbindung (Voll- / Neumond). Andere Feste fanden monatlich, jährlich oder im Abstand von mehreren Jahren statt. Opfergaben waren verschieden zubereitetes Fleisch von Rind und Schaf sowie seltener von Geflügel und Wild. Getreideprodukte spielten eine große Rolle, aber auch andere Nahrungsmittel wie Honig, Sesam und Früchte werden genannt. Zudem wurden Flüssigkeiten libiert, das heißt Wein, Bier oder auch Milch und Wasser wurden vor der Götterstatue ausgegossen. Alle Gaben mussten rein sein. Opferlisten geben Auskunft darüber, welche Götter welche Menge an Zuweisungen erhielten. Geopfert wurde täglich, bei Festen zusätzlich. Texte berichten über mobile Tische und Altäre, da verschiedene Riten an unterschiedlichen Orten, auch außerhalb des Tempels, durchgeführt werden mussten.

Grundriss eines Tempels in Ebla

Geweiht dem Sonnengott Schamasch, gehört der Bau zum Typus des Antentempels. Die Seitenwände der langgezogenen Cella mit Kultnische an der Schmalseite sind nach vorne über den Raum hinausgezogen. In diesem Fall ist noch ein kleiner Querraum zwischen Kultraum und offenen Eingang gesetzt.

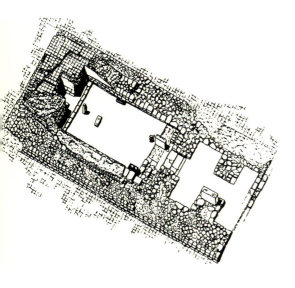

Tempelmodell aus Ugarit
Die Rekonstruktion zeigt den Baal-Tempel aus Ugarit. In diesem Heiligtum stand wahrscheinlich eine Stele des Wettergottes, zudem fand man unter anderem auch zahlreiche Anker. Sie können als Votivgaben von Schiffern gedeutet werden, die sich so eine sichere Fahrt bei gutem Wetter erbaten. Nationalmuseum Lattakia.

Ein Brief aus Mari erzählt von einer Zeremonie im Tempelhof, bei der die Königin von Mari, vormals Prinzessin von Qatna, einen Hitzschlag erlitt, da sie – schlecht beraten – in der Mittagsonne Musikerinnen zu einer Zeremonie in den Ischtar-Tempel kommen ließ.

Begleitet wurden die Opferhandlungen durch Räuchern, das die Götter herbeirufen sollte. Das Räucherwerk bestand aus Dufthölzern wie Wacholder und verschiedenen Mehlarten, die auf die Kohlenglut gestreut wurden. Auch wenn Privatpersonen Opfergaben in den Tempel bringen konnten, war in der Regel der König als oberste Instanz einer politischen Einheit der Opfernde. Daher stammten die Gaben aus seinem Besitz beziehungsweise aus dem des Tempels. Die Opfer waren oft gewaltig, so beispielsweise bei einem nur alle sieben Jahre stattfindenden großen Fest in Emar, Nordsyrien; dabei wurde einer langen Reihe von Göttern – angeführt vom Stadt- und Wettergott Dagan – vom König geopfert. Auf Tontafeln werden die Opfer aufgezählt, die während des sieben Tage dauernden Festes stattfanden. Neben Getreide belief sich die Anzahl der Tiere auf insgesamt 700 Lämmer und 50 Kälber. Darüber hinaus erreichten die Götter auch Weihgaben. Zum einen waren es Geschenke für eine Gottheit und seine Statue wie Öl für die Salbung: „1/2 Liter bestes Öl, 5 Schekel [ca. 41,5 g] Zedernöl für das Baden des [Wettergottes] Addu des Ortes Appan". Zum anderen gab es aufwendige Weihgaben, die das Haus des Gottes und seine Ausstattung bereichern und das Wohlwollen der Götter erregen sollten. Wertvolle Weihgaben konnten auch mit Inschriften der Stifter versehen werden.

Das Tempelpersonal als Mittler zwischen Göttern und Menschen führte alle kultischen und rituellen Handlungen durch. Als Ritualherr durfte der König oft wichtige Kulte vollziehen – wenngleich die praktische Ausführung meist vom Oberpriester vollzogen wurde –, wohl eher selten lag das oberste Priesteramt offiziell in den Händen des Königs. Die Anzahl der Beschäftigten eines Tempels hing von dessen Größe ab. In kleineren Tempeln übernahmen die Priester verschiedene Funktionen, in großen Tempeln agierte mehr spezialisiertes Kultpersonal. Kultische Reinheit war Voraussetzung für das Tempelpersonal. Die Kandidaten wurden ausgewählt, zum Beispiel durch eine Leberschau, geprüft und ausgebildet; eine Rasur bildete den entscheidenden Schritt und kann als Weihe interpretiert werden. Der Einsetzungstext einer Priesterin in der Stadt Emar beschreibt ausführlich die sieben Tage andauernde Handlung. Feierliche Prozessionen, Gottesdienste und regelmäßige Opferungen begleiteten die Zeremonie. Wie eine Braut erhielt die zukünftige Priesterin eine Ausstattung, neben Bekleidung werden auch Möbel aufgezählt.

In den Tempeln gab es Personen in unterschiedlichen Funktionen: Priester und Priesterinnen, die Rituale und Gottesdienste durchführten und Gebete sprachen, Beschwörer, Wahrsager wie Opferschauer für die Leberschau und Traumdeuter. Propheten, obwohl eher aufgrund religiöser Inspiration als aufgrund von Wissen handelnd, dürfen ebenfalls dazugezählt werden. Unterstützt wurden die Rituale durch Kultsänger, die das Prozedere begleiteten und für das Heil der Gottheit und des Tempels sangen. Die Zeremonien – meist monotone, sich wiederholende Litaneien – fanden im Tempel und Tempelhof, aber auch außerhalb des heiligen Bezirks statt. Im weiteren Sinne zum Tempelpersonal gehörten Personen, die das Opfer zubereiteten wie Brauer, Bäcker, Schlachter und Koch. Auch sie mussten rein sein, ihre Arbeit begleiteten sie mit Gebetssprüchen. Bezahlt wurden die Priester durch Einnahmen aus Pfründen und mit Nahrungsmitteln, die beim Opfer nicht verbraucht wurden, sowie mit bei den Opfern nicht verwendeten Elementen wie Tierfellen.

Der Tempel als Bau und Institution bildete ein architektonisches und spirituelles Zentrum eines altorientalischen Reiches und war eng mit dem Königtum und der Bevölkerung verwoben.

❯ Dietrich 1989; Flemming 2000; Mayer / Sallaberger 2003–2005; Sallaberger / Huber-Vulliet 2003–2005; Werner 1994

Die Verehrung der Vorfahren – Ahnenkult im Alten Syrien

Peter Pfälzner

Der Ahnenkult zählte aufgrund seiner integrativen Wirkung zu den bedeutendsten religiösen Praktiken in den alten Kulturen Syriens, denn er förderte den Zusammenhalt der Gesellschaft und stabilisierte deren soziale Gliederung. Primäres Ziel war es, den Totengeist der Verstorbenen durch Opfer und Rituale zu betreuen, damit dieser den Nachfahren wohlwollend und hilfreich zur Seite stehe. Dies konnte bis zu einer direkten Kommunikation mit den Vorfahren (Evokation) und einer um Rat ersuchenden Befragung der Ahnen (Nekromantie) führen.

Die Ahnenverehrung verfolgte aber nicht nur eine direkte Wirkung, sondern diente darüber hinaus der Regelung der Nachfolge bezüglich der Rolle oder Funktion des Verstorbenen sowie der geregelten Übertragung der Erbschaft. Aus diesem Grund war es meist der erstgeborene Sohn, dem die Aufgabe der Ahnenversorgung oblag. Dadurch konnte er sichtbar dokumentieren, dass er der rechtmäßige Nachfolger des Verstorbenen war und dessen Besitztümer und Rechte in legitimer Weise übernommen hatte. Dies war innerhalb einer normalen Familie genauso wichtig wie innerhalb eines Königshauses mit der oft konfliktträchtigen Thronnachfolge.

Auf diese Weise trug der Ahnenkult wesentlich dazu bei, die bestehenden Hierarchien innerhalb der Familie, eines größeren Stammesverbandes und des Staates dauerhaft zu festigen. Angesichts der ausgeprägten Stammesstruktur Syriens im 2. Jahrtausend v. Chr. wird verständlich, warum dieser Kult gerade in jener Zeit eine so bedeutende Rolle erhielt.

Die frühesten Belege

Die Anfänge des Ahnenkultes reichen bis in die frühesten Abschnitte der syrischen Kulturentwicklung zurück. Aus dem 8. Jahrtausend v. Chr. stammen übermodellierte und anschließend bemalte menschliche Schädel, die in Tell Aswad nahe bei Damaskus ans Tageslicht kamen. Sie waren unter den Häusern der präkeramisch-neolithischen Siedlung deponiert worden und stellen die frühesten aus Syrien bekannten Ahnenbildnisse dar. Sie sollten sicherlich den Fortbestand der Familienwohnstätten dieser frühen sesshaften Ackerbauern schützen. Folglich war der Ahnenkult, der manchmal sogar als Wiege der Religion und Ursprung der Götterverehrung bezeichnet wird, eine der ältesten religiösen Praktiken Syriens.

Dieser Kult war im 3. Jahrtausend v. Chr. auf unterschiedlichen Ebenen der städtischen Gesellschaft ausgeprägt. Im nordostsyrischen Tell Chuera fanden sich Hausaltäre und Knochenreliquien in den Wohnhäusern der einfachen Bevölkerung. In Heiligtümern inmitten der Stadtviertel, wie dem sogenannten Kleinen Antentempel am selben Ort, dürften altehrwürdige Ahnen eine Verehrungsstätte erhalten haben. Auch der gleichzeitige Ninni-zaza-Tempel in Mari mit einem kegelförmigen Kultstein (Baitylos) im Hof und Bänken für Trankopfer in der Cella lässt sich als Ahnenkultschrein deuten. Die hier gefundenen Beterstatuetten aus Kalkstein, die ebenfalls aus vielen frühdynastischen Heiligtümern Mesopotamiens bekannt sind, dürften Ahnenbildnisse gewesen sein. In Ebla lässt sich für diese Zeit bereits ein königlicher Ahnenkult nachweisen, da dort eine lange Liste mit den Namen vergöttlichter Herrscher gefunden wurde.

Ahnenkult zur Zeit von Qatnas Blüte

Der Ahnenkult ist im 2. Jahrtausend v. Chr., dem Zeitalter des Königtums von Qatna, in allen Sphären der syrischen Gesellschaft zu beobachten. In der Stadt Emar am Euphrat wurden die Vorfahren als „Götter des Hauses" hoch verehrt. Mit der Übernahme der Erbschaft des Haupthauses einer Familie durch den ältesten Sohn eines verstorbenen Familienoberhauptes wird auch das Recht zur Ausübung des familiären Ahnenkultes an diesen übertragen. Damit wird er als rechtmäßiger Nachfolger des Familienoberhauptes legitimiert. Wurde in Ausnahmen eine Tochter durch den Hausherren als Erbin eingesetzt, übernahm diese ebenfalls nicht nur das elterliche Haus, sondern auch die Pflicht zur Versorgung der Ahnen. Wahrscheinlich sind die vielen Hausmodelle aus Terrakotta, die in Emar und an anderen Orten Syriens (zum Beispiel in Selemiye unweit von Qatna) gefunden

Sogenannte Beterstatuette
Im Ninni-zaza-Tempel in Mari wurden zahlreiche Statuetten gefunden, die als Ahnenfiguren gedient haben dürften. Mitte 3. Jahrtausend v. Chr. Nationalmuseum Damaskus.

‹ Schädel aus Tell Aswad
Diese mehr als 10 000 Jahre alten, übermodellierten und bemalten Schädel kamen in Südsyrien zutage und bezeugen die lange Tradition des Ahnenkults.

wurden, als Symbole für das familiäre Haupthaus anzusehen. Sie könnten als Hausaltar für den Kult der Vorfahren gedient haben, auf dem Opfer für diese niedergelegt wurden.

In Ugarit an der syrischen Mittelmeerküste wurden die Totengeister der verstorbenen Könige als *Rapiuma* verehrt und über Generationen beopfert. Sie bewohnten die Unterwelt, konnten aber bei wichtigen Anlässen, etwa der Bestattung eines Königs, heraufgerufen werden, um der Zeremonie beizuwohnen. In Ugarit ist auch die Nekromantie, die Befragung der Toten, belegt. Es gehörte zu den vordringlichsten Sohnespflichten, für die Vorfahren einen Kultstein zu errichten sowie den Ahnengeist durch Evokation aus der Unterwelt herbeizurufen und ihn um Rat zu bitten. Sogar der mythische Ahnherr der Dynastie von Ugarit, Ditanu, wurde in wichtigen Angelegenheiten um einen Orakelspruch erfragt. Im Palast von Ugarit war ein eigener Komplex mit Hof und umgebenden Räumen direkt über den Königsgrüften für die Bestattungs- und Ahnenkultrituale reserviert.

Sichtbarmachung der Ahnen

Die eindrucksvollsten Zeugnisse für den Ahnenkult des 2. Jahrtausends v. Chr. in Syrien stellen sicherlich die beiden im königlichen Hypogäum aufgestellten Ahnenbildnisse verstorbener Herrscher aus Qatna dar. Wie die außergewöhnliche Fundsituation belegt, wurden sie regelmäßig durch Speiseopfer verehrt. Möglicherweise führte man hier auch die Evokation der Vorfahren durch, deren hervorgerufene Totengeister dann in den Basaltbildnissen residieren konnten. Ein weiterer Beleg für den Ahnenkult in der Königsgruft von Qatna ist die regelmäßige Versorgung der Toten mit Nahrung in Form des *Kispu*-Rituals innerhalb der Grabkammern.

Zusätzlich diente aber sicherlich auch die große Halle A, der sogenannte Festsaal, im Königspalast von Qatna als Stätte der Ahnenverehrung. Von hier aus erfolgte der Zugang in die Königsgruft und den unterirdischen Kultraum, so dass der Saal dessen oberirdisches Pendant gewesen sein dürfte. Dort könnten die öffentlicheren, einen größeren Personenkreis einbeziehenden Zeremonien des Ahnenkultes stattgefunden haben. Dies wird durch Hinweise aus dem altsyrischen Königspalast von Mari bestätigt. Der dortige Festsaal – an gleicher Stelle wie im Palast von Qatna gelegen und gleichartig eingerichtet – diente nach Ausweis der im Palast gefundenen

Vorraum der Gruft

Vor den eigentlichen Grabkammern der Königs-gruft in Qatna befand sich ein Raum, den man aufgrund der dort gefundenen Figuren als Ahnenkultraum interpretieren darf.

86

Altsyrisches Ahnenkultbild
In einem Hortfund beim Tempel P2 in Ebla
wurde diese Steinskulptur eines thronenden
Herrschers zusammen mit ähnlichen Figuren
gefunden. 1900–1700 v. Chr. Nationalmuseum
Idlib.

Sitzstatue aus Tell Halaf
In Tell Halaf wurde in einem Grab diese über-
lebensgroße Steinstatue einer Frau gefunden,
die wie die früheren Figuren ebenfalls ein
Gefäß in der Hand hält. Beginn 1. Jahrtausend
v. Chr. Staatliche Museen zu Berlin, Vorderasiatisches Museum.

Texte als „Dynastischer Saal" für den Kult der verstorbenen Könige von Mari. Hier wurden ihnen die Nahrungs-
spenden in Form der *Kispu*-Rituale dargebracht.

Die Ahnenstatuen von Qatna stehen in einer langen Reihe vergleichbarer Bildwerke aus Syrien. In den frühen
Abschnitt des 2. Jahrtausends v. Chr. gehören die Bildwerke aus Ebla, die in ihrer Sitzhaltung und der in einer
Hand gehaltenen Opferschale dem Gestus der Statuen aus Qatna genau entsprechen. Sie wurden zwar in einer
Grube beigesetzt gefunden, dürften aber ehemals ebenfalls als Ahnenstatuen verehrt worden sein. Folglich
könnte der sogenannte Tempel P2 in Ebla, vor dessen Eingang sie vergraben wurden, als ein Ahnentempel
gedient haben.

Das berühmte Sitzbild des Königs Idrimi (s. S. 50) aus Alalach aus der Mitte des 2. Jahrtausends v. Chr. zeichnet sich durch seine lange Inschrift aus, die den Lebensweg und die Taten des Herrschers aufzählt, aber auch
die (Wieder-)Einrichtung des Ahnenkultes für die Herrscher von Alalach erläutert. Einstmals war die Statue
wohl zusammen mit einem Opfertisch in einem kleinen Tempel für den königlichen Ahnenkult neben dem
Königspalast von Alalach aufgestellt.

Die Entwicklung im 1. Jahrtausend v. Chr.
Die Tradition der Ahnenbildnisse setzt sich in Syrien bis in die Eisenzeit, also das 1. Jahrtausend v. Chr., fort.
Berühmt sind die großen Sitzstatuen aus Tell Halaf, dem aramäischen Fürstentum Guzana in Nordostsyrien.
Sie halten in charakteristischer Weise ein Gefäß zum Opferempfang in ihrer rechten Hand und waren jeweils
über einer Grabstätte mit Brandbestattung aufgestellt. Bemerkenswert ist die Tatsache, dass es sich hierbei um weibliche Ahnenbildnisse handelt. Aus Tell Halaf stammt auch das steinerne Doppelsitzbild eines
verstorbenen Paares, welches in einer eigenen kleinen Ahnenkultstätte, dem sogenannten Kultraum, aufgestellt war.

„Du sollst dir ein Bildnis machen" – Syrische Götterdarstellungen

Ellen Rehm

Stele mit Darstellung des Wettergottes
Wahrscheinlich stand diese Stele einst im Baal-Tempel in Ugarit. Der Wettergott mit einer Keule in der erhobenen Rechten und einem Blitzbündel in der anderen Hand schreitet nach rechts. Unter ihm befinden sich Linien, die Berge und Wasser andeuten. Um 1700 v. Chr. Musée du Louvre, Département des Antiquités orientales, Paris.

‹ Götterfigur aus Ugarit
Die kleine sitzende Figur ist aus mit Gold überzogener Bronze gefertigt und stellt wahrscheinlich den Wettergott Baal dar. Seine Kopfbedeckung verrät die engen kulturellen Kontakte zu Ägypten. Diese Statuette ist ein Abbild der heute verlorenen großen Kultbilder aus den Tempeln. 14. / 13. Jahrhundert v. Chr. Nationalmuseum Damaskus.

Anders als in der Bibel (2. und 5. Buch Moses), in der ausdrücklich untersagt wird, ein Bildnis von Gott anzufertigen, war diese Praxis im Alten Orient üblich. Tausende von Götterbildern wurden gefunden. Wer aber waren diese Götter? Die Levante war nicht nur hinsichtlich der Topographie und der Staatsgebilde ein heterogenes Gebiet, sondern dementsprechend auch in der Götterwelt. Jeder Stadtstaat umgab sich mit seiner eigenen Götterwelt, wenngleich bestimmte Gottheiten wie etwa der Wettergott überall zu finden waren. Ihre Namen erfährt man durch Listen und kultische Texte, in denen die Gottheiten aufgezählt werden, denen man opferte.

Das Erscheinungsbild der Götter

Dieser überreiche Informationsfluss ist allerdings einseitig, denn es werden zwar Zuständigkeiten und verwandtschaftliche Verhältnisse zu anderen Göttern genannt, über das Aussehen hingegen wird meistens geschwiegen. Nur ein Attribut lässt uns aber – fast immer – die Götterdarstellungen von denen der Sterblichen trennen: die Hörnerkrone. Meist ist es eine spitze Mütze, selten ein Zylinder, der mit einem Paar oder mehreren Paaren von Stierhörnern geschmückt ist. In Etagen sind sie übereinandergereiht, ihre Anzahl darf jedoch nicht als Wertmesser für die Ranghöhe gewertet werden. Dank dieser Hörnerkrone ist bekannt, dass die Reliefs und Figuren, die an vielen Orten zutage kamen, als Götterbilder anzusprechen sind. Dabei handelt es sich aber nicht um die großen Götterfiguren, die einst in den Tempeln standen. Diese gingen verloren, als ihre Kulturen untergingen: Da sie aus kostbarem Material bestanden, oft war es mit Gold und Silber verkleidetes Holz, wurden sie geraubt. Texte nennen mehrere Kilogramm Edelmetall für Tempelstandbilder und erklären somit die Begehrlichkeiten: Gold und Silber waren wie weitere wertvolle Materialien, aus denen die Götterfiguren gefertigt wurden, wiederverwendbar. Obwohl die Tempelbilder fehlen, kann man sich dank der erhaltenen Darstellungen, seien es Reliefs auf Stelen und Siegeln oder kleine Statuen und Statuetten, ein Bild machen. Besonders die Statuetten darf man als Tempelstatuen en miniature ansehen. Die Figürchen sind meist aus Bronze gegossen und teilweise vergoldet. Oft waren die heute verlorenen eingelegten Augen aus Steinen sehr naturgetreu gestaltet, so dass die Figuren einen lebendigen Eindruck erweckten. Einzelne Elemente wie Körperteile, vor allem aber Kopfbedeckungen oder Teile davon waren aus anderem, edlerem Material gefertigt. Diese haben sich in der Regel nicht erhalten.

Die wichtigsten Götter

Anders als in Ägypten, in dem jede Götterfigur mit ihrem Namen versehen wurde, informiert uns der Alte Orient nur in den wenigsten Fällen durch eine Beischrift, um welche Gottheit es sich handelt. Dennoch können Details in Habitus und Kleidung wie Attribute bei der Bestimmung der Darstellungen weiterhelfen. Bei Reliefs kann – anders als bei Figuren – der Kontext zur Deutung mit herangezogen werden.

Am weit häufigsten dargestellt war die für das Regenanbaugebiet Syrien wichtigste Gottheit, der Wettergott. Als Baal („Herr") bezeichnet, trug er den Namen Addu (Hadad, Adad). Er war außerdem der Stadtgott von Aleppo, galt aufgrund der Macht dieses Stadtstaates als eine wichtige Gottheit und wurde so auch in anderen Orten verehrt. Dabei ist zu beachten, dass namens- und funktionsgleiche Gottheiten in verschiedenen Städten jeweils eine eigene Persönlichkeit hatten. So ist zum Beispiel Addu von Aleppo nicht gleichzusetzen mit Addu in Mari. Zudem sind unter anderem für Ugarit mehrere Wettergötter belegt, die jeweils einen bestimmten Aspekt betonten. Das erschwert natürlich auch die Zuweisung der Darstellungen zu bestimmten Gottheiten. Meist ist es nur möglich – wenn überhaupt – einen Typus zu identifizieren, nicht aber eine genaue Zuweisung zu einem Ort oder einem Aspekt. Für Addu, der in den nördlichen Gebieten auch mit dem hurritischen Namen Tessup genannt wird, wissen wir, dass er für Regen und damit auch für Sturm, Blitz und Donner zuständig war. Seine Attribute können deswegen Blitzbündel sein, als Begleittier kann der Stier als Synonym für die brüllende und erderbebende Kraft des Wetters auftreten. Ein anderer Aspekt darf aber nicht vernachlässigt werden: Keule, Dolch sowie der kurze Schurz, der große Bewegungsfreiheit zulässt, sind die Ausstattung eines Kriegers.

Rollsiegelabrollung mit Götterdarstellungen
Die Abrollung zeigt links den Wettergott mit einem Stier an der Leine, gegenüber eine Gottheit mit Zylinder und einem Gefäß in der Hand, vielleicht seine Frau, die Göttin Astarte. Rechts davon, wahrscheinlich gedacht als vor den beiden Göttern stehend, befindet sich ein kahlköpfiger Priester oder Beter. 18./17. Jahrhundert v. Chr. Staatliche Museen zu Berlin, Vorderasiatisches Museum.

Menschenköpfiges Wisent aus dem Palast in Ebla
Die 5 cm große Figur besteht aus einem Holzkern, der mit Goldfolie überzogen wurde; der Bart ist mit Steatit eingelegt. Das mythische Mischwesen war in Mesopotamien und Syrien außerordentlich beliebt und darf als übelabwehrend angesehen werden. Mitte 3. Jahrtausend v. Chr. Nationalmuseum Aleppo.

Die Mythen aus Ugarit schildern den Wettergott als aufsässigen und kriegerischen jungen Mann, so heißt es in einem Mythos: „Er erhob sich und spottete, er stand auf und spuckte aus inmitten der Versammlung der Götter". Zwei Reliefs sollen als Beispiele für Darstellungen des Wettergottes herangezogen werden. Bei dem ersten handelt es sich um ein Rollsiegel, dessen Inschrift den Besitzer angibt: „Ichlibscharri, Diener des Addu". Die Abrollung des Siegels zeigt drei Personen, links den Wettergott Addu, in der Mitte – wie an der Hörnerkrone ersichtlich – eine weitere Gottheit und rechts einen Beter oder Priester. Wahrscheinlich ist das Bild so zu deuten, dass der Beter oder Priester vor beide Gottheiten tritt. Der Wettergott trägt einen langen Bart, seine Haare fallen hinten in einer dünnen Locke auf den Rücken. Bekleidet ist er mit einer Kopfbedeckung, die in einer schmalen Spitze ausläuft und mit Hörnern versehen ist; sein Oberkörper ist nackt, sein knielanger Schurz mit einem quadratischen Muster versehen. In seinem Gürtel steckt ein Dolch. Im Ausfallschritt hat er den rechten Arm mit einer Keule zum Angriff erhoben, in der linken Hand hält er zum einen das Seil, an dem der vor ihm kauernde Stier angebunden ist, zum anderen wahrscheinlich vegetabile Elemente, die zu seiner Funktion als Regengott passen. Ähnlich, aber aufgrund des Größenunterschiedes detailfreudiger ist die Darstellung des Gottes auf der Stele aus Ugarit. Hier fehlt der Stier, und der Gegenstand in seiner linken Hand ist dieses Mal eine Lanze, die sich oben verzweigt. Noch rätselt man, ob es sich um Teile von Pflanzen oder ein Blitzbündel handelt. Der Beter oder Priester, auf dem Rollsiegel ganz rechts dargestellt, ist auf der Stele auf ein kleines Podest vor die Beine des Gottes gesetzt.

Neben Reliefdarstellungen gibt es auch Statuetten, die man wahrscheinlich dem Wettergott zuweisen kann. Dennoch besteht keine Garantie für diese Benennung, da die auf den Reliefs gut sichtbaren Attribute wie Blitz oder Zweig, Keule sowie die göttlichen Hörner bei Statuetten separat gefertigt wurden und deshalb verloren gegangen sind. Erhalten sind stehende männliche Figuren, die einen Arm – wie auf den Reliefs – über dem Kopf erhoben haben. Andere Figuren haben die gleiche Haltung, weisen aber eine andere Kopfbedeckung auf. Sie tragen die sogenannte Weiße Krone, das königliche Abzeichen für den Herrscher Oberägyptens. Nun ist Ugarit als Hafen- und Handelsmetropole am Mittelmeer mit regem Austausch zum Niltal für seine Vorliebe für Aegyptiaca bekannt, aber wie ist diese Abwandlung des Kopfputzes zu deuten? Die syrischen Götter begeisterten die Ägypter und wurden von ihnen adaptiert. Allerdings wurde dabei deren Tracht modifiziert: Der Wettergott bekam als Kopfbedeckung die würdevolle Weiße Krone. So verändert kehrte er dann im Zuge der oben

Statuette des Wettergottes

In Ugarit gefunden, gehört diese Figur mit gold-
überzogenem Kopf aufgrund ihrer Haltung eindeutig zum Typus des Wettergottes. Ihre Kopfbedeckung, die „Weiße Krone" Oberägyptens,
verweist auf die kulturelle Verbundenheit mit
Ägypten. 14. Jahrhundert v. Chr. Nationalmuseum Damaskus.

Statuette des Wettergottes

Die Figur mit der lang ausgezogenen, hohen Kopfbedeckung steht in der gleichen Haltung wie der Wettergott auf der Stele. Auch wenn nier die Attribute verloren sind, kann man die Statue als Wettergott deuten. 14./13. Jahrhundert v. Chr. Musée du Louvre, Département des Antiquités orientales, Paris.

genannten engen Kontakte wieder nach Ugarit zurück. Eine ähnliche Veränderung erfuhren auch sitzende Figuren, die in ihren langen sogenannten Wulstsaummänteln auf Hockern thronen. Die ältere Figur aus Qatna (s. S. 74) ist mit der altorientalischen Hörnerkrone bekleidet, während die jüngere Figur aus Ugarit die neumodische ägyptische *Atef*-Krone trägt – eine zusammengesetzte Kopfbedeckung aus der weißen Herrscherkrone Oberägyptens und zwei seitlichen Federbüschen, typisch für ägyptische Gottheiten wie den Unterweltsgott Osiris. Beide Statuetten haben einen enganliegenden Backenbart. In der jeweils vorgestreckten, zur Faust geballten Hand hielten sie wahrscheinlich einst einen – für viele Gottheiten belegten – Becher oder Stab oder ein für sie typisches Attribut. Bei den vielfach verwendeten Elementen wäre eine Identifizierung nicht möglich, bei einem charakteristischen Gegenstand hingegen ist es denkbar, die Figuren einer bestimmten Gottheit zuweisen zu können. Obwohl eine präzise Interpretation der zuletzt genannten Figuren nur eingeschränkt möglich ist, wird der Figurentypus – aufgrund der Ähnlichkeit – dennoch als einer der wichtigsten Götter der Levante, als der „allmächtige Baal", bezeichnet.

Die Göttinnen

Wenden wir uns nun den weiblichen Gottheiten zu. Auf dem oben vorgestellten Siegel steht dem Wettergott zugewandt eine Göttin in einem langen Mantel mit Wulstsaum, den sie mit der einen Hand in der Taille zusammenhält, während sie in der anderen einen Becher hält. Sie trägt eine zylindrische Kopfbedeckung mit seitlichen Hörnern sowie einem Hörnerpaar auf der Vorderseite. Ihr Haar ist im Nacken geknotet, am Hals ist deutlich der Halsausschnitt ihres Untergewandes zu sehen, der vermutlich von einer Kette zusätzlich betont wird. Das gemeinsame Auftreten dieser Göttin mit dem Wettergott, das auch auf anderen Siegelbildern zu beobachten ist, könnte eventuell nahelegen, dass hier die Gattin des Baal, Astarte, dargestellt ist. Ihr Symbol ist der Venusstern, der auf diesem Siegelbild hinter ihr zu sehen ist. Astarte war nicht nur für die Liebe zuständig, sondern verkörperte auch einen kriegerischen Aspekt. In einem jüngeren Vertragstext wird demjenigen, der den Vertrag bricht, unter anderem mit der Macht der Göttin gedroht: „So möge Astarte in schwerem Kampf eure Bögen zerbrechen und euch zu Füßen eures Feindes sitzen lassen ...". Statuetten aus Ugarit, die vielleicht diese Gottheit darstellen, zeigen weibliche Figuren mit Unterkleid und Wulstsaummantel. Fast brettartig erscheint der Körper einer kleinen Plastik; gemustert ist das Übergewand der Göttin, deren zipfelige Mütze stilisierte göttliche Hörner aufweist. Die Figuren haben eine Hand vorgestreckt oder zum Gruß erhoben, in der anderen hielten sie vielleicht einen Becher. Oft bestehen diese Statuetten auch aus unterschiedlichem Material. Ganze Körperglieder wie Arme können eingesetzt sein, teilweise dürfen auch Ritzungen am Körper als Befestigung für eine ehemalige Plattierung von Silber oder Gold zu deuten sein.

Götter ohne Zahl

Aus den Keilschrifttexten weiß man um die fast unendliche Zahl von Göttern, die in der gesamten Levante zu Hause waren. So werden in einem Text aus Emar anlässlich eines großen Festes weit über 80 Gottheiten aufgezählt, unter ihnen allein neun Varianten der Göttin Astarte. Auch aus anderen Orten sind lange Götterlisten bekannt, die als Memoranda aufgeschrieben wurden, damit die Priester bei der Opferung Reihenfolge und Zuteilung einhielten. Die noch erhaltenen Götterdarstellungen entsprechen dieser Vielzahl und Variationsbreite, sie vermitteln einen Abglanz der einst vorhandenen Kultbilder. In Stil und Gestaltung äußerst heterogen, zeigen sie auf diese Weise nicht nur lokale Eigenheiten, sondern spiegeln auch die Einflüsse der verschiedenen Kulturen wider, mit denen das Gebiet sich immer wieder friedlich wie auch feindlich auseinandersetzen musste.

› Otto 2000; Seeden 1980

Statuette einer Göttin

Auffallend flach präsentiert sich die kleine weibliche Figur, die möglicherweise einen Becher in der Hand hielt. Reste von Blattgold lassen vermuten, dass die Statuette einst vergoldet war. Ihre Augen waren eingelegt und werden ein lebendiges Antlitz vermittelt haben. 19. / 18. Jahrhundert v. Chr. Musée du Louvre, Département des Antiquités orientales, Paris.

Hausaltar und Amulett – Religiöses Leben jenseits der Tempelmauern

Ellen Rehm

Anhänger mit Gesicht aus Ugarit
In der Levante war die „Nackte Göttin" mit der Frisur der ägyptischen Göttin Hathor weit verbreitet. Mit dem Tragen dieser als Bild der Göttin Astarte gedeuteten Darstellungen wollte man sich deren Beistand versichern. Verkürzte Wiedergaben wie im Fall dieses Anhängers sind üblich. 15.–13. Jahrhundert v. Chr. Nationalmuseum Aleppo.

‹ Weibliche Terrakotte aus Qatna
Dieser Typus wurde in großer Anzahl in Syrien gefunden. Die nackte Frauenfigur mit gekreuzten Bändern über der Brust und einem hohen Kopfputz mag als glückherbeibringend und übelabwehrend gegolten haben. Sie wurde zusammen mit dem kleinen Gefäß gefunden. Beginn 2. Jahrtausend v. Chr. Nationalmuseum Homs.

Neben der offiziellen Religion gab es immer lokale Kulte und eine individuelle Religiosität. Aus Texten, die in Keilschrift auf Tontafeln geschrieben wurden, aber auch durch Darstellungen und Bauten ist die offizielle, am Hofe praktizierte Religion gut bekannt. Über den Glauben der Bevölkerung gibt es hingegen weniger Informationen. Oft vermengen sich lokale Kulte mit der von den Herrscherhäusern vorgegebenen Religion und variieren daher von Ort zu Ort. Neben lokalen Göttern und religiösen Tendenzen können auch landschaftlich signifikante Orte als heilige Plätze eine Rolle spielen.

Leben mit den Göttern

In damaliger Zeit war der Alltag von einer lebendigen Religiosität durchwoben, die heute bei uns vorhandene Trennung von Staat und Religion unbekannt. Man lebte mit seinen Göttern. Dieses Zusammenleben zeigt sich zum Beispiel in Häusern, in denen oft ein Bereich durch Einbauten wie Altäre hervorgehoben war. In denselben Räumen befanden sich aber wiederum unter anderem auch Feuerstellen und Kochgeschirre sowie Werkzeuge, die belegen, dass dort Essen zubereitet, gegessen sowie gearbeitet wurde.

Häufig waren die Hausaltäre kleine Podeste aus Ton, die mit vielfältigen Dekoren verziert sein konnten, oder Tischchen aus Stein oder Holz. Götterbilder fand man dort selten, dafür kamen aber in großer Anzahl Terrakottafigürchen von nackten Frauen im Siedlungsbereich, aber auch in Gräbern und Tempeln zutage. Die schlanken Figuren zeichnen sich besonders durch das fast vogelartig spitze Gesicht aus, das beim Formen mit der Hand entstand. Auffällig sind zudem der hohe Kopfputz, der die Haare wiedergeben soll, sowie die gleich geformten überdimensionalen Ohren. Die Augen und der Bauchnabel bestehen aus aufgesetzten durchbohrten Scheiben. Auch die Halskette ist appliziert, die schmückenden, vor der Brust gekreuzten Bänder und die Scham sind hingegen durch Ritzungen hervorgehoben. Wahrscheinlich galten die Figuren als übelabwehrend und gewährten – nach damaligen Vorstellungen – Schutz für eine Person oder einen Ort.

Schmuck als Schutz

Die gleiche Funktion konnte auch Schmuck einnehmen. Besonders beliebt waren scheibenförmige Anhänger, die mit einem Stern verziert wurden. Sie geben den Venusstern, das Symbol der Astarte, wieder. Die große Göttin Astarte, die der Ischtar in Mesopotamien entsprach, genoss in der gesamten Levante eine weitreichende Verehrung. Andere Anhänger zeigen nackte Frauen, meist reduziert auf Gesicht, Brüste und Scham. Häufig ist das Gesicht übergroß und wird von einer dominanten Frisur geschmückt, deren Ende in Schnecken ausläuft. Diese sogenannten Hathorlocken stehen in Verbindung mit der ägyptischen Göttin Hathor. Durch die militärischen Vorstöße der Pharaonen nach Norden gelangten ägyptische Vorstellungen in die Levante und gingen dort eine Verbindung mit einheimischen geistigen und visuellen Bildern ein. Dabei verschmolz die Frisur als typisches Attribut der Hathor mit der Nacktheit als charakteristischem Merkmal der großen levantinischen Göttin. So wurde ein neues Bild dieser sich ähnelnden Gottheiten geschaffen, das durch die Vereinigung der Kennzeichen eine Intensivierung bewirken sollte. Hathor, Ischtar und Astarte haben gemeinsame Aspekte. Zum einen sind sie positiv besetzt und für das Leben sowie die Fruchtbarkeit zuständig; insbesondere Hathor, auch in der Gestalt einer Kuh verehrt, verdeutlicht diese Facette als Gebärerin des Universums. Mit der Fruchtbarkeit ist die Liebe eng verbunden und so verwundert es nicht, dass diese Gottheiten auch als Liebesgöttinnen verehrt wurden. Zum anderen weisen sie einen negativen, lebenzerstörenden Aspekt auf. Während Ischtar und Astarte als kriegerische Göttinnen bekannt sind, kann Hathor die Funktion einer Todesgöttin einnehmen. Für den oben genannten Schmuck ist allerdings anzunehmen, dass die Besitzer sich Fruchtbarkeit und Liebesglück wünschten und sich zudem des Schutzes der Göttinnen versichern wollten.

Die als Beispiele vorgestellten Altäre, Figürchen und Amulette vermitteln ein enges Ineinandergreifen von alltäglichem und religiösem Leben und geben einen Einblick in die damalige Volksreligion.

Qatna › Die Entdeckung

Comte Robert du Mesnil du Buisson – Der erste Ausgräber

Michel Al-Maqdissi

Das Zentrum der Säulenhalle
In der Mitte der Halle fand Comte du Mesnil du Buisson ein Basaltbecken, das er als „Heiligen See" bezeichnete. Inzwischen interpretiert man es als Feuerstelle. Der liegende Grabungsarbeiter sollte als Größenvergleich dienen.

Als der junge französische Adlige Comte Robert du Mesnil du Buisson (1895–1986) nach dem Einzug der französischen Truppen und deren Mandatsübernahme Anfang der 1920er Jahre seine Arbeit im Orient antrat, ahnte er noch nicht, dass dies ein entscheidender Wendepunkt in seinem Leben werden sollte. General Bico, der syrische Gesandte und Anführer der Truppen, dem die Region vom palästinensischen Norden bis nach Kilikien in Anatolien unterstellt war, beauftragte ihn, eine Studie über den Reiseverkehr sowie den Zustand der Altertümer in diesem Gebiet zu verfassen. Damit nahm die Arbeit und die Auseinandersetzung du Mesnil du Buissons mit den archäologischen Hinterlassenschaften des Orients ihren Anfang.

Schon nach kurzer Zeit begann er mit einer Reihe von Feldstudien, die sich mit der Erforschung der Stadt Beirut und ihren alten Befestigungen beschäftigten. Seine Arbeiten zählen zu den ersten Versuchen überhaupt, die historische Bedeutung dieser wichtigen arabischen Hauptstadt zu klären.

Danach ging du Mesnil du Buisson nach Homs, um in der dortigen Region Untersuchungen und Forschungen durchzuführen, die sich mit einer bislang im Dunkeln liegenden Epoche syrischer Geschichte und deren Zeitperioden befassten. Im Verlauf seiner Feldforschungen kam es zu zahlreichen Kampagnen, die in Qatna/Mischrife ihren Ausgang nahmen und die er sukzessive nach Khan Scheichun, Tell Masin, Tall Al-Scha'irat und auf weitere Orte ausdehnte.

Seine enge und freundschaftliche Verbindung zum Jesuitischen Orden sowie zum Hause Thabit förderten seine Arbeiten und verhalfen ihm zu wichtigen Erkenntnissen über die historischen Epochen zwischen dem 3. Jahrtausend v. Chr. und der Ankunft Alexanders des Großen um 333 v. Chr.

‹ **Luftbild**
Die Aufnahme zeigt im Bild rechts unten den Palast. Vor allem der große rechteckige Säulensaal ist gut zu erkennen.

Die Säulenhalle des Palastes
Der Blick in die Halle zeigt ihre großen Dimensionen. Zur Orientierung fügte der Ausgräber Benennungen von Fundstellen in seinen Publikationen hinzu.

Comte Robert du Mesnil du Buisson
Die beiden Bilder zeigen den französischen
Grafen einmal in seiner Militärzeit,
zum anderen an seinem Lebensabend.

Fundstätten vor dem Vergessen bewahrt

Comte Robert du Mesnil du Buisson war der Erste, der planmäßige Ausgrabungen in Mischrife durchführte; insgesamt arbeitete er dort vor Ort vier Jahre lang (1924, 1927–29). Seine Ergebnisse publizierte er zunächst in vorläufigen Berichten, später auch in einer Monographie. Außerdem beschäftigte er sich mit großflächigen archäologischen Untersuchungen sowie mit anthropologischen Studien. Darüber hinaus dokumentierte er aber auch wissenschaftlich abschließend zahlreiche Fundstätten, die in Vergessenheit geraten waren.

Seine Arbeiten führten ihn in der Folgezeit bis zum Euphrat, an dessen Ufer er zusammen mit Forschungsgruppen der Universität Yale und der französischen Akademie für Skulpturen und Schrifttümer (AIBL) den Standort des hellenistischen Dura Europos aufspürte. Den Aufenthalt am Euphrat nutzte er auch dazu, an verschiedenen Orten Sondagen durchzuführen. Besonders hervorzuheben ist dabei der Ausgrabungsort Baghuz – gegenüber von Mari gelegen –, dessen amurritische Begräbnisstätte von ihm entdeckt wurde. Ebenso kamen einige vorchristliche Wohnanlagen zutage, die unter anderem aus der Samarra-Zeit stammten (6. Jahrtausend v. Chr.).

Eine reiche Ernte: seine Publikationen

Mit dem Ende des französischen Mandats im Jahr 1946 kehrte du Mesnil du Buisson nach Frankreich zurück. Dort wertete er seine Unterlagen aus und veröffentlichte während der folgenden 20 Jahre seine archäologischen Forschungsergebnisse in sechs Monographien und zahlreichen wissenschaftlichen Aufsätzen. In einem Werk befasste er sich speziell mit den Ausgrabungstechniken und neben seinen archäologischen Resultaten publizierte er zudem seine ethnographischen Studien.

In dieser Zeit veröffentlichte er auch sein berühmtes Buch über die Kultur Tadmors, des antiken Palmyra. Darin ging er insbesondere auf Tontafeln ein, die im Zusammenhang mit religiösen Festen stehen. Seine Beschäftigung mit diesem Thema veranlasste ihn zur Rückkehr nach Tadmor; dort führte er 1965 und 1966 Tiefensondagen im Bereich des Baal-Tempels durch, um nach den Vorgängerbauten zu suchen. Schließlich gelang es ihm, archäologische Artefakte zu entdecken, die in das 3. und 2. Jahrtausend v. Chr. zurückreichen. Dieser Erfolg förderte seinen Drang, sich weiterhin mit Tadmor und seinen Beziehungen zu längst vergangenen Städten und Kulturen zu befassen sowie diese zu erforschen.

Das der Feldforschung und Wissenschaft gewidmete Leben des Comte Robert du Mesnil du Buisson war mehr als 40 Jahre lang eng mit Syrien und seiner Geschichte verbunden. Wie stark seine Liebe, Zuneigung und Leidenschaft zu diesem Land sowie seinen archäologischen Stätten und seinen Denkmälern war, zeigt sich auch daran, dass er zwei seiner Töchter die Namen Dura und Qatna gab!

Beduinen

Im Hintergrund sieht man die Akropolis,
auf der sich der Palast befindet. Die Schutt-
halden der ersten Grabung sind deutlich
zu erkennen.

„Wie findet man ein Königsgrab?" – Die Entdeckung der Königsgruft

Michel Al-Maqdissi/Peter Pfälzner

Um 1928
Der französische Archäologe Comte du Mesnil du Buisson beginnt mit den Ausgrabungen in Qatna. Blick auf den „Cour du trône" und die Gleise der Lorenbahn.

„Wie findet man eigentlich ein Königsgrab?" – Diese Frage wird den Entdeckern einer königlichen Gruft immer wieder gestellt, weil es offenkundig ist, dass die Suche danach wie die nach der Stecknadel in einem Heuhaufen sein dürfte und weil entsprechende Erfolgsmeldungen der Presse selten zu entnehmen sind. Um die Antwort vorwegzunehmen: Es handelt sich um eine Mischung aus systematischem Arbeiten, Spekulation und riesigem Glück. Jede Entdeckungsgeschichte ist aber so einzigartig, dass sie lohnt, erzählt zu werden.

Es ist das Jahr 1928

Der französische Archäologe Comte du Mesnil du Buisson hat den Königspalast von Qatna entdeckt und arbeitet an der Freilegung des von ihm so genannten „Cour du trône", einem der Haupträume des Gebäudes (heute Halle A). Von hier aus verlegt er nach Norden Gleise, auf denen er in Loren den Schutt der Ausgrabungen abtransportieren lässt. Eine vorhandene, nicht erklärbare Lücke in der Nordmauer der Halle A, nahe von deren Nordwestecke, dient als willkommene Bresche für die Gleise. Tag für Tag rollen die mit Erdaushub gefüllten Loren über diese Stelle hinweg bis zum Nordrand der Palastterrasse. An der Stelle, an der sie abgekippt werden, türmt sich ein immer größer werdender Schuttberg auf. Der Bereich der Gleise und des Schuttberges muss zwangsläufig unausgegraben bleiben. Dies sollte sich als Glücksfall für die späteren Archäologen erweisen.

71 Jahre später, im Sommer 1999

Die Ausgrabungen im Königspalast von Qatna werden wieder aufgenommen. 1929 hatte Comte du Mesnil du Buisson Qatna im Glauben verlassen, den Königspalast vollständig ausgegraben zu haben. In der Zwischenzeit war das Gelände durch die Häuser des modernen Dorfes Mischrife vollständig überbaut worden. Auch an der Stelle der Lorenbahn und des Schuttberges hatte eine Familie in ihrem bescheidenen Lehmhaus gelebt. Erst 1982 siedelte die Syrische Antikendirektion die Bewohner des Dorfes um, an einen neuen Standort außerhalb des Ruinengeländes. 1999 war das Areal aber immer noch von den bizarren und romantischen Ruinen der verlassenen modernen Häuser überzogen. Vom bronzezeitlichen Königspalast keine Spur zu erkennen, nicht einmal seine Lage war exakt bestimmbar.

Die syrisch-italienische und die syrisch-deutsche Mission beginnen die Neuausgrabung des Königspalastes von Qatna, zu denen sich später auch die dritte, rein syrische Mission gesellt. Die Wiederaufnahme der Ausgrabungen wird von dem Wunsch geleitet, die während der früheren französischen Ausgrabungen unvollständig aufgedeckte und ungenügend dokumentierte Architektur des Königspalastes, der einer der prächtigsten Paläste seiner Zeit gewesen sein muss, mit modernen wissenschaftlichen Methoden zu erforschen. Sie wird aber auch von der Hoffnung getragen, dass dem früheren Ausgräber einige interessante Funde entgangen sein mochten. Dafür scheinen vor allem solche Stellen vielversprechend zu sein, die weiße Flecken auf den alten Plänen Comte du Mesnil du Buissons bilden, wie zum Beispiel der Bereich der früheren Lorenbahn.

August 2002

Die vierte Ausgrabungskampagne der syrisch-deutschen Expedition beginnt. Schon bald stößt das Team nördlich der Halle A, dort wo früher die Lorenbahn verlief, auf einen unterirdischen Raum, in dem Brandspuren zu beobachten sind und interessante Funde ans Tageslicht kommen. Plötzlich wird die erste Keilschrifttafel gefunden. In den darauf folgenden Tagen kommen immer mehr Tontafeln zum Vorschein, dazu verkohlte Holzbalken. Es scheint sich um Teile eines Archivs zu handeln. Bei einer Ausgrabung im Vorderen Orient ist dies die größte Belohnung für die Mühen der Arbeit. In die Euphorie mischen sich allerdings die ersten kritischen Überlegungen, um was es sich bei diesem unterirdischen Raum handeln könnte. Ein Archivraum scheint es nicht gewesen zu sein. Vielmehr müssen die Keilschrifttafeln – genauso wie die verkohlten Holzbalken – bei der Zerstörung des Palastes aus einem oberen Stockwerk heruntergefallen sein.

‹ Dezember 2002
Blick auf die Vorkammer der Königsgruft während der Freilegungsarbeiten. Ein Zeltdach bedeckt die Grabungsstelle, um sie vor Regenwasser zu schützen.

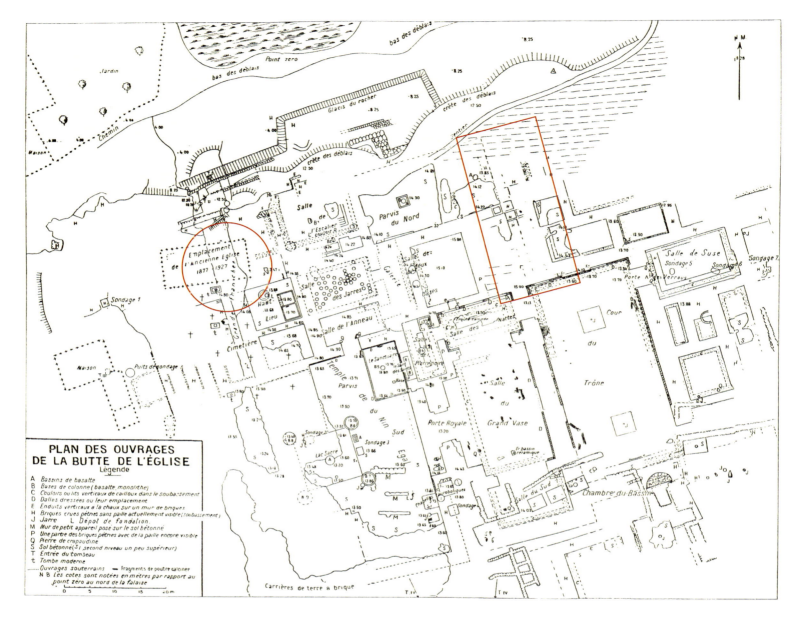

Plan des Königspalastes aus dem Jahr 1929

Das Rechteck markiert die Stelle, an der 2002 der Gang und das Königsgrab gefunden werden sollten; der Kreis weist auf den Platz hin, an dem seit 1999 der Palastbrunnen freigelegt wird.

Um die Funktion des Raumes festzustellen, aber auch um alle Funde bergen zu können, muss er vollständig freigelegt werden. Deshalb wird beschlossen, die Ausgrabungssaison, die eigentlich am 4. Oktober hätte enden sollen, um einen Monat zu verlängern. In dieser Zeit wird aus dem schmalen Raum ein immer längerer Korridor. Drei in Reihe liegende Türen werden darin gefunden. Bereits über 30 m erstreckt sich der mysteriöse Gang nun von der Halle A aus schnurgerade nach Norden.

Die Spekulationen über seine Funktion werden zunehmend intensiver. Am wahrscheinlichsten – und auch am sachlichsten – erscheint die Überlegung, dass es sich um einen Nebeneingang in den Palast gehandelt habe, vielleicht auch um einen Fluchtkorridor aus dem Palast. Eine Verbindung des Ganges in die Unterstadt würde diese Deutung beweisen. Alle Mutmaßungen werden jäh unterbrochen, als der Korridor plötzlich endet, vor der letzten Terrassenmauer des Palastes. Hier biegt er rechtwinklig um und führt zu einem Felsabbruch. Ein intaktes ägyptisches Steingefäß liegt auf der ersten Felsstufe, bekannt als beliebte Grabbeigabe orientalischer Könige. Ein Gedanke drängt sich blitzartig auf, den man aus archäologischem Realitätssinn intuitiv abwehren möchte, der sich aber sehr bald zu einer fast zwingenden Vermutung verdichtet: Es muss sich um den Eingang in ein Grab handeln. Ist es das Grab der Könige von Qatna? Wir haben jetzt den 4. November. Die Ausgrabungssaison wird erneut verlängert, diesmal auf unbestimmte Zeit.

1999
Die Ruinen des verlassenen modernen Dorfes Mischrife über den alten Ausgrabungen des Palastes. Die ersten Testschnitte werden angelegt.

Die Ereignisse am 10. November 2002

Der Felsabbruch hat sich als Rand einer tiefen Kammer erwiesen. Auf deren Boden wurden gerade zwei Statuen aus Basalt freigelegt, die fast unversehrt sind. Plötzlich, durch das Entfernen eines Schuttblockes mit der Kelle, öffnet sich ein Spalt in der Erde. Der erste Blick mit der Taschenlampe in das dahinter liegende Dunkel lässt die Ausgräber erstarren. Ein tiefer Raum im Fels wird mit dem Lichtkegel abgetastet, darin erscheinen Keramikgefäße, Steingefäße, sogar ein Sarkophag aus Basalt. Gold glitzert zwischen den von der Decke herabgefallenen Steinbrocken. Was eine „zwingende Vermutung" war, wird nun zur Sicherheit: Wir haben soeben ein Königsgrab entdeckt, die Grabstätte der Könige von Qatna.

Nachdem sich die erste überschwengliche Aufregung gelegt hat, muss rationell geplant werden. Mitarbeiter werden aus Europa eingeflogen. Ein Team aus syrischen und deutschen Archäologen, Anthropologen, Restauratoren wird zusammengestellt. Das Robert-Koch-Institut in Berlin untersucht aus Syrien eingeflogene Proben von den Wänden der Grabkammern auf Pilzsporen. Man will nicht das gleiche Schicksal erleiden wie die Ausgräber des Tutanchamun-Grabes in Ägypten, genau 80 Jahre zuvor. In den jahrtausendelang von der Außenwelt abgeschlossenen Grabkammern in Ägypten hatten sich extrem hohe Konzentrationen von Schimmelpilzsporen entwickelt, die damals zur Erkrankung und dem Tod zahlreicher Mitarbeiter geführt hatten. Das Ergebnis der Berliner Biomediziner lässt uns aufatmen: Mit Atemschutzmasken ausgestattet würden bei einem Aufenthalt in den Grabkammern keine Gesundheitsgefährdungen bestehen.

Die archäologischen Arbeiten in den Grabkammern unter der gemeinsamen Leitung von Heike Dohmann-Pfälzner (Tübingen) und Antoine Suleiman (Damaskus) gestalten sich dennoch schwierig. Tausende von Funden liegen auf dem Boden verstreut, so dass es unmöglich ist, durch die Kammern zu laufen. Die Fortbewegung muss über Holzbohlen stattfinden. Zeichenarbeiten und Einmessungen erfolgen ebenfalls aus dieser Position. Jeder Fund muss in seiner Lage verzeichnet werden, bevor er geborgen werden kann. Alle Arbeitsschritte werden photographisch dokumentiert und gefilmt. Nachtschichten sind nötig, 17 Stunden pro Tag wird in den Grabkammern gearbeitet. Ziel ist es, die Verteilung der Funde und die Ausstattung der Königsgruft so genau wie möglich zu dokumentieren, um die ehemaligen Vorgänge in den Grabkammern rekonstruieren zu können. Die Arbeiten in den vier Grabkammern dauern vier Wochen an. Am 22. Dezember kehrt das Team erschöpft, aber erfüllt nach Damaskus beziehungsweise nach Deutschland zurück.

Nach der Ausgrabung

Die Bergung der Funde bedeutet den Anfang einer umfangreichen, über Jahre andauernden Auswertung. Ein internationales und interdisziplinäres Team von Wissenschaftlern wird zusammengestellt, um Objekte naturwissenschaftlich zu bestimmen und historisch auszuwerten. Spezialuntersuchungen, zum Beispiel an einem Bestattungstisch in der westlichen Nebenkammer, werden durchgeführt. Auf diese Weise sollen die stummen Zeugen eines vergessenen altsyrischen Grabkultes zum Sprechen gebracht werden.

Grabungsarbeiten in der Gruft
Nachdem die Untersuchung auf gefährliche Schimmelpilzsporen negativ ausgefallen war, bestand in den Grabkammern, solange man sich dort mit Atemschutzmasken aufhielt, keine Gesundheitsgefährdung.

Qatna › Die schriftlichen Quellen

Aus den Schreibstuben der Könige – Textfunde aus Qatna

Thomas Richter

Hinsichtlich der textlichen Überlieferung ist der Großteil der altorientalischen Kulturen durch die Keilschrift geprägt. Es handelt sich dabei um ein Schriftsystem, das sich um 3200 v. Chr. im Süden des heutigen Irak aus älteren, dreidimensionalen Verwaltungshilfen entwickelte, den sogenannten Zählsteinen (englisch „token"). Diese Zählsteine, die üblicherweise aus Ton gefertigt wurden, symbolisierten Elemente des Wirtschaftskreislaufes und standen für Stapelware, zum Beispiel Gerste, Bier, Wein, oder handwerkliche Produkte wie Geräte und Waffen. Jedes Objekt wurde durch ein spezifisches „token" repräsentiert, das sich in Formgebung oder Oberflächenbehandlung, zum Beispiel Ritzungen oder sonstige Markierungen, von allen anderen unterschied.

Der Beginn der Schrift im Zweistromland

Die Anfänge dieses Notationssystems liegen bereits im Neolithikum (ab ungefähr 8000 v. Chr.). Bis etwa in die Mitte des 4. Jahrtausends v. Chr. wurden nur einfache Formen verwendet, die für Massengüter beziehungsweise Stapelware standen; sie treten an einer Vielzahl vorderasiatischer Fundplätze auf. In der Zeit und an den Orten, in der die Hochkultur-Entwicklung einsetzt, begegnen dann vermehrt „complex token", die für spezifische, bearbeitete Produkte stehen; sie treten nur in einigen Fundorten der Späten Uruk-Zeit (etwa 3300–3100 v. Chr.) in Erscheinung.

Der entscheidende Schritt zur Entwicklung einer Schrift wurde in Uruk im heutigen Süd-Irak vollzogen. Aus dem dreidimensionalen „token", das in Tonbullen eingeschlossen werden konnte – diese gab man als Warenbegleitscheine einer Lieferung bei –, entwickelte sich ein zweidimensionales Zeichen, das auf eine aus Ton gefertigte Tafel aufgebracht, „geschrieben", werden konnte.

Vermutlich wurde diese Schrift für das Sumerische entwickelt, ein in dieser Zeit im Süden des Zweistromlandes verbreitetes Idiom. Zunächst konnten aber noch keine komplexen Texte oder abstrakte Sachverhalte, wie zum Beispiel Namen, dargestellt werden. Die älteste Schrift gab vielmehr Wörter wieder, in der Regel Substantive – so wie zuvor schon die „token". Erst im Verlauf der weiteren Entwicklung, bis etwa 2500 v. Chr., entwickelten sich durch lautliche Übertragung aus den Wortzeichen Silbenzeichen: Während eine Gerstenähre zunächst nur für das sumerische Wort *še* „Gerste" verwendet wurde, konnte sie später an jeder Stelle eingesetzt werden, an der die Silbe *še* vorkam.

Mit dieser Entwicklung der inneren ging eine Veränderung der äußeren Schriftform einher: Die in der frühen Schrift häufigen gerundeten Linien wurden bereits um 3000 v. Chr. durch mehrere kurze Eindrücke eines keilförmigen Griffels in den feuchten Ton ersetzt – so wurde beispielsweise ein Kreis durch ein Viereck ausgetauscht. Dadurch erhielt die Schrift ihr typisches keilförmiges Gepräge, das sie bis zum Ende der Überlieferung im 1. Jahrhundert n. Chr. behalten sollte. Neben der chinesischen Schrift ist die Keilschrift das am längsten verwendete Schriftsystem.

Nachdem sich um 2500 v. Chr. das System der Silbenzeichen entwickelt hatte, konnte diese Schrift grundsätzlich für jede Sprache verwendet werden, die ein identisches oder ähnliches Lautsystem aufwies. Abgesehen vom Sumerischen wurde die Keilschrift für so unterschiedliche Sprachen wie Akkadisch, Hethitisch, Hurritisch, Urartäisch und Elamisch eingesetzt.

Syrien übernimmt das Schriftsystem

Auch die Kulturen im Raum des heutigen Syrien adaptierten zu unterschiedlichen Zeiten die Keilschrift. Die ältesten Belege stammen derzeit aus den Fundorten Tell Mardich (altes Ebla bei Idlib) und Tell Beydar (altes Nabada bei Hassaka); sie gehören in das 23. Jahrhundert v. Chr. Aus Mittelsyrien – der Region um Homs – gibt es momentan keine derart frühen Beispiele. Die ältesten bisher bekannten Nachweise für den Schriftgebrauch datieren erst in das 18. Jahrhundert v. Chr. Es handelt sich um Briefe, die von Qatna aus nach Mari, dem modernen Tell Hariri bei Abu Kemal, geschickt wurden.

‹ Tontafel aus der Palastverwaltung
Bei den Ausgrabungen in Qatna im Jahr 2002 wurden insgesamt 73 Tontafeln und Tontafelfragmente gefunden. Sie lagen im Gang zur Gruft, in den sie beim Brand des Palastes wohl aus der Kanzlei im ersten Stock gestürzt waren. Auf dieser Tafel sind Gersterationen für diverse Personen verzeichnet, die aus dem Umfeld des „Palastes" stammen. Ihre genaue Funktion beziehungsweise Position in der Hierarchie wird hieraus jedoch nicht deutlich. 14. Jahrhundert v. Chr. Nationalmuseum Homs.

Dabei verwendete man die akkadische Sprache, ein semitisches Idiom, das seit etwa 2250 v. Chr. in Mesopotamien gebraucht wurde. Diese Sprache musste von den Schriftkundigen im Rahmen der schulischen Ausbildung erlernt werden; die in dieser Zeit in Syrien übliche Verkehrssprache, das Amurritische, wurde hingegen nicht verschriftlicht.

In Qatna, dem heutigen Mischrife, kamen sowohl während der älteren Ausgrabungen unter der Leitung von Comte du Mesnil du Buisson als auch bei den neueren Grabungen seit 1999 Keilschrifttexte unterschiedlicher Gattungen zutage.

Texte aus Qatna

Als wichtigster Text der älteren Ausgrabungen darf das „Inventar des Ninegal-Tempels" bezeichnet werden, das in mehreren Exemplaren im Bereich des Königspalastes gefunden wurde; es handelt sich um ein mehrere hundert Zeilen langes Verzeichnis von Kultgeräten. Die Bedeutung des Inventars besteht vor allem darin, dass es die Namen der Stifter angibt – abhängiger oder unabhängiger Machthaber von Qatna –, wodurch eine erste chronologische Ordnung ermöglicht wurde. Der Gesamttext war bereits nahezu vollständig aus diesen Exemplaren wiedergewonnen worden. Leider konnte der Fund eines weiteren Duplikats während der Grabungskampagne 2003, seinerseits nur ein Fragment, die noch bestehenden kleineren Lücken nicht auffüllen. Die jüngste Fassung des Inventars gehört in die Zeit, aus der auch der Archivfund des Jahres 2002 stammt.

Tontafel mit Auflistungen
Die Tafel verzeichnet die Ausgabe von Silber unterschiedlicher Mengen (von 2,5 bis 10 „Schekel" – etwa 20g bis 80g) an Personen aus der Stadt Malmada. Diese Ortschaft ist bisher nicht lokalisierbar, muss aber in der näheren Umgebung von Qatna zu suchen sein. 14. Jahrhundert v. Chr. Nationalmuseum Homs.

Zwei Schülertafeln

Im 3. und 2. Jahrtausend v. Chr. waren die Schülertafeln oft rund. Auf ihnen übten die Schüler mit einem unten schräg angeschnittenen Schreibrohr zunächst einfache Texte zu schreiben. Die Ausbildung dauerte zwischen vier und sechs Jahren. Um schwierigere Texte verfassen zu können, benötigte man sicher noch einmal so viele Lehrjahre. Da diese Tafeln im Königspalast gefunden wurden, wird angenommen, dass es dort eine Schreiberschule gab. 14. Jahrhundert v. Chr. Nationalmuseum Homs.

Während der Kampagne 2002, deren Höhepunkt die Entdeckung und Freilegung der Königsgruft werden sollte, wurden in dem Korridor, der vom Thronsaal aus dorthin führt, die Reste eines „Archivs" gefunden. Allerdings war er nicht der ursprüngliche Aufbewahrungsort. Die Fundsituation ließ keinen Zweifel daran, dass sie aus einem darüber befindlichen Zimmer zusammen mit dem übrigen Rauminventar herabgestürzt waren. Dieser Fund war umso erfreulicher, da nahezu alle Tafeln während des Feuers, das zum Einsturz dieses Palastsektors führte, sekundär gebrannt wurden – im Unterschied zu einem beabsichtigten Primärbrand zum Zwecke der Haltbarmachung. Dadurch wurden sie gehärtet und überstanden die Jahrtausende nahezu unbeschadet.

Die königliche Schreibstube

Die Bezeichnung „Archiv" ist allerdings konventionell; tatsächlich dürfte es sich bei dem Raum, aus dem die Tafeln in den Korridor herabstürzten, weniger um einen „Archivraum" herkömmlichen Sinnes gehandelt haben als vielmehr um eine Schreibstube oder – um modernsprachliche Ausdrücke zu benutzen – um ein „Sekretariat" beziehungsweise eine „Ablage". Die beiden Textgruppen der Briefe und der Urkunden weisen derart enge Überschneidungen auf, dass sie sich keinesfalls über einen längeren Zeitraum verteilen können: Es treten immer wieder dieselben Personen auf, und die Briefe behandeln offenkundig die Ereignisse eines kurzen Zeitraumes von vielleicht wenigen Wochen, maximal einigen Monaten.

Daraus erklärt sich auch die spezifische Fundsituation. Die Tafeln waren in offenen Schalen abgelegt worden, um aufgrund ihrer damaligen Aktualität rasch auf sie zurückgreifen zu können. Eine längerfristige Aufbewahrung beziehungsweise Archivierung von Texten wäre in Regalen oder geschlossenen Gefäßen erfolgt; dafür gibt es aus anderen altorientalischen Fundorten zahlreiche Beispiele.

Die Datierung dieses „Archivs" ergibt sich aus den Briefen: Sie sind an eine Person namens „Idanda" gerichtet, die sicherlich identisch ist mit der bereits seit Langem aus dem „Ninegal-Inventar" bekannten Person „Idadda". Zwar nennen die Briefe keinen Titel, doch die Formulierung der Briefeinleitungen lässt keinen Zweifel daran, dass es sich um den lokalen Herrscher handelt. Eine Angabe von Regierungsjahren ist gegenwärtig leider nicht möglich, da die Chronologie dieser Zeit noch mit zahlreichen Schwierigkeiten behaftet ist. Eine relative Einordnung kann jedoch gegeben werden: König Idadda lebte während der Syrien-Aktivitäten des hethitischen Großkönigs Suppiluliuma I., also in der Zeit zwischen etwa 1355 / 50 und 1320 v. Chr.

Briefe

Die an König Idadda von Qatna gesandten fünf Briefe dürfen als wichtigste Textgattung bezeichnet werden. Sie beleuchten nicht nur die Ereignisse zu Beginn des Sechsjährigen Feldzuges des Großkönigs Suppiluliuma I., sondern sind auch in sprachlicher Hinsicht einzigartig unter den altorientalischen Textfunden, da sie in einer eigentümlichen Weise akkadisches und hurritisches Sprachgut miteinander verknüpfen. Dies gilt für alle Briefe: die beiden des Takuwa von Nija, einen dem qatnäischen Herrscher Idadda gleichrangigen König, der sich daher als dessen „Bruder" bezeichnet; denjenigen des hethitischen „Generals" Hannutti; jenen, den diese beiden gemeinsam nach Qatna sandten, sowie schließlich denjenigen des Scharrup-sche von Ugulzat, der den Empfänger als seinen „Vater" bezeichnet, wodurch er dessen übergeordnete Stellung anerkennt.

Die Briefe sind grundsätzlich in akkadischer Sprache formuliert. Zwar ist das Akkadische eine mittlerweile gut erforschte Sprache; ihre Vermengung mit hurritischem Wortgut behindert ein genaues Textverständnis jedoch erheblich.

Rechtsurkunden

Abgesehen von den Briefen darf eine der insgesamt zahlenmäßig geringen Rechtsurkunden als der wichtigste Textfund der Grabungskampagne 2002 bezeichnet werden. Es handelt sich dabei um die einzige Tafel, die eindeutig vor Idaddas Herrschaft datiert; sie wurde zur Zeit seines Vorgängers Adad-nirari verfasst. Obwohl sie

Gesiegelte Tontafel
Auf vielen Tontafeln wurden Rollsiegel abgerollt, um den Inhalt des Textes, im Falle dieser Tafel die Ausgabe von Rohr, zu bestätigen. Die Siegelung diente außerdem als Unterschrift. 14. Jahrhundert v. Chr. Nationalmuseum Homs.

Tontafel mit Inventarliste

Dieses Stück gehört zu einer Gruppe von Tontafeln, auf denen Inventarlisten verzeichnet sind. Sie wurden in einem Bereich des Königspalastes gefunden, der als Tempel der Göttin Ninegal angesehen wird. Der Text ist überschrieben mit: „Verzeichnis des Schatzes der Götter des Königs". 14. Jahrhundert v. Chr. Nationalmuseum Homs.

noch einige Verständnisprobleme aufwirft, zeigt sie doch zweifellos, dass das Herrschaftsgebiet dieses Königs weit nach Südwesten ausgriff und Teile des Libanon-Gebirges umfasste: „Diese Männer hat Adad-nirari, der König, in Tukad als Streitwagen-Bogenschützen? angesiedelt ... In einem anderen Land werden sie den *huradu*-Dienst nicht leisten. Wenn [aber] der König in das Libanon-Gebirge komm[t], werden sie Dienst tun".

Die Inventare

Demgegenüber sind die Inventartexte weniger von historischem als vielmehr von allgemein kulturhistorischem Interesse. In sprachlicher Hinsicht zeigen sie dieselbe Durchmischung akkadischen und hurritischen Wortgutes wie die Briefe. Das ist allerdings nicht ungewöhnlich: Auch Inventare anderer spätbronzezeitlicher Fundorte enthalten einen größeren Anteil von hurritischen Fremd- und Lehnwörtern. Soweit diese bisher verständlich sind, bezeichnen sie vor allem Gegenstände sowie Herstellungs- und Verzierungsarten.

Letztlich bestehen bei allen in Inventaren auftretenden Termini große Verständnisprobleme. Es ist zwar mit Sicherheit davon auszugehen, dass die Inventare Gegenstände aus dem Bereich der materiellen Kultur aufführen, die bei Ausgrabungen gefunden werden (können); von Einzelfällen abgesehen ist es jedoch kaum möglich, Objekte – beispielsweise Gefäße einer bestimmten Form – mit ihrem altorientalischen Namen zu benennen, da die Texte in der Regel nur die Bezeichnungen aufführen und keine Beschreibungen angeben (zum Beispiel hinsichtlich Farb- oder Formgebung). Die Inventare von Qatna bilden hier keine Ausnahme.

Erwähnenswert sind insbesondere die Inventare der Frauen Napsi-abi und Taja, die leider ansonsten unbekannt sind. Da man diese Texte im Palast aufbewahrte, darf angenommen werden, dass sie dort lebten. Weil sie außerdem ausgesprochen begütert waren, gehörten sie sicherlich nicht als Dienerinnen oder dergleichen zum Palastpersonal. Vielmehr muss man davon ausgehen, dass sie in einem verwandtschaftlichen Verhältnis zum Königshaus standen. Genauere Angaben lassen sich dazu allerdings nicht machen, und so bleibt auch unklar, aus welchem Grund die Inventare angefertigt wurden.

Von Stadttoren und Bier

Jesper Eidem

Tontafel aus dem Unterstadtpalast von Qatna
Der Text beinhaltet eine Auflistung über Bierrationen für fast 500 Mann, die für die Verteidigung von Bauten nahe der Stadttore verantwortlich waren. 14. Jahrhundert v. Chr. Nationalmuseum Homs.

Relief aus Ebla
Der abgebildete Krieger schultert eine Lanze. In dieser Zeit gehörten Axt und Lanze zur Standardausrüstung. Man kann aber davon ausgehen, dass es unterschiedlich ausgestattete Truppenteile gab. 20. / 19. Jahrhundert v. Chr. Nationalmuseum Idlib.

‹ **Pfeilspitzen aus Qatna**
Gefunden in der Gruft, repräsentieren sie den gängigen Typus, mit dem sicher auch die wachhabenden Soldaten ausgestattet waren. 14. Jahrhundert v. Chr. Nationalmuseum Damaskus.

Wie viele Tore hatte die eindrucksvolle Stadtmauer des antiken Qatna vor rund 3500 Jahren? Wie viele Männer bewachten diese Mauer? Woher kamen sie und wie waren sie organisiert? Und wie viel Bier tranken sie? Dies sind nur einige der Fragen, die eine in Qatna ausgegrabene Tontafel mit Keilschrifttext aufwirft. Sie wurde im Palast in der Unterstadt im Ausgrabungsbereich K gefunden, der nördlich des königlichen Palasts liegt. Die Tafel trägt die Bezeichnung K.701 und ist die größte sowie am besten erhaltene von 43 Stücken und Fragmenten aus der Spätbronzezeit (etwa 14. Jahrhundert v. Chr.), die bislang in diesem Gebäude zutage getreten sind. Der Text enthält eine Liste der Bierrationen, die an annähernd 500 Mann ausgegeben wurden, welche in Gruppen für die Verteidigung verschiedener Einrichtungen in der Nähe der Stadttore von Qatna zuständig waren.

Die Stadttore

Stadtmauern waren Stolz und Sicherheit aller größeren Siedlungen im antiken Syrien und hatten eine wichtige Bedeutung. Einerseits öffneten sie die Stadt für Verkehr und Handel, andererseits waren sie als verwundbare Stellen häufig mit aufwendigen Türmen und anderen Verteidigungsstrukturen ausgestattet. Normalerweise trugen die Tore spezifische Namen, die aber nur dann bekannt sind, wenn sie zufällig in einem antiken Text erwähnt werden. In dieser Hinsicht bildete Qatna keine Ausnahme, und so ist es besonders interessant, dass K.701 die Namen von vermutlich fünf verschiedenen „Torhäusern" enthält. Die genaue Bedeutung dieser Bezeichnung ist unklar, aber sie meint wahrscheinlich ein Gebäude am oder nahe des Tors, in dem der Hauptteil der Wachen untergebracht und in Bereitschaft gehalten werden konnte. Qatnas mächtige, noch heute erkennbare Schutzmauer zeigt vier Hauptdurchlässe, die überzeugend als antike Stadttore gedeutet werden. Eine fünfte Öffnung mag im nördlichen Abschnitt der östlichen Stadtmauer existiert haben. Die Namen der Torhäuser sind im Keilschrifttext leider nicht alle gut erhalten, aber eines ist beispielsweise nach dem „Palast" benannt und kann deshalb wohl mit der Öffnung westlich des königlichen Palasts identifiziert werden.

Das Bier

Die 500 auf der Tafel K.701 aufgelisteten Männer kamen aus verschiedenen kleineren Städten und Dörfern im Königreich von Qatna und dienten unter namentlich genannten Offizieren, die möglicherweise aus denselben Orten stammten. Ein Eintrag erfasst die größte Gruppe, etwa hundert Männer aus dem sonst unbekannten Ort Arattum. Dieser kann jedoch nicht so klein gewesen sein, wenn von dort ein solch großes Kontingent eingezogen werden konnte. Die Einheit aus Arattum war im Torhaus des „Palasts" postiert und erhielt – ob aus Gründen der Sicherheit oder aus anderen – weniger Bier als die übrigen Gruppen!

Bier wurde unter dem in königlichen Palästen oder bedeutenden Haushalten beschäftigten Personal verteilt und gehörte, wie auch der teurere Wein, zu den üblichen Getränken im antiken Syrien. Viele Texte der Bronzezeit erwähnen seine unterschiedliche Qualität; diese hing von der Menge der beim Brauen verwendeten Gerste ab, und die Inschriftentafeln aus dem Palast in der Unterstadt stammen eindeutig aus dem Büro, das über die Verteilung von Gerste für Lebensmittel, Tierfutter und Bier entschied. Die in Text K.701 festgehaltene Zuteilung für die verschiedenen Wachgruppen variiert etwas, und da zudem Angaben über die Zeiträume fehlen, für die eine Ration jeweils reichen musste, ist es schwierig festzustellen, ob das Bier für eine einzige Festlichkeit oder den gewöhnlichen Tagesbedarf ausgegeben wurde. Viele der anderen im Palast in der Unterstadt ausgegrabenen Texte sind schlecht erhalten und lassen uns im Unklaren darüber, wer in diesem Gebäude untergebracht war oder welche Funktion es im Verhältnis zum königlichen Hauptpalast hatte. Das Fortschreiten der Ausgrabungen im Bereich K verspricht jedoch weitere Erkenntnisse.

› Eidem 2007; Luciani 2003

Qatna › Die Stadt

Qatnas Rolle in Zentralsyrien

Michel Al-Maqdissi

Die von der Generaldirektion der Antiken und Museen Syriens seit 1994 durchgeführten Ausgrabungen in Mischrife und seiner Umgebung haben eine umfangreiche Dokumentation zu einigen wichtigen archäologischen, historischen und architektonischen Gesichtspunkten geliefert. In den zahlreichen Grabungskampagnen kam ein breites Spektrum an Funden zutage, deren Einordnung und Interpretation helfen kann, die Bedeutung der zentralsyrischen Stadt Qatna in ihren regionalen Verbindungen zwischen dem mittleren Orontestal und dem westlichen Rand der syrischen Steppe sowie ihren internationalen Beziehungen zu begreifen.

Die kreisrunde Stadt im 3. Jahrtausend v. Chr.

Punktuell durchgeführte archäologische Untersuchungen in verschiedenen Grabungsbereichen der Oberstadt (Grabungsbereiche K und R) haben umfangreiche Informationen geliefert, die darauf hindeuten, dass der erste Nutzungshorizont über dem gewachsenen Boden in die Mitte des 3. Jahrtausends v. Chr. datiert. Diese Ergebnisse sowie die in verschiedenen Bereichen des Fundorts durchgeführten Prospektionen und die Auswertung von Satellitenfotos lassen darauf schließen, dass die Stadt des 3. Jahrtausends v. Chr. einen kreisrunden Plan mit einer Fläche von etwa 30 ha aufweist. Sie befindet sich an der gleichen Stelle wie die spätere Oberstadt.

Der Neubeginn im 2. Jahrtausend v. Chr.

Die zweite Nutzungsphase beginnt am Anfang des 2. Jahrtausends v. Chr. Zu dieser Zeit findet eine Neugründung des Ortes statt, dessen Fläche nun mehr als 100 ha umfasst. Zudem ändert sich der Plan entscheidend von einer kreisrunden zu einer quadratischen Form. Obwohl keine eindeutige Vorstellung über das Stadtbild dieser Phase existiert, gibt es einige Hinweise, dass sich am höchsten Punkt der Oberstadt wichtige Bauten befanden (Grabungsbereich T). Sie waren wahrscheinlich von mehreren Wohnvierteln in der Unterstadt (Grabungsbereiche U und V) umgeben. In der Stadtmauer wurden in der Mitte der vier Seiten jeweils Tore angelegt, die direkt in die Unterstadt (Grabungsbereiche E und F) führten.

Dieser Zustand bleibt in der Späten Bronzezeit (2. Hälfte des 2. Jahrtausends v. Chr.) unverändert, wie die umfangreichen Ausgrabungen belegen. Man kann mit Sicherheit behaupten, dass die Stadt der Späten Bronzezeit durch einen im Norden der Oberstadt angelegten Königspalast geprägt war, der von mehreren Palastgebäuden im Süden (Grabungsbereich C), im Osten (Grabungsbereich T) und im Norden (Grabungsbereich K) umgeben war. Die Unterstadt bestand aus mehreren Wohnvierteln mit vielseitiger Architektur (Grabungsbereiche A–B, U). Auf der Westseite des „Loth-Hügels" wurden die Überreste eines reichen Wohnviertels gefunden, das aus mehreren nebeneinanderliegenden Wohnkomplexen bestand (Grabungsbereich Q).

Der Zeitpunkt der Zerstörung der Stadt des 2. Jahrtausends v. Chr. liegt völlig im Dunkeln, aber wir nehmen an, dass sich das Ende der Besiedlung in mehreren Abschnitten vollzogen hat.

Die Wiederbesiedlung im 1. Jahrtausend v. Chr.

Die nächste Phase entspricht einer Besiedlungslücke von mehreren Jahrhunderten. Bis heute gibt es keine archäologischen Überreste, die in die frühe Eisenzeit datieren.

Erst ab dem 9. Jahrhundert v. Chr. wird der Ort wiederbesiedelt. Die neue urbanistische Entwicklung ist durch ein Stadtbild geprägt, das in seiner Konzeption dem des 2. Jahrtausends v. Chr. sehr ähnlich ist. So erstreckt sich auf der Westseite der Oberstadt (Grabungsbereich C) ein Palastgebäude, das von verschiedenen Komplexen umgeben war, so von einem Wohnviertel (Grabungsbereich R) und einem Handwerkerviertel (Grabungsbereich O). Zudem wird ein Befestigungssystem angelegt und der Wiederaufbau des Westtors erfolgt mit einem ganz neuen Grundriss. Die Stadt wird um 720 v. Chr. durch die Feldzüge des Herrschers Sargon II. zerstört, der die Region endgültig unter die assyrische Herrschaft stellt. In der darauffolgenden Zeit nimmt die

Moderne Lehmziegel

Um die Ruinen zu erhalten, werden in Qatna auch Restaurierungsarbeiten vorgenommen. Dafür stellt man nach alten Maßen ungebrannte Lehmziegel in großer Anzahl her.

Besiedlung deutlich ab. Die Ausgrabungen haben einige kleine Überreste von Wohnarchitektur, die in die späte Eisenzeit datieren, vor allem am höchsten Punkt der Oberstadt (Grabungsbereich C) zutage befördert. In der folgenden klassischen Zeit ist der Ort vollkommen unbewohnt. Die Besiedlung hatte sich in verkleinerter Form und mit einem deutlich anderen Charakter außerhalb der Stadtmauer verlagert.

Das Umland

Die in der Umgebung von Mischrife in drei aufeinanderfolgenden Jahren durchgeführten Prospektionskampagnen brachten neue Erkenntnisse über die verschiedenen Siedlungsphasen der umliegenden Fundorte. Grundsätzlich beginnt die Besiedlung im 4. Jahrtausend v. Chr. mit kleinen, sehr begrenzten Fundorten am Rande der Wadis. Um welche Siedlungsform es sich genau handelte, ist zwar unbekannt, aber vermutlich waren es ländliche Ortschaften, die in Verbindung zu einem großen Zentrum im Orontestal standen.

In der Mitte des 3. Jahrtausends v. Chr. ändert sich die Situation und gegen Ende der Frühen Bronzezeit III erfolgt eine grundsätzliche Neuorganisierung der Region. Die meisten Orte haben eine kreisrunde Siedlungsform, wie Tell Mischrife, Sinkari/Tell es-Sour und Tell Sh'eirat, die sich während der gesamten zweiten Hälfte des 3. Jahrtausends v. Chr. weiterentwickeln; aus dieser Epoche sind mehrere Nekropolen mit in den Felsen

(Moderne) Grabungsstellen:

A
B
C
D
E   syrisches Team (seit 1994)
F
U
V
O

G, T   syrisch-deutsches Team (seit 1999)

H
J   syrisch-italienisches Team (seit 1999)
K

L, M   geomorphologische Sondagen

0 m   100 m   200 m   300 m

Plan der Ausgrabung Qatna/Tell Mischrife

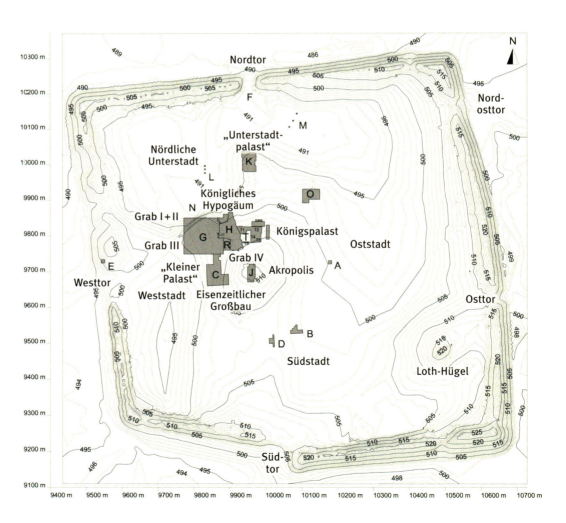

Luftbild des Palastes von Qatna

eingehauenen Schachtgräbern belegt. Das Ende der Siedlungen ist leider unbekannt. Am Anfang des 2. Jahrtausends v. Chr. findet eine fundamentale Veränderung statt. Wahrscheinlich geht sie auf bedeutende Migrationswellen neuer Bevölkerungsgruppen zurück, die Städte gründeten oder schon vorhandene Orte besiedelten. Der Grundriss der Siedlungen wechselt zu einer rechteckigen Form, wie man in Qatna und Sinkari/Tell es-Sour deutlich beobachten kann. Die Orte waren durchgehend bis zum Ende der Späten Bronzezeit um 1200 v. Chr. bewohnt. Warum es danach zu einer Unterbrechung kam, ist unbekannt, hängt aber wahrscheinlich mit politisch-wirtschaftlichen Veränderungen zusammen, die Mischrife und die gesamte Region während des Syrischen Kriegs von Suppiluliuma und des Konflikts zwischen dem Hethitischen Reich und den Ägyptern widerfuhren. Für die folgenden Jahrhunderte gibt es kaum archäologische Belege. Ausnahmen sind die Fundorte im Orontestal. Erst ab dem 9. Jahrhundert v. Chr., der aramäischen Zeit, lässt sich wieder eine intensive Neubesiedlung nachweisen, vorzugsweise an Orten, die schon im 2. und 3. Jahrtausend v. Chr. belegt waren. Später werden in Folge des Feldzugs des Assyrerkönigs Sargon II. 720 v. Chr. mehrere Fundorte verlassen.
In der klassischen Zeit (etwa 500–330 v. Chr.) wurde ein Großteil der seit Jahrtausenden besiedelten Orte zugunsten kleiner ländlicher, weit verstreuter Siedlungen aufgegeben. Auch in der hellenistischen Periode (etwa 330–30 v. Chr.) gab es Veränderungen in der Siedlungsstruktur. Während der Spätantike (etwa 400–700 n. Chr.) waren viele Orte um einen Kultbau angelegt und umfassten mehrere Häuser, eine kleine Nekropole sowie mit Fruchtpressen und allgemein landwirtschaftlichen Anlagen verbundene Werkstätten.

Resümee

Die vorgestellten Ergebnisse deuten darauf hin, dass der Anfang der Besiedlung in Mischrife und seiner Umgebung in der Mitte des 3. Jahrtausends v. Chr. vor allem mit der zweiten „urbanistischen Revolution" in Zusammenhang stand und diese die gesamte Region neu organisierte. Die Gegend wurde kontinuierlich bewohnt und es gab erst zum Ende des 2. Jahrtausends v. Chr. einen Bruch. Nach der Wiederbesiedlung zu Beginn des 1. Jahrtausends v. Chr. gewinnt das Gebiet mit der Eroberung durch Alexander den Großen erneut an Bedeutung. Nun übernimmt das Orontestal die wichtige Rolle, während die Region um das heutige Mischrife zweitrangig und ländlich wird. Eine Zentralmacht in Arethusa regiert das Gebiet in hellenistischer Zeit, abgelöst wird die Stadt in der römisch-byzantinischen Epoche von der Provinzhauptstadt Emesa.

Erste Besiedlung – Das 3. Jahrtausend v. Chr.

Daniele Morandi Bonacossi

Kette

Die Kette aus Kalkstein, Karneol sowie grünem und schwarzem Stein wurde in Speicherareal J gefunden. Um 2400 v. Chr. Nationalmuseum Homs.

Die ersten menschlichen Spuren auf dem Felsplateau, auf dem sich später die Akropolis von Qatna / Mischrife bildete, gehen auf das Ende des 4. Jahrtausends v. Chr. zurück. Diese Hinweise sind jedoch sehr dünn und erlauben es nicht, damalige Lebensumstände zu rekonstruieren. Nach einer offensichtlichen Zäsur in der Besiedlung dieses Gebietes in der Frühbronzezeit III um etwa 2700 v. Chr. fand die eigentliche Gründung des Ortes statt. Im Zentrum des Felsplateaus wurden Behausungen errichtet, die einer Siedlung angehörten, deren Charakter und Ausmaß noch nicht deutlich erscheint. Es handelte sich um ziemlich große Häuser mit reich gegliedertem Grundriss. Sie besaßen mehrere Räume mit Vorrichtungen für die Hauswirtschaft und waren außerhalb der Mauern mit Gruben zur Lagerung von Lebensmitteln versehen. Weitere Belege für die Bewohnung des Areals in dieser wichtigen Periode, in der sich die Grundlagen der späteren städtischen Kultur herausbildeten, erbringen zahlreiche Vorratsgruben, die im nördlichen Teil des Felsplateaus gefunden wurden: in jenem Areal, in dem Mitte des 2. Jahrtausends v. Chr. der Königspalast errichtet wurde. Sehr wahrscheinlich war dieser ausgedehnte Platz für die Lagerung der Agrarproduktion bestimmt.

Der Ort gewinnt an Bedeutung

Um 2500 v. Chr., mit dem Beginn der Frühbronzezeit IV (etwa 2500–2000 v. Chr.), wurden auf den bis auf den Grund zerstörten und eingeebneten Ruinen dieses antiken Siedlungskerns viele Speicher und Silos verschiedener Größe errichtet; man benutzte sie zur Langzeitlagerung des landwirtschaftlichen Produktionsüberschusses. Verbunden waren sie mit einer Reihe weitläufiger Strukturen zur Reinigung (Sieben) des Getreides und zu seiner Weiterverarbeitung in Lebensmittel. Die Ausmaße der Strukturen, die Ausdehnung der von ihnen beanspruchten Fläche, ihre Vielgliedrigkeit und Komplexität führen zu der Annahme, dass schon ab dieser Periode ein System für die Ansammlung und Wiederverteilung des Produktionsüberschusses existierte. Es wurde von einem zentralen Machtapparat überwacht, der das Wirtschaftssystem kontrollierte. Gestützt wird diese Annahme durch die hier gefundenen Fragmente von versiegelten Gefäßen zur Aufbewahrung von Lebens-

‹ Speicher

In den eingeebneten Ruinen des antiken Siedlungskerns wurden zwischen 2500 und 2300 v. Chr. zahlreiche Speicher und Silos verschiedener Größe errichtet, die zur Langzeitlagerung des landwirtschaftlichen Produktionsüberschusses genutzt wurden.

Kette

Eine weitere Kette aus dem Areal J setzt sich ebenfalls aus verschiedenen Perlen zusammen: Karneol, Quarz, Kalkstein, schwarzer Stein, Chlorit, Muschel und Bronze. Um 2400 v. Chr. Nationalmuseum Homs.

mitteln, welche zeigen, dass der Ort während dieser Zeit in ein wirtschaftliches Netz der spezialisierten Agrarproduktion mit Verarbeitung und Lagerung eingebunden war. In unserem Fall handelte es sich vermutlich um
Olivenöl. In einem solchen wirtschaftlichen Kontext hatte die Ansiedlung wahrscheinlich die Stellung eines
zentralen Ortes inne, in dem Keramikölbehälter aus den umliegenden Dörfern gesammelt wurden.

Die Funde müssen im Gesamtzusammenhang aller in der Siedlung entdeckten archäologischen Zeugnisse
ausgewertet werden. Aller Wahrscheinlichkeit nach hatte der Ort in der zweiten Hälfte des 3. Jahrtausends
v. Chr. die charakteristische runde Form angenommen, die typisch für städtische Neugründungen jener Zeit
ist. Er dehnte sich über eine Fläche von etwa 20 bis 25 ha aus und besaß, soweit bislang bekannt, außer der
Lagerfläche für Agrarprodukte auch ein ausgedehntes Wohnviertel, das im nördlichen Teil des Kalkplateaus
der Akropolis lag; an jener Stelle, an welcher im 2. Jahrtausend v. Chr. der Königspalast von Qatna entstand.
Außerdem wies der Ort mindestens ein Hypogäum mit mehreren Bestattungen auf, das sich im Süden des
Wohnviertels befand. In seinem Inneren war vermutlich eine Gruppe von 40 Familienangehörigen von hohem
sozialem Rang begraben, wie die neben 300 Gefäßen mehr als 100 Grabbeigaben aus Bronze – zum Beispiel
Waffen – bezeugen. Hinzu kommt persönlicher Besitz aus exotischem Material sehr weit entfernter Regionen,
wie Perlen aus Karneol. Dementsprechend existierte hier höchstwahrscheinlich eine dominierende soziale
Elite, die das politische, soziale und wirtschaftliche Leben dieses städtischen Zentrums von mittlerem Ausmaß leitete und beherrschte.

Die wenigen, aber nicht unbedeutenden zur Verfügung stehenden Anhaltspunkte lassen also vermuten, dass
der Ort, von dem wir für das 3. Jahrtausend v. Chr. noch keinen Namen kennen, die Rolle eines städtischen
Zentrums und Verkehrsknotenpunkts von gewisser Bedeutung in der Region einnahm. Diese fungierte als
Verbindungsglied zwischen dem grünen, bewässerten Orontestal im Westen und der semi-ariden Steppe der
Schamiyah im Osten. In diesem Zusammenhang erscheint es zweifelsohne bedeutsam, dass jüngste archäologische Untersuchungen im Gebiet östlich von Mischrife in dieser Periode die plötzliche Verbreitung eines
beeindruckenden Urbanisationsphänomens in der Steppe zeigen. Gut bezeugt ist das durch die zirkular angelegten städtischen Orte von Al-Rawda im Nordosten, Tell es-Sour im Osten und Scha'ayrat im Süden sowie
durch die große Anzahl der Siedlungen, die sich im Osten in der semi-ariden Region zwischen der Palmyra-
Bergkette im Süden und dem Jebel al-Has im Norden feststellen ließen. Hierzu gesellen sich die zahlreichen
archäologischen Stätten, die im Laufe der Geländebegehungen durch das syrische und syrisch-italienische
Team in der unmittelbaren Umgebung von Mischrife entdeckt wurden. Demzufolge kann man in der zweiten
Hälfte des Jahrtausends eine plötzlich einsetzende Besiedlung der Region feststellen, während das Gebiet des
heutigen Mischrife in der ersten Hälfte des 3. Jahrtausends v. Chr. nur sehr dünn besiedelt war. Siebzehn Siedlungen wurden innerhalb eines auf zwei hierarchischen Ebenen liegenden Systems gegründet, ein Kranz von
ländlichen Satellitensiedlungen, in dessen geographischem Zentrum sich die städtische Ansiedlung des späteren Qatnas befand.

Eingriff in die Natur

Die „Eroberung" der Region durch die Gründung eines Netzes von ländlichen Siedlungen, die in regelmäßigen Abständen entlang des Systems der Wasserläufe von Mischrife lagen, gab der demographischen Entwicklung starken Aufschwung und war von einer intensiven Bewirtschaftung des Territoriums begleitet.
Die Ergebnisse der archäologischen Untersuchungen zeigen also, dass während der Frühbronzezeit IV in dieser Gegend aus dem Nichts ein aus produktiver Sicht gut strukturiertes Siedlungsbild von großer Dichte geschaffen wurde, wie es in den vorhergehenden Epochen nicht vorhanden war.
Ebenso lassen die von dem syrisch-italienischen Team in Mischrife durchgeführten geoarchäologischen Untersuchungen vermuten, dass seine natürliche Landschaft gerade in dieser Periode durch menschliches Ein-

Siegelung
Auf einem Gefäßrand befindet sich die Abrollung eines Rollsiegels. Die Darstellung zeigt eine Kampfszene, in der ein Mensch auf ein Horntier tritt, das auf dem Rücken liegt. Daneben steht ein aufgerichteter Löwe. 2400/2300 v. Chr. Nationalmuseum Homs.

greifen einschneidend verändert und umgebildet wurde. In der Tat wurde durch die Eindämmung eines Wasserlaufes, der unmittelbar westlich der Stadt verlief, und eines Systems von aus dem Kalkgestein im Südwesten und im Norden entsprungenen Quellen sowie durch die wahrscheinliche Konstruktion einer Hemmschwelle, die den Wasserlauf im Tal verlangsamte, im Westen der Stadt ein künstliches Becken errichtet. Vielleicht besteht ein Zusammenhang mit dem späteren Namen der Stadt – Qatna –, der Anfang des 2. Jahrtausends v. Chr. zum ersten Mal bezeugt ist. Er kommt aus der semitischen Wurzel *qtn*, was „dünn, eng" entspricht, während das entsprechende akkadische Wort auch „eng werden" bedeutet. Es ist möglich, dass der Ortsname sich auf eine Enge oder Hemmschwelle bezieht, die den Lauf des Quellwassers verlangsamte und so ein Becken bildete. Diese permanente Wasserreserve ermöglichte die städtische Entwicklung der Siedlung sowie eine effizientere und produktivere Agrarwirtschaft und Tierzucht.

Das komplexe und vielgliedrige Zusammenspiel von Eingriffen in die Umwelt zur Optimierung der Landwirtschaft entstand durch eine wahrhafte agrarwirtschaftliche Kolonisierung der Region und eine radikale Veränderung der natürlichen Landschaft der Stadt. Es spiegelt eine Strategie der zentralisierten „governance", also der Regelung des Territoriums und seiner natürlichen Ressourcen wider, die nur als Konsequenz der städtischen Entwicklung des Ortes im Verlauf der zweiten Hälfte des 3. Jahrtausends v. Chr. realisiert werden konnte.

Eingriff in die Natur – Mensch und Umwelt

Daniele Morandi Bonacossi

Eines der Ziele der in Mischrife durchgeführten archäologischen Untersuchungen war, zu rekonstruieren, welche Strategien die Menschen in der Bronzezeit entwickelten, um ihre Umwelt zur Produktionssteigerung optimal zu gestalten, und wie weit dieses Verhalten zur Evolution der Stadt sowie zur Veränderung der natürlichen Landschaft in eine künstlich herbeigeführte Agrarlandschaft beigetragen hat.

Die Entscheidung, eine erste Siedlung gerade im Gebiet des heutigen Mischrife zu gründen, war sicher kein Zufall. Zweifelsohne war der Grund für diese Ortswahl mit einer gesicherten Wasserversorgung verbunden. Diese wurde durch zahlreich vorhandene Wasserläufe sowie Karstquellen gewährleistet, die dem Gebiet neben Niederschlägen (Jahresdurchschnitt 400–600 mm) eine zusätzliche Wasserzufuhr garantierten.

Die erste menschliche Ansiedlung geht auf die Endphase des 4. Jahrtausends v. Chr. zurück. Jedoch erst ab der Frühbronzezeit III (2800–2500 v. Chr.) und IV (2500–2000 v. Chr.) wird die Besiedlung kontinuierlich: zunächst in Form einer Ansiedlung, dann einer Stadt, die am Zusammenfluss zweier Wasserläufe auf einer Kalkterrasse von geringer Höhe errichtet wird.

Erkenntnisse durch die Geoarchäologie

Die Ergebnisse der geoarchäologischen Untersuchungen sind von großer Bedeutung. Zahlreiche bei Mischrife durchgeführte Kernbohrungen zur Untersuchung der Ablagerungen bestätigen die Existenz eines kleinen Sees, einer Wasserreserve. Am östlichen Ufer dieses Sees wurde die Ansiedlung erbaut. Das heute ausgetrocknete Wasserbecken dehnte sich damals über etwa 70 ha aus und ist zumindest teilweise künstlichen Ursprungs. Seine Entstehung datiert gleichzeitig mit der Entwicklung des ersten urbanen Zentrums während der Frühbronzezeit IV. Diese Tatsache lässt auf eine Art „governance", also eine bewusste Lenkung der Wasserressourcen schließen, die aus einigen Karstquellen sowie aus einem beständigen Wasserlauf stammen, und die zur Errichtung eines Beckens führte, in dem Wasser gesammelt wurde und so eine permanente Versorgung gewährleistete. Dank des Reservoirs konnten Ackerbau und Viehzucht wirtschaftlicher und produktiver betrieben werden. Die Produktionssteigerung stellt die Grundlage für die Entwicklung von der Siedlung zu einer Stadt mittleren Ausmaßes dar und ist auch die Basis für das sich im 2. Jahrtausend v. Chr. herausbildende komplexere soziale, wirtschaftliche und politische Gefüge.

Untersuchungen der in den Seesedimenten eingeschlossenen Pollen gestatten eine detaillierte Rekonstruktion der Evolution des Pflanzenreichtums im Umfeld der Siedlung sowie der Art des Ackerbaues, den der kleine See ermöglichte. Insbesondere bezeugen die Pollenuntersuchungen den ersten Getreideanbau und belegen den Charakter der Baumlandschaft zwischen 2500 und 1700 v. Chr. Vorherrschend war ein offener Wald mit Wacholder- und Eichenbäumen, die wahrscheinlich als Brennmaterial dienten. Archäobotanische Untersuchungen von verkohlten Samenkörnern, die in Schichten des 3. Jahrtausends v. Chr. gefunden wurden, zeigen, dass der Ackerbau hauptsächlich aus dem Anbau von Getreide (Gerste und Weizen) bestand und zudem mit der Kultivierung von Gemüse sowie Weintrauben und Oliven verbunden war.

Dazu kommt die Analyse von Tierresten, die in verschiedenen Sektoren des Grabungsgebietes gefunden wurden. Die Untersuchung archäozoologischer Funde aus der Frühbronzezeit IV ergab den Verbrauch von Tierprodukten wie Fleisch und Milcherzeugnissen von Schafen, Ziegen, Rindern und Schweinen. Eine zweitrangige Stelle bei der Fleischbeschaffung nahm die Jagd auf den Auerochsen, den Vorläufer des Hausrindes, die Gazelle und den Asiatischen Esel, eine Art wilder Esel, ein.

Wandel in der Mittelbronzezeit

Eine grundlegende Änderung für die Siedlung brachte der Anfang des 2. Jahrtausends v. Chr. Die blühende Landwirtschaft und Viehzucht, die zunehmende Einwohnerzahl des städtischen Zentrums, aber auch die geographische Lage des Ortes entlang der Handelswege – sie verbanden Mesopotamien und den Persischen Golf

‹ **Rekonstruktionszeichnung**
Moderne Untersuchungsmethoden ermöglichen es, die frühbronzezeitliche Flora und Fauna zu rekonstruieren. Der See war sowohl für Wildtiere wie Gazellen und Asiatische Esel als auch für Haustiere wie Ziegen, Schafe und Schweine eine willkommene Tränke.

Qatna in der Frühbronzezeit IV

Die vorläufige Rekonstruktion zum Ende des 3. Jahrtausends v. Chr. zeigt neben der Siedlung ein etwa 70 ha großes Wasserbecken, das zumindest teilweise künstlich angelegt wurde. Archäologische Daten deuten auf eine runde Form der Stadtanlage hin.

von Osten nach Westen mit dem Mittelmeer sowie von Süden nach Norden das Nildelta und die levantinische Küste mit Anatolien – waren die idealen Grundlagen für eine weitere Entwicklung.

Aus archäologischer Sicht erfolgte der auffallendste Wandel in der urbanen Organisation der Stadt mit dem Bau eines riesigen Befestigungswalles, der ein quadratisches Areal von 110 ha umfasste, eine Höhe von 20 m erreichte und höchstwahrscheinlich während der ersten Phasen der Mittelbronzezeit (etwa 2000–1600 v. Chr.) errichtet worden ist. Sein Bau veränderte nicht nur das Stadtbild von Qatna in dramatischer Weise, sondern zog auch seine Landschaft in Mitleidenschaft. Der kleine Stausee wurde durch den westlichen und südlichen Wall in einen langen, engen Wassergraben aufgeteilt, der die Nord-, Süd- und Westseite des Walles umgab. Innerhalb des umgrenzten Areals bildete sich dagegen ein kleiner Teich, dessen Existenz ab der Spätphase der Bronzezeit belegt ist.

Archäobotanische Reste zeigen, dass im 2. Jahrtausend v. Chr. die Getreidewirtschaft zunahm, wobei der Pflanzung von Gerste anstatt des anspruchsvolleren Weizens der Vorzug gegeben wurde. Gleichzeitig wurde weiterhin Weintrauben- und Olivenanbau betrieben. Daraus ergibt sich ein wahrscheinlich beträchtliches Einwirken des Menschen auf die Umwelt, was um 1700 v. Chr. zu einer offensichtlichen – wenngleich noch nicht kritischen – Veränderung führte. Ein Pollendiagramm bestätigt eine markante Verringerung des Wacholder- und Eichenwaldes sowie eine auffallende Zunahme von offenem Gebiet mit Wiesenlandschaften und vereinzelten Bäumen.

Diese Umformungen betreffen auch den See bei Qatna, in dem nach der ersten Verkleinerung – infolge der Errichtung der Erdwälle – ein Sinken des Wasserstandes ersichtlich ist. Er übersteigt nun nicht mehr die Höhe von 1 m. Dieser Zustand fördert die fortschreitende Versumpfung, bezeugt im Pollendiagramm, das eine starke Verbreitung von Schilfgewächsen wie Rohrkolben zeigt.

Zahlreiche Knochenreste von Wasservögeln, die hauptsächlich im Hypogäum unter dem Königspalast gefunden wurden, tragen als Umweltindikatoren dazu bei, die Entwicklung des Feuchtgebietes von Qatna besser be-

Qatna in der Mittel- und Spätbronzezeit ⌃

Durch den Bau der Wälle zu Beginn des 2. Jahrtausends v. Chr. veränderte sich das Bild der Stadt Qatna. Auf der Akropolis entstand der Palast und die Zunahme der Anbaugebiete weist auf eine wachsende Bevölkerung hin.

Qatna in der Eisenzeit ›

Im 1. Jahrtausend v. Chr. wurde der Ort wieder besiedelt. Er war aber nun durch fortschreitende Austrocknung des Bodens gekennzeichnet, die vermutlich durch menschliches Einwirken und klimatische Veränderungen hervorgerufen worden ist.

schreiben zu können. Jetzt gibt es mehr Gänse, wie die Bläss- und die Zwerggans sowie weitere Entenarten, die nur in flachen Gewässern leben. Diese Funde bezeugen mit großer Sicherheit die Existenz einer Feuchtzone, bestehend aus einem offenen Wassergebiet mit geringer Tiefe, das sich in überschwemmte Wiesen ausbreitet und mit einem Wasserstand von wenigen Zentimetern für Wasservögel ein traditionelles Futtergebiet darstellt. Für die Mittel- und Spätbronzezeit zeigen die archäozoologischen Zeugnisse eine fortschreitende Spezialisierung in der Viehwirtschaft; die nun gezüchteten Tierarten sind Ziegen und Schafe, während die Schweine- und Rinderhaltung verschwindet. Die Entwicklung entspricht offenbar einer wirtschaftlichen Entscheidung. Qatna konzentriert sich in dieser Periode auf die Ziegen- und Schafzucht, weil sie vorwiegend Wolle liefert, das Grundmaterial für die Webwarenherstellung, welche im Qatna der Spätbronzezeit eine große Expansion zu erfahren scheint.

Der Niedergang

Um die Mitte des 14. Jahrhunderts v. Chr. beginnt in Qatna eine Phase des Niedergangs. Die Stadt verkleinert sich in der folgenden Eisenzeit (etwa 1200–550 v. Chr.) und verliert an politischer und wirtschaftlicher Bedeutung. Für diese Periode verfügen wir leider über einen zu geringen Pollennachweis, als dass eine befriedigende Rekonstruktion der Vegetation möglich wäre. Die Ergebnisse der geomorphologischen Studien zeigen jedoch eine Verstärkung der Bodenerosion und eine Abnahme des Wasservorrates. Beides weist auf eine zunehmende Trockenperiode sowie auf eine wachsende Versumpfung des Sees hin. Dies könnte zusammen mit politischen, wirtschaftlichen und sozialen Faktoren zum Verlassen des Ortes um die Mitte des 6. Jahrhunderts v. Chr. beigetragen haben.

Stadtmauer und Akropolis – Das Stadtbild im 2. Jahrtausend v. Chr.

Michel Al-Maqdissi / Daniele Morandi Bonacossi

Wie sah eine syrische Stadt in der Mittleren und Späten Bronzezeit aus, wie waren Zustand, Organisation und die inneren Strukturen in Qatna? Archäologische Ausgrabungen der letzten Jahrzehnte zeigen, wie sich in Syrien am Beginn der Mittleren Bronzezeit eine eher standardisierte urbanistische Stadtanlage durchsetzte. Die Siedlungen bestanden aus einer Zitadelle mit den wichtigsten öffentlichen Gebäuden und einer Unterstadt. Sie lagen inmitten mächtiger Erdwälle, aufgeschüttet mit einer gewaltigen Menge an Erde und kalkhaltigem Gestein, die ihrerseits wieder von vorliegenden Gräben umgeben waren. Zudem wurde die Zitadelle normalerweise an ihrem Fuß durch einen inneren Mauerring geschützt.

Schützende Wälle

Auch in Qatna – der Name ist seit dem 20. Jahrhundert v. Chr. belegt – entstand eine neue Stadt über dem viel kleineren urbanen Zentrum aus der zweiten Hälfte des 3. Jahrtausends v. Chr. Vier mächtige Erdwälle mit bis zu 20 m Höhe schützten die Siedlung und schlossen eine ausgedehnte quadratische Fläche von 110 ha ein. Diese mächtigen, an ihrer Basis zwischen 60 und 80 m tiefen Strukturen besaßen eine hauptsächlich defensive Funktion, da ihre gewaltigen Dimensionen die Belagerer einschüchtern sollten, die Angriffe von Bogenschützen unwirksam machten und die Verwendung von Kriegsmaschinen (Sturmböcke, Türme und Tunnel) verhinderten. Der Bau der Festungswälle veränderte nicht nur das Stadtbild stark, sondern auch die Landschaft, die von einem kleinen See in der Nähe der Siedlung beherrscht wurde. Wahrscheinlich war dieser See in der zweiten Hälfte des 3. Jahrtausends v. Chr. künstlich angelegt worden, indem das Wasser der Karstquellen und der Wasserläufe in der Gegend gesammelt wurde. Durch den westlichen und südlichen Erdwall wurde er in einen langen und schmalen Graben geteilt, der die Nord-, Süd- und Westseite der Bastionen umgab. Im durch die Erdwälle begrenzten Inneren entstand ein kleines Becken, dessen Existenz ab der Mitte des 2. Jahrtausends v. Chr. nachgewiesen ist.

Bewachte Tore

Die Befestigungsanlagen wiesen mindestens vier Haupttore auf, die aus zwei aneinandergereihten Räumen bestanden. Zu den Haupttoren kamen möglicherweise noch Nebentore hinzu, von denen Spuren in Form von kleineren Durchgängen durch die Erdwälle erkennbar sind. Eine im späteren „Unterstadtpalast" gefundene Keilschrifttafel des 14. Jahrhunderts v. Chr. scheint einen Hinweis darauf zu geben, dass die großen Tore von Gebäuden geschützt wurden, in denen unterschiedlich große Wachmannschaften stationiert waren. Sehr wahrscheinlich handelt es sich um Festungen, die ähnlich wie in Ebla auf der Kuppe der Erdwälle standen und den akkadischen Namen *bit abullim* („Haus des großen Tores") trugen. Der Text erwähnt ein Kontingent von beinahe 500 Soldaten zum Schutz der fünf *bit abullim* in Qatna.

„Landschaft der Macht"

Eine Interpretation der Anlage berücksichtigt nicht nur die militärische Rolle der Wälle, sondern auch die symbolische Bedeutung sowie die Zurschaustellung der Macht, die diese Befestigungen sicherlich potentiellen Feinden und der Bevölkerung des Umlandes vermittelt haben müssen. Mit anderen Worten ausgedrückt, waren derart mächtige und von Weitem sichtbare Bauwerke wie die Erdwälle von Qatna, Ebla oder Karkemisch in Nordsyrien Teil einer „Landschaft der Macht", die für Macht, Unzerstörbarkeit und Überfluss stand. Auf diese Art kommunizierten die herrschenden Eliten mit ihren Untergebenen und gleichzeitig waren die Erdwälle Teil eines „Dialoges" zwischen den syrischen Machtzentren.

Mit dieser politischen und ideologischen Lesung ergibt sich auch die Möglichkeit, die außerordentliche Monumentalität einiger Gebäude der Stadt innerhalb der Wälle, besonders der öffentlichen Gebäude auf der Zitadelle, zu erklären. Zum Beispiel ist belegt, dass der Königspalast von Qatna mit seinen Ausmaßen von über

‹ **Alabastergefäß**

Das fast 40 cm hohe Gefäß stammt aus der Gruft in Qatna und besticht durch seine Form sowie seine außergewöhnliche Maserung. 15./14. Jahrhundert v. Chr. Nationalmuseum Homs.

16 000 m² der größte Palast des ganzen syrisch-palästinischen Gebiets der zweiten Hälfte des 2. Jahrtausends v. Chr. war.

Die den Königspalast kennzeichnende, unverhältnismäßige Vergrößerung des Zeremonie- und Präsentationsraumes ließ wenig Platz für die Geschäfte der königlichen Verwaltung. Zumindest teilweise wurden diese in Nebenpaläste verlegt, die zusammen mit dem Hauptpalast eine Zitadelle der Macht bildeten, von der aus der Herrscher und seine obersten Beamten die Stadt und das Königreich regierten. Um den Königspalast herum bildete sich ein Ring von höfischen Dienstgebäuden, die aus der „südlichen Residenz" und dem „Unterstadtpalast" bestanden. Eine derartige Stadtplanung ist auch für die Mittlere Bronzezeit in Ebla und für die Späte Bronzezeit in Ugarit bekannt. Typisch für Mesopotamien ist ein Zentrum mit einem einzigen großen höfischen Bau, das neben der Funktion als Residenz auch eine zeremonielle sowie politische Bedeutung besaß und die Kontrolle der Wirtschaft übernahm. Diesen Entwurf ersetzte man im 2. Jahrtausend v. Chr. in Syrien durch ein dezentralisiertes Modell, bei dem einige Funktionen der Macht in mehrere Gebäude auf der großen Akropolis um den Königspalast ausgelagert wurden.

In der Mittleren und Späten Bronzezeit entwickelte man auch neue Produktionsarten. Darauf deutet die Aufgabe des Platzes für die Lagerung und Verarbeitung des Getreides, der sich in der zweiten Hälfte des 3. Jahrtausends v. Chr. am höchsten Punkt der Akropolis befand. Mit dem Beginn des 2. Jahrtausends v. Chr. wurde dieser Platz von gut ausgestatteten Werkstätten für die Massenproduktion von Keramik abgelöst. Diese Produktionsorte gehörten vermutlich zu einem öffentlichen, heute nur sehr schlecht erhaltenen Gebäude.

Strukturierung der Fläche

Die archäologischen Ausgrabungen erlaubten außerdem einen Einblick in das städtische Verkehrssystem. Eine Hauptstraße führte durch das Nordtor in die Stadt, verlief entlang der Westfassade des „Unterstadtpalastes" und führte die Nordflanke der Zitadelle hinauf. An ihrem Fuß war die Zitadelle durch eine Umfassungsmauer geschützt, von der Reste an der Nordseite gefunden wurden. Die Straße führte dann zur Ostseite des großen Königspalastes und von hier weiter nach Süden, bis sie die große Keramikmanufaktur erreichte und sich dort in zwei Straßen teilte: Eine lief weiter Richtung Westen entlang der Westseite der Zitadelle, die andere wahrscheinlich zum Südtor. Es ist anzunehmen, dass eine zweite Hauptstraßenachse die Stadt von Osten nach Westen durchzog und damit das West- mit dem Osttor verband. Möglicherweise schlängelte sich ein dritter Weg parallel an der Umfassungsmauer der Zitadelle entlang.

Man darf jedoch nicht glauben, dass die gesamte Fläche der von riesigen Erdwällen begrenzten Stadt Qatna dicht besiedelt war. Besonders in der Unterstadt müssen weite Flächen ohne Bebauung existiert haben, zum Beispiel die Wasserfläche, die von einer Quelle am Fuße der nördlichen Steilhänge der Zitadelle mit Wasser versorgt wurde. In der Unterstadt befanden sich wohl auch zwischen den Wohnhäusern leere Flächen, Gärten und Gemüsegärten, vielleicht aber auch bestellte Äcker. Qatna scheint im 2. Jahrtausend v. Chr. wie ein großer urbaner „Behälter" gewesen zu sein, der hauptsächlich die funktionalen Bauten für die politische und ökonomische Macht beherbergte – das bedeutet Paläste, Verwaltungs- sowie kultische und militärische Zentren, Wohnbauten der Beamten und Wohnviertel, die vermutlich für das Personal der zivilen und religiösen Stadtverwaltung bestimmt waren. Der Großteil der Bevölkerung muss dagegen im Umland auf ländliche Dörfer außerhalb der Festungswerke verteilt gewesen sein. Hierauf scheint auch die Nennung Dutzender Dörfer in den administrativen Texten aus den Archiven von Qatna hinzuweisen.

Luftbild von Qatna/Mischrife

Das Luftbild lässt noch heute die gewaltigen
Ausmaße der Stadt erkennen. Etwa 110 ha
umschließt die Wallanlage. Im Hintergrund ist
die heutige Siedlung Mischrife zu sehen.

Das Königtum von Qatna

Peter Pfälzner

Tontafel aus Qatna
In dem Text wird das Inventar einer Textilmanufaktur des Palastes aufgelistet. In solchen Betrieben wurde sicher für den Bedarf des Hofes und den Export, aber auch für den königlichen Geschenkaustausch produziert. 14. Jahrhundert v. Chr. Nationalmuseum Homs.

Das Königtum von Qatna bestand über einen sehr langen Zeitraum von mindestens 500 Jahren. Die Gründung der Dynastie ging von den Amurritern aus, ehemals nomadischen Steppenbewohnern, die sich zu Beginn des 2. Jahrtausends v. Chr. im Fruchtland Syriens und Mesopotamiens niederließen. Sie begründeten an vielen Orten Königtümer, die für die nachfolgenden Jahrhunderte die Geschicke des Alten Orients bestimmen sollten. Qatnas bedeutendste amurritische Könige waren Ischchi-Addu und Amut-pi'el im 18. Jahrhundert v. Chr.

Königtum im Wandel

Wie viele Dynastien in Qatna bis zur Zerstörung des Königtums um 1340 v. Chr. aufeinander folgten, wissen wir nicht. Aufgrund der Tatsache, dass in der ersten Phase, während der Mittleren Bronzezeit, die Herrscher von Qatna eine herausgehobene Stellung unter allen syrischen Königtümern hatten, während sie in der zweiten Phase, der Späten Bronzezeit, als Kleinkönige von den Großkönigen der externen Macht Mittani in Nordmesopotamien abhängig waren, erfuhr das Königtum einen beträchtlichen Wandel. Dennoch war es als politische Institution über diesen langen Zeitraum hinweg durch eine erstaunliche innere Stabilität und Kontinuität gekennzeichnet.

Die Struktur der Macht

Die Funktionsweise dieses langlebigen politischen Systems lässt sich bisher nur punktuell erkennen. Um ein Gesamtbild des Königtums dieser Zeit zu erhalten, müssen unsere Kenntnisse über die anderen Reiche Syriens, insbesondere Mari, Alalach und Ugarit, mit einbezogen werden.

Wenn es ihm gelang, andere Könige in politische und ökonomische Abhängigkeit zu bringen, erreichte ein Herrscher eine herausgehobene Stellung. Eine Tontafel des 18. Jahrhunderts v. Chr. aus Mari erläutert: „Es gibt keinen König, der alleine wirklich stark ist. 10 bis 15 Könige folgen Hammurapi von Babylon, …, genauso viele folgen Amut-pi'el von Qatna". Die auf diese Weise errichteten Herrschaftsgebiete waren folglich nicht Territorialstaaten, sondern sind eher als „Patchwork-Staaten" mit variablen Grenzen zu bezeichnen. Eine übergreifende, zentrale Verwaltung fehlte, da jeder Unterkönig sein eigenes Gebiet kontrollierte.

‹ Amethystsiegel
Das nur etwa 2,5 cm x 1,7 cm große Siegel in Form eines Skarabäus ist mit Gold gefasst. Auf der Unterseite befindet sich die Darstellung einer Person, die ihre linke Hand vor das Gesicht führt. 15./14. Jahrhundert v. Chr. Nationalmuseum Damaskus.

Zedernwald im Libanongebirge
Zedern waren seit dem 3. Jahrtausend v. Chr. bei mesopotamischen wie ägyptischen Herrschern begehrter Rohstoff für prestigeträchtiges Bauen und daher ein sehr wichtiger Exportartikel für den syrisch-libanesischen Raum. Heute sind die Zedernwälder zum größten Teil abgeholzt.

Im Gegensatz dazu war der Kern des Königtums streng hierarchisch gegliedert. Die Machtbasis des Königs bildete seine Stadt, das Zentrum eines Stadtstaates. Als politischer Mittelpunkt und Symbol des Königtums diente der Palast. Wie das Stadtzentrum von Qatna veranschaulicht, war der Königspalast von weiteren öffentlichen Gebäuden umgeben, die administrative oder ökonomische Funktionen hatten. Die Bürokratie des Staates war in unterschiedliche Institutionen gegliedert. Dazu gehörte in Qatna zum Beispiel auch eine Textilmanufaktur mit zahlreichen Arbeiterinnen, deren Bestände auf einer im Königspalast gefundenen Tontafel verzeichnet waren. Da das Königtum außerhalb des engeren Stadtstaates dezentral organisiert war, bestand allerdings keine Notwendigkeit zum Aufbau eines großen Beamtenapparates.

Die zahlreichen Dörfer um ein Palastzentrum wirtschafteten prinzipiell eigenständig, waren aber zu regelmäßiger Abgaben und Fronarbeiten für den Palast verpflichtet. Über einzelne Dorfgemeinschaften und ihre zugehörigen Ländereien konnte der König vollständig verfügen, wenn er das Recht dazu durch Kauf oder Tausch erworben hatte. Er war also kein orientalischer Despot und nicht der Eigentümer des gesamten Landes. Darüber hinaus erhob er nicht einmal Anspruch auf den alleinigen Besitz des Ackerbodens. Er war Oberbefehlshaber der Armee, musste aber die *marijannu*, die kriegerische Elite des Landes, die im Besitz von Streitwagen war, und die *schanannu*, die Bogenkämpfer auf den Streitwagen, durch Verträge, Lehen oder Sold an sich binden.

Die Palastwirtschaft

Das kennzeichnende ökonomische Prinzip des Königtums war die Palastwirtschaft. Sie war in Form eines großen, wirtschaftlich tätigen Haushaltes unter Führung des Königs organisiert. Der Palasthaushalt dominierte die wirtschaftlichen Aktivitäten im Lande, parallel dazu existierten aber zahlreiche ökonomisch tätige private Haushalte. Sogar Familienangehörige des Königs oder – wie dies für Alalach belegt ist – selbst die Königin konnten einen autonom wirtschaftenden Großhaushalt besitzen.

Innerhalb der Palastwirtschaft spielte die landwirtschaftliche Produktion eine herausragende Rolle. Agrarische Erzeugnisse wurden in staatlichen Magazinen gelagert, um sie für den Konsum im Palast, aber auch zur Bezahlung von Bediensteten zu verwenden. Davon zeugen Rationslisten für Getreide oder Bier, die in Qatna im Königspalast und auch im Unterstadtpalast gefunden wurden.

Der König übte auch eine einflussreiche Rolle in der Finanzwirtschaft aus. Durch die Vergabe von staatlichen Darlehen an Privatpersonen konnten diese zu Zinszahlungen oder Arbeitsleistungen für den Herrscher verpflichtet werden. Listen über Ausgaben von Silber sowie über Guthaben und Ausstände von Silber, die im Königspalast von Qatna gefunden wurden, könnten damit in Zusammenhang stehen. Neben Mietarbeitern konnten auch Arbeitskräfte für den königlichen Palast durch dieses Kreditsystem rekrutiert werden.

Ein großer Teil der handwerklichen Produktion war dem Palast angegliedert. Es gab palasteigene Werkstätten für Töpferwaren sowie für die Metall- und Textilproduktion. Sicherlich produzierte die im Idanda-Archiv erwähnte Textilmanufaktur für den Bedarf des Palastes. Die wertvollen Stoffe dienten dem Export und spielten auch beim königlichen Geschenkaustausch eine wichtige Rolle.

Herrscher über den Zedernwald

Eine direkte Kontrolle über wichtige Rohstoffe war ein vorrangiges Anliegen der Palastwirtschaft. Aufgrund der Holzarmut Mesopotamiens besaß Zedernholz einen besonders hohen Wert und diente somit als lukratives Exportgut. Deshalb strebte man die politische Kontrolle über die Zedernbestände im Libanongebirge und im Ansariyegebirge an. Eine juristische Urkunde aus dem Idanda-Archiv zeigt, dass diese territoriale Hoheit bis in die Spätzeit des Königtums im 14. Jahrhundert v. Chr. aufrechterhalten werden konnte.

Eine andere kostbare Ressource war Elfenbein, da daraus Luxusgüter hergestellt wurden. Funde von großen Elefantenknochen im Königspalast von Qatna weisen darauf hin, dass die einst im Orontesbecken unweit west-

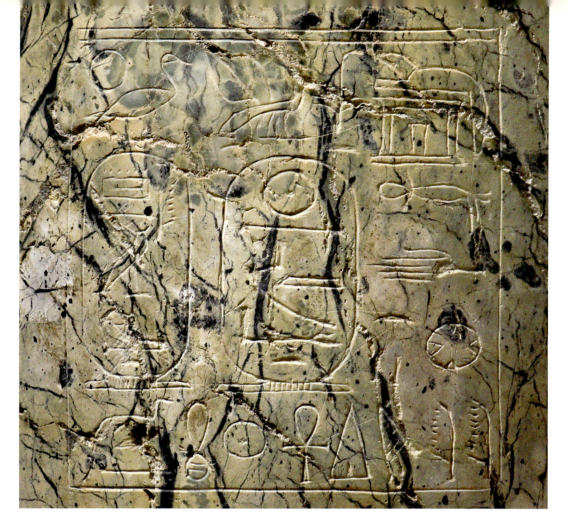

‹ Zepter aus Elfenbein
Das aus mehreren Teilen zusammengesetzte
Zepter aus der Königsgruft von Qatna wurde
in dem Sarkophag der Hauptkammer gefunden.
Die Bekrönung erinnert an ägyptische Papyrus-
bündelsäulen und weist auf die Kontakte zu
diesem Großreich hin. 15. / 14. Jahrhundert v. Chr.
Nationalmuseum Damaskus.

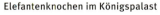
Kartusche auf einem Alabastron
Ein in Qatna gefundenes Gefäß trägt die Namen
des Pharaos Amenemhet III. sowie des Gottes
Sobek von Schedet, dem heutigen Medinat al-
Fayum in Ägypten. Vielleicht war das Alabastron
einst Teil des dortigen Tempelinventars. 19. Jahr-
hundert v. Chr. Nationalmuseum Homs.

Elefantenknochen im Königspalast
Antike ägyptische und mesopotamische Text-
quellen berichten von königlichen Elefanten-
jagden im Orontestal. Die Ausgrabungen in
Qatna erbrachten 2008 den bislang größten
Fund von Elefantenknochen.

lich von Qatna lebenden Elefanten von den hiesigen Königen gejagt und als Trophäe in die Residenz verbracht
wurden. Hier verband sich die Beschaffung von Rohstoffen mit der Selbstdarstellung der Könige durch mutige
Taten. Der Handel mit Rohstoffen und Fertigprodukten war nicht die einzige Methode zum Erwerb fremder
Güter durch den Palast. Eine ebenso wichtige Rolle spielte der Geschenkaustausch zwischen den Königshöfen:
Gold, Stoffe, Pferde und andere Kostbarkeiten wechselten ihren Besitzer auf diese Weise. Briefe aus dem
Amarna-Archiv verraten, dass dabei auf eine Gleichwertigkeit von Geschenk und Gegengeschenk penibel ge-
achtet wurde. Notfalls reklamierte man eine Unverhältnismäßigkeit beim Austauschpartner. Dadurch wurden
die friedlichen Beziehungen zwischen den Königtümern gestärkt, aber auch Hierarchien zwischen den Staaten
manifestiert. Mögliche Zeugnisse eines Geschenkaustausches mit dem Pharaonenreich sind die in Qatna
gefundenen Steingefäße mit ägyptischen Inschriften.

Diplomatische Heiraten

Selbst Frauen wurden zur Stärkung politischer Allianzen zwischen den Königtümern ausgetauscht. Das kommt
in der Eheschließung der jungen Prinzessin Damchurazi, genannt Beltum, einer Tochter des Königs Ischchi-
Addu von Qatna, mit dem König Jasmach-Addu von Mari zum Ausdruck. Auch exotische Gegenstände aus fernen Ländern wurden in den Gabenaustausch einbezogen. Damit ließen sich die internationalen Kontakte und
die Weltläufigkeit des Königshofes zur Schau stellen, was das Prestige der Herrscher erhöhte. Selbst fremde
Handwerker wurden an die Höfe vermittelt und bei der Ausgestaltung der Paläste beschäftigt. So lässt sich
der offenkundige ägäische Stil der Wandmalereien im Königspalast von Qatna erklären. Die Herrscher wetteiferten miteinander um den größten Palast, die exklusivste Ausstattung und die exotischsten Objekte.
Sicherlich besaß das Löwenkopfgefäß aus baltischem Bernstein in der Königsgruft von Qatna einen hohen
Prestigewert. Dies veranschaulicht die auf politischer Herrschaft, wirtschaftlicher Macht, verzweigter Diplomatie
und hohem Prestigestreben beruhende Strategie und Ideologie der syrischen Königtümer.

Viehzucht und Ackerbau – Ernährung in der Bronzezeit

Leonor Peña-Chocarro/Simone Riehl/Emmanuelle Vila

Getreideanbau
Die landwirtschaftlichen Anbauflächen während der Frühbronzezeit waren vermutlich um die relativ zahlreichen Siedlungen plaziert, die in einem Umkreis von etwa drei Kilometern zu Qatna lagen.

Unser Wissen über die bronze- und eisenzeitliche Landwirtschaft und die Ernährung in der Alten Welt geht im Wesentlichen auf jahrzehntelange Untersuchungen in der Archäobotanik und der Archäozoologie zurück. In Nord- und vor allem in Südmesopotamien können daneben auch Texte oder aufschlussreiche archäologische Befunde zum Erkenntnisgewinn herangezogen werden.

Zur Blütezeit Qatnas – ab dem 3. Jahrtausend v. Chr. – hatte die Landwirtschaft bereits eine mindestens 5000 Jahre dauernde Geschichte hinter sich, in der nach und nach die Domestizierung von Pflanzen und Tieren erfolgte. Die landwirtschaftliche Technologie wurde in Anpassung an eine sich verändernde Umwelt, an menschliche und kulturelle Bedürfnisse, an ökonomische und an politische Ziele weiterentwickelt.

Frühbronzezeit

Der lange Zeitraum der Frühbronzezeit kann nicht nur kulturhistorisch, sondern auch klimatisch in verschiedene Abschnitte unterteilt werden. Während zu Beginn der Frühbronzezeit um 3000 v. Chr. ländliche Siedlungen mit individueller ökonomischer Spezialisierung in Nordsyrien und Südostanatolien vorherrschend waren, erwirtschafteten nach 2600 v. Chr. einzelne größere Stadtstaaten eine landwirtschaftliche Überproduktion. Gegen Ende des 3. Jahrtausends v. Chr. trat in vielen Regionen ein Niedergang der Städte ein, gefolgt von einer kontinuierlichen Veränderung der politischen Regime und ökonomischen Strukturen. Die Paläoklimaforschung stellt in vielen Gebieten der Erde um 2000 v. Chr. eine einschneidende Zunahme der Trockenheit fest. Untersuchungen der stabilen Kohlenstoffisotope an Getreide zur Wasserverfügbarkeit bestätigen diese Ergebnisse. Eine reduzierte Wasserverfügbarkeit führte mit hoher Wahrscheinlichkeit zu einem hohen Ernteverlust und gebietsweise sogar zu Hungersnöten.

 Vorratsgefäße
In der Hauptkammer der Gruft in Qatna kamen zahlreiche Vorratsgefäße aus Keramik zutage. 15./14. Jahrhundert v. Chr. Nationalmuseum Homs.

Ernte
Hauptanbaupflanzen waren die zweizeilige Gerste sowie Emmer, aber auch Nacktweizen und Linsen sind häufig nachweisbar. Das Getreide wurde in siloartigen Vorrichtungen gelagert.

Dies spiegelt sich in Qatna allerdings kaum in den Anbauverhältnissen der Kulturpflanzen wider, die durch die gesamte Bronzezeit hinweg eine große Kontinuität aufweisen. Qatna mit seiner besonderen Situation – zahlreiche Karstquellen und andere Gewässer – konnte durch Wassermangel bedingte Krisensituationen größtenteils auffangen.

Als Hauptanbaupflanzen sind zweizeilige Gerste sowie Emmer zu nennen, aber auch Nacktweizen und Linsen sind häufig nachzuweisen. Olive und Wein kultivierte man ebenfalls. Weitere Kulturpflanzen, die wahrscheinlich in geringerem Umfang konsumiert wurden, waren Erbsen und Linsenwicke. Siloartige Vorrichtungen dienten zur Lagerung von Getreide in den Haushalten. Darüber hinaus wurde Lein angebaut, aber in der ausgehenden Frühbronzezeit befand er sich als Textilrohstoff auf dem Rückzug und wurde spätestens seit der Mittelbronzezeit vollkommen von der Wolle verdrängt.

Im Vergleich zur Mittel- und Spätbronzezeit konnte für die Frühbronzezeit eine intensivere Rinderhaltung sowie vermehrt Schweine- neben der sonst dominanten Schaf- und Ziegenhaltung festgestellt werden. Jagdwild spielte dagegen eine geringe Rolle in der Ernährung; erbeutete Tiere waren Gazelle, Ur, Onager, Hase und Spießflughuhn, die eher in ausgedehnten trockenen Gebieten vorkommen.

Die landwirtschaftlichen Anbauflächen während der Frühbronzezeit waren vermutlich um die relativ zahlreichen Siedlungen plaziert, die zueinander und zu Qatna in einer geringen Distanz von etwa drei Kilometern lagen. Insgesamt herrschten in Qatna während eines Großteils der Frühbronzezeit prosperierende Verhältnisse für die Landwirtschaft, wovon die Menschen auch in der täglichen Ernährung profitierten.

Mittelbronzezeit

Das Bild ändert sich mit dem Ende der Frühbronzezeit. In der Mittelbronzezeit zeigen sich landwirtschaftliche Veränderungen in der Tierhaltung durch eine Abnahme der Rinder- zugunsten der anspruchsloseren Schaf- und Ziegenhaltung. Der Anteil an Jagdwild ist weiterhin gering. Darunter sind vor allem mittelgroße bis große Huftiere (Gazelle, Onager, Wildschwein, Ur) sowie Wasservögel vertreten.

Über die pflanzliche Ernährung während der Mittelbronzezeit gibt es bislang aus Qatna nur spärliche Hinweise, aber das Spektrum und das Verhältnis der einzelnen Kulturpflanzenarten scheint sich im Vergleich zur Frühbronzezeit nur unwesentlich verändert zu haben. Die gegenüber Trockenheit relativ unempfindliche Gerste war nach wie vor die Hauptanbaupflanze, wie Funde sowohl in den Wohneinheiten außerhalb des Palastes als auch im Palastbereich belegen. Wein wurde während der Mittelbronzezeit in Qatna anscheinend nicht mehr angebaut.

Außerdem ist anhand von Pollenanalysen ein massiver Eingriff in den Naturhaushalt durch den Menschen spätestens ab 1680 v. Chr. rekonstruierbar, der möglicherweise mit dem Bau des Verteidigungswalls um die Stadt in Zusammenhang steht.

Die Bedingungen für die landwirtschaftliche Produktion hatten sich während der Mittelbronzezeit wohl etwas verschlechtert, was auch am deutlichen Rückgang von Siedlungen im Umland zu erkennen ist. Dennoch waren die umweltbedingten Veränderungen in vielen Siedlungen des Vorderen Orients weitaus drastischer als in Qatna.

Spätbronzezeit

Wie in der Mittelbronzezeit erreichte die Landwirtschaft auch in der Spätbronzezeit nicht mehr die Prosperität, die sie in der Frühbronzezeit hatte. Bislang permanente Wasserreservoirs wandelten sich ab der späten Spätbronzezeit in saisonale Sümpfe. Die Landschaft war durch Abholzung und Beweidung geschädigt. Eine zusätzliche Belastung in solchen Zeiten stellte die Besteuerung der Landwirtschaft betreibenden Bevölkerung auf staatlichem und nichtstaatlichem Land dar. Ebenso bedeuteten die politischen Auseinandersetzungen

Rinderzucht

Für die Frühbronzezeit konnte im Vergleich zur Mittel- und Spätbronzezeit eine intensivere Rinder- sowie vermehrt Schweinehaltung festgestellt werden. Insgesamt herrschten in Qatna während eines Großteils dieser Epoche in der Landwirtschaft prosperierende Verhältnisse, was sich positiv auf die Ernährung der Menschen auswirkte.

Schaf- und Ziegenhaltung

In der Spätbronzezeit (um 1550–1200 v. Chr.) kam es zu einer starken Spezialisierung auf Schafe und Ziegen. Diese recht anspruchslosen Tiere wurden aber auch schon früher gezüchtet.

Arbeiten mit der Flotationsmaschine
So werden Pflanzenreste mit Hilfe von Wasser aus dem Sediment der Ausgrabung von Qatna gewonnen und anschließend analysiert. Das Extraktionsverfahren beruht auf einer einfachen Dichtetrennung des verkohlten Pflanzenmaterials von den spezifisch schwereren Sedimentpartikeln. Die leichteren Samen und die Holzkohle steigen dabei zur Wasseroberfläche auf und können problemlos abgeschöpft werden.

eine verstärkte Bürde für die Wirtschaft. Die Zerstörung des Palastes von Qatna durch die Hethiter um 1340 v. Chr. kann möglicherweise Versorgungsengpässe nach sich gezogen haben.

Im Vergleich zur Mittelbronzezeit hatte sich das Spektrum der Kulturpflanzen nur unwesentlich verändert. Gerste war immer noch die Hauptanbaufrucht, wie in den meisten spätbronzezeitlichen Siedlungen im Vorderen Orient. Allerdings wurde im Palast von Qatna in dieser Zeit weniger Gerste zugunsten von Emmer verwendet. Er hatte wohl inzwischen einen elitären Charakter und war Tributgut für den König oder andere hochrangige Gesellschaftsmitglieder. In Anbetracht des Massenanbaus von Gerste in der Bronzezeit muss auch erwähnt werden, dass es sich hier um eine Getreideart mit relativ geringem Risiko einer Missernte handelt. Es wurde auch als Zahlungsmittel bei verschiedenen Abgabeleistungen an den Palast verwendet. Eine Massenproduktion ist ebenfalls für Handelsgüter wie Olivenöl anzunehmen.

Die frühen Erträge sind aufgrund von methodischen Problemen sehr schwer abzuschätzen, aber in Anlehnung an heutige Bedingungen ist eine große Variabilität der Ernten anzunehmen. Von einer systematischen Bewässerungswirtschaft kann aufgrund des Wildpflanzenspektrums in Qatna nicht ausgegangen werden. Im Fall der Gerste geben weder Textquellen noch Untersuchungen der stabilen Kohlenstoffisotope Hinweise auf Bewässerung.

In der Tierzucht fand eine sehr starke Spezialisierung auf die Schaf- und Ziegenhaltung statt. Eine Untersuchung der Knochen des Jagdwilds ergab, dass sowohl Tiere aus trockenen Gebieten als auch solche aus bewaldeten Zonen – wie Wildschwein, Damhirsch und Wiesel – erlegt wurden. Unter den gejagten Vogelarten sind zahlreiche Wasservögel (Feldgans, Ente, Teichralle, Krickente), aber auch Steppenvögel (Strauß, Chukarhuhn, Wüstenrabe) und solche, die in Waldgebieten vorkamen (Turteltaube, Aaskrähe). Möglicherweise lebten sogar importierte Elefanten vor Ort.

Für manche Regionen des Vorderen Orients wird gegen Ende der Spätbronzezeit (1200 v. Chr.) eine Dürreperiode angenommen. Paläoklimamodelle bestätigen diese Hypothesen. Leider liegen diesbezüglich für Qatna keine Informationen vor.

Eisenzeit

Waren zu Beginn dieser Periode die landwirtschaftlichen Bedingungen eher ungünstig, kann anhand der oben genannten Paläoklimamodelle für den Verlauf der Eisenzeit von einer leichten Zunahme der Wasserverfügbarkeit ausgegangen werden.

Obwohl die Pollenanalyse auf eine zunehmende Verminderung der Flora während der Eisenzeit hinweist, deutet die Wildfauna mit Arten wie Damhirsch, Wildschwein, Löwe und Bär auf eine zumindest teilweise Regeneration der waldartigen Vegetationseinheiten hin. Die Landwirtschaft scheint mit der Steigerung des Oliven- und Weinanbaus sowie mit der Intensivierung der Rinderhaltung ebenfalls auf verbesserte Bedingungen gestoßen zu sein, was wiederum zu einem Aufschwung des überregionalen Handels geführt haben dürfte.

Ein weiterer Hinweis auf eine zumindest teilweise Verbesserung der landwirtschaftlichen Voraussetzungen ist die Zunahme von Siedlungen im Umfeld von Qatna von elf in der Spätbronzezeit auf 20 in der Eisenzeit.

Akkadisch und Hurritisch – Die verschiedensprachige Bevölkerung

Thomas Richter

Ein- bis zweistöckiges Hausmodell
Obwohl solche Modelle aufgrund ihres Fundortes als Kultobjekte gelten dürfen, auf denen Opfergaben und Räucherwerk den Göttern dargebracht wurden, geben sie dennoch einen bekannten Haustypus wieder. 3. Jahrtausend v. Chr. Nationalmuseum Aleppo.

Rückschlüsse auf die ethnische Herkunft und linguistische Situation der Bewohner von Qatna erlauben Texte sowie Namen. Beide Quellenarten ermöglichen allerdings nur ungefähre Aussagen zu der Frage, welcher Ethnie die Bevölkerungsmehrheit oder eine einzelne Person angehörte oder welche Sprache(n) sie verwendete. Grundsätzlich darf nicht davon ausgegangen werden, dass größere städtische Zentren in der Zeit der altorientalischen Kulturen in ethnischer oder sprachlicher Hinsicht homogen waren.

Die verschiedenen Sprachen

Briefe, die an den König von Qatna gesandt wurden, zeigen eine eigentümliche, in dieser Weise bisher nur durch sie bekannte Vermischung akkadischen *(kursiv)* und hurritischen *(**kursiv und fett**)* Wortgutes. Dabei finden sich Übersetzungsglossen, in denen ein akkadischer Begriff durch einen hurritischen übersetzt wurde, zum Beispiel: *ērub **waža*** „er betrat". Häufiger allerdings ist die Einfügung eines hurritischen Begriffs in einen akkadischen Kontext, etwa: *anāku ištu qātī mārī Armatte **zukkaettaman ehla*** „einmal rettete ich mich aus den Händen der Einwohner von Armatte". Beides findet sich gelegentlich auch in anderen Texten dieser Zeit; der hohe Anteil hurritischen Wortgutes von durchschnittlich etwa 25 % macht diese Briefe allerdings einzigartig – und, da das Hurritische bisher nur teilweise entschlüsselt ist, schwer verständlich. Eine interessante, aber nicht zu lösende Frage ist es, wie diese Texte *gelesen* wurden.

Die Inventartexte weisen ebenfalls ein Nebeneinander von Akkadisch und Hurritisch auf. Wie vergleichbare Texte aus anderen altorientalischen Fundorten zeigen – wie aus Emar am Euphratknie, aus Nuzi oder aus Assur im Nord-Irak –, waren in dieser Zeit eine große Zahl von Lehn- und Fremdwörtern hurritischen Ursprungs in die Schriftsprache Akkadisch sowie in die lokalen Verkehrssprachen eingegangen. Sie bezeichneten in der Mehrzahl Realien, also Gegenstände aus handwerklicher Produktion, zum Beispiel Keramikgattungen oder -typen und Metallobjekte. In dieser Hinsicht bietet sich dasselbe Bild wie in den modernen Sprachen Westeuropas. Auch in den Inventartexten finden sich sowohl Übersetzungsglossen als auch hurritisches Wortgut in einem akkadischen Kontext.

Möglicherweise ist die weite Verbreitung dieses Spezialwortschatzes mit der Herkunft und Verbreitung der entsprechenden Produkte zu erklären: So wie noch heutzutage Produktnamen oder Produktbezeichnungen mit den Objekten „wandern" (zum Beispiel im Falle von Espresso, Toaster oder Walkman), können auch in der Zeit der altorientalischen Kulturen Wörter zusammen mit den Gegenständen ausgetauscht worden sein. Im Einzelnen wird man hierbei allerdings kaum jemals Sicherheit erlangen können, da die Identifizierung dieser Objekte mit Gegenständen der materiellen Kultur, wie sie in Ausgrabungen gefunden werden, ausgesprochen schwierig ist.

Multilinguale Schreiber

Für die Beurteilung der „Sprachkompetenz" ist es wichtig, zu beachten, dass sowohl die auswärtigen Schreiber der Briefe als auch die sicherlich in Qatna selbst ansässigen Schreiber der Inventare sich bewusst waren, akkadisches und hurritisches Wortgut in den Texten nebeneinander zu verwenden: Dem hurritischen Sprachgut setzte man jeweils „Glossenkeile" voran. Diese Zeichen wurden sicherlich nicht gesprochen; im Schriftmedium der Keilschrift dienten sie dazu, anzuzeigen, dass das folgende Wort einer anderen Sprache als dem Akkadischen angehört.

Da die Schreiber bei der Setzung der Glossenkeile so gut wie keine Fehler machten, beherrschten sie vermutlich Akkadisch und Hurritisch, wenn auch nicht in gleichem Maße. Zumindest in den Briefen, die längere Kontexte bieten, sind gelegentlich Bildungen falscher akkadischer Formen zu beobachten. Verschiedentlich war dem Schreiber zwar die richtige akkadische Vokabel geläufig, jedoch war er nicht in der Lage, die an der entsprechenden Stelle notwendige Form zu bilden. So steht in einem Brief des Takuwa von Nija Folgendes: *aqtibi anāku*

Krug der sogenannten „Palestinian Bichrome Ware"
Das Gefäß gehört zu einer Keramikgattung, die auch Einflüsse aus dem hurritisch-mittanischen Gebiet aufweist und damit die engen kulturellen Verbindungen dieser Regionen belegt. Außerhalb der Levante erfuhr diese Keramik eine Verbreitung bis nach Zypern und Ägypten. 16. / 15. Jahrhundert v. Chr. Nationalmuseum Homs.

*lā inassar u ahīja Idanda **utra te** „Ich sagte [zu den Truppen]: ‚Ich werde [ihn] nicht beschützen können. Beschützt ihr meinen Bruder Idanda!'". Wäre der Satz vollständig in Akkadisch gehalten, müsste anstelle von hurritisch **utra te** „bewacht!" die akkadische Form usrā stehen.

Vielleicht darf man daraus folgern, dass das Hurritische die Muttersprache der Schreiber und der herrschenden Schicht war. Allerdings können wir die Kompetenz der Schreiber im Hurritischen ungleich schwerer beurteilen. Das bisher für dieses Idiom verfügbare Textmaterial ist recht gering und sehr ungleichmäßig verteilt. Insbesondere fehlen weitgehend Alltagstexte wie Briefe.

Auch aus diesem Grund ist der Stellenwert des Hurritischen nicht sicher zu bestimmen. Darüber hinaus muss man beachten, dass obige Überlegungen sich allein auf die Sprache der Texte gründen und daher nur für ihre Verfasser und Adressaten Rückschlüsse erlauben; für die Umgangssprache der Bevölkerung kommen andere Ansätze in Betracht. Aus den älteren Quellen über Qatna – Texten aus dem beginnenden 18. Jahrhundert v. Chr., die in Mari gefunden worden sind – kann geschlossen werden, dass die Bevölkerung in dieser Zeit überwiegend „westsemitisch" geprägt war und das sogenannte Amurritische sprach. Der weite Gebrauch des Hurritischen in Mittelsyrien, wie ihn jetzt die Texte aus Qatna erstmals sicher belegen, ist eine jüngere Erscheinung.

Personennamen

Der zweite Ansatzpunkt ist der linguistische / ethnische Ursprung der Namen, insbesondere der Personennamen. Auch diese erlauben nur ungefähre Aussagen zu der Frage, welcher Ethnie die Person angehörte oder welche Muttersprache ihr eigen war. Ähnlich wie heute gab es auch in der Zeit der altorientalischen Kulturen Modenamen, und oft finden sich im Stammbaum einer Familie Namen ganz unterschiedlicher Sprachzugehörigkeit. Der größte Teil der sicher sprachlich zuweisbaren Personennamen ist hurritisch. Dabei zeigt sich das auch aus anderen Orten wie Ugarit und Alalach bekannte Spektrum hurritischer Namensgebung in dieser Zeit: Neben Vollnamen, die leicht erkennbar sind und in gleicher oder ähnlicher Form schon seit Jahrhunderten existierten, steht eine größere Zahl kurzer Namen, die erst in dieser Zeit geläufiger werden.

Gewichte in Tierform aus Ugarit
Einheitliche Gewichte sind auch ein Indiz für reisende Händler. Neben Enten waren unter anderem Löwen und Stiere als Gewichte gängig. 15.–13. Jahrhundert v. Chr. Nationalmuseum Aleppo.

Ein kleiner Teil der Personennamen ist akkadisch. Hierbei handelt es sich mit hoher Wahrscheinlichkeit um Modenamen, da es in der Spätbronzezeit Syriens keine akkadische Namenstradition gegeben hat. Dass es unter diesen Bedingungen überhaupt akkadische Namen gab, ist wohl vor allem auf das Prestige des Akkadischen als Sprache der Korrespondenz und Verwaltung, letztlich aber nahezu jeder schriftlichen Überlieferung zurückzuführen. Zumindest Teile der Bevölkerung müssen über Kenntnisse der akkadischen Sprache verfügt haben, die sie im Rahmen ihrer Ausbildung in (Schreiber-)Schulen und dergleichen erworben haben. In anderen Teilen des Alten Orients zeigt es sich unter ähnlichen Bedingungen – einer nichtakkadischsprachigen Bevölkerungsmehrheit –, dass akkadische Namen insbesondere von Angehörigen der gesellschaftlichen Elite getragen wurden, zum Beispiel in der Herrscherfamilie, bei Schreibern und Tempelangehörigen. Insofern ist es nicht ungewöhnlich, dass einer der letzten Könige, der über Qatna herrschte, den akkadischen Namen Adadnirari „[Wettergott] Adad ist meine Hilfe" trug.

Neben akkadischen waren auch andere semitische Namen in Gebrauch; sie sind vermutlich einer jüngeren Form des Amurritischen zuzuweisen, das im 18. Jahrhundert v. Chr. benutzt wurde. Unter der Bevölkerung Qatnas und seiner Umgebung, die in relativ geringer Zahl in den Verwaltungsurkunden erscheint, treten sie zwar selten auf; einige Personen des Königshauses trugen jedoch derartige Namen, unter anderem: Idadda (*Yayda-Hadda) „Erkannt hat [Wettergott] Hadda", und Napsi-abi „Mein Vater ist mein Leben" (Name einer Frau). Darüber hinaus sind aus Qatna auch zahlreiche Namen bekannt, die sich derzeit nicht sicher zuweisen lassen; oft handelt es sich dabei um kurze Namen (etwa Gadada, Kaja, Lussu), möglicherweise Verkürzungen von Vollnamen (wie Jan aus Johannes). Derart kurze oder verkürzte, zuweilen geradezu verstümmelte Namen bereiten heute vielfach Probleme, da die Prozesse, die zu ihrer Entstehung aus vollständigeren Formen führten, nur teilweise verstanden werden können. Es ist möglich, dass sie – oder einige von ihnen – auf akkadische, amurritische oder hurritische Bildungen zurückgehen; möglicherweise gehörten sie jedoch auch einer anderen Sprache an, die wir derzeit nicht benennen können.

Sprache als Zeichen für Prestige

Dass man sich trotz allem bemühte, grundsätzlich Akkadisch zu schreiben, ist auf das Prestige dieser Sprache zurückzuführen. Aus unserer heutigen Sicht ist das ungewöhnliche Nebeneinander akkadischen und hurritischen Wortgutes einerseits bedauerlich, andererseits erfreulich: bedauerlich, da unsere noch unvollkommene Kenntnis der hurritischen Sprache es derzeit unmöglich macht, zu einem in jeder Hinsicht zufriedenstellenden Textverständnis zu gelangen; erfreulich, da wir hieraus wichtige Einblicke in die ethnolinguistische Situation und das Nebeneinander verschiedener Sprachen und Sprechergruppen in Qatna erhalten.

Massenproduktion – Die Werkstätten im 2. Jahrtausend v. Chr.

Daniele Morandi Bonacossi

Während des 2. Jahrtausends v. Chr. war Qatna ein großes urbanes Zentrum, zuerst Hauptstadt eines Territorialstaates (Mittelbronzezeit) und später eines kleinen Kantonalstaates (Spätbronzezeit). In der gesamten Periode war der Ort auch ein wichtiges wirtschaftliches Zentrum und eine große Karawanenstadt, entstanden an der Kreuzung zweier bedeutender Handelswege im antiken Vorderen Orient: die Nord-Südachse, die Anatolien mit Syrien, Palästina und dem Nildelta verband, sowie die Ost-Westachse, die von Mesopotamien und dem Persischen Golf nach Mari, Palmyra via Qatna zum östlichen Mittelmeer führte. Eine Keilschrifttafel der ersten Hälfte des 18. Jahrhunderts v. Chr. aus den königlichen Archiven des Palastes von Mari informiert uns weiter, dass es in Qatna ein *kārum* gab, ein Handelsviertel, in dem sich die Wohnungen und Lagerräume der Händler und Handwerker befanden. Qatna war also ein Manufaktur- und Handelszentrum von großer Bedeutung im westlichen Zentralsyrien. Von der Produktionsaktivität, die in den Werkstätten von Qatna stattfand, sind natürlich nur wenige Spuren archäologisch nachweisbar, aber die ans Licht gebrachten Zeugnisse belegen, dass die Stadt ein wichtiges Zentrum für die Herstellung von Keramikgefäßen, Elfenbeinintarsien – wahrscheinlich zur Dekoration von wertvollen Möbeln und Statuen – und wohl auch von Gegenständen aus Glaspaste war.

Die große Keramikproduktion

Auf dem höchsten Punkt der Akropolis von Qatna wurde Anfang des 2. Jahrtausends v. Chr. ein leider schlecht erhaltenes monumentales Gebäude errichtet, das sicher eine öffentliche Funktion besaß – vielleicht einer der Tempel der Stadt. Ihm sind wahrscheinlich die beiden Basaltstatuen von auf dem Thron sitzenden Herrschern von Qatna zuzuordnen; diese stellen vermutlich verstorbene und vergöttlichte Ahnen dar (s. S. 204 ff.). Neben diesem großen Gebäude befand sich eine von ihm abhängige ausgedehnte Werkstatt für eine große und viel-

‹ Statue eines Königs von Qatna aus Dolerit
Wahrscheinlich den verstorbenen König darstellend, der als Ahne verehrt wurde, gehörte die Figur vermutlich zu einem öffentlichen Gebäude, das mit den Keramikwerkstätten verbunden war. 1750 / 1700–1600 v. Chr. Nationalmuseum Homs.

Keramikbrennöfen
Über deren Brennkammern befanden sich Lochtennen, auf denen die zu brennende Keramik gestapelt war. Abgedeckt wurden diese Bereiche einst mit Kuppeln. 19. Jahrhundert v. Chr.

fältige Keramikproduktion. Sie begann als kleine Manufaktur, erreichte ihre größte Ausdehnung in der Mittelbronzezeit II (etwa 1800–1600 v. Chr.) und wurde in der folgenden Spätbronzezeit I (etwa 1600–1400 v. Chr.) aufgegeben.

Es handelt sich um die vollständigste und größte Anlage zur Massenproduktion von Keramik, die in Syrien aus dem 2. Jahrtausend v. Chr. bekannt ist. In jeweils getrennten und in ihrer Funktion spezialisierten Bereichen sind alle einzelnen Phasen des Produktionsprozesses dokumentiert: angefangen bei der Aufbereitung des Lehms in großen Absetzbecken, seiner Bearbeitung in kleineren Becken, welche durch ein dichtes und verzweigtes unterirdisches Kanalnetz mit Wasser versorgt wurden, bis zur Herstellung der Gefäße auf der Töpferscheibe, ihrer Trocknung auf den hierzu bestimmten großen Flächen sowie dem Brennen in Öfen unterschiedlicher Größe und Machart. Die gewölbten Öfen hatten einen vertikalen Zug aus Lehmziegeln oder waren einfach in den Boden gegraben. Sie besaßen eine untere Kammer für den Brennstoff (Holz, getrockneter Tiermist) und eine obere Kammer, in der auf einer durchlöcherten Tenne die zu brennenden Töpferwaren gestapelt wurden. Heiße Gase zogen aus der Verbrennungskammer durch die Tenne nach oben in die Brennkammer und verwandelten die Rohware in Keramik. Die Decke der Brennkammer war mit einem Gewölbe versehen.

In den Keramikwerkstätten wurden hauptsächlich Vorratsgefäße mittlerer Größe zur Aufbewahrung von Lebensmitteln gefunden. Welcher Art auch immer die öffentliche Einrichtung war, die ihren Sitz in dem Monumentalbau dicht bei der Produktionsstätte hatte, sie scheint hier die für die Aufbewahrung und Lagerung der eigenen Agrarprodukte notwendige Keramik hergestellt zu haben.

Spuren als Zeitzeugen

Im nördlichen Abschnitt der Keramikmanufaktur kam es zu einer außergewöhnlichen Entdeckung: Zwischen zwei Plattformen mit Produktionsinstallationen und Brennöfen fand man auf der Oberfläche der Arbeitsflächen aus gestampftem Lehm Dutzende von unterschiedlichen menschlichen Fußabdrücken – von Frauen, Männern

Arbeitsfläche aus gestampftem Lehm
Im Bereich der Keramikherstellung entdeckte man zahlreiche Abdrücke von Menschenfüßen und Pferdehufen. Letztere sind besonders interessant, da sie einer der ältesten Belege für das Pferd als Arbeitstier sind. 17. Jahrhundert v. Chr.

Terrakottakopf
In den Keramikwerkstätten fanden sich zahlreiche weibliche Idole, meist mit aufwendigem Kopfputz. 20.–18. Jahrhundert v. Chr. Nationalmuseum Homs.

und Kindern – sowie Abdrücke von Gefäßen und Pferdehufen. Vermutlich wurden also während der Produktionsabfolge in der Keramikmanufaktur Pferde zum Transport der hergestellten Keramik eingesetzt. Der Fund von Pferdefußabdrücken ist besonders interessant, da dies eines der ältesten archäologischen Zeugnisse für den Gebrauch dieses Tieres in Syrien darstellt. Bedeutsam erscheint außerdem die Tatsache, dass Pferde, die in der Mittel-und Spätbronzezeit gewöhnlich im Krieg dem Prestige der Aristokratie der Städte dienten, hier in Qatna auch als Arbeitstiere eingesetzt wurden.

Wie oben erwähnt, befanden sich die Hufabdrücke dicht neben kreisförmigen Abdrücken, die als Spuren der in den Brennöfen gebrannten Gefäße interpretiert werden können. Es ist also wahrscheinlich, dass dieses Areal als Durchgangsbereich für die in diesem Teil der Manufaktur eingesetzten Arbeitskräfte genutzt wurde und zugleich zum Trocknen und als Fläche zur Abkühlung der Gefäße nach dem Brennen sowie als Lagerfläche vor dem Abtransport diente.

Die Untersuchung der Fußabdrücke auf der schlammigen Fläche ergab, dass die Arbeiter sich nicht barfuß bewegten, sondern einfache Sandalen trugen. Sie bestanden aus einer Sohle, die mit Leder- oder Stoffbändern an den Füßen festgebunden waren. Außerdem stellt der „Teppich" von Fußabdrücken eine außergewöhnliche Datenbank mit Informationen über die physische Beschaffenheit der Bevölkerung von Qatna in dieser Periode dar. Die Auswertung der Abdrücke ermöglicht es, die Größe und das Geschlecht der Personen, die in der Manufaktur arbeiteten, zu schätzen und diese Informationen mit den anthropologischen Ergebnissen der Untersuchungen in der zeitgleichen Nekropole unter dem Königspalast zu verbinden.

Die Feinwerkstätten

Ein zweiter Handwerksbetrieb, oder besser ein sekundäres Produktionsareal, wurde in den Räumen R und Y im „Unterstadtpalast" gefunden. Es handelt sich hier um ein großes Palastgebäude aus der Spätbronzezeit, das nördlich des Königspalastes errichtet wurde. In diesen Räumen entdeckte man über 500 Kleinfunde, vor allem Elfenbeinintarsien, außerdem Hirschgeweihe und Bein sowie halbfertige Gegenstände aus Bein und Horn, Bitumenklümpchen, Perlen aus Glaspaste, Steinintarsien und Bronzeschlacken. Wenigstens 340 Intarsien waren aus Elfenbein und höchstwahrscheinlich zur Dekoration wertvoller Möbel aus Holz bestimmt. Besonders bedeutsam erscheint die Tatsache, dass der Großteil der Elfenbeinintarsien aus Elefantenelfenbein war und nicht vom Nilpferd stammte. Nilpferdelfenbein war eine in Syrien in der Spätbronzezeit häufiger auftretende und weniger wertvolle Elfenbeinart. Wie die Funde aus Ugarit bezeugen, wurde Elefantenelfenbein zur Dekoration von wertvollstem Mobiliar verwendet, das zum ausschließlichen Gebrauch für die königliche Familie bestimmt war.

Die Tatsache, dass im „Unterstadtpalast" so viele kunstvolle Elfenbeinintarsien gefunden wurden und hier große Mengen fertiger oder halbfertiger Intarsien lagerten – darunter auch ein herrliches, für ein Möbelstück oder eine Statue bestimmtes menschliches Antlitz – belegt, dass diese Elfenbeinstücke für eine königliche Elite bestimmt waren.

Letztlich dürften sich in Qatna in der zweiten Hälfte des 2. Jahrtausends v. Chr. auch Werkstätten zur Herstellung von Objekten aus Glasmaterial befunden haben, wie die zahlreichen Schlacken aus diesem bunten Material zeigen. Die Reste lagen unter den angehäuften Abfällen auf der Straße, die zwischen der Ostfassade des Königspalastes und dem im Osten liegenden Wohngebäude aus der Spätbronzezeit verläuft.

Vom Umgang mit den Toten – Friedhöfe und Grablegen

Alessandro Canci/Daniele Morandi Bonacossi

Im Bereich der Akropolis von Qatna fand man im nördlichen Abschnitt eines Friedhofs reiche Familiengrüfte, während im südlichen einfachere Gräber entdeckt wurden. Obwohl das Gräberfeld, das vom späten 3. Jahrtausend bis ungefähr 1700 v. Chr. in Benutzung war, von den massiven Fundamenten des späteren Königspalastes stark beschädigt wurde, können interessante Ergebnisse vorgestellt werden.

Bestattungen der Oberschicht

Der im nördlichen Sektor entlang des Akropolisabhanges gelegene Friedhof enthielt eine Reihe von Mehrfachbestattungen in Schachtgräbern, die in den Kalkfelsen gehauen waren. Luxuriöse Grabbeigaben machen deutlich, dass die dort Beigesetzten zur Elite von Qatna gehörten. Drei der Gräber waren bereits von Comte Robert du Mesnil du Buisson bei seinen Ausgrabungen in den 1920er Jahren entdeckt worden, ein viertes – unglücklicherweise ausgeraubtes – konnte in den letzten Jahren durch das italienische Team erforscht werden. Bei den Schachtgräbern handelte es sich um Anlagen mit einer oder mehreren Kammern, die mit einer bemerkenswerten Anzahl von Beigaben ausgestattet waren. Bis zu hundert Keramikgefäße wurden gefunden, ebenso Bronzewaffen und Schmuck.

In diesen Gräbern, die wahrscheinlich Familien gehörten, konnten immer wieder Personen bestattet werden. Gab es keinen Platz mehr, wurden die Knochen jener Toten, von denen nur noch Skelette übrig waren, zerlegt und meist an einer Wand aufgehäuft. Teilweise deponierte man sie auch in einem Ossuarium, das sich in einer Ecke oder einer angrenzenden Kammer des Grabes befand. So wurde Raum für weitere Beisetzungen geschaffen. Dieser Bestattungspraxis der städtischen Elite der Mittelbronzezeit in Syrien scheint die Annahme zugrunde zu liegen, dass die Verstorbenen ihre individuelle Identität einbüßten und Teil einer anonymen Gruppe von Vorfahren wurden, die als „Familien-Gottheit" gemeinschaftlich verehrt wurde.

‹ Zierelement
Die im Durchmesser etwa 8 cm große Bronzescheibe wurde in einem Grab gefunden. Sie war mit kleinen Muscheln besetzt und diente eventuell als Teil eines Gürtels. 1900–1700 v. Chr. Nationalmuseum Homs.

Blick in das Hypogäum V
Die in den Fels gehauenen Anlagen boten Platz für mehrere Personen und dürfen als Familiengräber angesehen werden.

Die einfachen Gräber

Neben diesen aufwendigen Grabanlagen der Oberschicht gab es im südlichen Bereich des Friedhofs Einzelbestattungen ärmerer Leute in einfachen Grubengräbern oder Kochgefäßen aus der ersten Hälfte des 2. Jahrtausends v. Chr. Die Grubengräber hatten eine rechteckige oder halbkreisähnliche Form, waren in ostwestlicher Richtung ausgerichtet und in der Regel mit Lehmziegeln eingefasst. Die Toten wurden überwiegend auf den Rücken gelegt und ihre Arme nach oben genommen; ihre Beine waren meist nach rechts gewandt. Grundsätzlich wies der Kopf nach Westen, das Gesicht war fast immer nach Süden gedreht.

Im Bereich des Kopfes deponierte man ein Set von Tischgeschirr, meist bestehend aus einem Teller oder einer flachen Schale, einer tieferen Schale und einer kleinen Flasche. Wahrscheinlich war in den flachen Gefäßen Essen für den Toten, wie in einem Fall Schafs- oder Ziegenknochen belegen, während sich in den Flaschen und Krügen Getränke befanden. Kleinkinder im Alter von wenigen Monaten bis zu einem Jahr bestattete man in einfachen Grubengräbern mit grob rundem Umriss. Gelegentlich wurde auch ihnen ein Geschirrset mitgegeben, meist aber nur ein Teller und eine Flasche. Diese Funde deuten darauf hin, dass die Beigabe von Essen ein zentraler Bestandteil des Bestattungsritus in Syrien während dieser Epoche war.

Bei den Beigaben ist Schmuck aus Metall selten. Nur wenige Nadeln aus Bronze kamen – meist bei Frauen – zutage. Waffen wurden in den einfachen Gräbern bisher nicht entdeckt; allerdings machte man auch in den oben erwähnten zeitgleichen Schachtgräbern der Oberschicht nur einzelne Waffenfunde. Einzig ein mit aufgenähten Muscheln verzierter runder Gürtelbeschlag aus Bronze kann als aufwendige Beigabe genannt werden. Zwischen männlichen und weiblichen Bestattungen sind keine großen Unterschiede im Hinblick auf Grabtypus, Bestattungsritus, Grabbeigaben und persönliche Objekte erkennbar. Neugeborene und voll entwickelte Föten wurden in der Regel ohne Beigaben in großen Tongefäßen, meist in Kochtöpfen, beigesetzt. Es ist auch sonst gut belegt, dass bei ganz jungen Babys der soziale Status nicht durch Beigaben angegeben wurde.

Knochen als Zeitzeugen

Antike Bestattungen lassen sich aber nicht nur aus archäologischer Perspektive untersuchen, sondern auch mit paläobiologischen Methoden. Für die Rekonstruktion des Alltagslebens der antiken Bevölkerung im Hinblick auf Lebensalter, Geschlechterverhältnisse, Ernährungs- und Gesundheitsbedingungen sowie Arbeitsaktivitäten sind die Reste menschlicher Skelette aus den Ausgrabungen eine ergiebige Informationsquelle. Die italienische Grabungsmannschaft untersuchte Knochenreste von 50 Menschen aus dem 2. Jahrtausend v. Chr. Als Ergebnis kann festgehalten werden, dass die Lebensspanne der Erwachsenen in Qatna kurz war; sie erreichten nur ein Alter von 35 bis 45 Jahren. Die große Anzahl der bestatteten Kinder belegt, dass es während der ersten drei Lebensjahre eine besonders hohe Sterblichkeit gab.

Die Knochen zeigen nicht nur keine Spuren von ernsthaften Infektionen mit epidemischem Charakter, wie zum Beispiel Tuberkulose, Lepra oder Syphilis, sondern auch nur wenige Anzeichen für nichtspezifische Infektionen, wie beispielsweise Knochenhautentzündungen, die als Folge von Gewebeverletzungen bei Muskelzerrungen und Prellungen auftreten. Aus dem auf den ersten Blick positiven Fehlen eindeutiger Hinweise auf Erkrankungen muss aber geschlossen werden, dass die Krankheiten einen schnellen Verlauf nahmen und zum Tode führten, bevor das Skelett angegriffen werden konnte. Das rasche Dahinsiechen könnte durch Befall mit Parasiten und Durchfallerkrankungen ausgelöst worden sein, die aufgrund der schlechten hygienischen Verhältnisse – bedingt etwa durch infizierte Tiere und Abfälle in unmittelbarer Nähe oder parasitenverseuchtes Wasser – verursacht wurden.

Darüber hinaus können die Knochen über das Arbeitsleben der Bewohner vor 4000 Jahren Auskunft geben. Osteologische Analysen belegen, dass die Menschen in Qatna keiner regelmäßigen, körperlich schweren Arbeit nachgingen, sondern eher weniger anstrengende, dafür spezialisierte Aufgaben verrichteten. So zeigt das

Kindergrab
Dem Kind von ungefähr 7 Jahren gab man eine Flasche für Getränke mit. Eine Bronzenadel an der linken Schulter gibt Hinweise auf seine Tracht. Um 1600 v. Chr.

Schädel

Man fand einen Schädel mit Spuren einer Trepanation, also einer operativen Öffnung des Schädels mit Schneidewerkzeugen. Diese wurde wohl nach dem Tod durchgeführt. 1900–1700 v. Chr. Nationalmuseum Homs.

Skelett einer erwachsenen Frau aus dem 18. bis 17. Jahrhundert v. Chr. eine Deformation des rechten Unterarmknochens, der Speiche. Diese Veränderung geht wahrscheinlich auf eine Osteoarthrose zurück, die durch eine deutliche und langfristige Überbeanspruchung hervorgerufen wurde, bei der das rechte Handgelenk wiederholt eine Drehbewegung ausführte. Vermutlich hat die Frau viele Jahre lang mit ihrer Hand eine Spindel beim Spinnen gedreht. Die Untersuchungen brachten aber noch weitreichendere Ergebnisse. In einem der Grubengräber wurde das Skelett eines 25 bis 35 Jahre alten Mannes gefunden, das einer Radiokarbonanalyse zufolge in die Zeit zwischen 1880 und 1690 v. Chr. datiert. Am Schädel befanden sich an Scheitelbein und Hinterkopf Vertiefungen, die durch eine Metallklinge entstanden sind. Diese Spuren scheinen von einer Trepanation, also einer operativen Öffnung des Schädels mit Schneidewerkzeugen, zu stammen. Vergrößerungen machten sichtbar, dass die Kopfhaut wahrscheinlich nach hinten gezogen und dann wiederholt – vermutlich mit einer grobgezahnten Säge – in den Knochen geschnitten wurde. Da die Schädeldecke an mehreren Stellen unterschiedliche Trepanationen aufweist, liegt es nahe, dass an einer frischen Leiche medizinische Praktiken geübt wurden.

Die chemische Untersuchung der Knochen wirft ein Licht auf die Ernährungsgewohnheiten in Qatna. Wie die Analyse der Spurenelemente zeigte, gab es deutliche Unterschiede in der Qualität der Nahrung. Einige Menschen, wahrscheinlich die Angehörigen der Oberschicht, ernährten sich protein- und kohlenhydratreich. Andere Bewohner aßen weniger hochwertige Nahrungsmittel, aber dennoch ausgewogen nicht nur im Hinblick auf Protein, sondern vor allem auf Kohlenhydrate. Eine besonders schlechte Ernährung kann für die Menschen bezeugt werden, die ab dem 16. Jahrhundert v. Chr. in den Ruinen des Ostpalastes begraben wurden. Hier zeigte sich eine Unterversorgung mit Proteinen und Kohlenhydraten, was auf eine Kost aus Gemüse und Weichtieren schließen lässt. Die Verpflegung der Kinder war noch deutlich schlechter als die der Erwachsenen, nämlich arm an Gemüse und tierischer Nahrung. Stattdessen wurden sie einseitig mit Getreide ernährt.

BA

nördlicher
Tafelraum

Y
Elfenbein-
raum

AB
Lagerraum

AQ
Bade-
zimmer

V

R

Tafel- und Elfenbeinraum

Kindergrab

P

Q
Küche

Raum mit
Wandmalereien

S

Basalt-
Wandverkleidung

Basalt-
Wandverkleidung

D

Basalt-
becken

Quelle

F
Vestibül

Thronraum

H
Keller

G
Siegelraum

B

O

I

Badezimmer

C

Eingang

M

A

zementartiger Mörtelboden

Lehmboden

1 m   5 m   10 m

Der Unterstadtpalast

Daniele Morandi Bonacossi

Die Akropolis von Qatna wurde während der Spätbronzezeit von dem monumentalen Komplex des Königspalastes beherrscht. Aber wie die Forschungen der italienischen und syrischen Grabungsmissionen ergaben, war der Palast von einem System weiterer öffentlicher Gebäude ähnlicher Art eingerahmt. Diese architektonischen Komplexe von unterschiedlicher Größe und wahrscheinlich auch verschiedener Bestimmung umgaben ihn wie ein Gürtel von Satellitenpalästen, in denen sich wahrscheinlich zeremonielle, verwaltungstechnische und handwerkliche Aktivitäten abspielten. Zudem dienten sie wohl auch als Wohnsitz für Mitglieder der königlichen Familie und hohe Würdenträger des Hofes.

Das am besten erhaltene Gebäude dieser Gruppe ist der Palast der Unterstadt. Er stand am Rande der Akropolis auf einer kleinen Anhöhe, die sich bis zur nördlichen Unterstadt ausdehnt. Das Gebäude, dessen Ausgrabung noch nicht beendet ist, lag etwa auf halbem Weg zwischen dem Königspalast und dem nördlichen Stadttor. Sein ursprünglicher Umriss ist mit Ausnahme der Südseite, an der sich zwei Eingänge befanden (A und I), noch unbekannt. Aufgrund des gefundenen archäologischen Materials kann die Nutzung des Palastes, von dem bis jetzt allein 65 Räume untersucht wurden, zwischen das 16. und 14. Jahrhundert v. Chr. datiert werden. Wahrscheinlich wurde er gleichzeitig mit der Zerstörung des Königspalastes verlassen.

Typologische Einordnung

Der Palast der Unterstadt ist ein charakteristisches Beispiel für die Palastarchitektur in der Spätbronzezeit Innersyriens. Typisch sind die Bautechnik und der Grundriss mit mindestens drei großen dominierenden Höfen (B, O und V). Sie dienten dazu, die verschiedenen Palasttrakte miteinander zu verbinden und stellten Licht- und Luftquellen für die umliegenden Räume dar. Weitere Elemente bilden ein zeremonieller sowie ein repräsentativer Trakt, wahrscheinlich mit einem Thronsaal (D), ferner die vorhandenen Lagerräume für wertvolles Material (R) und der Gebrauch von Basaltorthostaten zur Dekoration der Türwangen an den Durchgängen zwischen zahlreichen Räumen. Erwähnt werden müssen außerdem die dicken Böden aus zementartigem Mörtel, die im Zeremonialtrakt gefunden wurden – sie sind identisch mit denen im Königspalast –, der bemalte Kalkverputz, in einigen Fällen (S) im gleichen minoischen Stil gehalten, der im gesamten Hauptpalast so gut

‹ Plan des Unterstadtpalastes
Er diente wohl für zeremonielle, verwaltungstechnische sowie handwerkliche Aktivitäten und war Wohnsitz für Mitglieder der königlichen Familie und hohe Würdenträger. 16.–Mitte 14. Jahrhundert v. Chr.

Fundensemble
Im Unterstadtpalast fand man zahlreiche Elfenbeinintarsien, aber auch Tontafeln, Rollsiegel und gesiegelte Tonsicherungen. Besonders beeindruckend ist ein Elfenbeingesicht mit ägyptischem Einfluss. 1. Hälfte 14. Jahrhundert v. Chr. Nationalmuseum Homs.

dokumentiert ist, das Benutzen von Holz zur Verstärkung der Mauern aus ungebrannten Lehmziegeln sowie das Vorhandensein von Bädern mit sanitären Anlagen (M und AQ), Magazine (AB), Küchen (Q und C), ein Keller (H) und die Ausmaße des Gebäudes selbst. Hinzu kommt das im Gebäude gefundene wertvolle Material wie Elfenbeinintarsien, aus Zypern und der mykenischen Argolis importierte bemalte Keramik, Keilschrifttafeln administrativen Inhalts sowie zahlreiche Tonsicherungen von Türen und Gefäßen.

Das Gebäude entstand durch das Anbauen von Trakten. Der südwestliche, mit Basaltorthostaten dekorierte Palasteingang (I) führte in eine Anzahl von Räumen, durch die man in das Zeremonial- und Repräsentationszentrum des Komplexes gelangte (Saal F, Thronsaal? D); dieser öffnete sich im Westen durch einen monu-

Blick von Osten auf die Ruinen des Palastes
Im Vordergrund ein Raum mit einem Basaltbecken, dahinter der vermutliche Thronsaal, der durch einen breiten Durchgang mit einer Säule, deren Basis erhalten ist, von Saal F getrennt ist. 16.–14. Jahrhundert v. Chr.

Wandputz

Im Süden des Zeremonialbereiches, der sich
durch dicke Fußböden aus zementartigem
Mörtel auszeichnete, befand sich eine Reihe
von Nutz- und Diensträumen, die einen gleichartigen Fußboden besaßen und deren Wände
mit rot bemaltem Gipsverputz versehen waren.
16.–14. Jahrhundert v. Chr.

mentalen Eingang mit Säule. Die Anordnung des vermeintlichen Thronsaals mit großer Vorhalle, die vielleicht
für Bankette und Zeremonien genutzt wurde – was der Fund von ungefähr 50 Ständern für kleine Gefäße zum
Servieren von Getränken nahelegt – geht auf die Abfolge der Zeremonialbereiche in den syrischen Palästen
der Mittelbronzezeit II zurück. Als Beispiele dafür seien der Palast von Alalach (Schicht IV und VII) sowie der
West- und Südpalast von Ebla genannt.

Architektonische Details

Im Süden des Zeremonialbereichs, gekennzeichnet durch seine dicken Fußböden aus zementartigem Mörtel,
befand sich eine Reihe von Nutz- und Diensträumen, die denselben Fußboden besaßen und dessen Wände
mit rot bemaltem Gipsverputz versehen waren. Hier diente ein durch eine Wandverkleidung aus Tonkacheln
isolierter Raum (H) wahrscheinlich als Keller zur Aufbewahrung von Flüssigkeit – Wein und Bier – bei niedrigen
Temperaturen. Ihm ging ein Raum (G) voran, in dem zahlreiche Tonverschlüsse entdeckt wurden, möglicherweise
von im Keller gefundenen Gefäßen. In der Südostecke des Repräsentationstraktes lag ein Baderaum (M) mit
rot bemalten Wänden und einer sanitären Installation in einer Nische. Unmittelbar nördlich des Thronsaals
gab es eine Küche (Q), in der vielleicht Gerichte zubereitet wurden, die man bei Banketten im großen Saal F
servierte. Nördlich des Repräsentationsbereiches und mit diesem durch den Raum P verbunden, befand sich
ein vielgliedriger Trakt, dessen Zentrum aus einem großen rechteckigen Raum bestand. Vielleicht nutzte man
ihn als Saal für Zeremonial- und Repräsentationsaufgaben oder, was eher denkbar ist, als Hof.

Weitere Raumfunktionen

Der nördliche Trakt des Unterstadtpalastes, der bisher nur teilweise ausgegraben ist, scheint hauptsächlich
aus Wirtschaftsräumen zu bestehen: aus Werkstätten, Lagerräumen für wertvolle Güter und Archivräumen.
Zu letzteren gehört Raum R, in dem 30 Keilschriftdokumente – Tafeln und Tafelfragmente – gefunden wurden,
die sich ursprünglich in einem Gefäß befanden. Weitere Tafeln, gleichfalls mit Verwaltungsinhalt, kamen aus
den Räumen Y und BA. In den Räumen R und Y barg man über 500 Fundstücke, darunter zahlreiche Elfenbeinintarsien, Intarsien aus Hirschgeweih und Knochen, zusammen mit Halbfabrikaten aus Horn und Knochen.
Ebenso entdeckte man Bitumenklumpen, Perlen für Halsketten, Intarsien aus Glaspaste und aus Stein sowie
Bronzeschlacken, die auf metallurgische Tätigkeit hindeuten. Diese Funde bezeugen, dass in den Räumen wertvolle Intarsien zur Dekoration von kostbarem Mobiliar oder Statuen gelagert wurden. Als Beispiel sei das herr-
liche menschliche Antlitz mit ägyptischem Einfluss aus Raum R genannt (s. S. 189). Wahrscheinlich handelt es
sich dabei um einen Lagerraum für dekorierte Möbel, in welchem auch sekundäre Arbeiten ausgeführt wurden, wie etwa die Endbearbeitung und Montage der Intarsien.

Resümee

Obwohl die im Palast der Unterstadt gefundenen Keilschrifttexte noch keine Auskunft über die Identität der
Bewohner dieses Palastbaues geben, lebten dort mit großer Wahrscheinlichkeit Mitglieder der königlichen
Familie oder hohe Würdenträger des Hofes von Qatna. Seine Lage nahe des Nordtores der Stadt lässt vermu-
ten, dass von diesem Gebäude aus eine Kontrollfunktion über Waren und Personen am Ein- und Ausgang der
Stadt ausgeübt wurde.

Der Ostpalast

Marco Iamoni/Yasmine Kanhouch

Blick in den sogenannten Ostpalast
Die monumentalen Lehmziegelmauern
erreichen eine Breite von bis zu 3,50 m.
Teilweise standen die Mauern noch bis in
eine Höhe von 2 m.

Bei den Ausgrabungen des syrischen Teams der Generaldirektion der Antiken und Museen und des italienischen Teams der Universität von Udine in der am höchsten Punkt der Oberstadt gelegenen Grabungsstelle T in Qatna wurden zwei aufeinanderfolgende Nutzungshorizonte erfasst, die in die Mittlere Bronzezeit (2000–1550 v. Chr.) und die Spätbronzezeit I (1550–1400 v. Chr.) datiert werden.

Baureste des Nutzungshorizonts der Mittelbronzezeit II (1800–1550 v. Chr.) sind in der Grabungsstelle fast überall belegt. Aufgrund der Reste konnte ein sehr gut erhaltenes Gebäude rekonstruiert werden, das als „Ostpalast" bezeichnet wird. Es besteht aus monumentalen Lehmziegelmauern und einigen Stampflehmmauern, die mitunter eine Breite von bis zu 3,50 m und eine Länge von bis zu 18 m erreichen. Die Mauern sind bis zu einer Höhe von 2 m – dabei handelt es sich um bis zu neun Lehmziegellagen – erhalten und weisen ein Fundament aus zwei Steinlagen auf.

Die Anordnung der Räume zeigt einen großen Hof im Westteil des Gebäudes, während sich im Osten fünf Räume verschiedener Größe an einen U-förmigen Korridor anschließen. Die meisten Fußböden bestehen aus Gipsestrichen, die auf einer Lage Kiesel aufgebracht waren. Auf ihnen wurden verschiedene Funde freigelegt, unter anderem unterschiedliche Gefäßtypen aus Keramik: Kochtöpfe, Vorratsgefäße, Krüge, offene Schüsseln mit Wandknick und zusätzlich ausladender Lippe sowie Schüsseln mit S-Profil.

Der Ostteil

Der Ostteil der Grabungsstelle weist mehrere aufeinanderfolgende Nutzungsphasen auf. In der zur Mittelbronzezeit II gehörenden Phase, zeitgleich mit dem Königspalast, wurde eine mit Kieseln gepflasterte Straße gefunden. Sie trennt den Ostteil des Palastes von den Wohnvierteln, in denen man eine Keilschrifttafel aus einem Privatarchiv entdeckte.

‹ Vier Krüge
Diese Gefäße stammen aus der Hauptkammer
der Gruft in Qatna und wurden dort zusammen
mit zahlreichen weiteren Keramiken gefunden.
15./14. Jahrhundert v. Chr. Nationalmuseum
Homs.

Blick in den Ostteil des Palastes
Der Palast weist mehrere übereinanderliegende
Nutzungsphasen auf, was in diesem Grabungs-
bereich zu erkennen ist.

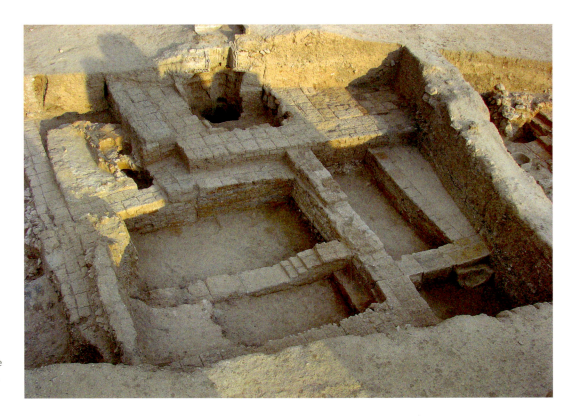

Der Westteil

Der westliche Bereich des Ostpalastes ist durch massive Lehmziegelstrukturen auf abfallendem Gelände gekennzeichnet. Diese Arbeiten setzten gute Kenntnisse baulicher Techniken voraus, da der teilweise steile Baugrund zu ebnen und zu terrassieren war. Im zentralen und im südlichen Flügel des Palastes errichtete man die breiten Steinfundamente unmittelbar auf dem lehmigen Boden, wohingegen im Nordbereich große Fundamentgräben für die massiven Palastwände ausgehoben wurden. Entlang der Mauern verliefen Steinfüllungen als Drainagen, um den Abfluss von Oberflächenwasser zu gewährleisten, das sich aufgrund des unebenen Geländes anstauen und so die Lehmziegelwände bedrohen konnte. Beim späteren Bau des Königspalastes setzte man diese Technik verstärkt ein. Die Wände des Ostpalastes waren weiß verputzt und zeigten an manchen Stellen Spuren von schwarzer Bemalung. Wahrscheinlich ahmte sie eine Verkleidung mit Steinplatten nach, wie es für andere syrische Paläste aus derselben Zeit belegt ist.

Blick auf den westlichen Teil des Ostpalastes
Um den rechteckigen Hof gruppieren sich mehrere Räume unterschiedlicher Größe und Funktion. Im Hintergrund sind die östliche Wallanlage und das östliche Haupttor sowie die Räume A bis E und J erkennbar, links im Bild die Räume G, H und M sowie rechts die Räume N, P und Q.

Blick in Raum P

Man nimmt an, dass es sich hier um die Palastküche handelt und auf den beiden Plattformen
gekocht wurde. In diesem Bereich fand man
Keramikfragmente, Steinwerkzeuge sowie zwei
Bronzenadeln.

Der Hauptzugang zum Palast erfolgte von Hof I aus, der aus einem großen offenen Platz bestand und mit einem feinen Bodenbelag von kleinen Kieseln unter einer dicken Schicht Lehm bedeckt war. Von dort aus betrat
man Raum A, vermutlich die Haupteingangshalle. Zwei Einlassungen für eine beeindruckende, 2 m breite Tür
wurden hier gefunden. Von Raum A gelangte man in den im Osten gelegenen privaten, möglicherweise auch
administrativen Trakt des Palastes. Raum Q in der südwestlichen Ecke des Hofes bot Zugang zur Palastküche
(Raum P), in der verschiedene Feuerstellen wie Brotöfen und andere Öfen sowie Kochstellen entdeckt wurden.
In diesem Raum konnte man anhand der zahlreichen Erneuerungen der Böden eine sehr intensive Nutzung
der Küche nachweisen. Schließlich wurde hier die Verpflegung für das gesamte Palastpersonal zubereitet.
Zudem kamen Siegelabdrücke, einige davon mit Keilschriftinschriften, zutage. Sie belegen die Anwesenheit
von Verwaltungspersonal, das in der Küche arbeitete und die Warenvorräte in diesem Flügel des Palastes kontrollierte. Die im Ostpalast gefundene Keramik ist sowohl aus lokaler Herstellung als auch importiert, zum Beispiel aus Zypern: erneut ein Beleg für die Schlüsselrolle Qatnas als Kreuzungspunkt verschiedener antiker
Kulturen.

Macht und Reichtum in der Königsresidenz

Peter Pfälzner

Der Königspalast von Qatna stellte den politischen sowie auch visuellen Mittelpunkt der Stadt dar und bildete das Machtzentrum des Königreiches. Deshalb verwundert es nicht, dass es sich um einen der größten und prächtigsten Paläste der Bronzezeit in Vorderasien handelt. Er musste vielfältige Funktionen erfüllen: Er war die repräsentative Wohnstätte des Königs, diente offiziellen Anlässen wie Zeremonien, Audienzen und Empfängen, war für die wichtigen Verwaltungsbeamten und die Schreiber des Staates der Ort ihrer administrativen Tätigkeiten, musste zudem die Macht und das Prestige des Königtums deutlich sichtbar nach außen versinnbildlichen, beherbergte schließlich auch die Grabstätten der früheren Könige und war dadurch der Ort für die wichtigen Rituale des königlichen Ahnenkultes. Folglich war er ein multifunktionaler Großbau. Es liegt allerdings auf der Hand, dass nicht alle Funktionen eines so komplexen Staates in einem einzigen Gebäude versammelt werden konnten. Zu viele Institutionen unterstanden dem Königtum, zu viele Verwaltungsaufgaben waren für das Funktionieren des Staates notwendig, als dass ein einzelnes Gebäude für alle Beamten und deren Amtsgeschäfte ausgereicht hätte. Deshalb war der Königspalast von einem Netz untergeordneter Paläste umgeben, wie dem Südpalast und dem Ostpalast.

Die Gestaltung der Stadtlandschaft

Der Königspalast lag seiner Bedeutung angemessen im Zentrum der Stadt, allerdings nicht genau in ihrer Mitte. Man nutzte ein ausgedehntes natürliches Felsplateau innerhalb des Stadtgebietes, welches sich wie eine Akropolis aus der nördlichen Unterstadt heraushob. Darauf wurde der Palast errichtet, so dass er eine markante, sehr eindrucksvolle Position einnahm, vor allem wenn man sich ihm vom nördlichen Stadttor aus näherte. Von hier aus gesehen thronte der Palast auf einer 8 m hohen Terrasse, nicht unähnlich den mesopotamischen Hoch-

‹ Gesamtübersicht
Der Blick von Westen zeigt im vorderen Bereich den Nordwestflügel des Palastes. Rechts hinten befindet sich die große Pfeilerhalle (Halle C).

Blick von Norden auf den Palast mit Fels-Glacis
Die konsequente Verbindung von Natur und Architektur darf als eines der frühesten Beispiele im Monumentalbau gelten.

terrassentempeln. An ihrer Vorderfront prangte durch aufwendige Felsabarbeitungen eine glatte, gerade Fels-
fassade. An den Stellen, an welchen der Fels zurücksprang, wurde eine monumentale Mauer aus Lehmziegeln
errichtet, 8 m hoch und 10 bis 12 m breit. Auf diese Weise entstand eine geschlossene Front, teils künstlich,
teils natürlich, die als eines der frühesten Beispiele für eine konsequente Verbindung von Natur und Architektur im Monumentalbau gelten kann.

Auf der Terrasse erhoben sich zwei mächtige Bastionen, gerahmt von weitläufigen Terrassen. Dahinter ragte
die weiß verputzte, durch regelmäßige Nischen akzentuiert gegliederte Außenfassade des Palastes auf. Die
Räume waren auf 5 bis 6 m hohen Fundamentmauern errichtet, die im gesamten Palastareal durch ältere Sied-

Rekonstruktionsplan des Palastes von Qatna

Rechts neben der großen Pfeilerhalle (Halle C)
liegt der Thronsaal (B), daneben der Festsaal
(A), von dem der lange schmale Korridor (AQ)
zur Königsgruft (KG) hinabführt.

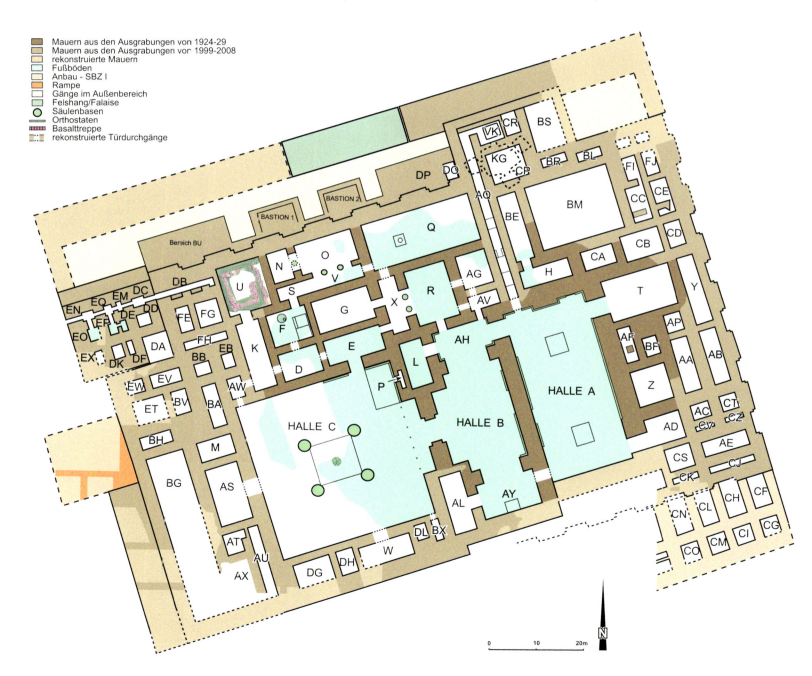

Mauern aus den Ausgrabungen von 1924-29
Mauern aus den Ausgrabungen vor 1999-2008
rekonstruierte Mauern
Fußböden
Anbau - SBZ I
Rampe
Gänge im Außenbereich
Felshang/Falaise
Säulenbasen
Orthostaten
Basalttreppe
rekonstruierte Türdurchgänge

Sphinx der Ita

Die Sphinx der ägyptischen Prinzessin Ita, Tochter des Pharaos Amenemhet II. (1914–1879 / 76 v. Chr.), wurde bei den ersten Ausgrabungen von Comte du Mesnil du Buisson in der Säulenhalle gefunden und darf als Geschenk des Pharaos an den König von Qatna angesehen werden. 19. Jahrhundert v. Chr. Musée du Louvre, Département des Antiquités orientales, Paris.

lungsschichten bis auf den anstehenden Fels hinabgetrieben waren. So lagen die zementartig harten, aus Kalkmörtel bestehenden Fußböden des Palastes um 14 m gegenüber dem Fuß der Palastterrasse erhöht. Im Inneren wurden die einzelnen Fundamentmauern durch Drainageschächte, die mit Steinen verfüllt waren, voneinander separiert und so gegen sich ausbreitende Bodenfeuchtigkeit geschützt. Dies verdeutlicht das profunde technische Wissen und den Einfallsreichtum der Architekten des Palastes.

Eine antike Großbaustelle

Allein die Errichtung der 5 m hohen Fundamentmauern, die – wie die aufgehenden Mauern – aus sonnengetrockneten Lehmziegeln bestanden, stellt eine enorme Bauleistung dar, für die sicher Tausende von Arbeitskräften herangezogen werden mussten. Millionen von Ziegeln wurden in Handarbeit aus Lehm, Wasser und Stroh hergestellt, getrocknet und vermauert. Das Gebäude besitzt eine Längenausdehnung von 150 m und eine Breite von 110 m. Damit zählt der Königspalast von Qatna zu den größten Palästen seiner Zeit. Während der Arbeiten muss es sich um eine Großbaustelle gehandelt haben.

Umso erstaunlicher ist die Tatsache, dass dieses Vorhaben in relativer kurzer Zeit und ohne längere Unterbrechungen verwirklicht werden konnte, wie die einheitliche Verfugung aller Mauerstrukturen anzeigt. Möglicherweise war der Bau in weniger als 50 Jahren fertiggestellt. Die Herrscher von Qatna müssen folglich in der Lage gewesen sein, kurzfristig eine enorme Anzahl von Arbeitskräften zu mobilisieren und Baumaterial in großen Mengen zu beschaffen. Dabei konnten die Lehmziegel aus lokalen Materialen hergestellt werden. Die Dächer aber waren mit wertvollen Zedernholzbalken eingedeckt, die aus dem etwa 50 km südwestlich von

Qatna gelegenen Libanon-Gebirge herbeigeschafft wurden. Bis zu 12 m lange Dachbalken wurden dabei verbaut, die man in einem Stück auf Lasttieren oder Wagen aus dem Gebirge transportierte. Schwere Säulenbasen bestanden aus Basalt, der aus mindestens 30 km Entfernung von Westen oder von Norden nach Qatna gebracht werden musste.

Die archäologischen Ausgrabungen des Königspalastes begannen schon 1924 durch den französischen Archäologen Comte du Mesnil du Buisson. Nach einer langen Pause von 70 Jahren wurden sie 1999 durch das internationale Ausgräberteam syrischer, italienischer und deutscher Kollegen wiederaufgenommen. Seitdem fanden bereits zehn Ausgrabungskampagnen im Königspalast statt, und immer noch gibt das Gebäude neue Geheimnisse preis. Es wurde festgestellt, dass der Palast annähernd hundert Räume umfasste. Dazu zählen kleinräumige Bereiche, die als Wirtschaftstrakte zu deuten sind, und große Repräsentationsräume, die den politischen Funktionen des Königtums dienten.

Die gigantische Pfeilerhalle

Der Hauptzugang, der bisher noch nicht eindeutig lokalisiert werden konnte, ist auf der Westseite des Palastes zu suchen. Über mehrere Durchgangsräume erreichten Besucher die Halle C, den größten und sicher einstmals eindrucksvollsten Raum des Palastes. Es handelt sich um eine quadratische Halle von 36 m x 36 m Innenmaß. In ihrer Mitte stehen vier runde, schwere Säulenbasen aus Basalt, die mächtige Holzsäulen getragen haben müssen. Ihre Höhe dürfte 10 bis 12 m erreicht haben und sie stützten früher sicherlich das Dach der Halle. Besonders auffällig ist die Tatsache, dass die steinernen Säulenbasen auf 5 m tiefen, mit Kies angefüllten Fundamentgruben ruhten. Diese massive, auf den ersten Blick übertrieben wirkende Fundamentierung lässt erkennen, dass die Säulenbasen dazu bestimmt waren, ein besonders schweres Gewicht zu tragen, und sich unter dieser Last nicht im Geringsten neigen sollten – schließlich ruhte das hölzerne Dach der 1300 m² großen Halle, außer auf den Außenmauern des Raumes, nur auf diesen vier Innenstützen. Das kann als ein weiterer eindrucksvoller Beleg für die Weitsicht und die Sorgfalt der Baumeister von Qatna gelten, aber gleichzeitig auch für die Kühnheit ihrer Konstruktionen.

Halle C ist der größte bisher aus der Bronzezeit in Vorderasien bekannte überdachte Raum. Sie übertrifft sogar noch die große Halle auf der Königsburg in der hethitischen Hauptstadt Hattusa in Anatolien, für die allerdings 25 Säulen in ihrem Inneren rekonstruiert werden. Es dürfte sich – wie in der hethitischen Hauptstadt – um die Audienzhalle des Palastes gehandelt haben. Genau in ihrer Mitte war eine große Basaltschale in den Boden eingelassen, die wohl als Herdstelle der Erwärmung und Beleuchtung des Raumes diente. In der Nordostecke der Audienzhalle befand sich zudem in einer winzigen Kammer (Raum P) das Heiligtum der Belet-ekallim, der Palastgöttin von Qatna. Hier wurden – einer Schatzkammer ähnlich – eine wertvolle ägyptische Sphinx sowie mehrere Keilschrifttafeln aufbewahrt, die minutiös den Tempelschatz der Göttin auflisten. Die Halle C war folglich ein politischer und religiöser Fokus des Palastes.

Der Thronsaal

Durch eine 6 m breite, in der Mittelachse der Audienzhalle gelegene Türöffnung erreichte man den Thronsaal des Palastes (Halle B). Von diesem riesigen Raum haben sich nur wenige Reste erhalten, die eine Rekonstruktion seiner Ausstattung ermöglichten. Orthostaten, Platten aus Kalkstein, dekorierten den unteren Teil der Wände. Ob die darüber aufgehenden Wände bemalt waren, konnte man bei den Ausgrabungen nicht mehr feststellen. Die farbigen, qualitätvollen Wandmalereien, die einst den kleinen Raum N im Nordwestteil des Palastes zierten, lassen aber annehmen, dass auch diese großen Repräsentationsräume ehemals farbig bemalt waren. Am Südrand der Halle, innerhalb eines durch Mauerzungen vom übrigen Raum optisch abgesetzten Bereichs, sind Reste eines Podestes erhalten, auf welchem der Thron des Herrschers gestanden haben dürfte.

Treppenabgang

Im vorderen Abschnitt des Korridors zur
Königsgruft befand sich eine Treppe. Ehemals
schützten mächtige Bohlen, die vor den Stufen
aus weichen, luftgetrockneten Lehmziegeln
angebracht waren, die Tritte vor allzu schneller
Abnutzung.

Eine Vorstellung davon, wie der Raum einmal ausgestattet gewesen sein könnte, vermittelt der besser erhaltene Thronsaal im Palast von Mari am syrischen Euphrat, in dem sich ein bemaltes Thronpodest und eine steinerne Statue fanden. Er besaß ein Maß von 26 m x 7,7 m. Der Thronsaal (Halle B) von Qatna war hingegen 45 m lang und 14 m breit. Demnach war er dreimal größer als derjenige der berühmten Könige von Mari. Dies vermittelt einen Eindruck von dem in Syrien beispiellosen Streben nach Monumentalität und dem Repräsentationsbedürfnis der Herrscher von Qatna. So wollte man den eigenen Machtanspruch visuell dokumentieren und diesen Anspruch der damaligen Welt, vor allem den konkurrierenden Königen, eindrucksvoll vor Augen führen.

Qatna versus Mari

Vergleicht man die Grundrisse der beiden Paläste von Mari und von Qatna, fällt auf, dass sich diese hinsichtlich der Anordnung der Repräsentationsräume verblüffend ähneln. Der Palastbau folgte also dem architektonischen Konzept von Mari, was voraussetzte, dass man den dortigen Palast kannte – und zu übertreffen versuchte. Wie in Mari lag auch in Qatna hinter dem Thronsaal ein weiterer, noch größerer und noch prächtigerer Raum. Bisher ist nicht klar, wie dieser 20 m breite Raum überhaupt überdacht werden konnte. Es handelte sich um den Festsaal des Palastes (Halle A). Hier fanden wichtige Zeremonien statt, und es dürften auch die Feierlichkeiten und öffentlichen Kulthandlungen für die verstorbenen Könige, die Ahnen der Dynastie von Qatna, dort abgehalten worden sein. Folglich lag an dieser Stelle das kultische Zentrum des Palastes.

Der Korridor zur Königsgruft und das Tontafelarchiv

Deshalb verwundert es nicht, dass von dieser riesigen Festhalle aus die Königsgruft des Palastes zugänglich war. Durch eine Tür in der Nordwestecke des Raumes erreichte man den 40 m langen Korridor, der über Stufen hinab zu den tief unter den Palasträumen liegenden Grabkammern führte. Dieser Gang verlief zwischen den Fundamenten angrenzender Räume und hatte sich bei der Zerstörung des Palastes mit dem heruntergefallenen Schutt aus dem Erdgeschoss des Gebäudes angefüllt.

Dazu gehörten in erster Linie 73 mit Keilschrift beschriftete Tontafeln und Tontafelfragmente, die wichtige Informationen sowohl über die Vorgänge im Königspalast als auch über die politischen Entwicklungen in Syrien im 14. Jahrhundert v. Chr. liefern. Die Fundsituation zeigt an, dass über diesem Korridor AQ im Erdgeschoss des Palastes der Archivraum gelegen haben muss. Er könnte mit den Amtsstuben der Schreiber verbunden gewesen sein, die sich daher in den westlich anschließenden Räumen (AG und AV) und dem Hof R annehmen lassen.

Östlich des Korridors AQ befanden sich vermutlich die Privaträume des Königs. Es handelt sich um einen intimen Hof (BM), der ringsum von einem Kranz von Räumen umgeben war, von denen allerdings nur die Fundamente erhalten sind. Der größte davon, Raum CP, könnte der eigentliche Wohnraum des Königs gewesen sein. Auffälligerweise ist er genau über der Hauptkammer und der Südkammer der Königsgruft positioniert, deren Fußböden mehr als 13 m tiefer lagen. Man hat also einen direkten räumlichen Bezug zwischen der Wohnung der lebenden und dem Aufenthaltsort der toten Könige hergestellt.

Klein, aber fein – Die Nebengelasse

Entlang der Nordfront des Palastes fand sich eine Reihe von kleineren, aber repräsentativ ausgestatteten Räumen. Der Raum Q besaß zwei große Herdstellen auf dem Fußboden und scheint ein Versammlungsraum gewesen zu sein. Westlich davon folgte ein Hof (O) mit einer zweifachen Säulenstellung im Süden und einem Zugang in den kleinen Raum N im Westen, der reichhaltig mit Wandmalereien im ägäischen Stil ausgestattet war. Die Malereien besitzen eine in deutlicher Weise auf Wasser und üppige Flora bezogene Symbolik, so dass dem Raum möglicherweise kultische Funktionen zukamen, die mit dem direkt benachbarten Palastbrunnen

Korridor mit verstürzten Dachbalken

In dem unterirdischen Gang sind Objekte und Architekturteile aus den Räumen im Erdgeschoss während der gewaltsamen Zerstörung des Palastes hinabgefallen.

Torbogen im Hanggeschoss
Im Nordwestflügel des Königspalastes haben sich die Räume samt Türen bis zur ursprünglichen Raumhöhe erhalten, weil dieser Gebäudeteil auf einem tieferen Niveau am Hang lag.

in Verbindung gestanden haben könnten. Dazu passt auch der Fund einer Bronzestatuette eines sitzenden Gottes in diesem Bereich lange vor Beginn der archäologischen Ausgrabungen (s. S. 74).

Der Nordwestflügel, westlich des Brunnenraumes U, besitzt eine besondere archäologische Bedeutung, da es sich um den am besten erhaltenen Teil des Königspalastes handelt. Hier stehen die Räume bis zu den Maueroberkanten an, Türen mit Aussparungen für Rahmen und Stürze aus Holz haben sich erhalten und vier Durchgänge zwischen Räumen sind mit perfekt erhaltenen Gewölben überdeckt. Diese kunstvoll errichteten Türbögen dienen als weiterer Beweis für das hohe technische Können der Baumeister von Qatna. Die Erhaltung der Räume ist deshalb so gut, weil es sich um ein Hanggeschoss handelt, welches am Westrand des Palastes auf einem tieferen Terrassenniveau gegründet war. Also war das Gebäude in Hangbauweise errichtet. Über dem Hanggeschoss lag einst das Erdgeschoss des Palastes. Darunter wurden erst kürzlich die Reste eines Untergeschosses entdeckt, welches noch von den Fußböden der Räume des Hanggeschosses überdeckt wird. Damit wurde – was in der Archäologie als große Ausnahme zu gelten hat – der Beweis erbracht, dass der Königspalast von Qatna – zumindest in seinem Nordwestflügel – dreigeschossig war.

Im Erdgeschoss des Palastes lag der Küchentrakt. Davon zeugen unzählige weggeworfene Keramikschalen und Tausende von Tierknochen, die als Küchenabfälle zu deuten sind. Möglicherweise fungierten die Räume des Hang- und des Untergeschosses als unterirdische Magazine. Was hier aufbewahrt wurde, ließ sich bisher nicht herausfinden. Die einzigen dort mit Sicherheit gelagerten und wiederentdeckten Objekte sind großformatige, gut erhaltene Knochen von Elefanten. Wahrscheinlich handelte es sich um einen oder mehrere Vertreter der längst ausgestorbenen „Syrischen Elefanten", die einst im Orontes-Tal westlich von Qatna lebten. Wie die Elefantenknochen hierher gelangten und weshalb sie im Königspalast aufbewahrt wurden, bleibt eines von vielen Geheimnissen, die in den nächsten Jahren noch gelüftet werden müssen.

Das Rätsel des Königspalastes – Wann wurde er errichtet?

Michel Al-Maqdissi / Daniele Morandi Bonacossi / Peter Pfälzner

Basaltbecken in der Säulenhalle
In der Mitte der Halle befand sich ein Becken. Schon der erste Ausgräber Comte du Mesnil du Buisson photographierte einen Arbeiter neben dem Becken, um so die Größenverhältnisse zu demonstrieren (s. S. 99).

Eingestürzter Fußboden des Hanggeschosses in Raum EO
Bei den Ausgrabungen 2008 wurde der Beweis erbracht, dass der Königspalast – zumindest im Nordwestflügel – dreigeschossig war.

‹ Blick in Raum DD
Bei den Ausgrabungen im Nordwestflügel des Königspalastes kamen in dem 5 m tiefen Raum ohne Zugang Elefantenknochen zum Vorschein. Der Grund für die Deponierung ist bislang noch unbekannt.

Die Frage nach der Datierung des Königspalastes von Qatna stellt die Archäologen vor eine schwierige Aufgabe. Bauinschriften, die uns ein Baudatum oder einen ausführenden Herrscher verraten würden, fehlen. Ein Gründungsdepot, welches eventuell in den Fundamenten verborgen sein könnte, wurde noch nicht entdeckt. Folglich kann die Bauzeit des Palastes nur durch komplizierte archäologische Methoden erschlossen werden.

Die Sicht der Tübinger Archäologen

Das Tübinger Ausgräberteam hat die Palastfundamente intensiv untersucht, um diese Frage zu lösen. Es wurden zwei Bauphasen nachgewiesen, ein Urplan und ein leicht abgeänderter, ohne Bauunterbrechung verwirklichter Ausführungsplan. Anhand der damit verbundenen Keramik ließ sich feststellen, dass beide Bauzustände um 1800 bis 1700 v. Chr. datieren (Mittlere Bronzezeit IIA). Dies entspricht der Blütezeit der altsyrischen Stadt Mari, wodurch sich die enge Bezugnahme des Palastes in Qatna auf den Grundriss des damit zeitgleichen Palastes von Zimrilim in Mari erklärt. In dieselbe Zeit fällt auch die größte Machtentfaltung des Königtums von Qatna. Nur den mächtigen Königen Ischchi-Addu und Amut-pi'el von Qatna ist die Errichtung eines Herrschersitzes zuzutrauen, der zu den größten und prächtigsten in ganz Syrien gehören sollte und das deutliche Signal aussandte, den Palast von Mari übertrumpfen zu wollen.

Die Sicht der syrischen und italienischen Archäologen

Eine spätere Datierung für die Entstehung des Palastes an das Ende der Mittelbronzezeit II (etwa 1650–1600 v. Chr.) wird von der syrischen und italienischen Seite vertreten.

Zwar sind die typologischen Merkmale des Repräsentationsbereichs im Palast von Mari sicher auch in Qatna zu finden, das gilt aber ebenso für andere Königspaläste der Späten Bronzezeit. Daher können diese Merkmale nur schwerlich als chronologisches Argument für die Datierung des Palastes an den Beginn der Mittleren Bronzezeit II verwendet werden.

Es gibt jedoch auch andere Gründe, die für eine spätere Errichtung des Königspalastes von Qatna sprechen. Der Nordteil der Akropolishochfläche – hier stand später der Palast – wurde von einer ausgedehnten Nekropole belegt. Mit Hilfe der Grabbeigaben und der aus den Knochen der Verstorbenen erhaltenen C 14-Datierungen kann man die Belegung des Gräberfeldes zwischen das ausgehende 3. Jahrtausend und etwa 1700 v. Chr. datieren. Die Vorstellung, dass der Königspalast über dieser Nekropole errichtet wurde und sie dabei mit seinen tiefen Fundamenten zu einer Zeit weitgehend zerstörte, in der die Erinnerung an den großen Bestattungsplatz noch lebendig war, scheint doch sehr problematisch. So darf man die Hypothese formulieren, dass der Bau des Palastes durch eine deutliche Zeitspanne von der Aufgabe der Gräberanlage getrennt sein musste.

Zudem wurden in den Gründungsgräben der Palastmauern viele Tonsiegelungen von Türen und Gefäße mit Siegelabdrücken aus der Zeit zwischen 1800 und etwa 1700 v. Chr. gefunden. Unter ihnen waren auch zahlreiche Fragmente eines Abdruckes mit der Inschrift von Ischchi-Addu, dem König von Qatna im ersten Viertel des 18. Jahrhunderts v. Chr. (s. S. 186). Diese Siegelungen waren zerbrochen und lagen zusammen mit einem ägyptischen Skarabäus aus der Zeit vom Ende der 13. Dynastie (um 1650 v. Chr.) als Abfall in den Fundamentgräben des Palastes. Man kann also mit Sicherheit feststellen, dass der Palast von Qatna nach diesem Datum gebaut wurde. Schließlich können auch die ältesten Keramikfragmente aus den Fundamentgräben und den dazu gehörigen Flächen außerhalb des Gebäudes an das Ende der Mittleren Bronzezeit II beziehungsweise den Beginn der Späten Bronzezeit I (etwa 1650–1600 v. Chr.) datiert werden.

Die Bewertung all dieser Fakten führt zu einer Datierung der Erbauung des Palastes von Qatna am Ende der Mittleren Bronzezeit II.

Die Wasserversorgung der Herrscher

Peter Pfälzner

Feuchtholzablagerung
Sie bildet den bisher größten und bedeutendsten Fund von Feuchtholz aus der Bronzezeit in den eher trockenen Ländern des Vorderen Orients.

Verstürzte Holzbalken
Die einzelnen Balken verbrannten bei der Zerstörung des Palastes nur teilweise und haben sich aufgrund der hohen Feuchtigkeit in dem Brunnenschacht ausgezeichnet erhalten.

‹ **Blick in den Palastbrunnen**
An den Wänden des 9 m x 9 m messenden Felsschachtes entlang führen gleichmäßig verlegte 1,5 m breite Stufen aus Basalt in eine Tiefe von mindestens 14 m hinab.

Im nordwestlichen Teil des Königspalastes von Qatna liegt der Palastbrunnen. Er diente der zentralen Wasserversorgung der königlichen Residenz. Es handelt sich jedoch nicht um einen einfachen, rein funktionalen Brunnenschacht, sondern um eine Anlage monumentalen Ausmaßes – die größte und aufwendigste Brunnenanlage, die bisher in einem bronzezeitlichen Palast Vorderasiens entdeckt wurde. Der Brunnen ist ein annähernd quadratischer Raum von 10 m x 11 m Größe. Ringsum war er von Lehmziegelmauern eingefasst, die gleichzeitig die Fundamente für die im Westen, Süden und Osten angrenzenden Räume bildeten, während diejenige im Norden die Palastaußenmauer darstellte. Einst standen die Mauern 5 m hoch um den Brunnenraum. Darunter war der Brunnen auf nur leicht verminderter Größe senkrecht in den anstehenden Fels eingeschnitten. Der in der Fläche 9 m x 9 m messende Schacht reichte ehemals mindestens 14 m tief hinab, womit der Brunnenraum eine gesamte Tiefe von 19 m, gemessen von den Fußböden der umgebenden Palasträume aus, besaß.

1999 begann die Ausgrabung des Palastbrunnens und dauert nun schon mehr als zehn Jahre an, ohne dass bisher die Sohle erreicht worden wäre. Mittlerweile ist die Freilegung auf einer Tiefe von 17 m angelangt, wobei die Arbeiten aufgrund der zunehmenden Tiefe immer schwieriger und zeitintensiver werden. Zahlreiche überraschende Funde und Befunde im Brunnenraum entschädigen allerdings für derartige Mühen und machen diese Stelle zu einer der ergiebigsten und bedeutendsten des gesamten Palastbereichs.

Die architektonische Gestaltung der Anlage beeindruckt durch die monumentale Treppenanlage, die den Schacht bis unten hin zugänglich machte. Sie besteht aus gleichmäßig verlegten Basaltstufen; diese sind auf treppenartig abfallende Absätze in der Felswand aufgelegt. Die 1,5 m breite Treppe beginnt an der Ostseite des Brunnens und zieht in mehrfach abknickendem Verlauf entlang der vier Seitenwände nach unten, bis sie an der Ostseite für einen fünften Treppenlauf ein weiteres Mal umbiegt.

Demnach konnte das Brunnenwasser nicht nur mit Hilfe von Seilen nach oben gezogen werden, sondern es war zudem möglich, auf bequeme Weise bis zur Sohle hinabzusteigen. Wahrscheinlich befand sich dort unten eine Wasserquelle, die sorgfältig gefasst gewesen sein dürfte. Davon zeugt eine riesige Basaltschale mit einem steinernen Ausguss, die auf halber Höhe der Treppe gefunden wurde. Dort war sie liegengeblieben, nachdem man – offenbar erfolglos – versucht hatte, sie aus dem Brunnen herauszuschaffen.

Der Brunnen wurde bei der Zerstörung des Palastes um 1340 v. Chr. bis zu seinem Rand mit Bau- und Brandschutt angefüllt. Ganze Mauerteile sind in großen Stücken hinabgestürzt. Dazwischen fanden sich auch 3000 Fragmente von kunstvollen, farbigen Wandmalereien, die einst den Raum N östlich des Brunnens geschmückt haben müssen. Sie waren mit Mauer- und Fußbodenresten dieses Raumes in den Brunnenschacht gerutscht.

Die Holzfunde

Ab einer Tiefe von 14,5 m wird die Erde der Schachtfüllung wegen des nahen Grundwasserspiegels schlagartig feucht. Hier konnte eine umfangreiche Ablagerung von Feuchtholz aufgedeckt werden. Die einzelnen Holzbalken sind nicht verbrannt und haben sich aufgrund des hohen Feuchtigkeitsgehaltes ausgezeichnet erhalten. Es handelt sich um den bisher größten und bedeutendsten Fund von Feuchtholz aus der Bronzezeit in den ariden Ländern des Vorderen Orients.

Innerhalb der chaotisch verstürzten Holzablagerung stieß man auf mächtige Dachbalken von bis zu 5 m Länge und 800 kg Gewicht, aber auch auf regelmäßig geschnittene Holzbohlen sowie Kanthölzer mit Zapflöchern, die vielleicht von Türen oder Möbeln stammen könnten. Besondere Aufmerksamkeit verdienen drei profilierte Holzstangen mit Seilabdrücken, die möglicherweise Teile von Seilwinden gewesen sein könnten. Alle diese Hölzer sind bei der Zerstörung des Königspalastes aus dem Erdgeschoss in den Brunnenschacht gestürzt und waren sicherlich Teile des Daches, aber auch Teile der früheren Einrichtung des Raumes über dem Brunnen. Sie stellen ein einmaliges Zeugnis bronzezeitlicher Zimmermannstechnik im Alten Orient dar.

Ein Hauch von westlichem Luxus – Die Wandmalerei

Constance von Rüden

In den Jahren 2000 bis 2003 kamen im nordwestlichen Teil des Palastes zahlreiche Wandmalereifragmente zutage. Während innerhalb des Palastes häufig nur Bruchstücke freigelegt werden konnten, traf man in der Umgebung von Brunnen U und dem danebenliegenden Raum N eine wesentlich glücklichere Fundsituation an. Dort hat sich nämlich die Westwand von Raum N in Versturzlage erhalten und so konnte man 3000 Wandmalereifragmente bergen.

Die unterschiedlichen technischen und ikonographischen Details sowie die darauf basierende Gruppierung der Fragmente ermöglichte die Rekonstruktion mehrerer Ausschnitte. Einige Fragmente verteilten sich über die gesamte Nord-Süd-Achse des Befundes und lassen sich daher der Westwand zuweisen. Dazu gehören zwei Miniaturlandschaften mit Palm- und Felsdarstellungen in trapezförmigen Bildfeldern. Links davon befindet sich ein Ausschnitt mit einem diagonal verlaufenden schwarzen Blattband. Beide Rekonstruktionen zeigen rot-weiße Bänder und eine durchlaufende darunterliegende schwarze Sockelzone mit weißen Tupfen. Daneben kann ein Doppelspiralband mit nach innen geneigten Linien vermutet werden. Für die ursprüngliche Anbringung einer stark verbrannten kleinen Papyrusdarstellung auf der rechten Seite spricht der inhaltliche Zusammenhang mit den daneben dargestellten Miniaturlandschaften und eine schräg über die Landschaften verlaufende Brandspur. Diese wird sich wohl nach rechts fortgesetzt haben, so dass der verbrannte Zustand der Fragmente eine Plazierung des Papyrus in diesem Wandabschnitt rechtfertigt.

‹ Fragment der Wandmalerei mit zwei Schildkröten
Die Tiere sind Teil einer Unterwasserlandschaft in der Sockelzone der Südwand. Ihre Panzer werden durch Rechtecke gekennzeichnet, die mit Kreisen gefüllt sind. Die Datierung der Wandmalerei in Qatna ist umstritten; außer der hier vorgeschlagenen Entstehung zu Beginn des 14. Jahrhunderts v. Chr. gibt es auch Vorschläge einer Datierung in das 16. / 15. Jahrhundert v. Chr. Nationalmuseum Homs.

Zwei Miniaturlandschaften mit Palmen- und Felsdarstellungen
Trapezförmige Bildfelder von der Westwand. Besonders gut lassen sich die blauen Palmendarstellungen mit Wandmalereien aus der Ägäis und aus Tell el-Dabᶜa in Ägypten vergleichen. Nationalmuseum Homs.

Der Südwand lassen sich andere Fragmente zuordnen, die zum Teil aus sechs bis sieben Putzschichten bestehen und daher auch durch ihre Dicke von bis zu 20 cm herausstechen. Im Gegensatz zur oben genannten Gruppe wurden sie größtenteils südlich des im Versturz liegenden Fußbodens geborgen. Die Südwand glitt wohl erst deutlich nach der Westwand gemeinsam mit dem Fußboden in den Brunnen hinab. Dass aus diesem Bereich fast ausschließlich Randfragmente mit gewölbten Rückseiten und zahlreiche gebogene Putzschichten stammen, spricht dafür, dass zu diesem Zeitpunkt nur noch der Mauerstumpf erhalten war. Untere Abschnitte von Lehmziegelmauern weisen im fortgeschrittenen Alter häufig Ausbrüche auf, die durch vom Untergrund aufsteigende Feuchtigkeit verursacht werden. Anscheinend wurden solche Zerstörungen an der Südwand durch übermäßig viele Putzschichten behoben, welche die abgeplatzten Stellen ausgleichen sollten. Alle identifizierbaren Motive lassen sich einer vermutlich die ganze Südwand füllenden Unterwasserlandschaft zuordnen, von der zwei Ausschnitte rekonstruiert werden konnten. Die Randfragmente gehören zu einem wellenförmigen, rot-grauen Untergrund mit Schildkröten, Fischen und einem Krebs im Bereich der Sockelzone, während wenige kleinere Fragmente einen Delphin mit wellenförmiger Seitenzeichnung ergeben.

Der Entstehungszeitraum der Malerei

Die Versturzsituation von Raum N datiert wie die Zerstörung des gesamten Palastes in das 14. Jahrhundert v. Chr. Brandspuren auf der Westwand könnten von einem glühenden Balken der Deckenkonstruktion stammen, was bedeutet, dass die Malerei sich beim Palastbrand noch an der Wand befand. Schwieriger abzuschätzen ist die maximale „Lebensdauer" eines solchen bemalten Wandputzes und wann er demnach frühestens entstanden sein könnte. Das Ausdehnen und Zusammenziehen einer Lehmziegelmauer bei Tag- und Nacht- sowie Jahreszeitenwechsel und der Kalkputz mit seinen deutlich abweichenden bauphysikalischen Eigenschaften, die ein Ablösen von der Mauer fördern, verweisen auf eine kurze Verweildauer an der Wand. Während unbemalte Wände jederzeit leicht neu überzogen werden konnten, ist dies bei Malerei unmöglich. Die Entstehung der Wandmalerei in Qatna muss in enger zeitlicher Nähe zur Zerstörung gesehen werden und wäre zu Beginn des 14. Jahrhunderts v. Chr. vorstellbar.

Ägäische Bilder in Syrien

Für die Gesamtkonzeption der Wandmalereien aus Raum N liefern die Fundplätze des östlichen Mittelmeerraums bisher keine Parallelen, jedoch deuten einzelne Motive, stilistische Eigenheiten sowie technische Aspekte auf starke Einflüsse aus der Ägäis. Als Beispiel hierfür lassen sich die Dattelpalmen im Zentrum der linken Miniaturlandschaft der Westwand anführen. Zwar ist das Motiv auch in Syrien bekannt, allerdings kann die Gestaltungsweise in Qatna nicht auf eine einheimische Tradition zurückgeführt werden. Die gekrümmten Stämme, ihre wellenförmige Seitengestaltung und insbesondere die eigenartigen blauen Blätter verweisen auf Darstellungsformen der Ägäis, wie die 19 blauen Palmen des Nilfreskos aus Akrotiri oder spätere Abbildungen vom griechischen Festland zeigen. Parallelen in der Stammgestaltung sind hauptsächlich auf ägäischer Keramik zu finden. In der Ägäis ist die Nachahmung der realen Oberflächenstruktur anhand von aufgesetzten Halbkreisen an beiden Seiten des Stammes sogar bis in die Mittlere Bronzezeit zurückzuverfolgen und vor allem auf spätbronzezeitlicher Palaststilkeramik beliebt.

Die verschiedenen Felsformationen der beiden Miniaturlandschaften unterscheiden sich grundlegend von der in Syrien und Mesopotamien üblichen Darstellungsweise; dort werden Landschaften und Berge gerne durch ein Schuppenmuster ausgedrückt. Mit den Malereien von Qatna vergleichbare ondulierende Konturen sind hingegen in der Ägäis üblich: Als zwei der wohl berühmtesten Beispiele gelten das Fresko der Safranpflückerinnen und das Frühlingsfresko aus Thera. Spätere Felsdarstellungen folgen demselben Konzept, so – wenngleich in einer anderen Gattung – auf einem Kamm aus dem griechischen Routsi.

Fries mit Doppelspiralmustern von der Westwand

Typisch für die Gestaltung dieser Wand ist das im oberen Bereich noch teilweise erhaltene trapezförmige Bildfeld. Nationalmuseum Homs.

Trapezförmiges Muster von der Westwand
Ein schmaler Blattfries ist Teil der Rahmung des spitzwinkligen Bildfeldes. Den unteren Abschluss dürften zwei rote Bänder gebildet haben. Nationalmuseum Homs.

Weitere Motive der Westwand wie das Doppelspiralband mit floraler Zwickelfüllung, die Stilisierung der Papyrusblüten, das schwarze Blattband oder die überlappenden Halbkreise als seitliche Bildfeldumrandung haben ebenfalls eine ägäische Inspirationsquelle.

Auch auf der Südwand befinden sich Elemente, die im syrischen Raum an sich nicht vertreten sind: Für den springenden Delphin mit seiner wellenförmigen Seitenzeichnung gibt es hauptsächlich Vergleiche auf Steingefäßen, Siegeln und Keramik. Ägäische Landschaftsbilder liefern Parallelen für den gewellten roten Grund der Unterwasserlandschaften, die den Delphin und einen Fisch von allen Seiten umrahmen. Eine sowohl in Form als auch farblicher Gestaltung vergleichbare Unterwasserlandschaft begegnet auf einem polychrom bemalten Pithos, einem Vorratsgefäß, aus Thera.

Neben ikonographischen Einflüssen sprechen auch technische Aspekte für einen engen Bezug der Wandmalerei Qatnas zur Ägäis. Allein die in Qatna nachgewiesene, seit der Mittleren Bronzezeit in der Ägäis angewandte Ausführung al fresco – also der Farbauftrag auf feuchten Putz – entspricht nicht der im Orient üblichen Sekkomalerei – dem Auftrag auf trockenen Lehmputz.

Westliche Inspiration contra syrische Tradition

Die engen Beziehungen der Wandmalerei von Qatna zur Ägäis sind im Nahen Osten kein Einzelfall, wie Wandmalereien aus Alalach (Türkei), Tell Kabri (Palästina) und Tell el-Dabᶜa (Ägypten) zeigen. Sie werden meist als Präsenz ägäischer Handwerker interpretiert. Eine solche These ist durchaus zu befürworten, da wandernde Handwerker in den bronzezeitlichen Schriftquellen des Orients und der Ägäis mehrfach genannt werden. Allerdings verführt diese Vorstellung dazu, das Auftreten solcher Malerei in verschiedenen ostmediterranen Kulturen als ein für alle gültiges und zeitgleiches Phänomen anzusehen. Aber sowohl die unterschiedlichen Datierungen als auch ikonographische und technische Differenzen machen deutlich, dass die Wandmalereien der einzelnen Fundorte unabhängig unter dem Gesichtspunkt eines Technik- und Motivtransfers sowie der lokalen Bedeutung der Raumgestaltung untersucht und bewertet werden müssen.

In Qatna fallen einige Charakteristika auf, die eine Interpretation als ägäisches Handwerkserzeugnis unwahrscheinlich machen: So kann beispielsweise die Verankerungstechnik des Kalkputzes in den Unterputz auf eine syrische Tradition zurückgeführt werden, ebenso wie vermutlich die intensiven Polierspuren. Außerdem verwundert im Vergleich zur Ägäis die äußerst sparsame Verwendung von Vorzeichnungen in Form von Schnurabdrücken oder das Fehlen von Zirkeleinstichen als mögliches Hilfsmittel für die Spiralbänder.

Hinsichtlich ikonographischer Aspekte weist Qatna ebenfalls Eigenheiten auf: Die trapezförmigen Bildfelder der Westwand können nicht als Inspiration aus dem Westen betrachtet werden, und für die schwarze Sockelzone mit weißen Tupfen dienten vermutlich die Basaltorthostaten Westsyriens als Vorbild. Deutlicher wird der Unterschied zur Ägäis anhand des Felsmotivs: Während dort Gräser und Pflanzen gewöhnlich auf der Konturlinie der Felsen angeordnet sind, wurden sie in Qatna innerhalb dieser Umrisse eingefügt. Wäre vom Auftraggeber tatsächlich ein ägäisches Motiv gewünscht worden, hätte bei einem dementsprechend geschulten Handwerker einer für die Ägäis üblichen Ausführung nichts entgegengestanden. Tatsächlich zeichnet sich jedoch in Qatna ein abweichendes Motivverständnis ab.

Möglichkeiten eines Technik- und Motivtransfers

Die Unterschiede der Malerei Qatnas zu derjenigen der Ägäis und vergleichbaren Funden des Nahen Ostens lassen einen einmaligen „Handwerkerbesuch" unwahrscheinlich erscheinen. Es muss daher von einer lokalen Produktion gemäß einer westsyrischen Tradition ausgegangen werden, die bereits durch einen vorangegangenen Austausch beider Regionen zahlreiche ägäische Elemente adaptiert hatte.

Wandmalerei von der Südwand
Der untere Ausschnitt einer Unterwasserland-
schaft, zu der auch ein Delphin gehört.
Links sind die beiden Schildkröten zu sehen.
Nationalmuseum Homs.

Für eine Übertragung dieser Motive, Kompositionen und stilistischen Ausführungen stehen zahlreiche Mög-
lichkeiten zur Verfügung: Neben einem direkten Transfer kommt auch ein indirekter über Darstellungen auf
importierbaren Gütern wie Gefäßen, Waffen, Schmuck oder Textilien in Frage. Letzteres liegt sogar besonders
nahe, da man auf ägäischer Wandmalerei auch mit Miniaturlandschaften verzierte Frauengewänder abbilde-
te. Da Textilien beliebte und wertvolle Exportartikel waren, könnten sie für eine Übertragung ganzer Bild-
kompositionen verantwortlich gemacht werden. Das Delphinmotiv könnte über Gefäße in den Orient gekommen sein, wie zwei Importe aus Lachisch und Sidon mit der Darstellung dieses Tieres belegen. Die Technik der
Freskomalerei schließlich ist aus der Levante bereits aus den mittelbronzezeitlichen Schichten von Alalach bekannt. Demnach muss der Transfer dieser komplexen Technologie – entweder durch direkten Kontakt hand-
werklich geschulter Personen oder eventuell auch durch Wanderhandwerker – schon in dieser Phase, also mindestens 200 Jahre früher, erfolgt sein und könnte zur Zeit der Malereien von Qatna bereits Eingang in die lokale
handwerkliche Tradition Syriens gefunden haben.

Die Bedeutung der Malerei: Das Eigene und zugleich Fremde

Es stellen sich folgende Fragen: Welche Bedeutung hatten die Wandmalereien in Qatna, wer sah sie und warum veranlasste ein Fürst diese Dekoration? Da die Funktion von Raum N bisher noch ungeklärt ist, hilft der
Anbringungsort nicht weiter. Eine Betrachtung der ägäischen Importe und Einflüsse in Syrien macht jedoch
ihre Etablierung als Symbole sozial hochgestellter Personen seit der Mittleren Bronzezeit deutlich.

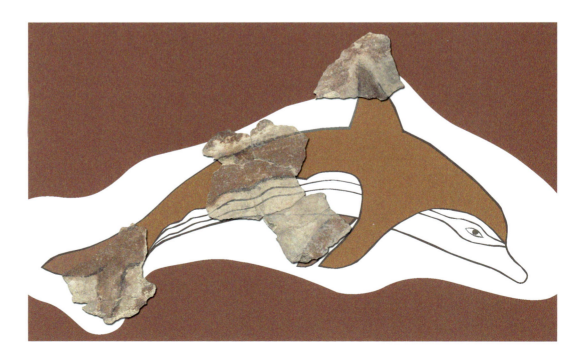

**Rekonstruktion des Delphins von der
Südwand**
Das Motiv belegt, dass die Vorlagen aus dem
Mittelmeergebiet stammen, denn in West-
asien war das Aussehen dieser Tiere wohl nur
wenigen bekannt. Nationalmuseum Homs.

Papyrusdarstellung aus Qatna

Das Blau erinnert an die in gleicher Farbe dargestellten Palmen. Die Verwendung von Blau bei Pflanzendarstellungen scheint sich in der Ägäis entwickelt zu haben. Nationalmuseum Homs.

Die mittelbronzezeitlichen Texte Maris erwähnen Gegenstände aus Kapthor / Kreta oder solche kretischer Machart im Rahmen des königlichen Gabentausches mit Mesopotamien. Ihre Funktion als Prestigegüter der allerhöchsten gesellschaftlichen Ebene ist damit offensichtlich. Das Zirkulieren dieser ägäischen Güter als königliche Gastgeschenke muss einen nachhaltigen Eindruck auf die darunterliegende soziale Schicht ausgeübt haben, denn schon kurze Zeit später schmückten ägäische Motive die Siegel syrischer Palastbeamter. Ohne eine bereits bestehende prestigeträchtige Bedeutung wäre ihre Verwendung als Repräsentationsmedium der Elite kaum vorstellbar.

Dieser Hintergrund bildete wohl auch den Anreiz für die Zurschaustellung ägäisierender Malerei im Palast von Qatna. Der König wählte eine Ikonographie, die in Syrien bereits seit der Mittleren Bronzezeit einen elitären Status zum Ausdruck brachte und damit seine Legitimation als Herrscher des Stadtstaates unterstützte. Mit Sicherheit blieb die Assoziation mit der Ägäis weiterhin offensichtlich und erwünscht. Ob es sich dabei um ägäische Handwerker handelte oder nicht, nahm vielleicht eine zweitrangige Stellung ein. Wichtiger war die Bedeutung, die diese ägäisierenden Elemente im Laufe der Zeit in der lokalen syrischen Tradition eingenommen hatten. Etabliert als ein Symbol der allerhöchsten gesellschaftlichen Schicht, spielte die Malerei ihre Rolle bei der Festigung der gesellschaftlichen Hierarchie im syrischen Stadtstaat.

› Bietak 2007; Brysbaert 2004; Collon 2000; Niemeier / Niemeier 1998; Schmid 2008; von Rüden (im Druck)

Meisterwerke der Bildkunst im Miniaturformat

Heike Dohmann-Pfälzner

Schon lange vor der Erfindung der Schrift sahen die Menschen im Vorderen Orient die Notwendigkeit, ihre Besitztümer, Räume und Handelsgüter durch Siegelungen persönlich zu kennzeichnen, um sie kontrollierbar zu machen. Anfangs war es persönlicher oder familiärer Besitz, seit der Herausbildung der altorientalischen Hochkulturen verstärkt auch das Eigentum von staatlichen Institutionen, welches so geschützt wurde. Auf diese Weise konnten verwaltungstechnische Vorgänge überprüft werden. Zum Siegeln wurden seit dem 8. Jahrtausend v. Chr. Stempelsiegel verwendet, ab dem späten 4. Jahrtausend v. Chr. kamen Rollsiegel hinzu.

Die Funktion von Siegeln

Im Vorderen Orient wurde zu allen Zeiten feuchter Lehm zum Siegeln benutzt, den man an ein Gefäß, einen Sack, eine Kiste oder an einen Türpflock drückte. Auf diesen Klumpen wurde dann das Siegel gestempelt oder abgerollt. Siegelungen finden sich auch auf Tontafeln. Auf den ebenfalls aus feuchtem Lehm geformten Tafeln wurden die Texte juristischen oder administrativen Inhalts oder auch der königlichen Korrespondenz in Keilschrift eingedrückt und in besonderen Fällen anschließend gesiegelt. Während sich die Intentionen und Prinzipien des Siegelns über den langen Zeitraum der altorientalischen Kulturentwicklung kaum verändert haben, unterschieden sich die Motive in den verschiedenen Kulturregionen des Alten Orients stark voneinander und entwickelten über Jahrtausende hinweg ihre ikonographischen Besonderheiten. In den frühen Perioden waren nur Stempelsiegel mit meist einfachen Motiven üblich, ab dem 4. und besonders im 3. Jahrtausend v. Chr. wurden die Darstellungen mit der Einführung des Rollsiegels zunehmend komplexer und feiner ausgearbeitet. Zu den beliebtesten Szenen gehörten nun der Tierkampf, Bankette sowie Götter- und Mythendarstellungen. In der Steinschneidekunst des 2. Jahrtausends v. Chr. veränderte sich die Thematik der Siegelbilder abermals grundlegend. Es wurden nun meist „Adorationsszenen" dargestellt, in denen ein Beter einem König oder Gott in ehrfurchtsvoller Haltung gegenübertritt.

Siegelungen im Palast

Im Königspalast von Qatna ist die Praxis des Siegelns durch Hunderte von Siegelabrollungen sowie durch originale Rollsiegel umfangreich bezeugt. Das Siegel spielte in der Verwaltung des Staates für die Lagerung und den Transport von Gütern und damit für die Versorgung der Bewohner eine große Rolle. Es handelte sich also um einen wichtigen Faktor des täglichen Geschehens im Palast und außerhalb davon. Darüber geben in erster Linie die in mehreren Bereichen des Palastes angetroffenen zahlreichen gesiegelten Tonsicherungen

‹ **Rollsiegel aus Amethyst**
Die Darstellung auf dem Siegel aus dem Königspalast in Qatna präsentiert einen Herrscher und zwei Götter mit ägyptisierenden Kronen. 15. / 14. Jahrhundert v. Chr. Nationalmuseum Homs.

Rollsiegel mit moderner Abrollung
Das in der Königsgruft entdeckte Siegel aus Kalkstein zeigt die Darstellung einer Adorationsszene im mesopotamischen Stil: Rechts der Beter, links die Gottheit, daneben steht eine nackte Göttin auf einem Podest. 18. / 17. Jahrhundert v. Chr. Nationalmuseum Damaskus.

Rollsiegel mit moderner Abrollung
Aus der Königsgruft stammt das Frittesiegel
mit Goldkappen. Seine ornamentale Darstellung
besteht aus einer Lotusblütenranke zwischen
zwei Spiralfriesen. 15. / 14. Jahrhundert v. Chr.
Nationalmuseum Damaskus.

Auskunft. Sie wurden meist an den Stellen gefunden, an denen man sie nach dem Brechen der Siegelung, wenn beispielsweise eine Ware oder Lieferung geöffnet worden war, weggeworfen hatte. So sind gesiegelte Tonsicherungen im Bereich von Raum T im östlichen Teil des Palastes, im Bereich der Räume AG, L und AL im zentralen Bereich, in einer Reparaturgrube in Halle C sowie im Nordwestflügel des Palastes, in den Räumen DF und DK ausgegraben worden. In den beiden letzteren Räumen fanden sie sich zusammen mit großen Mengen von Tierknochen und Keramik als Abfall, der aus einem Küchentrakt im oberen Stockwerk heruntergeworfen worden sein muss. Diese annähernd 400 Siegelungen dürften also einst Waren, die in die Palastküche angeliefert wurden, gesichert haben. Selbst in der königlichen Gruft fanden sich neben mehreren Rollsiegeln zahlreiche Siegelabrollungen auf Tonsicherungen. Letztere gehören zu dort gebrochenen Gefäßsicherungen. Sie waren wohl auf Gefäße mit Nahrungsmitteln angebracht, die man für verschiedene Opfermahle in die Gruft gebracht hatte. Folglich belegen sie verwaltungstechnische Vorgänge, bei denen die entsprechenden Gefäße in den Palastmagazinen verschlossen und versiegelt wurden, bevor man sie zur Verwendung für den Totenkult herausgab.

Das Siegel als Unterschrift

Zusätzlich ist die Siegelungspraxis im Palast von Qatna auf Tontafeln bezeugt, die sich im Archiv des Idanda im oberen Geschoss des Palastes über dem Korridor zur Gruft befanden. Insgesamt umfasste das Archiv über 60 Tafeln, von denen jedoch nur vier Siegelungen aufweisen. Bemerkenswerterweise waren die Briefe, die König Takuwa von Nija und König Scharrup-sche an den Herrscher von Qatna schrieben, nicht entsprechend gekennzeichnet, obwohl sie eine hochoffizielle königliche Korrespondenz zum Inhalt haben. Stattdessen sind zwei Verwaltungsurkunden und zwei juristische Texte mit Siegelabrollungen versehen. Eine dieser Urkunden behandelt die Ausgabe von Rohr an verschiedene Personen, darunter eine aus Ägypten. Warum gerade hier eine Siegelung als notwendig erachtet wurde, bleibt uns bislang verschlossen. In den beiden juristischen Texten wird einmal die Selbstversklavung einer Person aus Gründen der Unterhaltssicherung, das andere Mal die Ansiedlung von Bogenschützen *(schanannu)* im Libanongebirge durch König Adad-Nirari von Qatna beurkundet. Bei den hier Siegelnden könnte es sich um die Betroffenen oder um Zeugen der Vereinbarung gehandelt haben. Leider sind keine Namensinschriften vorhanden, so dass die Identität der jeweiligen Personen unbekannt bleibt.

Eines der wenigen Siegel aus Qatna mit Namensinschrift ist dasjenige des berühmten Königs Ischchi-Addu, der um 1800 v. Chr. regierte und der mächtigste Herrscher in der langen Geschichte Qatnas war. Dieses Siegel, dessen Original uns leider fehlt, findet sich nur abgerollt auf Tonsicherungen in verschiedenen Teilen des Palastes: in Halle C, in Raum T und sogar auf Gefäßsicherungen in der Königsgruft. Interessanterweise wurde es auf letzteren erst im 14. Jahrhundert v. Chr. aufgebracht, als das Siegel schon über 400 Jahre alt war. Dies veranschaulicht, über welch langen Zeitraum es im Königspalast von Qatna in Benutzung blieb. Es muss sich

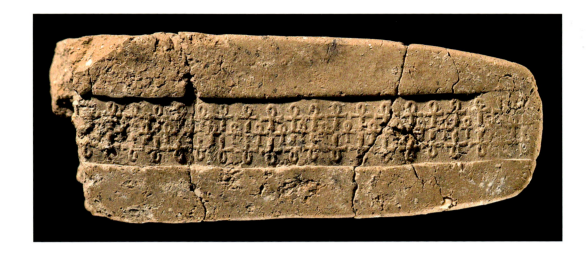

Antike Probeabrollung
Das Motiv des verschollenen Siegels sind
dicht nebeneinanderstehende Anch-Zeichen.
15. / 14. Jahrhundert v. Chr. Nationalmuseum
Homs.

um ein Siegel mit besonders hohem Prestige gehandelt haben. Gleichzeitig wird deutlich, dass der Inhaber
des Siegels nicht der König selbst gewesen sein konnte, sondern entweder ein Untergebener des Herrschers
oder die Staatsverwaltung als Korporation.

Fritterollsiegel und Skarabäen

Viele andere Rollsiegel im Palast von Qatna wurden ebenfalls über einen langen Zeitraum von der Mittleren
bis zur Späten Bronzezeit kontinuierlich benutzt. Dies verrät ihr fein modellierender, altsyrischer Stil. Exemplare der jüngeren Periode unterscheiden sich sowohl durch ihren flüchtigeren Stil als auch durch veränderte
Materialien. Siegel aus Fritte waren jetzt immer häufiger. Gleichzeitig wurden zunehmend Skarabäen mit
kleinen Bildern auf ihrer flachen Unterseite zum Siegeln benutzt. In dem in Raum DK angetroffenen Abfall aus
einem Küchenbereich des Palastes fanden sich auffällig viele Abdrücke dieser Stempelsiegel mit sehr ab-
strakten Motiven. Auch in der Königsgruft sind Skarabäen häufig. In besonders deutlicher Verbindung mit seiner Besitzerin wurde ein Siegel dieses Typs in Kammer 4 aufgefunden: Es war zusammen mit vielen Perlen auf
einem Golddraht aufgezogen und lag als Teil einer Hüftkette am Körper der Toten an.

Kleinkunst in höchster Qualität

Die Siegelbilder aus Qatna sind Meisterwerke der Bildkunst im Miniaturformat. Auf den durchschnittlich nur
2 bis 3 cm hohen Steinzylindern wurden komplexe, mehrfigurige Szenen sowie fein ausgearbeitete Ornamente
eingraviert. Die Siegelschneider müssen dabei Lupen verwendet haben, um die winzigen Details darzustellen.
Bei der Bildkomposition und der Wahl der Motive bedienten sie sich der traditionellen Stilkonventionen Syriens,
die ihrerseits aus Mesopotamien beeinflusst waren. In hohem Maße integrierten sie aber auch Elemente aus
der ägyptischen Kunst. Dies kommt nicht nur in der großen Zahl von Skarabäen zum Ausdruck, sondern auch
in der häufigen Aufnahme von ägyptischen Einzelmotiven wie dem Lebenszeichen Anch, dem Götterzepter
Was, verschiedenen ägyptischen Königskronen sowie ägyptisierenden Gewändern und ägyptischen Göttern,
wie zum Beispiel den Göttinnen Hathor und Isis. In Ägypten sind dies spezifische religiöse Symbole und Figuren,
aber es stellt sich die Frage, inwieweit auch deren Bedeutung von den syrischen Siegelschneidern übernommen
wurde. Man wird dies skeptisch zu beurteilen haben, denn wahrscheinlich war bei der Übernahme in erster
Linie die Formensprache relevant.

Des Königs Siegel

Daniele Morandi Bonacossi

Siegelabrollung
Eine weitere Siegelung mit Abrollungen des königlichen Siegels diente einst dazu, eine Tür zu sichern. Anfang des 18. Jahrhunderts v. Chr. Nationalmuseum Homs.

Ischchi-Addu war zur Blütezeit des Reiches (Anfang des 18. Jahrhunderts v. Chr.) der bedeutendste König von Qatna und mit dem assyrischen König Samsi-Addu sowie dessen Sohn, Jasmach-Addu, dem König von Mari, gegen Sumu-epuch von Jamchad / Aleppo verbündet. Ischchi-Addu, „mächtiger König", wie er in der Legende einer in der Stadt Tuttul gefundenen Tonsiegelung bezeichnet wird, war bisher nur aus Keilschrifttafeln bekannt, die im staatlichen Archiv des Königspalastes von Mari gefunden wurden und die diplomatische Korrespondenz zwischen Mari und Qatna enthalten. Dank der Grabungen im Königspalast besitzen wir heute auch einen direkten Nachweis für den ersten Herrscher Qatnas, den berühmten Abkömmling seiner Hauptstadt. Es handelt sich dabei um zahlreiche – zum Teil größere – Fragmente von Tonsiegelungen, die in den Gründungsgräben des Palastes (Raum T und CP, Saal C) und im königlichen Hypogäum gefunden wurden. Sie tragen den Abdruck eines sehr schönen und einzigartigen, nicht erhaltenen Siegels. Auf ihm war ein dekorativer Fries mit Flechtbändern eingeritzt, der in fünf übereinanderliegende Register aufgeteilt war und eine Inschrift in Keilschrift trug. Diese war in drei vertikalen, gegenüber dem Dekor um 90° gedrehten Spalten angeordnet.

Ein außergewöhnliches Siegel

Das Siegel zeigt einige besondere und in gewisser Hinsicht außergewöhnliche Merkmale; zum Beispiel handelt es sich hier um eines der äußerst seltenen Siegel dieser Zeit, das ausschließlich mit einem geometrischen Fries aus sich wiederholenden Flechtbändern ohne figürliche Elemente verziert ist. In der zeitgenössischen Glyptik war dieses Band eine sehr beliebte und verbreitete Verzierungsart mit einer starken symbolischen Bedeutung in Bezug auf Wasserlauf und Fruchtbarkeit.

Die Inschrift

Außergewöhnlich ist darüber hinaus die plastische Herausarbeitung der Keilschriftlegende auf dem Siegel – üblicherweise sind die Motive in das Siegel vertieft –, wie die negativ eingedrückten Keilschriftzeichen auf den Tonsiegelungen belegen. Es ist möglich, wenn nicht sogar wahrscheinlich, dass diese besondere und vornehme Art der Ausführung der Legende kein Zufall, sondern beabsichtigt war, um dadurch die „Umkehrung" der Inschrift zuzulassen und eine zweifache Lesung zu ermöglichen. So ist in der plastischen Version, also in der originalen Inschrift des Steinsiegels, zu lesen: „Ischchi-Addu, König der Länder, Addu ist der Gott seines Namens" („der Gott seines Namens" bezieht sich auf den Namen des Königs, der übersetzt „möge der Gott Addu retten können" bedeutet). In der gespiegelten Version des Abdrucks auf den Siegelungen heißt die Legende hingegen: „Addu [ist] der Gott seines Namens, König der Länder, Ischchi-Addu". Wenn man die Möglichkeit einer doppelten Lesung in Erwägung zieht, wird das Spiel mit den beiden Begriffen König und Gott sowie mit dem Attribut „König der Länder" deutlich, die ihre Stellung im Legendentext auf dem Siegel und dem Siegelabdruck verändern.

Weitere Interpretationen

Es gibt aber auch andere Vorschläge zur Lesung, die zeigen, wie schwierig die Interpretation der genauen Bedeutung dieser kurzen Inschriften auf Rollsiegeln und die Bestimmung ihrer exakten Funktion sind. Einigen Forschern nach sollte die Inschrift als Anrufung des Gottes durch den Herrscher von Qatna interpretiert werden: „Addu – rein sein Name! – König der Länder, Ischchi-Addu [ist sein Diener]" oder als Inschrift eines Beamten von Ischchi-Addu mit Namen Addu-il, der das Siegel verwendete: „Ischchi-Addu, König der Länder, Addu-il [ist] sein [des Dieners] Name".

Die Besonderheit in Aufbau und Inhalt der Inschrift sowie die Einzigartigkeit der Ikonographie des Siegels legen nahe, dass es sich nicht um das persönliche Siegel des Herrschers handelt. Wahrscheinlich gehörte es einem sehr hohen Beamten und wurde im Auftrag des Königs verwendet.

‹ Siegelabrollung
Vom dem Siegel des Ischchi-Addu sind nur Abrollungen erhalten, die außer der Inschrift mit seinem Namen ungewöhnlicherweise nur das geometrische Dekor eines Flechtbands zeigen. Anfang des 18. Jahrhunderts v. Chr. Nationalmuseum Homs.

Elfenbein – Prestigeobjekte der Elite

Luigi Turri

Elfenbein stammt vornehmlich von Zähnen und Stoßzähnen der Elefanten und Nilpferde. Die älteste Verwendung im Orient ist aus der Mitte des 5. Jahrtausends v. Chr. aus Ägypten bekannt. In Mesopotamien und Syrien hingegen lässt sich Elfenbein erst später in der Bronzezeit nachweisen; hier wurden meist Eck- und Schneidezähne von Nilpferden verwendet, die durchschnittlich 50 cm lang sein können.

Der Elefant als Materialquelle

Das Elfenbein von Elefanten wird ausschließlich aus Stoßzähnen gewonnen, die an ihren Wurzeln einen Hohlraum aufweisen und in den oberen Hälften massiv sind. Die jüngsten, weichsten und damit qualitätvollsten Wachstumsschichten liegen nahe des Hohlraums, die am weitesten entfernten dagegen sind die ältesten und sprödesten, weswegen nur der Abschnitt zwischen diesen beiden Partien verarbeitet wird. Frisch geschlagen enthalten die Poren eine ölige Substanz, welche die Verarbeitung erleichtert und dem Elfenbein seinen typischen Glanz verleiht.

Da der Afrikanische größer als der Indische Elefant ist, sind auch seine Stoßzähne gewaltiger. Sie zeichnen sich zudem durch Härte, stärkere Biegung und satteren Glanz aus. Nilpferde sind in Ägypten und den Küstenregionen von Palästina und Syrien nachgewiesen. Ein Fund von unbearbeiteten Zähnen im Schiffswrack von Uluburun, das im 14. Jahrhundert v. Chr. vor der türkischen Küste sank, belegt den Handel mit Nilpferdelfenbein. Elefantenstoßzähne wurden aus Indien und Afrika importiert. Laut der Bibel brachten König Salomon und der König von Tyros von ihrer dreijährigen Reise nach Ophir, dessen Lokalisierung von Indien bis Somalia reicht, Gold, Silber, Sandelholz, exotische Tiere und Elfenbein mit.

‹ Elfenbeinintarsien aus der Gruft
Trotz eigener Ressourcen in Syrien weisen Elfenbeinartefakte oft deutlich auf ägyptische Vorbilder hin. So zeigen die Möbelintarsien den ägyptischen Djed-Pfeiler, eine Hieroglyphe, die für Dauer und Beständigkeit steht.
15./14. Jahrhundert v. Chr. Nationalmuseum Damaskus.

Gesicht aus Qatna
Das nur 7 cm große Gesicht fand man im Unterstadtpalast. Erhalten ist noch ein Auge aus durchsichtigem Gipsstein. Das Ganze war Teil einer Kompositfigur aus verschiedenen Materialen, wobei Elfenbein die Gesichtsfarbe wiedergab. 15./14. Jahrhundert v. Chr. Nationalmuseum Homs.

Gab es Elefanten in Syrien?

In der Forschung wird diskutiert, ob Teile des im Nahen Osten verwendeten Elfenbeins von einer möglichen Unterart des Indischen Elefanten stammen könnten, dem sogenannten Syrischen Elefanten. Diese Tiere waren zumindest in Mesopotamien nicht sehr verbreitet, denn die Sumerer hatten keine andere Bezeichnung für sie als AM.SÍ, „der Ochse mit der Hand", womit der Rüssel gemeint ist. Belege in Form von Knochen aus der Zeit vor dem 2. Jahrtausend v. Chr. fehlen, und selbst danach bleibt die Evidenz oft auf Zähne und Skelettreste beschränkt. Nichtsdestoweniger zeigen ägyptische Reliefs der Hatschepsut (1479 / 73–1458 / 57 v. Chr.) mit von Thutmosis I. aus Niya mitgebrachter Beute, dass es in Syrien Elefanten gegeben haben muss. Auf den etwas jüngeren thebanischen Malereien im Grab von Rechmire, dem Wesir von Thutmosis III., sieht man Szenen mit verschiedenen syrischen Vasallen, erkennbar an ihrer typischen Kleidung und Barttracht. Sie bringen dem Pharao Geschenke und Tribut, unter anderem Elefantenstoßzähne. Eine Figur führt einen kleinen Elefanten an der Leine, dessen kräftig gebogener Rücken und dreieckige Ohren charakteristisch für die indische Art sind. Es ist schwierig, die Gründe für seine geringe Größe zu erschließen, denn nach der Länge seiner Stoßzähne kann es kein Kalb darstellen. Möglicherweise handelt es sich um eine Zwergzüchtung. Gleichzeitig heißt es in einem Bericht zu Kriegstaten des Pharaos Thutmosis III.: „Er erlegte 120 Elefanten im Fremdland von Niya, als er aus Naharina [Mesopotamien] kam und den großen zurückgewendeten Fluss überquert hatte [wahrscheinlich der Euphrat, vielleicht auch der Orontes]". Diese Episode wird ebenfalls in der Autobiographie des ägyptischen Soldaten Amenemheb erwähnt, hier mit der Begründung, dass die Elefanten „für ihre Stoßzähne" gejagt wurden. Der kühne Soldat „kämpfte gegen den größten unter ihnen [und] schnitt ihm lebend seine Hand [Rüssel] ab … während [er] im Wasser stand". Wenngleich die Zahl der erlegten Elefanten übertrieben erscheint, ist es plausibel, dass zumindest einige Exemplare im Gebiet von Niya vorkamen. Dessen Lage konnte bisher nicht zweifelsfrei geklärt werden, aber es ist vermutlich am mittleren Orontes auf Höhe der Randgebiete der späteren Stadt Apamea zu suchen. Die im Text genannten Wasser könnten die des Marschlands im Ghab-Tal sein, das erst im letzten Jahrhundert trockengelegt wurde. Dorthin brachte laut dem griechischen Autor Strabo Seleukos I. im späten 4. Jahrhundert v. Chr. Hunderte von Elefanten zu Zuchtzwecken. Der schlagendste Beweis für ihre Existenz in diesem Gebiet sind die jüngsten Funde von Elefantenknochen in Qatna, die annehmen lassen, dass die Tiere innerhalb der Stadtmauern gezüchtet wurden.

Die Verarbeitung von Elfenbein

Unbekannt ist, wie und womit Elfenbein in der Antike bearbeitet wurde. Die älteste Schriftquelle darüber geht nur bis in das 11. Jahrhundert n. Chr. zurück. Der Archäologe Max Mallowan versuchte diese Überlieferungslücke durch ethnographische Parallelen der ersten Hälfte des letzten Jahrhunderts aus Indien zu schließen. Zunächst wird die äußere Schicht des Stoßzahns, die abgenutzt und häufig beschädigt ist, sowie die jüngste und weichste Wachstumsschicht im Innern des Zahns entfernt. Danach wird der Stoßzahn unter der Maßgabe maximaler Materialausnutzung zerlegt. Dabei dient das hohle untere Ende für die Herstellung von Pyxiden und hohlen Skulpturen, das massive Mittelstück für größere Figuren in Hochrelief oder für Tafeln und die Spitze für kleinere Objekte. Die erforderlichen Werkzeuge müssen denen für die Verarbeitung von Hartholz gleichen: Ahlen, Meißel, Bohrer, Messer, Sägen sowie Schleif- und Poliermittel für das Oberflächenfinish.

Beispiele aus Syrien

Wie nahe sich Elfenbeinschnitzerei und Kunsttischlerei stehen, zeigt sich in Ebla. Im Palast des 3. Jahrtausends v. Chr. wurden reliefierte Holzarbeiten entdeckt, die vermutlich zur Verzierung von Prunkmöbeln dienten. Dort blühte in der ersten Hälfte des 2. Jahrtausends v. Chr. die Kunst der Elfenbeinschnitzerei, wie zahlreiche Reliefs zeigen, die vermutlich zum Einsetzen in kostbare Holzobjekte bestimmt waren. Weitere

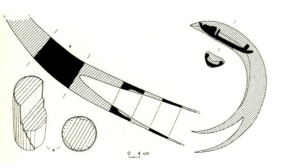

Mögliche Nutzung eines Elefantenstoßzahns
Die verschiedenen Teile fanden unterschiedliche Verwendung. So wurde zum Beispiel der hohle Teil verwendet, um runde Dosen herzustellen, das Mittelstück für größere Reliefs und die Spitze für kleine Objekte.

Tributbringer aus dem Grab des Rechmire
Die Ägypter stellten gerne die von ihnen
unterworfenen Völker als Tributbringer dar.
Auf dieser thebanischen Wandmalerei
des Wesirs von Pharao Thutmosis III. sieht
man Syrer mit Gaben aus ihrer Heimat,
unter anderem mit einem Elefantenstoßzahn
und einem kleinen Elefanten. 1479–1425 v. Chr.

Elfenbeinarbeiten aus der zweiten Hälfte des 2. Jahrtausends v. Chr. stammen aus Ugarit: Neben ägyptischen Importen wurden qualitätvolle Stücke aus lokaler Fertigung gefunden; sie vermischen ebenso wie in Ebla Elemente des charakteristischen syrischen Stils mit ägyptischen. In Alalach lassen sich anatolische Einflüsse feststellen. Diese hybride Stilart, die Merkmale verschiedener Länder kombiniert, bildet mit ihrer Vorliebe fürs Exotische die Basis für den sich im 2. Jahrtausend v. Chr. rund ums Mittelmeer ausbreitenden sogenannten Internationalen Stil.

Fundstücke aus Qatna

Besonders schöne Beispiele hierfür kommen aus Qatna. Bereits Comte du Mesnil du Buisson entdeckte Fragmente einer Elfenbein-Sphinx im Bereich des Palasts. Jüngst wurde im Unterstadtpalast das kleinformatige Relief eines menschlichen Gesichts geborgen, das aus dem Langschnitt eines Elefantenstoßzahns gefertigt ist. Eine zentrale Rille im unteren Bereich der flachen Rückseite lässt darauf schließen, dass es auf einem Untergrund, möglicherweise auf einer hölzernen Stütze, befestigt war. Fehlendes Haar belegt, dass das Elfenbein-Gesicht zu einer Skulptur aus verschiedenen Materialien gehörte, dabei vertrat das weiße Elfenbein das Inkarnat. Die Augeneinlagen, bestehend aus mandelförmig geschnittenem Kalkstein mit einer transparenten Linse aus Gipsstein, waren in ägyptischer Tradition in tiefe Aushöhlungen gesetzt. Unpolierte Werkzeugspuren über dem rechten Augenlid deuten aber darauf hin, dass das Werkstück lokal produziert und noch nicht vollendet war. Da auf der Rückseite Spuren von Kleber fehlen, wurde es wohl nie an seinem vorgesehenen Träger befestigt. In formaler Hinsicht sind die ausgeprägte Frontalität sowie die dreieckige Grundform des Gesichts typisch für ägyptische Hathormasken, das Fehlen bestimmter Charakteristika der Gottheit – etwa der Kuhohren – dagegen dokumentiert einen lokalen Einfluss. Hathor ist eine Muttergottheit, die Liebe und Freude repräsentiert und als Schutzgöttin der Kunst und Musik gilt. Ihr Kult verbreitete sich im Mittleren Reich, im frühen 2. Jahrtausend v. Chr. sogar bis nach Palästina und Phönizien und war in fast jeder größeren syrisch-levantinischen Stadt zu finden. In Qatna wurde sie zwischen zwei goldenen Entenköpfen dargestellt, die man in der Gruft entdeckte. Hathordarstellungen sind auch in Mesopotamien wie in Tell Fecheriyeh und Nuzi sowie auf Zypern nachgewiesen.

Die Werkstatt in Qatna

In einem Raum des Unterstadtpalastes, dem Fundort des Elfenbeingesichts, kamen über 300 Einlagen in mehr als 20 verschiedenen, nahezu geometrischen Formen zutage. Alle haben eine bereits polierte Oberfläche, jedoch keine Spuren von Kleber auf der Rückseite, was dafür spricht, dass sie noch nicht endgültig montiert waren. Bei dem Raum handelte es sich also vermutlich um einen Lagerraum für dekorierte Möbel, in welchem auch die Endbearbeitung und Montage der Intarsien stattfand. Solche Produktionsstätten müssen im Nahen Osten in der Spätbronzezeit recht verbreitet gewesen sein, denn die rivalisierenden königlichen Höfe wetteiferten bei der Zurschaustellung ihrer Bedeutung mit Luxusgütern und festigten in Friedenszeiten ihre politischen Beziehungen durch den Austausch von Geschenken. Das wertvolle und seltene Elfenbein erfüllte diese Aufgaben besser als jedes andere Material.

› Barnett 1982; Caubet / Poplin 1987; Luciani 2006; Moorey 1994

Moderne Zeiten – Die Rekonstruktion des Palastes

Jochen Schmid

Wiederaufgebauter Abschnitt der spät-bronzezeitlichen Lehmziegel-Stadtmauer der hethitischen Hauptstadt Hattusa
Solche Rekonstruktionen veranschaulichen nicht nur die ursprüngliche Gestalt, sondern es ergeben sich durch den Nachbau auch wertvolle Informationen zur Architektur und Bauorganisation.

Unter Rekonstruktion versteht man in Architektur und Denkmalpflege die teilweise oder vollständige Wiederherstellung von historischen Gebäuden oder Gebäudeteilen, die durch zeitbedingte oder fremde Einflüsse verändert oder zerstört wurden. Allerdings sind solche Wiederaufbauvorhaben aus der Sicht des Denkmalschutzes nicht ohne Probleme und sorgen, wie die Beispiele der Dresdner Frauenkirche und des Berliner Stadtschlosses eindringlich zeigen, immer wieder für kontroverse Diskussionen.

Rekonstruktionen im Bereich des Alten Orients

Auch in der Vorderasiatischen Archäologie kam es zu diversen spektakulären Projekten. Eines der bekanntesten, die Rekonstruktion des Ischtar-Tores von Babylon, dessen Originalfassade seit 1930 in Berlin im Vorderasiatischen Museum zu bewundern ist, während vor Ort eine 1977 erbaute Kopie steht, repräsentiert die Konflikte um die Fragen nach Originalität, Erhaltung und Erforschung. Gerade im Hinblick auf eine wissenschaftliche Bearbeitung kann ein maßvoller Wiederaufbau aber auch eine Bereicherung darstellen. So spiegelt die in den Jahren 2003 bis 2005 in Hattusa, der Hauptstadt des hethitischen Reiches, durchgeführte Rekonstruktion eines 65 m langen Abschnitts der spätbronzezeitlichen Lehmziegel-Stadtmauer nicht nur die einstige Gestalt wider, sondern erbrachte auch zahlreiche wertvolle Informationen zur Architektur und Bauorganisation der Hethiter. Generelle Probleme wie unzureichendes Wissen über das Originalobjekt oder die Kosten aufwendiger Rekonstruktionsprogramme führen jedoch in aller Regel zu einer Beschränkung auf Maßnahmen, die dem Schutz der erhaltenen Bausubstanz und der Orientierung des Besuchers innerhalb einer Ruine dienen.

Das digitale Zeitalter

Eine andere Möglichkeit, nicht länger existierende Bauwerke wiederzugewinnen, bietet dem Forscher die zeichnerische oder in jüngerer Zeit vermehrt die digitale Rekonstruktion. Gerade in Deutschland, wo über viele Jahrzehnte Architekten und Bauforscher eine wichtige Rolle bei der Erforschung der alten Kulturen des Nahen Ostens spielten, kam dem zeichnerischen Umgang mit einem Objekt stets eine bedeutende Rolle zu. Die Bandbreite der Darstellungsarten reicht von Schnitten und dreidimensionalen Ansichten über Isometrien – den Projektionen eines Körpers ohne Verkürzungen auf eine Bildebene – bis zu Perspektiven oder Explosionszeichnungen. Bei Letzteren handelt es sich um Darstellungen, die einen komplexen Gegenstand perspektivisch und in seine Einzelteile zerlegt zeigen. Neben der Veranschaulichung eines Gebäudes dient die zeichnerische Rekonstruktion auch der Überprüfung von Thesen zur Gestaltung und technischen Ausführung des Baus. Sie erlaubt zudem, Gedanken zu Bauabläufen oder Zerstörungsprozessen kritisch zu beleuchten und bildlich wiederzugeben. Entscheidend für die Genauigkeit einer Rekonstruktion und somit für ihre Aussagekraft sind dabei stets Fülle und Güte des Ausgangsmaterials und der gewissenhafte Umgang damit.

Zeichnungen als Zeitmesser

Allerdings entstanden im Laufe der Zeit immer wieder Zeichnungen, die zwar regelrechte Kunstwerke darstellen, deren Wert aus heutiger Sicht jedoch mehr im schöpferischen denn im wissenschaftlichen Bereich anzusiedeln ist. Nur ein stets kritisches Auge schützt uns davor, sie aufgrund ihrer Ausdruckskraft vorschnell als historisch authentisch zu akzeptieren. Zudem ist zu beachten, dass Rekonstruktionen, bei allem Bestreben nach Objektivität, nie frei von einer Beeinflussung durch den Zeitgeschmack bleiben. So zeigen allein schon die unterschiedlichen Zeichenstile zweier der bedeutendsten Bauforscher, Walter Andrae und Ernst Heinrich, die Einwirkung der verschiedenen Epochen, in denen die beiden aufwuchsen: hier die filigranen Tusche- und Aquarellzeichnungen des im ausgehenden 19. Jahrhundert groß gewordenen Andrae, dort die durch die Moderne geprägte gerade und schnörkellose Strichführung Heinrichs.

Rekonstruktion eines neuassyrischen Saals aus dem 19. Jahrhundert
Laut dem Bauhistoriker Ernst Heinrich „mag daran vieles falsch sein (...), aber es gibt die Pracht und die feierlich-mystische Stimmung derartiger Räume besser wieder, als das langatmige Beschreibungen vermögen."

Modernste Software

Die Weiterentwicklung der zeichnerischen, die digitale oder virtuelle Rekonstruktion stellt nicht nur einen Weg zur wirklichkeitsnahen Wiederherstellung zerstörter Bauten mit „Computer Aided Architectural Design" und Rendering-Software dar, sondern bietet weitaus mehr: Baugeschichte kann in ihrem zeitlichen Ablauf dargestellt werden, ein virtueller Rundgang durch ein Objekt vermittelt neue Raumeindrücke, und das rekonstruierte Gebäude lässt sich problemlos mit der realen Umgebung verknüpfen. Vor allem aber hilft die Dreidimensionalität, Lösungsansätze auf ihre Plausibilität zu überprüfen. Dem Archäologen dient die virtuelle Rekonstruktion in zweifacher Hinsicht: als Komponente der experimentellen Archäologie und zur Präsentation für ein breites Publikum. Als zwei gelungene Beispiele für 3-D-Computer-Rekonstruktionen ganzer Siedlungen mögen die Projekte in Çatal Höyük und Troia dienen, die auf imposante Weise einen Eindruck von einem möglichen einstigen Erscheinungsbild der Orte vermitteln. Aus dem zum zweiten Projekt erschienenen Begleitband „Troia – wie es wirklich aussah" geht außerdem klar hervor, was die virtuelle Rekonstruktion nur sein kann und soll: eine visuelle Interpretation, gefertigt anhand aller zugänglichen Informationen. Sie gibt nicht unbedingt das tatsächliche Aussehen wieder, sondern ein Bild, wie wir es uns nach dem uns zur Verfügung stehenden Wissen machen dürfen.

Grundlagen der Rekonstruktion

Ausgangspunkt einer jeden Rekonstruktion ist die Bauaufnahme, also die Anfertigung und Auswertung detaillierter Beschreibungen und Fotos sowie exakter Bestandspläne des zu untersuchenden Bauwerks. Von großem Nutzen sind dabei die Entwicklungen der letzten Jahre in der Photogrammetrie, also dem Verfahren zum Konstruieren von Grund- und Aufrissen aus photographischen Bildern, und auf dem Gebiet des Laserscannings, die enorme Arbeitserleichterungen und einen Zuwachs an Genauigkeit mit sich brachten. Begleitende Forschungen wie die Datierung von Hölzern mittels Dendrochronologie, der Jahresringforschung als Verfahren zur Altersbestimmung, oder geophysikalische Untersuchungen zur großflächigen Erkundung der Terrains runden das Spektrum ab. Reichen die aus dem Befund gewonnenen Erkenntnisse nicht aus, kann der Vergleich mit kulturell, zeitlich oder räumlich benachbarten, jedoch besser erhaltenen Fundstellen weiterhelfen. Zeitgenössische Schriftzeugnisse und künstlerische Darstellungen auf Reliefs oder in Form von Modellen ergänzen unser Wissen ebenso wie ethnoarchäologische Studien. Diese untersuchen zum Beispiel die traditionelle Architektur einer Region, um so eine mögliche Vorstellung von damaligen Vorgängen zu gewinnen.

Qatna erwacht zu neuem Leben

Zwei Beispiele zeichnerischer oder virtueller Rekonstruktionen aus dem Palast von Qatna, beide mit ganz unterschiedlichen Ausgangssituationen, mögen helfen, das Zusammenspiel verschiedener Bausteine der Rekonstruktion, die Überlegungen und Denkansätze des Bearbeiters und die Verlässlichkeit sowie den Nutzen der Gedankenspiele zu beleuchten und zu beurteilen.

Die Gruft

Der erste Blick gilt dem Zugangskorridor zur Königsgruft. Dort haben wir die seltene Situation, dass die Befunde weitgehend ausreichen, um eine Vorstellung des ursprünglichen Aussehens des Raumes in allen Einzelheiten zu erhalten. Die Lehmziegelmauern links und rechts des rund 40 m langen, durch mehrere Türen unterteilten Ganges stehen teilweise noch mehrere Meter hoch an. Dadurch war es möglich, an den Wänden 31 Auflager –

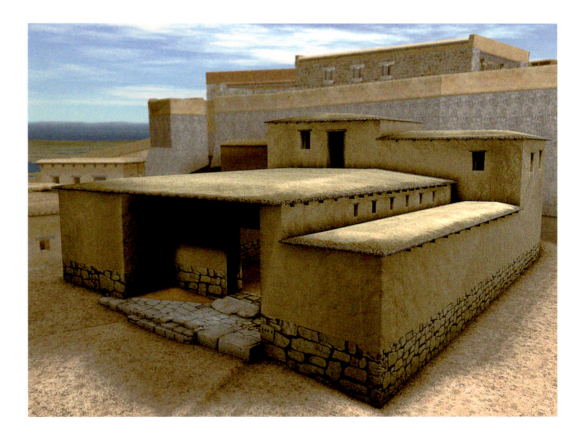

Virtuelle Rekonstruktion von Troia
Das spätbronzezeitliche Terrassenhaus der Schicht VIIa in der westlichen Unterstadt vermittelt gelungen ein mögliches damaliges Erscheinungsbild.

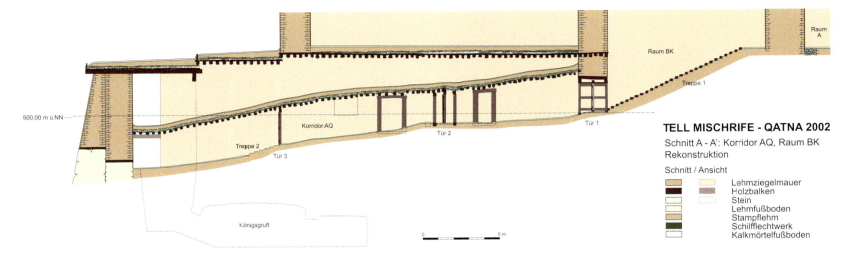

500,00 m ü.NN

Raum A

Raum BK

Treppe 1

Korridor AQ

Tür 2

Tür 1

Treppe 2

Tür 3

Königsgruft

0   5 m

TELL MISCHRIFE - QATNA 2002

Schnitt A - A': Korridor AQ, Raum BK
Rekonstruktion

Schnitt / Ansicht

Lehmziegelmauer
Holzbalken
Stein
Lehmfußboden
Stampflehm
Schilfflechtwerk
Kalkmörtelfußboden

Der Zugangskorridor zur Königsgruft im Palast von Qatna

Zeichnerisch ergänzter Längsschnitt. Ganz rechts (Raum A) befindet sich der sogenannte Zeremonialsaal, es folgen die Treppe (Raum BK) sowie der durch Tür 1 zu betretende Gang, der ganz links in dem Schacht zur Gruft endet.

Flächen, auf denen ein tragendes Bauteil liegt – der ehemaligen Holzbalkendecke über dem Korridor zu erfassen. Sie gaben Auskunft zum genauen Verlauf der Decke, zu Größen und Formaten der einzelnen Balken und ihren Abständen untereinander. Der exakte Deckenaufbau konnte anhand von Versturz aus der benachbarten Vorkammer der Gruft ermittelt werden. Eine ähnliche Situation bot die Treppe am Anfang des Ganges. Ehemals schützten mächtige Bohlen, die vor den Stufen aus weichen, luftgetrockneten Lehmziegeln angebracht wurden, die Tritte vor allzu schneller Abnutzung. Obwohl sämtliche Hölzer vergangen sind und nur ein Teil der Stufen erhalten blieb, zeugen die Auflager in den Wänden und eine Vielzahl von Holzabdrücken auf den Ziegeln bis heute von der Existenz der Bohlen sowie vom Aussehen und Aufbau der Treppe. Letztendlich reichten auch die Hinterlassenschaften und Spuren der Türkonstruktionen, die den Korridor in vier Abschnitte gliederten – Reste verkohlter Balken, Aussparungen in Boden und Wänden sowie Abdrücke vergangener Hölzer – aus, um die Türen detailliert zu rekonstruieren.

Der Palast

Als Zweites betrachten wir das Herzstück des Palastes mit der 36 m x 36 m messenden Halle C und der sogenannten Thronsaal-Festsaal-Gruppe, bestehend aus den beiden Sälen A und B. Eine große Pforte, die als Porte Royale bezeichnet wird, verband einst die Audienzhalle mit dem vorderen der beiden Thronsäle. Von dem prunkvollen Durchgang blieb nur das gigantische, rund 11 m breite, 21 m lange und 5 m tiefe Fundament erhalten. Glücklicherweise ist der Palastplan der französischen Ausgrabung – in den Jahren 1924 bis 1929 stießen Comte Robert du Mesnil du Buisson und seine Mitarbeiter an dieser Stelle noch auf aufgehendes Mauerwerk – in diesem Bereich genau genug, um eine zuverlässige Grundlage für eine Rekonstruktion der Toranlage zu bieten. Doch leider gilt das nur für den Grundriss des gestaffelten Durchgangs und nicht für dessen Aufriss, der nur mit Hilfe von Vergleichsbauten zu entwickeln war. Dafür erbrachten die 2005 in der Baugrube westlich des Fundaments durchgeführten Arbeiten interessante Neuigkeiten für die Baugeschichte der Porte Royale. Demnach erfuhr die Anlage zweimal einschneidende Veränderungen. Bei einem ersten Umbau wurden sieben Holzstützen angebracht; diese trugen wahrscheinlich einen leichten Baldachin, der die Bedeutung des Tores nochmals unterstrich. In der zweiten Umbauphase mussten die Stützen dann wieder weichen.

Noch schwieriger gestaltet sich die Gesamtrekonstruktion der Haupträume. Die freigelegten Fundamente geben den Verlauf der Mauern vor und der alte französische Plan die Lage der Türen. Ansonsten sind wir jedoch auf andere Quellen, wie etwa vergleichbare Gebäude, oder gar auf ganz grundsätzliche Überlegungen angewiesen. Nicht zuletzt die Ausführungen Jean-Claude Marguerons zur Rekonstruktion des Palastes des Zimrilim in Mari leisten in diesem Fall wertvolle Dienste.

Der erste Gedanke gilt der Höhe der Räume. Eine Berechnung der maximal möglichen Höhe der Mauern anhand der Fundamentdimensionen bringt uns nicht weiter, da Lehmziegelwände oft aus klimatischen oder repräsentativen Gründen stärker dimensioniert wurden, als es statisch nötig gewesen wäre. Dagegen liefern besser er-

Audienzhalle und königliche Pforte
Ältere, inzwischen verworfene Vorschläge für die Rekonstruktion der von vier mächtigen Säulen beherrschten Halle und der sogenannten Porte Royale, dem Durchgang zum Thronsaal.

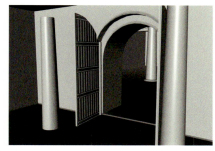

haltene Bauwerke, allen voran der Palast des Zimrilim, gewisse Anhaltspunkte zu den Proportionen altorientalischer Repräsentationsräume und somit Ansätze für eine Höhenrekonstruktion.

Die zweite Frage bezieht sich auf die Belichtung und Belüftung der Räume, sie ist mangels Vergleichsbauten nur theoretisch zu beantworten. In einer relativ niederschlagsreichen Gegend wie Westsyrien erscheinen Öffnungen im Dach als Lichtquellen eher unwahrscheinlich, sie dürften daher auf das Notwendigste reduziert worden sein. Vielmehr muss hier von einer überwiegend seitlichen Belichtung über die Wände ausgegangen werden. Die Konsequenz daraus ist eine gestaffelte Höhenentwicklung der Thronsaal-Festsaal-Gruppe, wobei die zunehmende Höhe von Halle C hin zu Thronsaal A durchaus den Grundrissproportionen der Räume entspricht. Eine weitere Folge dieses Gedankens betrifft die Ausgestaltung der Fenster. Bei den großen Mauerstärken im Palast müssten Fenster mit waagrechter Sohlbank mehrere Meter hoch sein, um auch nur einen geringen Lichteinfall zu gewährleisten. Wahrscheinlicher sind da Maueröffnungen, die außen relativ klein sind, aufgrund einer geneigten Sohlbank das Licht aber dennoch in die Räume gelangen lassen.

Zuletzt wollen wir uns noch mit der Ausführung der Decken befassen. Wie beispielsweise aus Babylon bekannt ist, können Spannweiten von 12 m gerade noch mit einfachen Holzbalken und ohne Hilfskonstruktionen bewältigt werden. Für Halle C, die durch vier mächtige Säulen in neun Quadrate von je 12 m x 12 m unterteilt war, darf daher eine Decke aus auf Mauern und Säulen gelegten Hauptträgern und frei über die einzelnen Felder gespannten Nebenträgern angenommen werden. Anders in den Räumen A und B mit Breiten von 20 m beziehungsweise 16 m: Hier muss es unterstützende Konstruktionen gegeben haben. Da in den Räumen Säulen oder Ähnliches auszuschließen sind, kommen nur Unterkonstruktionen in der Deckenebene in Frage. Die einfache technische Ausführung des Sprengwerkes – eines Tragwerkes, bei dem ein waagrechtes Holz von unten durch Streben unterstützt wird – lässt dieses am wahrscheinlichsten erscheinen, vor allem wenn man der Annahme folgt, dass altorientalische Gebäude meist Flachdächer besaßen. Bestätigt werden die Überlegungen wieder durch einen Blick nach Mari, wo Margueron anhand von Aussparungen im Mauerwerk ebenfalls Sprengwerke als Substruktion der Thronsaaldecken vermutet.

> Andrae 1977; Brandau et al. 2004; Klotz 1997; Seeher 2007

Qatna › Die Gruft

Residenz der toten Herrscher – Die Königsgruft

Peter Pfälzner

Das königliche Hypogäum lag 13 m tief unter dem Königspalast von Qatna. Während der plötzlichen Zerstörung des Palastes um 1340 v. Chr. war der Zugang in das Grab unter meterhohen Schuttmassen verschüttet worden. Aus diesem Grund blieb die Anlage ungeplündert und präsentiert sich weitgehend im Zustand ihrer Nutzung während der letzten Tage und Stunden vor der Zerstörung vor mehr als 3300 Jahren.

Die aus dem Fels geschlagenen Grabkammern waren über einen 40 m langen, unterirdisch verlaufenden Korridor zugänglich. Diesen konnte man vom Festsaal (Halle A) des Königspalastes aus erreichen. Von hier führte eine Treppe 4 m tief hinab zu einer Tür mit doppeltem Holzrahmen. Nach 8 m folgte in dem beständig abfallenden Korridor eine zweite, ähnlich aufgebaute Tür, und schließlich, nach weiteren 10 m eine dritte, einfacher konstruierte Tür. Zusammen mit der anzunehmenden Eingangstür in den Korridor war der 40 m lange Gang also durch vier Türen in annähernd gleichartigen Abständen untergliedert.

Ischtars Gang in die Unterwelt

Dies assoziiert die in mesopotamischen Schriften überlieferte Vorstellung, dass zum Erreichen der Unterwelt mehrere Türen zu durchschreiten waren. Bei ihrem Gang in die Unterwelt musste die Göttin Ischtar sogar sieben Türen passieren. Im altsyrischen Qatna dürfte ein ähnliches Konzept bestanden haben: So fungierte der Korridor mit seinen vier Türen als gut kontrollierter Zugang in die Unterwelt.

Der an seinem Ende rechtwinklig abknickende Gang mündet in einen tiefen, schachtartigen Raum von 3 m x 4 m Größe, die Vorkammer der Gruft. Sie wird auf zwei Seiten von Mauern aus gewaltigen Steinblöcken eingefasst, während die anderen Seiten aus einer senkrechten Felswand bestehen. Für den steilen Abstieg in die 4 m tiefer liegende Kammer mussten wohl einst Leitern angelegt werden, denn Spuren einer Treppe fehlen. Zwei Sitzstatuen von Königen in der Kammer zeigen, dass es sich um einen Kultraum handelte.

‹ Blick in die Hauptkammer
Im hinteren Teil waren auf einer Steinbank unzählige Gefäße zur Aufbewahrung von Nahrung für die Toten abgestellt. Unter der Bank lagen zwei sehr kleine Tontafeln, auf denen das Wort „Milch" zu lesen ist – offensichtlich handelt es sich um Etiketten.

Blick in die Hauptkammer
Als Abbild der Audienzhalle im Palast war sie multifunktional und diente nicht nur zur Bestattung, sondern auch zur Lagerung der Totenspeise und bot zudem Platz zum Niedersetzen.

Die Hauptkammer

Zwischen den beiden Statuen führte eine Tür in die geräumige, 7 m x 8 m große, im Felsen angelegte Hauptkammer der Gruft. Ihren Innenraum gliederten ehemals vier Holzsäulen, von denen noch steinerne Basen zeugen. Damit wurde – in verkleinertem Maßstab – das Gestaltungsschema der großen, viersäuligen Audienzhalle (Halle C) des Königspalastes aufgegriffen. Daraus wird ersichtlich, dass die königliche Ruhestätte die Grundelemente des Palastes der lebenden Könige widerspiegelte und in das Jenseits transferierte.

In der Südostecke der Kammer stand ein Sarkophag aus Basalt, der auffälligerweise keinen Deckel besaß. Darin fanden sich neben einem Zepter aus Elfenbein und einer Gruppe von Keramikgefäßen Knochen von drei Individuen. Der Sarkophag war also mehrmals hintereinander als Grablege benutzt worden. Zu den Bestatteten in der Gruft gehören Männer und Frauen sowie Kinder. Wir haben es demzufolge mit einer Familiengrabstätte zu tun, in der die königliche Dynastie von Qatna bestattet wurde.

Der Sarkophag war nicht der einzige Ort für Bestattungen. An vier Stellen entdeckte man rechteckige Holzablagerungen mit Überresten menschlicher Knochen, die sich als Totenbahren deuten lassen. Dies wird durch die zahlreichen Beigaben auf den ehemaligen Holzbrettern bestätigt. An keiner anderen Stelle der Grabanlage fanden sich so viele Schmuckgegenstände, reliefierte Goldbleche, bronzene Pfeilspitzen, Siegel und andere wertvolle Objekte.

In der Nordwestecke der Hauptkammer waren auf und vor einer Steinbank unzählige Gefäße abgestellt, darunter Vorratsgefäße, Flaschen und Schalen. Sie dienten sicher der Aufbewahrung von Nahrung für die Toten. Mit Siegelabrollungen versehene, gebrochene Tonverschlüsse belegen, dass die Waren in sorgfältig gesiegelten Gefäßen in die Gruft kamen. Auf zwei Tontafeln, die unter der Steinbank zutage kamen, ist das Wort „Milch" zu lesen. Offensichtlich waren es Etiketten für hier aufbewahrte Getränke. Große Mengen von Tierknochen belegen, dass sich darunter auch Fleischspeisen befanden.

In der Südwestecke der Hauptkammer standen zwei auf Basaltbasen errichtete Steinbänke vor der Gruftwand. Hier waren keine Vorratsgefäße abgestellt, lediglich einige Stein- und Keramikgefäße lagen auf sowie vor den Bänken. Folglich könnten diese Bänke zum Sitzen benutzt worden sein. Ein darauf abgestelltes ägyptisches Steingefäß mit einer Inschrift der Königin Ahmes Nefertari (etwa 1552–1526 v. Chr.), der Mutter von Amenophis I., könnte als Geschenk der Pharaonen an den Hof von Qatna gelangt sein.

Die Hauptkammer erfüllte also verschiedene Funktionen: Sie diente zur Bestattung, aber auch zur Lagerung von Nahrungsmitteln für die Totenspeisung, zum sich Niedersetzen und als Abbild der Audienzhalle des Palastes. Demnach muss die Gruft häufig betreten worden sein. Dieser Annahme entspricht, dass der Eingang in die Hauptkammer zwar mit einer Holztüre ausgestattet, aber nicht fest verschlossen, versiegelt oder zugesetzt war.

Die Seitenkammern

Von der Hauptkammer aus erreichte man durch einen breiten, ehemals von Holzsäulen eingefassten Durchgang die südliche Seitenkammer. Es handelt sich um die größte der drei kleeblattförmig angeordneten Nebenkammern. Die repräsentative Eingangssituation erinnert an den monumentalen Durchgang von der Audienzhalle zum Thronsaal des Königspalastes. Folglich symbolisiert die Felskammer den Thronsaal und transferiert diesen in die als „Palast der verstorbenen Könige" aufzufassende Grabstätte. Passend dazu fehlen in dieser Kammer menschliche Knochen oder Schmuckbeigaben, es gab hier demnach keine Bestattungen.

Stattdessen stand an der Südwand eine aus dem zerfallenen Holzstaub rekonstruierbare Holzkonstruktion, die ein Bett gewesen sein dürfte. Zahlreiche Goldfolien weisen darauf hin, dass es einst an markanten Stellen mit Gold überzogen war. Darauf lag das wertvollste Objekt aus der Gruft, die goldenen Entenköpfe, was die Bedeutung dieses Arrangements unterstreicht. Es könnte sich um das Speisesofa der verstorbenen Könige gehandelt haben. Dafür sprechen auch Gefäße und ehemals fleischreiche Tierknochen, die sorgfältig davor

Steingefäße in der südlichen Nebenkammer
Diese Kammer darf als Spiegel des Thronsaals im irdischen Palast aufgefasst und somit als wichtiger Raum im „Palast der verstorbenen Könige" interpretiert werden.

Fundplan der Königsgruft

Die Farbgebungen zeigen deutlich, wie die Materialien in der Gruft bei der Auffindung verteilt waren, und veranschaulichen damit den Zustand bei der Zerstörung des Palastes um 1340 v. Chr.

Fußboden
Holz
Stein
Basalt
Keramik

N

0   1   2   3 m

abgelegt waren. Entlang der Ostwand der Kammer waren Steingefäße in langer Reihe aufgestellt, darunter eines mit einer ägyptischen Inschrift des Pharaos Amenemhet III. Sie könnten Salben, Öle oder andere Kostbarkeiten für die toten Könige zum Inhalt gehabt haben.

Die westliche Seitenkammer der Gruft beherbergte einen zweiten Sarkophag aus Basalt. Darin fanden sich Knochen von zwei Individuen, darunter der einzige in der Königsgruft gefundene Schädel, sowie zahlreiche Beigaben, unter denen eine Silberschale und eine Goldschale herausragten. Auf der gegenüberliegenden Seite der Kammer stand ein Steintisch, auf dem eine zunächst unerklärliche Ablagerung verschiedenster Materialien auffiel. Durch mikroskopische Untersuchungen ließen sich Textilreste, Holzstrukturen, Überreste menschlicher Knochen und sogar eventuelle Reste von menschlicher Haut oder Innereien nachweisen. Es konnte ein hölzerner Sarg rekonstruiert werden, in dem eine mit zahlreichen Stoffen bedeckte Verstorbene bestattet war. Auf dem Körper lagen ein langer Zweig sowie eine vollständig erhaltene Kette mit drei Goldsträngen und rund 130 Perlen aus Gold und Edelsteinen. Dieser Bestattungstisch lieferte den einzigen Nachweis in der Grabanlage für ein noch im anatomischen Verband liegendes Skelett.

Als einzige Ausstattung befanden sich in der östlichen Seitenkammer der Königsgruft zwei vergangene Holzgegenstände an der rückwärtigen Wand, vielleicht ehemalige Tische. Im übrigen Bereich der Kammer lag auf dem Fußboden eine große Ansammlung von Knochen, sowohl von Menschen als auch von Tieren. Sie müssen aus den anderen Kammern hierher gebracht worden sein. Auf den Knochen standen Schalen, die als Opfergefäße genutzt wurden. Die wenigen Schmuckgegenstände waren wohl zusammen mit den Gebeinen hierher gelangt. Es muss sich um das Ossuarium der Königsgruft handeln, in welches die Knochen der früheren Toten verbracht wurden, um ihre letzte Ruhestätte zu finden.

Die Königsgruft von Qatna diente demnach nicht nur als königliches Grab, sondern auch als Komplex mit einer Vielzahl von Funktionen. Diese umfassten neben den Bestattungsvorgängen rituelle Handlungen für und mit den Toten. Gleichzeitig konzeptualisierte die Grabanlage die Unterwelt und den Aufenthaltsort der toten Könige.

Meisterwerke der Plastik – Die Ahnenstatuen aus dem Hypogäum

Peter Pfälzner

Statue bei der Auffindung
Der Kopf der Statue links vom Grufteingang wurde bei der Zerstörung des Palastes durch einen großen herabfallenden Stein abgeschlagen.

Zwei Basaltstatuen von Herrschern, die in der Vorkammer der Königsgruft gefunden wurden, gehören zu den bedeutendsten freiplastischen Kunstwerken Syriens im 2. Jahrtausend v. Chr. Dies liegt zum einen an ihrer ausgezeichneten Erhaltung. Sie sind fast unbeschädigt auf uns gekommen, was nur für ganz wenige Kunstwerke dieser Periode zutrifft. Zudem wurden sie in erstklassiger künstlerischer Qualität hergestellt, was ein Licht auf den herausragenden Stand der Bildhauertradition Altsyriens wirft. Die beiden Bildnisse können deswegen als Meisterwerke ihrer Zeit gelten. Schließlich liegt ihr besonderer kulturgeschichtlicher Wert darin, dass sie – anders als die meisten bekannten Statuen – nicht in einem sekundären Zustand, also zum Beispiel kultisch begraben oder später als Werkstoff verbaut, sondern am Ort ihrer ursprünglichen Aufstellung gefunden wurden. Dadurch bietet sich hier die einzigartige Möglichkeit, ihre Aufstellungsart und Verwendungsweise zu studieren. Selten hat man einen so tiefen Einblick darin, wie antike Statuen tatsächlich „funktionierten".

Meisterwerke der syrischen Plastik

Die beiden 85 cm hohen Statuen sind fast identisch gearbeitet. Sie sitzen auf einem niedrigen Hocker mit profilierten Beinen. Beide Figuren tragen einen Mantel mit dickem, fransigem Wulst, der bis zu den Knöcheln herabreicht und über beiden Schultern liegt, während der Brustbereich unbekleidet blieb. Es handelt sich bei diesem Wulstmantel um ein prestigehaltiges syrisches Gewand, welches für die Darstellung sowohl von Göttern als auch von Königen kennzeichnend ist. Aus dem übergeworfenen Gewand ragen die Unterarme heraus: Die linke Hand ist geballt und kraftvoll vor die Brust gelegt, die rechte nach vorne gestreckt; sie hält eine Schale über dem rechten Knie. Die Schale ist als ein Gefäß zum Empfang von Opfergaben zu interpretieren. Diesen Gestus kennt man auch von anderen Sitzbildern Syriens, zum Beispiel von den Statuen aus Ebla (s. S. 87). Er ist als Aufforderung anzusehen, der Statue Opfer darzubringen.

‹ **Die beiden Statuen**
Gefertigt im 18./17. Jahrhundert v. Chr. wurden sie noch bis zum Niedergang des Palastes um 1340 v. Chr. verehrt. Nationalmuseum Homs.

Blick in die Vorkammer
Rechts und links des Einganges zur Hauptkammer der Gruft standen erhöht auf einem Podest die beiden Ahnenfiguren.

Rückansicht eines Kopfes aus Alalach

Eine sehr ähnliche Kopfbedeckung wie die Figuren aus Qatna zeigt dieses Steinköpfchen. Es wird häufig dem König Jarimlim zugeordnet. 1750/1700 v. Chr. Museum Antakya.

Der bei beiden Figuren gleichartig gearbeitete Kopf zeigt ein jugendliches Gesicht mit einem kurz geschorenen, eng an Wangen und Kinn anliegenden Bart. Die auffällige Barttracht, die sich von den langen Lockenbärten der mesopotamischen Kunst deutlich unterscheidet, gilt als weiteres typisches Element syrischer Darstellungen von Göttern und Königen. Die feinen Gesichtszüge mit scharf geschnittenen Lippen, weich modellierten Wangen und ebenmäßiger Nase zeigen eindrucksvoll die künstlerische Reife dieser Werke. Im gesamten syrischen Raum kommt ihnen aufgrund ihrer Feinheit und Qualität lediglich ein einziges Werk gleich: der dem König Jarimlim spekulativ zugeschriebene Kopf aus Alalach, einem Fürstentum westlich von Aleppo (s. S. 250). Obwohl im Format kleiner und in der Ausführung wegen des dichteren Steins noch feiner, ist die stilistische Ähnlichkeit dieses Kopfes zu denjenigen aus Qatna auffällig. Die drei Stücke sind in der Blütezeit der syrischen Plastik im 18. bis 17. Jahrhundert v. Chr. entstanden.

An einer der beiden Figuren aus Qatna haben sich Augeneinlagen erhalten. Sie bestehen aus hellem Kalkstein, der mit dem dunklen Basalt der Statue harmonisch kontrastiert. Auch die Frisur der Bildnisse verdient besondere Beachtung. Das glatte Haar ist hochgesteckt und wird von einem Haarring umfasst. Dass mit der Form unter dem Ring tatsächlich Haar gemeint ist, wird durch den Vergleich mit dem diesbezüglich detaillierter ausgearbeiteten Kopf aus Alalach deutlich. Diese Haartracht unterscheidet sich eindeutig von den für Götter obligatorischen Hörnerkronen, weshalb wir mit Sicherheit davon ausgehen können, dass in den Statuen aus Qatna Könige dargestellt sind.

Die Funktion als Ahnen

Die Aufstellung der Königsstatuen in einer königlichen Gruft ist naheliegend. Warum es sich aber um zwei gleichartige Statuen handelt, kann am ehesten durch den Fundkontext beurteilt werden. Die Sitzfiguren waren vor der Südwand der Vorkammer des königlichen Hypogäums so aufgestellt, dass sie den Durchgang in die Hauptkammer flankierten.

Trotzdem muss dies nicht bedeuten, dass sie Wächter des Eingangs darstellen. Vielmehr fordern die beiden Statuen den Eintretenden dazu auf, Opfer darzubringen, und zwar Opfer für die Könige. Folglich wird man – obwohl Inschriften auf ihnen fehlen – kaum fehlgehen können in der Annahme, dass es sich um Ahnenstatuen verstorbener Herrscher handelt.

Sie stehen sicherlich nicht für zwei individuelle verstorbene Könige, sondern symbolisieren durch ihre Verdopplung und ihre Gleichartigkeit vielmehr das Konzept der Gruppe der königlichen Vorfahren. Dies veranschaulicht, dass die Vorkammer der Königsgruft von Qatna nicht nur ein bloßer Eingangsraum war, sondern dass diese als Raum für den königlichen Ahnenkult eine besonders wichtige Funktion innerhalb des Grabkomplexes innehatte.

Glücklicherweise wurde die Grabanlage in einer dramatischen Katastrophe plötzlich verschüttet. Davon zeugen die Beschädigungen an den Statuen selbst. Der Kopf der linken Statue wurde durch einen von den Fundamenten des oberen Stockwerks hinuntergestürzten großen Stein abgeschlagen, die rechte Figur verlor durch einen ähnlichen Steinschlag eine Hand. Allerdings lagen die abgetrennten Teile genau so vor den Statuen, wie sie heruntergefallen waren, so dass sie sich problemlos wieder anfügen ließen.

Die Opfer

Die Plötzlichkeit der Zerstörung hatte aber auch zur Folge, dass die Opfer vor den Statuen liegenblieben, so wie sie kurz vor diesem Ereignis dargebracht worden waren. Mehrere große Keramikschalen befanden sich auf dem Fußboden der Kammer unmittelbar vor der rechten Statue. Auffälligerweise war eine davon umgestülpt. Als sie angehoben wurde, kam darunter ein Tierknochen zum Vorschein, der von einem besonders reichhaltigen Fleischstück stammte. Wahrscheinlich war es mit der Schale abgedeckt worden, um Fliegen und andere

Rück- und Seitenansicht einer Statue
Die unterschiedlichen Ansichten zeigen, dass die Figuren von allen Seiten gleich sorgsam bearbeitet wurden.

Insekten fernzuhalten. So ist anzunehmen, dass auch in den anderen Schalen Nahrungsgaben lagen, die vor den beiden Statuen geopfert worden waren. Dass sich davon nichts erhalten hat, könnte bedeuten, dass diese Nahrungsopfer knochenlos waren oder es sich um zubereitete Speisen handelte.

Auf dem Fußboden der Vorkammer hatten sich im Lauf der Zeit auch zahllose Tierknochen als Abfall von früheren Opfern abgelagert. Sie stammen von Schafen, Ziegen und Hausrindern, aber auch von gejagten Gazellen und sogar von Fischen. Dies zeugt von einer lang anhaltenden, kontinuierlichen Beopferung der Ahnenstatuen von Qatna, und von deren reichhaltigem Speisezettel.

Die Opfer vor den Statuen waren ein Mittel, um mit den Ahnen in Kontakt zu treten. Prinzipiell oblag es dem jeweils amtierenden König, die Opfer für seine Vorgänger auszuführen. Er konnte die auf diese Weise befriedigten, weisen und gütigen Ahnen um Rat und Unterstützung für seine Regierungsgeschäfte bitten, aber gleichzeitig auch seine Legitimität als rechtmäßiger Thronnachfolger unter Beweis stellen. Aus diesem Grund hatte der Ahnenkultraum nicht nur eine religiöse Bedeutung, sondern auch eine wichtige politische Funktion. Er war somit ein integraler Bestandteil des Königspalastes und ein Träger der Herrschaftsideologie des Königtums von Qatna. Die Verbindung von Religion und Politik, die den Alten Orient so maßgeblich kennzeichnete, wird an diesem Beispiel besonders deutlich.

Was die Toten erzählen – Eine anthropologische Untersuchung

Carsten Witzel

Die Personen, die in der Gruft unterhalb des Königspalastes von Qatna bestattet wurden, waren sicherlich Mitglieder des Königsgeschlechts beziehungsweise der sozialen und politischen Elite. Damit eröffnet die anthropologische und paläopathologische Untersuchung die Möglichkeit, Einblick in die Lebensbedingungen der bronzezeitlichen Oberschicht zu gewinnen. Über die Analyse von Knochen und Zähnen lassen sich, neben der Bestimmung von grundlegenden Daten, anhand charakteristischer Veränderungen in Aufbau und Struktur Nachweise für eine Reihe von Krankheiten erbringen. Dabei hinterlassen jedoch nur bestimmte Krankheiten Spuren am Skelett. Knochen sind im Körper keine starren Gerüstelemente, sondern auf vielfältige Weise in den Stoffwechsel integriert und unterliegen einem ständigen Umbau. Dies gilt für Zähne nur in einem beschränkten Umfang. Der Schmelz kann nach Abschluss der Bildung überhaupt nicht mehr auf physiologische Weise modifiziert werden. Während der Bildungsphase sind jedoch auch zahnbildende Zellen anfällig für Störungen, etwa durch Allgemeinerkrankungen oder Mangelernährung, welche dann Abweichungen in der Struktur hervorrufen. Diese können bei guter Erhaltung der Zähne auch nach Jahrtausenden noch nachgewiesen werden.

Die Fundstellen der Knochen

Nach der Entdeckung der Gruft wurde rasch klar, dass die menschlichen Knochen und Knochenfragmente sich zwar an bestimmten Stellen konzentrierten, aber nicht in Form von Skeletten mit einem zumindest teilweise erhaltenen anatomischen Verband. Eine solche Fundlage wäre kennzeichnend für die Niederlegung sowie Verwesung und Zersetzung einer Leiche an Ort und Stelle. Es gab in den einzelnen Fundbereichen fast immer Spuren von mehreren Menschen, die miteinander – teilweise mit Tierknochen – vermischt vorlagen, größtenteils fragmentiert waren und einen anatomischen Zusammenhang vollständig vermissen ließen. Damit ist es

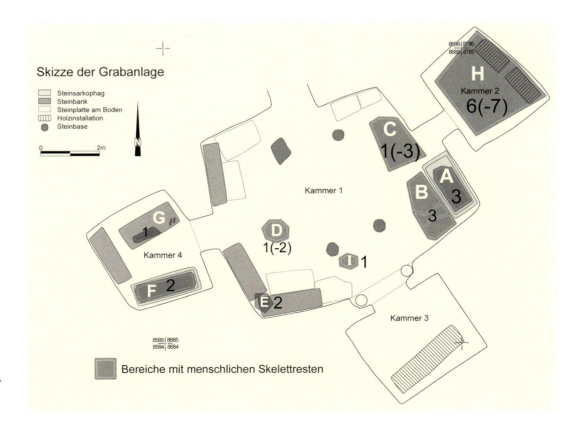

< **Blick in den Steinsarkophag
in der Königsgruft**
Hier fand sich der einzige erhaltene Schädel zusammen mit zahlreichen Grabbeigaben, unter anderem einer Goldschale.

Plan der Gruft
Schematisierte Darstellung der Fundbereiche mit menschlichen Skelettresten. Die einzelnen Bereiche sind mit Großbuchstaben bezeichnet, die Zahlenangaben beziehen sich auf die Mindestanzahl der Bestatteten.

sehr wahrscheinlich, dass die Knochen und Zähne erst an den Ort ihrer Auffindung verbracht wurden, nachdem der Sehnenverband des Skeletts bereits weitgehend aufgelöst war. In den beiden Sarkophagen in der Hauptkammer und in Kammer 4, an verschiedenen Stellen auf dem Boden der Hauptkammer und ebenso auf dem Boden von Kammer 2 lagen menschliche Überreste in dieser Form vor. Wegen der Vermischung musste zunächst der Versuch unternommen werden, diese einzelnen Individuen zuzuordnen. Dabei ließ sich feststellen, dass immer mehr oder weniger große Anteile der Skelette, vor allem Schädelknochen, fehlten. Theoretisch könnte jedes einzelne Knochenelement von einem anderen Menschen stammen, allerdings ist das eine unwahrscheinliche Annahme. Mit Hilfe einer Untersuchung des Vorkommens von Knochenelementen, die einander entsprechende Kennzeichen aufwiesen, wurde in den verschiedenen Fundbereichen eine Mindestanzahl von Individuen nachgewiesen.

Einzig auf dem Bestattungstisch in Kammer 4 fanden sich Teile eines Skeletts im anatomischen Verband. Es ließen sich, wenn auch schlecht erhalten, Anteile des Rumpfskeletts und Bruchstücke der Extremitäten und des Schädels nachweisen. An diesen Knochen sowie an denjenigen aus den Sarkophagen lieferte die lichtmikroskopische Untersuchung von Knochendünnschliffen Belege für Veränderungen der Erscheinung des Kollagens, des Haupteiweißbestandteils der Knochen. Dies kann durch eine Hitzeexposition der Leiche oder der Knochen über einen längeren Zeitraum bei Temperaturen von ca. 250 °C verursacht worden sein. Hinweise auf eine derartige Hitzeeinwirkung ergaben sich auch bei Analysen des Textilgewebes vom Bestattungstisch. Es könnte sich dabei um eine Art Darre gehandelt haben, um bestimmte Prozesse der Leichenzersetzung zu unterbinden. Dann wären die Knochen nach der Auflösung des Sehnenverbandes an andere Orte in der Gruft gebracht worden. Die individuelle Zuordnung der Knochen und Zähne lässt auf 19 bis 23 Bestattete schließen. Da kein Beleg von Skelettanteilen eines Menschen in mehreren Bereichen gefunden wurde, erscheinen die Bestattungsplätze in gewisser Weise individuell.

Altersbestimmungen und Krankheitsbilder

Die anthropologische Untersuchung wies mindestens 13 bis 15 Frauen und Männer in unterschiedlichen Sterbealtern von Anfang 20 bis etwa 60 Jahren nach. Von den mindestens sechs bis neun Kindern und Jugendlichen waren die jüngsten zwischen sieben und zehn Jahren alt. Auffällig ist eine Häufung von Jugendlichen zwischen 13 und 17 Jahren. Ein solches Muster ist ungewöhnlich, da die spätere Kindheit und das Jugendalter die Phase mit dem geringsten Sterblichkeitsrisiko darstellen. An den Knochen waren keine unmittelbaren Hinweise auf die Todesursache feststellbar. Bei dem unter zehnjährigen Kind und dem Jugendlichen aus dem Sarkophag in der Hauptkammer ließen sich Spuren krankhafter Veränderungen nachweisen, die mit verlangsamtem Wachstum aufgrund von Stoffwechselstörungen in Verbindung gebracht werden können. Bei dem Kind zeigten die Mittelhandknochen des Daumens und die Mittelfußknochen der Großzehe Pseudoepiphysen, abgesetzte Gelenkenden an den Gelenken zu den Fingern beziehungsweise Zehen. Solche Bildungen finden sich gehäuft bei abnorm verlangsamtem Wachstum. Ursache könnte eine Unterfunktion der Schilddrüse sein, hervorgerufen durch Jodmangel oder eine Schädigung des Gewebes. Bei Röntgenuntersuchungen der unteren Schaftbereiche der Oberschenkel sieht man zusätzlich mehrere quer verlaufende, röntgendichtere Linien, wie sie für einen zeitweiligen Wachstumsstillstand typisch sind. Der Jugendliche hatte eine plump derbe Knochengestalt und ließ Wachstumsdeformationen am Schädel erkennen. Zusammen mit ebenfalls nachweisbaren Wachstumsstillstandslinien im Röntgenbild und im Knochengewebe von Langknochenschäften sind wiederkehrende Perioden mit unzureichender Ernährung oder mehrere aufeinanderfolgende Erkrankungen beziehungsweise eine erbliche Störung des Stoffwechsels bestimmter Kohlenhydrate (Muccopolysaccharide) als mögliche Ursachen zu nennen. Zumindest durch die so verursachte Schwächung des Organismus ist es möglich, dass diese Störungen mit dem Tod der beiden in Zusammenhang stehen.

Die Knochenreste aus dem Sarkophag in der Hauptkammer

Blick in den Sarkophag mit Skelettresten und Beigaben in Fundlage (links) sowie individuell zugeordnete menschliche Knochen und Zähne (rechts). Es fanden sich Überreste von mindestens 3 Verstorbenen: einem älteren Kind (linker Bildteil), einem Jugendlichen (rechter Bildteil) und einem jungen Erwachsenen (nur wenige Elemente in dem dunklen Kasten unten).

Befund einer Verstorbenen aus der Gruft

Unterkieferfragment der etwa 35-jährigen Frau aus dem Sarkophag in Kammer 4 (links). Der Pfeil zeigt auf eine lineare Schmelzhypoplasie am linken Eckzahn. Im korrespondierenden Bereich des längs orientierten Dünnschliffs durch den rechten unteren Eckzahn (rechts) zeigt sich ein entsprechender Defekt (schwarzer Pfeil), der anzeigt, dass eine allgemeine Störung des Organismus vorlag. Dieser Anteil der Zahnkrone wird etwa im Alter von 4 Jahren gebildet.

Die Untersuchung auf krankhafte Veränderungen bei den Erwachsenen liefert zum Teil das für eine Oberschicht erwartete Bild. Arthrosen der großen Gelenke und der Wirbelsäule treten auch bei den Individuen im fortgeschrittenen Sterbealter nur in leichter Form auf. Hinweise auf Knochenbrüche gab es nicht. Der über 50-jährige Mann aus dem Sarkophag von Kammer 4 zeigte ausgedehnte Bandverknöcherungen an der Wirbelsäule, zwischen Kreuzbein und Becken und auch einzelnen Bandansatzstellen jenseits der Wirbelsäule. Sie sind nicht die Kennzeichen von degenerativen Veränderungen, sondern entsprechen dem Bild einer Diffusen Idiopathischen Skelettalen Hyperostose (DISH). Aus klinischen Studien gibt es Hinweise auf einen Zusammenhang von DISH mit Übergewicht und Altersdiabetes. Dies könnte auch bei dem untersuchten Individuum eine Rolle gespielt haben. Aus der Rekonstruktion des Körpergewichts über verschiedene Maße am Oberschenkel von über 80 kg und des Body-Mass-Index von über 28 kann zumindest auf ein gewisses erhöhtes Risiko für ernährungsbedingte Stoffwechselkrankheiten geschlossen werden. Bei der vermutlich älteren Frau vom Bestattungstisch waren Anzeichen für Osteoporose vorhanden.

Zähne als Zeugen

Der geringe Abrieb der Zähne belegt eine sehr weiche Nahrung. Dass zudem Zahnkaries sehr selten auftrat, lag entweder an einer niedrigen Kariogenität – dem Vermögen eines Nahrungsmittels Karies hervorzurufen – oder die Oberschicht führte eine gewisse Zahnpflege durch. An den spärlichen Resten von Kieferknochen ließen sich jedoch Spuren von Zahnverlusten zu Lebzeiten nachweisen. Karies als Ursache dafür kann in Anbetracht von lediglich einem Zahn mit einer mitteltiefen Kavität wohl ausgeschlossen werden. Bei fünf von zehn Individuen konnten sogenannte Schmelzhypoplasien Hinweise auf Bedingungen während der Wachstumsphase liefern. Diese Störungen der Bildung des Zahnschmelzes sind häufig mit bloßem Auge etwa als quer verlaufende Rinnen an der Zahnkrone zu erkennen, lassen sich aber vornehmlich an Dünnschliffen im Mikroskop bewerten. Das häufige Auftreten dieser Veränderungen lässt den Schluss zu, dass auch die Kinder der Elite nicht vor endemischen oder epidemischen Erkrankungen verschont blieben. War diese Lebensphase überstanden, spricht die Analyse der Belastungsindikatoren an Knochen und Zähnen für ein Leben, das nur durch eine geringe körperliche Bürde und wohl durch eine gewisse Üppigkeit geprägt war.

Das Gold des Nordens – Die Bernsteinobjekte

Peter Pfälzner / Elisa Roßberger

Die Entdeckung eines rötlich-braunen, im Inneren hohlen Löwenköpfchens mit Deckel in der Nordostecke der Hauptkammer der Königsgruft von Qatna sorgte in mehrfacher Hinsicht für Aufregung: Zum einen verlieh die feine, naturalistische Ausführung dem Stück eine besondere Ausdruckskraft, zum anderen ließ sich sein ungewöhnliches Material nicht auf Anhieb bestimmen. Erst biochemische Analysen, die an der Universität Bristol durchgeführt wurden, erbrachten das überraschende Ergebnis: Es handelt sich eindeutig um Baltischen Bernstein (Succinit).

Der Rohstoff

Baltischer Bernstein ist kein Mineral, sondern eine organische Substanz. Sie entstand durch die Versteinerung von Harz einer Kiefernart, die vor über 40 Millionen Jahren im Gebiet der heutigen Ostsee wuchs. Die größten Lagerstätten befinden sich heute entlang der Küsten Polens und der baltischen Staaten. Anhand seiner spezifischen chemischen Zusammensetzung lässt sich der Bernstein aus dieser Region eindeutig von anderen Vorkommen, etwa in Rumänien, Sizilien und dem Libanon, unterscheiden.

Die geringe Härte des Materials erleichtert die Bearbeitung, führt aber auch zu einer hohen Verwitterungsanfälligkeit, was die dunkelbraun-opake Verfärbung und die raue, bröckelige Oberfläche der meisten Bernsteinfunde aus der Gruft erklärt.

Neben dem Löwenkopf erbrachten die Grabungen in der Königsgruft von Qatna weitere Bernsteinfunde: mehr als 50 Perlen in drei verschiedenen Formen, rund-ovale „Knöpfe", die mit verschiedenfarbigen Materialien eingelegt waren, und Fragmente einer Hand, ähnlich der aus Goldblech gefertigten (s. S. 226). Auch ein Großteil der Perlen und ein Skarabäus der großen Hüftkette bestehen aus Bernstein (s. S. 230).

Wie und warum aber kommt dieses Material in die Königsgruft von Qatna? Über welche Wege gelangte es vom Norden Europas an die Ostküste des Mittelmeers, wo und von wem wurde es verarbeitet?

Der Handelsweg

Die Idee einer „Bernsteinstraße", die sich vom Baltikum quer durch Europa an die Adria und in den Mittelmeerraum erstreckt, ist mehr als hundert Jahre alt. Während sich eine derartige Handelsverbindung für spätere Epochen durchaus nachweisen lässt, ist sie für die Bronzezeit, also für das 2. Jahrtausend v. Chr., äußerst fraglich. Neuere Forschungen gehen eher von einer etappenweisen Weitergabe des Bernsteins über mehrere, miteinander in Kontakt stehende Kulturräume aus, eventuell verbunden mit einem sporadischen Geschenkaustausch zwischen Eliten. So kann die „Bernsteinstraße" mehr als archäologische Metapher denn als tatsächliche Handelsroute gelten.

Festzuhalten bleibt, dass Bernstein in Teilen Nord- und Mitteleuropas bereits im Paläolithikum (Altsteinzeit) in der Schmuckverarbeitung genutzt wurde und vor allem im entwickelten Neolithikum (Jungsteinzeit) – etwa ab der Mitte des 4. Jahrtausends v. Chr. – sowie in der Bronzezeit weite Verbreitung fand.

Eindeutige Nachweise für Bernsteinschmuck im östlichen Mittelmeerraum gibt es hingegen erst zu Beginn der Spätbronzezeit (um 1550 v. Chr.) in den berühmten Schachtgräbern von Mykene sowie in Elitegräbern in Pylos und Kakovatos, an der Westküste der Peloponnes gelegen. Die Gräber in Mykene allein enthielten mehr als 1560 einzelne Bernsteinperlen. In den folgenden Jahrhunderten verbreiteten sich Bernsteinperlen im gesamten ägäischen Raum, jedoch wurde an keinem anderen Fundort eine so große Zahl wie in Mykene entdeckt.

Die wenigen gesicherten Belege für Bernstein im Vorderen Orient datieren ins 14. und 13. Jahrhundert v. Chr., sind also teils etwa zeitgleich, teils etwas später als die Funde in der Königsgruft von Qatna einzuordnen. Aus dem Palast von Ugarit stammen 21 Bernsteinperlen, im Schiffswrack von Uluburun vor der Südküste der Türkei fanden sich 41 Stück, einzelne Perlen sind in Gräbern in Alalach, Mari und den palästinensischen Fundorten

Löwenkopfgefäß mit Deckel aus Qatna
Das 6 cm lange Objekt aus der Gruft wurde vor Ort aus unbearbeitetem baltischem Bernstein geschnitten. Ein Stück dieser Größe ist – auch für den europäischen Raum – eine absolute Seltenheit. 15./14. Jahrhundert v. Chr. Nationalmuseum Damaskus.

Löwenkopfgefäß aus Ugarit
Texte nennen Gefäße in Tierkopfform
als Weihgaben, archäologische Belege
hierfür sind hingegen sehr selten.
13. Jahrhundert v. Chr. Nationalmuseum
Damaskus.

Abu Huwam und Wadi Tarafa belegt. Interessanterweise enthielt auch das berühmte Grab des Tutanchamun (1333–1323 v. Chr.) in Ägypten eine große Kette sowie einige weitere Artefakte aus Bernstein.

Bernstein als prestigeträchtiges Material für persönlichen Schmuck gelangte also seit dem 14. Jahrhundert v. Chr. in die levantinisch-syrischen Königtümer und an den ägyptischen Hof. Es ist anzunehmen, dass das mykenische Griechenland eine Schlüsselrolle bei seiner Verbreitung nach Osten spielte. Die große Anzahl von Bernsteinobjekten in der Königsgruft von Qatna bleibt im Vorderen Orient bisher jedoch einmalig.

Perlen als Handelsgut

Bei fast allen in der Ägäis, dem Vorderen Orient und Ägypten gefundenen Bernsteinobjekten handelt es sich um Perlen in abgeflachter Kugel- oder Linsenform, zwei Formtypen, die auch in Qatna auftreten. Auffälligerweise sind sie – im Gegensatz zu den meisten Stein- und Goldperlen – häufig nicht perfekt symmetrisch, sondern etwas unregelmäßig geformt, ganz ähnlich den in Mitteleuropa vorkommenden Exemplaren. Deshalb ist zu vermuten, dass die Perlen bereits nahe ihres Ursprungsortes hergestellt und in fertigem Zustand in den Mittelmeerraum importiert wurden. Das könnte auch für einige der Funde aus dem Vorderen Orient zutreffen. Für einen bestimmten Formtyp der scheibenförmigen Bernsteinperlen aus der Königsgruft von Qatna lässt sich dies jedoch definitiv ausschließen. Die exakt geschliffene Scheibenform dieser Perlen kommt in der Königsgruft in Kombination mit Gold-, Lapislazuli- und Karneolscheibenperlen vor, die denjenigen aus Bernstein in Größe und Machart genau entsprechen. Zudem findet dieser Typ in der Ägäis und in Mitteleuropa keine Parallelen, was die Annahme einer Herstellung in Syrien unterstützt.

Ägyptische Wandmalereien
Die Ägypter stellten auf ihren Wandmalereien gerne den Tribut anderer Völker dar, so wie in dieser thebanischen Darstellung aus dem Grab des Rechmire. Unter den Gefäßen befindet sich auch eines in Löwenkopfform.
15. Jahrhundert v. Chr.

Bernstein aus Qatna

In der Gruft fanden sich neben Perlen aus Bernstein auch Knöpfe, die mit Gold und Stein eingelegt waren, sowie die Fragmente einer Hand. 15./14. Jahrhundert v. Chr. Nationalmuseum Damaskus.

Ein einmaliges Löwenkopfgefäß

Auch der Löwenkopf aus Bernstein lässt sich aufgrund stilistischer Merkmale eindeutig als Objekt lokaler, also syrisch-levantinischer Herstellung ansprechen. Demnach muss ein großes Stück Rohbernstein importiert worden sein, welches nach lokalen Vorstellungen verarbeitet wurde. Figürlich geschliffener Bernstein dieser Größe ist eine absolute Seltenheit, auch im europäischen Raum. Die Tatsache, dass das 6 cm lange, mit einem Deckel verschließbare Gefäß in Form eines Löwenkopfes gestaltet wurde, überrascht in einem königlichen Bestattungskontext des spätbronzezeitlichen Syriens jedoch nur wenig. Im Alten Orient ist der Löwe seit dem 4. Jahrtausend v. Chr. ein Symbol königlicher Macht und Stärke. Er wird besonders in der zweiten Hälfte des 2. Jahrtausends v. Chr. sehr häufig in der Kunst dargestellt. Löwen- und andere Tierkopfgefäße, meist aus Gold oder Silber, gehören zu den typischen Prestigegütern mittel- und spätbronzezeitlicher Könige und sind auch als diplomatische Geschenke zwischen Herrschern üblich, wie Keilschrifttexte aus Mari, Alalach und Emar zeigen. In hethitischen Texten kommen Löwen- und andere Tierkopfgefäße ebenfalls vor, hier jedoch vor allem in Zusammenhang mit Kulthandlungen. Auch eine Inventarliste aus Qatna nennt ein Silbergefäß in Form eines Stierkopfes als königliches Weihgeschenk an eine Gottheit.

Tatsächliche archäologische Belege für derartige Gefäße sind aber sehr selten. Drei Löwenkopfgefäße aus Keramik fanden sich in Ugarit, ein Löwenkopf aus Fayence in Hazor. Stilistisch und hinsichtlich des Materials unterscheiden sie sich aber deutlich von dem außergewöhnlichen Stück aus Qatna. Interessanterweise zeigen Wandmalereien aus Beamtengräbern der 18. Dynastie im ägyptischen Theben Tributträger aus Syrien und der Ägäis, die neben vielen anderen Gütern auch Löwenkopfgefäße darbringen. Diese entsprechen in ihrer Form und Ausführung genau dem kleinen Deckelgefäß aus der Königsgruft. Auch das monumentale Beuteinventar, welches Pharao Thutmosis III. (1479–1425 v. Chr.) nach seinen Feldzügen durch Syrien an einer Tempelmauer in Karnak abbilden ließ, zeigt das Löwenkopfgefäß an prominenter Stelle.

Es bleibt die Frage nach der Funktion des Fundes aus Qatna. Assyrische Darstellungen aus dem 1. Jahrtausend v. Chr. zeigen Löwenkopfgefäße als Trinkbecher bei Banketten. Ihre Nutzung bei religiösen Zeremonien bezeugen die bereits erwähnten Texte. Allerdings sprechen die geringe Größe des Gefäßes aus Qatna und das Vorhandensein eines Deckels eher für eine Funktion als Aufbewahrungsbehälter, vielleicht für ein wertvolles Öl oder eine wohlriechende Essenz. Die Verwendung von dem ebenso attraktiven wie exotischen Material Bernstein muss den Prestigewert des Objekts enorm gesteigert haben.

> Grimaldi 1996; Harding / Hughes-Brock 1974; Mukherjee et al. 2008; Palavestra 2007; Zuckerman 2008

Königsornat in Purpur und Gold – Die Textilfunde

Nicole Reifarth / Giulia Baccelli

Intarsienfries aus dem Dagan-Tempel in Mari
Darstellung von Hofdamen mit Spinnrocken zum Feinspinnen des Garns. Mitte des 3. Jahrtausends v. Chr. Nationalmuseum Damaskus.

Die Kleidung der Elite

In der spätbronzezeitlichen Königsgruft von Qatna wurden winzige, unscheinbare Textilfragmente geborgen, die im Laufe der Jahrtausende einem in dieser Form seltenen Mineralisierungsprozess unterlagen. Das einst organische Fasermaterial wandelte sich vollkommen in Gips um und lässt sich daher in Farbigkeit und Textur nur schwer von sedimentären Erdschichten unterscheiden. Erst bei einem Blick durch das Mikroskop werden feinste Gewebestrukturen und sogar leuchtende Farben sichtbar.

Besonderheiten und zugleich Hinweise auf die elitären Träger dieser Gewebe sind neben der außerordentlichen Feinheit, die nur durch extrem dünn versponnene Garne aus hochwertigen Rohstoffen erreicht werden konnte, die farbigen Muster in Kelimweberei. Auch die Verwendung des echten Schneckenpurpurs zur Färbung und die funktionale Verbindung der Stoffe mit Goldknöpfen und -applikationen belegen das hohe Niveau der textiltechnischen Fertigkeiten in jener Zeit.

Fäden so dünn wie Haare

Textilgewebe aus Qatna sind mehrheitlich aus feinsten Wollgarnen hergestellt, die sich im Webverband durch eine Fadendichte von über 70 Fäden pro Quadratzentimeter auszeichnen. Die Garnstärke beträgt folglich etwa 60 bis 80 Mikrometer, was dem Durchmesser eines menschlichen Kopfhaares entspricht und selbst mit modernster Technik heute nicht nachgesponnen werden kann. In der Antike gab es dafür zwei unterschiedliche Verfahren: In Ägypten wurden filigrane Leinengarne im Nassspinnverfahren mit Spinnschüsseln hergestellt, während in Mesopotamien extrem dünne Wollfäden aus einem Vorgarn gesponnen wurden, wie auf einem Intarsienrelief aus Mari bereits in der Mitte des 3. Jahrtausends v. Chr. zu sehen ist.

Zeitgleiche Parallelen für derartige Gewebe liegen im Vorderen Orient bislang nicht vor. Aus dem 3. Jahrtausend v. Chr. wurden jüngst solche Textilabdrücke an Siegelungen aus Tell Mozan in Syrien dokumentiert. Knapp tausend Jahre später datieren die Gewebe aus Qatna, und erst nochmals etwa 1500 Jahre später sind aus den römischen Turmgräbern Palmyras erneut Wollgewebe mit vergleichbar hoher Webdichte überliefert.

Musterbesätze als Herrschaftsinsignien?

Zwei ausgesprochen zarte Mustergewebe in Kelimweberei mit verschiedenfarbigem geometrischem Dekor sind die derzeit ältesten und für die Spätbronzezeit einzigen im Original erhaltenen Belege dieser Webtechnik im Alten Orient. In Ägypten hingegen finden wir an zeitnahen Prachtgewändern der Pharaonen Thutmosis IV. (1397–1388 v. Chr.) und Tutanchamun (1333–1323 v. Chr.) mehrere sehr gut erhaltene Beispiele ornamentaler Kelimweberei in vergleichbarer Qualität. Bemerkenswert ist die Tatsache, dass altorientalische Bildquellen bis in die Spätbronzezeit keine gemusterten Gewänder abbilden. Erst auf Darstellungen neuassyrischer Prachtgewänder zu Beginn der Eisenzeit (um 1000 v. Chr.) finden wir zugeschnittene Kleidung mit kunstvoll eingebrachten Ornamenten und Verzierungen. So zeigt die Statue des Königs Idrimi von Alalach um 1500 v. Chr. noch das für die Spätbronzezeit im Vorderen Orient typische gewickelte Schalgewand, das keine spezifischen Zuschnitte aufwies (s. S. 50). Auf dem Gewand findet man keine Musterung, lediglich der Saum wird wulstartig hervorgehoben. Es ist jedoch nicht auszuschließen, dass die altorientalischen Steinskulpturen ursprünglich farbig gefasst waren und somit auch Webmuster abbildeten, wie sie bei Skulpturen der klassischen Antike inzwischen belegt sind.

Angesichts der in der Spätbronzezeit vorherrschenden Wickelgewänder unterschied sich die Kleidung der sozialen Schichten weniger in ihrer Form als vielmehr in Qualität und Verzierung der Stoffe. Eine besondere Bedeutung kam dem abschließenden Gewandsaum zu, der zur Identifikation sogar auf juristischen Dokumenten anstelle des persönlichen Rollsiegels abgedrückt werden konnte. Auch die Mustergewebe aus Qatna dienten vermutlich als Zierborten an Gewändern.

Textilreste aus der Gruft in Qatna

Das Gewebe verwandelte sich im Laufe der Zeit durch einen seltenen Mineralisierungsprozess in Gips. Erst ein Blick durch das Mikroskop lässt feinste Gewebestrukturen und sogar leuchtende Farben sichtbar werden.

Verschiedene Nuancen der Purpurfärbung

Auf dem mehrlagigen Textilfragment ist ein purpur-violetter Streifen zu erkennen. Unterhalb dieser Gewebelage befindet sich ein purpur-blaues Gewebe, wie man in der rechten oberen Ecke des Fragments sehen kann.

Muster in Kelimwebtechnik

Auf diesem mineralisierten Textilfragment ist ein purpur-blaues Dekor mit alternierenden Rechtecken und Punkten zu erkennen.

Die Farbe königlichen Purpurs

Die Textilien von Qatna kennzeichnet eine bemerkenswerte Farbvielfalt von Magenta über Violett bis hin zu Blau. Weitaus erstaunlicher ist jedoch, dass bei allen Farbabstufungen echter Purpur vorliegt. So sind die unscheinbaren Funde aus Qatna nicht nur die mit Abstand ältesten purpurgefärbten Textilien überhaupt – die bislang frühesten erhaltenen Purpurgewebe datieren um 400 v. Chr., sind also knapp tausend Jahre jünger –, sondern müssen auch als einzigartige Originalquellen für die Bandbreite unterschiedlichster Purpurnuancen innerhalb einer Musterfolge angesehen werden. Bereits in den Handelsregistern von Ugarit aus dem 15. bis 13. Jahrhundert v. Chr. wird rote Purpurwolle *(argamannu)* von blauer *(takiltu)* unterschieden, wobei letztere mit einem Preis von mehr als fünf Schekel Silber (fast 42 g) pro Talent (30 kg) teurer war als ein Talent rote Purpurwolle für etwa vier Schekel Silber (33 g). Im Vergleich zu den Durchschnittspreisen für ungefärbte Wolle ist deren Wert durch eine Purpurfärbung mehr als doppelt so hoch, dennoch liegen diese Summen weit unter den in der klassischen Antike zu zahlenden Preisen für Purpurwolle aus Tyros.

Färbetechniken

Erst die klassischen Schriftsteller Aristoteles, Vitruv und Plinius der Ältere hinterließen detaillierte Beschreibungen zur Technik der Purpurfärbung. Der Farbstoff wird aus dem Drüsensekret verschiedener Meeresschneckenarten gewonnen, die in zahlreichen Küstengebieten der Welt vorkommen. Allerdings produzieren die Schnecken nur eine farblose Vorstufe des Purpurfarbstoffs, dessen endgültiger Ton erst über Zwischenstufen am Licht entsteht. Zur Herstellung eines Färbebades werden die herausgeschnittenen Drüsen in ein Wasserbad gegeben. Der zunächst wasserunlösliche Farbstoff muss über mehrere Tage chemisch reduziert und somit in eine lösliche Verbindung überführt werden. Die Textilrohstoffe – im Alten Orient ausschließlich Wolle, später auch Seide und Baumwolle – werden nach Eintauchen in das Farbbad an der Luft getrocknet, so dass die farblose Verbindung wieder zum unlöslichen Farbstoff oxidiert wird. Dieses „Ausfällen in der Faser" bewirkt die bereits in der Frühgeschichte hochgeschätzte Wasch- und Lichtechtheit der Purpurfärbung. Nicht nur Art, Alter, Geschlecht, Ernährung und geographische Herkunft der Schnecken, sondern auch die Jahreszeit des Fangs, die Frische der Schnecken, die Konzentration und Dauer des Färbebades sowie letztlich der zu färbende Faserrohstoff beeinflussten den Farbton beziehungsweise die Intensität der insgesamt sieben verschiedenen Farbkomponenten, aus denen der Purpurfarbstoff besteht.

Seit wann kennt man Purpur?

Der Beginn der Purpurfärbung wird in der ersten Hälfte des 2. Jahrtausends v. Chr. bei den Minoern auf Kreta angesetzt. Unter minoischem, später phönizischem Einfluss breitete sich diese Kunst in der gesamten Ägäis und schließlich in den Küstenstädten der Levante aus. Die ältesten Erwähnungen von Purpur stammen aus den Keilschrifttafeln von Nuzi in Mesopotamien (1425 v. Chr.) und den Amarna-Tafeln, in denen eine Schiffsladung purpurner Textilien als Tribut des Tuschratta von Mittani (etwa 1365–1335 / 22 v. Chr.) an Pharao Amenophis III. (1388–1351 / 50 v. Chr.) erwähnt wird. Etwa zeitgleich wird Purpurwolle in den umfangreichen Textsammlungen aus Ugarit und den Linear B-Texten von Kreta als bedeutender Luxus- und Handelsartikel herausgestellt.

Reliefkacheln aus dem Palast von Ramses III. in Medinet Habu

Die Farbigkeit altorientalischer Gewänder ist von einheimischen Darstellungen kaum bekannt, aber die Ägypter bildeten häufig ihre Feinde, so auch die Levantebewohner, in ihrer bunten Kleidung ab. 12. Jahrhundert v. Chr. Museum August Kestner, Hannover.

Im Kontrast zu den zahlreichen schriftlichen Zeugnissen lässt sich die frühgeschichtliche Purpurindustrie archäologisch fast nur indirekt fassen, so anhand steinerner Überreste möglicher Färbeinstallationen und meterhoher Ablagerungen zerbrochener Schneckenschalen. Die ältesten Schalenhaufen wurden auf Kreta entdeckt (1800–1600 v. Chr.), etwas jünger datieren die zahlreichen Befunde in den für ihre Purpurproduktion berühmten Küstenstädten der Levante: Ugarit beziehungsweise die zugehörige Hafenstadt Minet el Beida, Tyros, Sidon und Sarepta. Die Purpurschnecke liefert nicht nur Farbstoff, sondern gilt auch heute noch als kulinarische Delikatesse. Daher kann allein aus der Auffindung von Schalenansammlungen noch auf keine Purpurfärberei geschlossen werden. Evident war jedoch die gleichzeitige Auffindung von Keramikscherben, an deren Innenseiten deutliche Purpurreste erkennbar und chemisch nachweisbar waren.

› Boesken Kanold/Haubrichs 2008; Cardon 2007; Haubrichs 2004; Singer 2008; Völling 2008

Zwischen Tradition und Innovation – Die Goldschmiede von Qatna

Peter Pfälzner

Plakette mit Girlandendekor
Um eine Rosette ist ein Band aus Voluten und Lotusblüten gesetzt; beides sind typische Elemente der levantinischen Kunst. 15./14. Jahrhundert v. Chr. Nationalmuseum Damaskus.

Zu den schönsten und kunstgeschichtlich interessantesten Funden aus der Königsgruft zählen die getriebenen Goldarbeiten. Sie wurden auf den vier Holzbahren in der Hauptkammer gefunden, auf denen sie als Grabbeigaben abgelegt waren. Es handelt sich um plakettenförmige Bleche, die einst auf Stoff oder Leder aufgenäht waren. Davon zeugen Lochreihen entlang ihrer Ränder. Da die dünnen Plaketten auf beweglichen Gewändern zu leicht brechen würden, ist anzunehmen, dass sie an festen Stoff- oder Ledergegenständen angebracht waren.

Das Motiv des Greifes

Ein beliebtes Motiv auf den Goldplaketten ist der Greif. Dieses uralte Fabeltier mit Löwenkörper, Flügeln und Raubvogelkopf war in der Bildkunst des Alten Orients bis nach Ägypten und in die Ägäis weit verbreitet. Später wurde es von den Griechen übernommen. In Syrien hat der Greif während des 2. Jahrtausends v. Chr. mit einer schlanken, eleganten Körperform, hochgebogenem Schwanz und schreitender, aufrechter Stellung eine charakteristische Gestaltung erfahren. Auf einer runden Goldplakette sind um eine Rosette angeordnet zwei gegenständige Greifenpaare abgebildet (s. S. 225). Die auffällige symmetrische Komposition ist ein kennzeichnendes Stilelement der spätbronzezeitlichen Kunst Syriens. Zwischen den Greifen syrischer Art finden sich ägyptische Symbole, darunter das Lebenszeichen Anch. Es wurde zu einem beliebten Motiv in der Bildkunst Syriens. Diese war durch die Tendenz geprägt, Bildelemente aus verschiedenen Kulturregionen aufzunehmen

‹ Köcherbeschlag
Königliche Prunkwaffen bestanden nicht nur aus kostbarem Material, sondern waren oft auch sehr aufwendig verziert. Auf diesem Köcherbesatz befinden sich die Darstellungen eines Tierkampfes sowie eines Helden, der einen Hirsch und einen Stier bezwingt. 15./14. Jahrhundert v. Chr. Nationalmuseum Damaskus.

Gebogener Beschlag
Das ungewöhnlich geformte Goldblech ist mit zwei Greifen und floralen Motiven geschmückt. Wie die Löcher am Rand anzeigen, war die Plakette einst vielleicht auf einem Lederetui oder einem Lederköcher aufgenäht. 15./14. Jahrhundert v. Chr. Nationalmuseum Damaskus.

Die „Vereinigung der Länder"
Dargestellt ist das ägyptische Motiv für die Vereinigung von Ober- und Unterägypten: Zweifach bindet der falkenköpfige Gott Horus eine Pflanze um einen Stab in der Bildmitte. Eine Übernahme der Bedeutung für den syrischen Raum ist auszuschließen, das Motiv könnte aber in Syrien ein Symbol für königliches Prestige gewesen sein. 15./14. Jahrhundert v. Chr. Nationalmuseum Damaskus.

und miteinander zu verbinden. Daraus entstand ein charakteristischer Stil, der – sicher nicht unbeabsichtigt – die weitläufigen internationalen Kontakte der syrischen Königtümer visuell unter Beweis stellte. Ein weiteres Goldblech mit einer antithetischen Greifendarstellung besitzt eine gebogene Form. Es könnte auf einem Griff oder einem Lederetui aufgenäht gewesen sein. Da auf derselben Holzbahre viele Pfeilspitzen lagen, ist gut vorstellbar, dass die beiden Greifenplaketten gemeinsam einen Köcher oder ähnlichen Ledergegenstand zierten.

Ägyptische Vorbilder

Ein starker Einfluss ägyptischer Kunst wird auf einer rechteckigen Goldplakette mit der Darstellung zweier Personen in ägyptischer Tracht sichtbar. Sie stehen beidseitig einer Standarte mit dem Kopf der ägyptischen Göttin Hathor, Gottheit der Liebe und Musik und Herrin der fremden Länder. In Syrien ist sie jedoch – außer in der Stadt Byblos – nicht als Göttin verehrt worden. Dass sie dennoch in der Bildkunst der Region erscheint, dürfte dekorative Gründe gehabt haben. Dies könnte an der ausdrucksstarken, maskenartigen Gestalt des Hathorkopfes liegen, der gemäß der ägyptischen Ikonographie lange Haarzöpfe und Kuhohren aufweist.
Eine Goldplakette mit zweifacher Darstellung des ägyptischen Gottes Horus zeigt den deutlichsten Bezug zu ägyptischen Vorbildern. Die falkenköpfige, mit einer ägyptischen Doppelkrone versehene Gottheit bindet eine Pflanze um einen Stab in der Bildmitte. Horus, Gatte der Hathor, galt als Schutzpatron der ägyptischen Könige.

Plakette mit Hathor
Zwei Figuren in ägyptischer Tracht flankieren eine Standarte, die mit dem Kopf von Hathor, der ägyptischen Göttin für Liebe und Musik sowie Herrin der fremden Länder, geschmückt ist. 15./14. Jahrhundert v. Chr. Nationalmuseum Damaskus.

Köcherbeschlag

Die dargestellten Szenen zeigen ein symmetrisch verdoppeltes Jagdmotiv. Hierin offenbart sich ein typischer Stil der Späten Bronzezeit Syriens, der im Königtum Qatna eine charakteristische lokale Ausprägung erhalten hat. 15./14. Jahrhundert v. Chr. Nationalmuseum Damaskus.

In dieser Funktion erscheint er in der hier dargestellten Szene. Es ist das ägyptische Motiv der „Vereinigung der beiden Länder", womit Ober- und Unterägypten gemeint sind. Allerdings besitzt diese Symbolik für Syrien keine Bedeutung, weil hier keine Reichseinigung in vergleichbarer Weise stattgefunden hat. Folglich wurde das Motiv bei seiner Übernahme in die syrische Kunst von seiner ursprünglichen Bedeutung gelöst. Es könnte zu einem allgemeinen Symbol für königliches Prestige umgedeutet worden sein. Außerdem wurde das Motiv syrischem Stilempfinden angepasst. Augenfälligstes Indiz dafür ist die streng symmetrische Verdopplung des Horus, während in Ägypten normalerweise Horus und Seth die Pflanzen der Vereinigung binden.

Mesopotamische Motive

In die ikonographische Welt Alt-Mesopotamiens weisen drei Plaketten, die sicherlich zusammengehören und einst einen Köcher verzierten. Dies bezeugen mehrere bronzene Pfeilspitzen, die mit einem der Bleche durch Korrosion verbunden waren. Das vertikal angeordnete Blech (s. S. 220) dekorierte den unteren Abschluss des ledernen Köchers, während das horizontale Stück (s. oben) an dessen oberem Rand aufgenäht gewesen sein muss. In der Mitte des Köchers könnte das dritte Stück (s. S. 224), eine nur zur Hälfte erhaltene Scheibe mit der Darstellung eines Stieres, der von einem Löwen angefallen wird, gesessen haben.

Die technische Besonderheit dieser drei Stücke besteht darin, dass es sich um eine hauchdünne Goldfolie handelt, die auf einem Silberblech aufgebracht war. Wie bei den anderen Plaketten wurden die Figuren von hinten in Treibtechnik gearbeitet und anschließend die Details von der Vorderseite mit dem Ziseliermeißel eingraviert. Dabei ist das Fell der Tiere besonders fein schraffiert worden. Auch an der sehr plastischen Modellierung der Tierköpfe zeigt sich die hohe künstlerische Qualität dieser Stücke. Im Stil unterscheiden sie sich deutlich von gleichzeitigen Kunstwerken aus anderen syrischen Königtümern, wie Ugarit, Ebla, Alalach, Byblos oder Kumidi / Kamid el-Loz. Folglich ist daran ein lokaler Stil von Qatna abzulesen.

Die Reliefdarstellungen des Köchers weisen Kampfszenen zwischen Tieren oder zwischen Menschen und Tieren auf, wie sie seit alters her in Mesopotamien beliebt waren. Über die Kunst des Mittani-Reiches sind diese Motive nach Syrien gelangt und dort heimisch geworden. Ägyptische Einflüsse sind an diesem Stück vergeblich zu suchen. In den einzelnen Bildregistern des vertikal angeordneten Köcherbeschlags erlegt ein Löwe eine Wildziege, ein Mann fängt mit der Hand einen Hirsch, den er an den Hinterläufen in die Höhe hält, und ein Stier wird durch eine Person mit einem Dolch getötet, nachdem er ebenfalls an seinen Hinterläufen in die Höhe gehalten wurde. Auf dem horizontal angeordneten Köcherbeschlag sind zwei Personen bei der Jagd auf einen Hirsch zu sehen, wobei der Hirsch mit den Händen ergriffen und mit einem Dolch erstochen wird.

Während der Löwe die Überlegenheit des Jägers symbolisiert, dem das Tier – ob Wildziege oder Stier – chancenlos ausgeliefert ist, werden bei den Jagdszenen mit Menschen der Mut und das Geschick des Jägers versinnbildlicht. Er kann – ohne Pfeil und Bogen zu gebrauchen – die Tiere mit der Hand einfangen und mit einer Nahkampfwaffe erlegen. Die jagenden Personen sind zwar nicht als Herrscher gekennzeichnet, wir wissen aber, dass die Jagd eine königliche Betätigung war. Es fällt ferner auf, dass die Personen ein Haarband tragen, genauso wie die beiden Basaltstatuen der Könige von Qatna. Folglich wird man nicht fehlgehen, in den Jägern auf den Goldblechen Herrscher zu sehen. Die Überlegenheit des Jägers versteht sich als eine bildliche Metapher für die politische Überlegenheit des Königs. Diese Symbolik ist nicht nur auf den Köcherblechen verewigt, sondern wurde zusätzlich durch die Niederlegung dieses wertvollen Objekts mit den darin steckenden Pfeilen auf einer Bestattung in der Königsgruft herausgestellt.

Eine Goldplakette mit der Darstellung von zwei auf ihren Hinterbeinen aufgerichteten Ziegen an einem Voluten-Baum ist durch ihr Motiv fest in der syrisch-nordmesopotamischen Kunst des 2. Jahrtausends v. Chr. verankert. Von hier aus verbreitete sich dieses Bildthema über einen weiten Raum bis in die Ägäis und nach Ägypten. Die Wurzeln dieser Szene reichen aber weit zurück, bis in das Mesopotamien der Akkad-Zeit (um 2350–2150 v. Chr.). Allerdings waren es damals noch zwei Stiere, die sich an einem Baum in ihrer Mitte aufrichten. Erst in den späteren Perioden wurden sie durch Ziegen ersetzt. Wie die häufigen Darstellungen auf syrischen, mittanischen, assyrischen und kassitischen Siegeln zeigen, erfreute sich das Motiv während der Späten Bronzezeit großer Beliebtheit, ohne dass wir dessen Bedeutung kennen würden. Möglicherweise stand es mit Fruchtbarkeit in Beziehung oder hatte einen schützenden Charakter.

Fragment einer Goldscheibe
Obwohl das Stück nur zur Hälfte erhalten ist, lässt sich rekonstruieren, dass die Szene einen Stier zeigt, der von einem Löwen angefallen wird. Die Scheibe gehörte einstmals zu einer Köcherdekoration. 15./14. Jahrhundert v. Chr. Nationalmuseum Damaskus.

Plakette mit Greifendarstellung

Um eine Rosette angeordnet sind zwei Greifenpaare, zwischen denen ägyptische Symbole
wie das Lebenszeichen Anch abgebildet sind.
Die symmetrische Komposition ist ein typisches Stilelement spätbronzezeitlicher Kunst
Syriens. 15./14. Jahrhundert v. Chr. Nationalmuseum Damaskus.

Die Sonne als Beschützer

Die eben beschriebene Goldplakette, von der es in der Königsgruft eine zweite in genau gleicher Ausführung
gibt, war nicht aufgenäht, sondern an langen Ösen befestigt. Sie wurde wahrscheinlich als Körperschmuck
getragen. Ein runder Goldanhänger (s. S. 232) mit einer in Treibarbeit hergestellten Sonne diente als Hals-
schmuck. Die Sonne mit vier geraden und vier geschwungenen Strahlen ist ein Symbol des mesopotamischen
Sonnengottes Schamasch. Der Träger des Schmuckstückes unterstellte sich damit dem Schutz dieses mächtigen

Teil einer Hand

Innen ist das Goldblech hohl und war wahrscheinlich auf einem Holz aufgesteckt. Dieses könnte stielförmig zu einer Hand mit Arm verlängert und so als „Libationsarm" benutzt worden sein. 15./14. Jahrhundert v. Chr. Nationalmuseum Damaskus.

Gottes. Sonnenscheibenanhänger erfreuten sich großer Beliebtheit in Syrien, vor allem während der Späten Bronzezeit. Die an diesem Exemplar vorhandene feine, linienförmige Goldgranulation betont die Sonnenstrahlen und machte diesen Anhänger zu einem besonders auffälligen und wertvollen Einzelstück.

Einige Goldplaketten waren mit floraler Dekoration in einer für Syrien besonders charakteristischen Ausprägung versehen. Eine ehemals aufgenähte Scheibe ist mit einer kreisförmigen Ranke verziert, in der abwechselnd Palmetten mit Fruchtständen und spitze Lotusblüten angeordnet sind. Der Lotus-Palmetten-Fries entwickelte sich im 2. Jahrtausend v. Chr. zu einem klassischen syrischen Dekorelement. Später erlebte er von hier ausgehend einen Siegeszug in die griechische, römische und spätere europäische Kunst.

Die goldene Hand

Auf einer der Holzbahren in der Hauptkammer der Königsgruft fand sich eine goldene Hand. Sie ist mit der Andeutung von Fingernägeln und Gelenkfalten sehr naturalistisch gearbeitet. Die vier erhaltenen Finger aus Goldblech sind innen hohl, so dass die Hand wahrscheinlich auf einem Holz aufgesteckt war. Dieses könnte stielförmig verlängert gewesen sein, womit die Hand gehalten und als „Libationsarm" benutzt werden konnte. Libationen sind Trankopfer, die im Alten Orient auch den Toten gereicht wurden. Zu diesem Zweck könnte auf der Innenfläche der Hand einst eine Schale angebracht gewesen sein.

Die Goldschale

Eine im Sarkophag der westlichen Nebenkammer gefundene Schale stellt mit einem Gewicht von 244 g das schwerste Goldobjekt aus der Königsgruft dar. Deutlich sind die Spuren des Treibhammers zu erkennen, mit dem der Goldschmied die kostbare Schale in Form gebracht hat. Er verzichtete darauf, diese Spuren durch eine nachträgliche Politur zu beseitigen. Aufgrund ihres reinen Materialwerts, der durch die raue Oberfläche verdeutlicht wurde, beinhaltete die Goldschale offenbar in dieser Form bereits genügend Prestige.

Goldschale

Sie lag in einem Sarkophag und ist mit 244 g das schwerste Goldobjekt aus der Königsgruft. Die Spuren des Treibhammers wurden wohl absichtlich nicht durch eine nachträgliche Politur beseitigt. 15./14. Jahrhundert v. Chr. Nationalmuseum Damaskus.

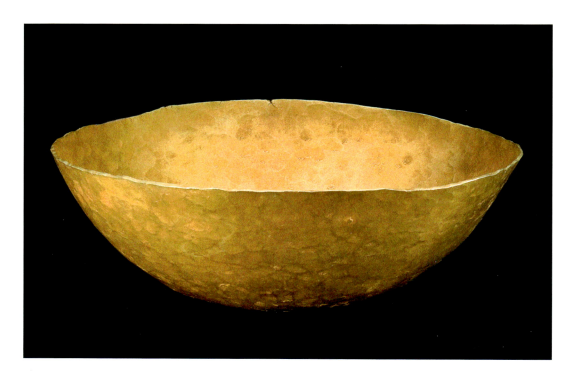

Tiere am Sakralbaum
Die Darstellung zeigt aufgerichtete Ziegen an einem Baum, der aus Voluten gebildet wird. Das typisch syrisch-nordmesopotamische Motiv verbreitete sich von hier bis in die Ägäis und nach Ägypten. 15./14. Jahrhundert v. Chr. Nationalmuseum Damaskus.

Bleche mit Volutenbäumen
Dieses typisch levantinische Element eines künstlich zusammengesetzten Baumes kann mit dem Heiligen Baum in Verbindung gebracht werden. 15./14. Jahrhundert v. Chr. Nationalmuseum Damaskus.

Zierrat mit Entenköpfen
Das aus Gold gegossene Meisterwerk der syrischen Kunst war vielleicht Griff eines Schminkgefäßes. Zwischen den beiden in feinster Weise ausgeführten Entenköpfen befindet sich eine Standarte mit einer Hathormaske. Die Kuhohren verweisen auf die Tiergestalt der ägyptischen Göttin. 15./14. Jahrhundert v. Chr. Nationalmuseum Damaskus.

Die Entenköpfe

Die aus Gold gegossenen Entenköpfe, die sich in der Südkammer der Königsgruft fanden, gehören zu den Meisterwerken der syrischen Kunst im 2. Jahrtausend v. Chr. Während die Hälse aufeinander zulaufen, zeigen ihre Köpfe nach außen. Die naturalistische Ausführung der Stücke ist bemerkenswert. Winzige, geritzte Einzelfedern stellen das Gefieder dar. Die leicht geöffneten Schnäbel sind naturnah gekrümmt, im Inneren ist die Zunge eingesetzt. Zwischen beiden Entenköpfen sitzt eine kleine Hathorstandarte, die erneut nach Ägypten verweist. Das exzeptionelle Stück ist allerdings als syrisches Erzeugnis anzusehen.
Es könnte sich um den Griff eines Schminkgefäßes gehandelt haben, mit zwei an den Hälsen der Enten angesetzten Schalen aus Holz, von denen lediglich noch die goldenen Zapfen zeugen. Diese Entenkopf-Schminkgefäße sind auch aus Ägypten bekannt, hatten aber ihr hauptsächliches Verbreitungs- und Herstellungsgebiet in Syrien. Allerdings bestanden sie üblicherweise aus Elfenbein oder Fayence und besaßen in der Regel nur einen einzelnen Entenkopf, der seitlich befestigt war. Das Stück aus Qatna erweist sich durch sein Material und durch den doppelten Entenkopf als singuläres Objekt in der Kunst des Alten Orients.

Der „Internationale Stil"

Die hochwertigen Relief- und plastischen Arbeiten der Goldschmiede von Qatna demonstrieren in eindrucksvoller Weise, wie diese Anregungen aus verschiedenen Regionen und Kulturen aufgenommen haben. Der dadurch entstandene hybride Stil kennzeichnet die Kunst der Späten Bronzezeit im gesamten orientalischen und ostmediterranen Raum. Bisweilen wird er als „Internationaler Stil" bezeichnet, was der Erkenntnis folgt, dass Stilelemente und Motive zwischen den verschiedenen Kulturräumen intensiv ausgetauscht wurden. Allerdings zeigen die Kunstwerke aus Qatna, dass daraus kein internationaler Einheitsstil entstand. Vielmehr haben sich in der globalisierten Welt des 2. Jahrtausends v. Chr. in den einzelnen Königtümern aus spezifischen Mischungen von international zirkulierenden und regionalen Stilelementen charakteristische Lokalstile entwickelt. Die Kunst von Qatna ist ein bemerkenswertes Beispiel dafür.

Schmuck für Könige und Götter – Funde aus der Königsgruft

Elisa Roßberger

Goldrosette mit Karneol und Lapislazuli
Wahrscheinlich wurde diese kunstvolle Arbeit auf einem Arm- oder Kopfband getragen. Sie ist, obwohl sie sich an ägyptischen Schmuckarbeiten orientiert, vermutlich ein Produkt der Hofwerkstatt von Qatna. 15./14. Jahrhundert v. Chr. Nationalmuseum Damaskus.

‹ Schmuck als Geschenk
Die symbolische Bedeutung von Schmuckgeschenken ging im Alten Orient über den materiellen Wert hinaus. So sollten sie als Geschenke zwischen Königen auch Glanz und Dauer der Herrschaft des Beschenkten steigern. 15./14. Jahrhundert v. Chr. Nationalmuseum Damaskus.

„... und ich schicke eine *maninnu*-Kette aus echtem Lapislazuli und Gold als Grußgeschenk für meinen Bruder. Möge sie für 100 000 Jahre am Halse meines Bruders hängen!" Mit diesen Worten – geschrieben etwa zeitgleich zu den Funden aus der Königsgruft von Qatna – beendet Tuschratta, König des Reiches von Mittani, einen Brief an den ägyptischen Pharao (s. S. 71). Das kurze Zitat zeigt die symbolische Bedeutung der Schmuckgeschenke über ihren materiellen Wert hinaus, den sie im Austausch zwischen den spätbronzezeitlichen Herrschern hatten. Die wertvollen und beständigen Materialien, aus denen sie hergestellt waren – in diesem Falle Gold und Lapislazuli –, sollten der Herrschaft des befreundeten Königs Glanz und Dauer verleihen. Ihre ins Metaphorische gesteigerte Funktion als Schmuck für Könige und Götter hatte dabei sowohl im Alten Orient als auch in Ägypten bereits jahrhundertelange Tradition. In altorientalischen literarischen Texten wie dem Gilgamesch-Epos und den Dichtungen „Inannas Gang in die Unterwelt" sowie „Ninurta und die Steine" werden immer wieder Metalle und Steine beziehungsweise aus ihnen gefertigte Schmuckstücke genannt, die den besonderen Status ihrer Träger hervorheben und ihre übermenschlichen Eigenschaften unterstreichen. Dazu kommt die magische Wirksamkeit gegen Krankheiten und jegliche Art von Unheil, die verschiedenen Formen und Materialien in mesopotamischen Ritualtexten zugeschrieben wurden, so dass speziell angefertigte Ketten und Amulette für ihre Träger eine wichtige Schutzfunktion hatten.

Aus Qatna selbst sind lange und detaillierte Inventarlisten erhalten, die Weihgeschenke auflisten, die vor allem der zentralen Palastgöttin von Qatna, Belet-ekallim, in regelmäßigen Abständen und über mehrere Generationen hinweg von Mitgliedern der königlichen Familie gestiftet wurden. Bei den Weihgaben handelt es sich fast ausschließlich um Halsketten und einige andere Schmuckobjekte, mit denen die Kultstatue der Göttin verziert und gleichzeitig der Reichtum sowie die Beständigkeit der königlichen Dynastie von Qatna zur Schau gestellt werden sollte.

Geschmückt ins Jenseits

Angesichts dieser symbolischen Bedeutung von Schmuck im Alten Orient verwundert es nicht, dass er auch im Bestattungskontext eine wichtige Rolle spielte. Anhand der ungleichen Verteilung der Stücke innerhalb der Gruftanlage von Qatna lässt sich feststellen, dass das Schmücken des Leichnams ein wesentlicher Bestandteil des Bestattungs- und Totenrituals war (s. S. 242). Nur in den vier Bereichen der Hauptkammer, in denen auch die Reste von Holzbahren vorhanden waren, fanden sich umfangreiche Schmuckausstattungen, die nach Auflösung ihrer organischen Bestandteile in zahlreiche Einzelteile zerfallen waren. Die Bestattung auf dem Steintisch in der westlichen Nebenkammer (s. S. 210) wies hingegen nur ein einziges, dafür aber besonders exquisites Stück auf: eine große, dreireihige Hüftkette, bestehend aus Perlen und Amuletten.

Wie waren die Toten also geschmückt, wenn sie in die Gruft gebracht und aufgebahrt wurden? An erster Stelle sind Ketten zu nennen, die aus Stein-, Glas- und Goldperlen verschiedenster Formen und Farben zusammengesetzt waren. Bei der Zusammenstellung achtete man vor allem darauf, farbige, häufig kontrastreich gefleckte oder gebänderte Steinperlen und Goldperlen in etwa gleicher Anzahl miteinander zu kombinieren. Die Auswahl der Steine erfolgte sorgfältig. Besonders beliebt waren Lapislazuli, Karneol, Achat, Amethyst und verschiedene andere, oft bunt gemusterte Quarze. Wie auch das Gold mussten sie von weit entfernt liegenden Lagerstätten, etwa der ägyptischen Ostwüste, dem Iran und sogar aus Afghanistan, importiert werden. Sie wurden in geometrische Formen wie Kugeln, Doppelkegel, Zylinder oder Scheiben geschliffen, durchbohrt und schließlich so stark poliert, dass ihre leuchtenden Farben besonders gut zur Geltung kamen. Viele der Steinperlen wurden zusätzlich an ihren Enden mit Goldkappen geschmückt. Häufig waren auch Bernsteinperlen (s. S. 214 f.), deren schlechter Erhaltungszustand leider nur noch wenig von ihrer ursprünglichen Wirkung erahnen lässt.

Hüftkette aus der Königsgruft

Auf dem Steintisch in der westlichen Nebenkammer lag ein besonders exquisites Schmuckstück: eine große, dreireihige Hüftkette,
deren Perlen und Amulette auf Golddraht aufgezogen waren. 15./14. Jahrhundert v. Chr.
Nationalmuseum Damaskus.

Perlen in der Gruft

Goldperlen wurden fast ausschließlich aus Goldblech hergestellt. Der am häufigsten in der Königsgruft vor-
kommende Typ ist die sogenannte Melonenperle, deren kugelförmiger Körper mit Längsrillen oder -riefen versehen ist und deren Inneres durch ein Goldblechröhrchen gebildet wird. Kleine Scheiben fassen die seitlichen
Öffnungen ein. Bei der Gestaltung der Goldperlen legte man weniger Wert auf schlichte Eleganz, sondern versuchte vielmehr, die polierten Oberflächen durch verschiedene Dekorationstechniken zu strukturieren und so

Granulationsperlen

Die kleinen tonnenförmigen Perlen wurden mit dünnen Golddrähten und winzigen Granulationskügelchen versehen. Diese sehr feine Arbeit erforderte höchstes handwerkliches Können, das aber in den königlichen Werkstätten zum Standard gehörte. 15./14. Jahrhundert v. Chr. Nationalmuseum Damaskus.

die glänzende Wirkung durch Lichtbrechung zu erhöhen. Häufig wurden zusätzlich Golddrähte (Filigran) und winzige Goldkügelchen (Granulation) aufgelötet – ein schwieriges Unterfangen, das großes handwerkliches Geschick erforderte.

Anhand der charakteristischen Formen der Perlen und ihrer Fundlage lassen sich in den vier Bereichen der Hauptkammer, in denen die Holzbahren standen, jeweils zwei bis drei Ketten rekonstruieren. Die Anzahl der Perlen je Kette und ihre Zusammensetzung decken sich gut mit den Beschreibungen von Ketten in zeitgleichen

Miniaturkette
Diese kleine 5 cm lange Kette ist nur 1 mm dick. Sie besteht aus Granulationsperlen und zeigt Goldschmiedehandwerk auf höchstem Niveau. 15./14. Jahrhundert v. Chr. Nationalmuseum Damaskus.

Anhänger mit Sonnensymbol aus Qatna
Die Sonne mit vier geraden und vier geschwungenen Strahlen ist ein Symbol des mesopotamischen Sonnengottes Schamasch, unter dessen Schutz sich der Träger stellen wollte. 15./14. Jahrhundert v. Chr. Nationalmuseum Damaskus.

Texten, die jeden einzelnen Perlentyp in Anzahl, Form, Material und Dekoration aufführen. Das verdeutlicht den Wert und die Bedeutung, die diesen Schmuckstücken beigemessen wurden. Ebenso tauchen in Texten sowie im archäologischen Befund aus der Gruft ein oder mehrere Anhänger pro Kette auf. Ein besonders eindrucksvolles Beispiel eines solchen Anhängers ist die große Sonnenscheibe, zu deren Aufhängung eine Gold-Melonenperle verwendet wurde. Große, flache Steinperlen mit Goldfassungen und ein Paar tropfenförmiger Goldblechanhänger mit grünlichen Steineinlagen waren Teile anderer Kettenarrangements.

Bei den meisten Ketten dürfte es sich um Halsketten gehandelt haben, es gibt jedoch auch Ausnahmen: Die Fundsituation und der Nachweis von Knochenresten auf der Steinbank in der westlichen Seitenkammer zeigen deutlich, dass um die Hüfte einer weiblichen Person eine dreireihige Kette aus Golddraht gelegt wurde, auf die etwa 130 Perlen und Anhänger gefädelt waren. Hüftketten sind im Vorderen Orient äußerst selten belegt. Hinweise auf das Tragen solcher Schmuckstücke bei Frauen und Mädchen finden sich dagegen häufiger in ägyptischen Darstellungen und Grabbefunden aus der Zeit des Mittleren und Neuen Reiches (19.–14. Jahrhundert v. Chr.). Die Tatsache, dass ein kleines Rollsiegel, zwei entenförmige Achatanhänger und ein Bernsteinskarabäus Teil der Hüftkette waren, könnte auf die amulettartige Funktion, die diese Kette für ihre Trägerin besaß, hinweisen.

Ringe, Nadeln und Applikationen
Neben Ketten entdeckte man in der Königsgruft goldene Arm- und Fingerringe, Gewandnadeln aus Gold und Bronze, Gewandapplikationen aus Goldblech in Form von Rosetten und Scheiben und „Knöpfe" unterschiedlicher Größe, die aus in Gold gefassten Steinen mit rückwärtigen Ösen oder Bügeln bestanden.

Drei Applikationen

Ägyptische Darstellungen von Levantebewohnern zeigen, dass diese stets farbenfroh angezogen waren. Nicht nur buntgewebte Stoffe kleideten einst die Elite von Qatna, sondern zusätzlich zierten goldene Applikationen verschiedener Art deren Tracht. Beliebt war vor allem das Rosettendekor. 15./14. Jahrhundert v. Chr. Nationalmuseum Damaskus.

Drei Schmuckstücke

Die Verbindung von Gold mit Schmucksteinen, zum Beispiel Achat, war äußerst beliebt. 15./14. Jahrhundert v. Chr. Nationalmuseum Damaskus.

Melonenperlen

Ein besonders beliebter Perlentyp, nicht nur in der Königsgruft von Qatna, sondern auch im antiken Vorderasien und in Ägypten, war die sogenannte Melonenperle, deren kugelförmiger Körper mit Längsrillen oder -riefen versehen ist. 15./14. Jahrhundert v. Chr. Nationalmuseum Damaskus.

Auch einige der Goldblechplaketten könnten auf Gewändern befestigt worden sein (s. S. 220ff.). Außerdem gibt es ausgefallene Einzelstücke wie die große, mit Karneol und Lapislazuli eingelegte Goldrosette; sie wurde wohl auf ein Arm- oder Kopfband aufgenäht. Die detailliert ausgeführte Einlegearbeit stellten vermutlich einheimische Handwerker her, die sich jedoch an ägyptischen Schmuckarbeiten, bei denen diese Einlegetechnik zur höchsten Perfektion gebracht wurde, orientiert haben dürften.

Herstellung und Verwendung

Die überwältigende Mehrzahl der Schmuckstücke weist auf eine einheitliche, lokale Herstellung hin, wahrscheinlich in Werkstätten im Palast von Qatna selbst. Ausgeprägte Ähnlichkeiten in Material, Form, Dekoration und technischer Umsetzung legen die Vermutung einer zeitnahen Herstellung und Einbringung in die Gruft nahe.

Anhand der robusten Verarbeitung beziehungsweise durch Abnutzungsspuren zeigt sich, dass der Schmuck bereits zu Lebzeiten getragen werden konnte oder getragen wurde. Die farbenfrohe und detailreiche Gesamtwirkung der Schmuckausstattung lässt das Bemühen erkennen, die Toten noch für eine Zeitlang in den Augen der Angehörigen lebendig zu erhalten. So wurde zum einen das Prestige der königlichen Bestatteten sichtbar und zum anderen ihr angemessener Übergang ins Jenseits gewährleistet.

❯ Caubet 1999; Maxwell-Hyslop 1971; Moorey 1994; Musche 1992; Ogden 1982; Wolters 1983

Siegel und Siegelringe als königliche Beigabe

Heike Dohmann-Pfälzner / Peter Pfälzner

Rollsiegelabrollung
Dieses Siegel war bereits mehrere Hundert Jahre alt, als es in der Königsgruft deponiert wurde. Die 18 unterschiedlichen Einzelmotive bestehen aus Personen, Händen, Stierköpfen, Löwen, Vögeln, syrischen Sphingen und Göttersymbolen. 18./17. Jahrhundert v. Chr. Nationalmuseum Damaskus.

Goldener Siegelring mit Lapislazuli-Skarabäus
18.–16. Jahrhundert v. Chr. Nationalmuseum Damaskus.

‹ Rollsiegel
Die zylindrischen Siegel aus Lapislazuli, Fritte, Hämatit und Kalkstein waren individueller Besitz sowie persönliches Identitätssymbol und konnten als solche mit in den Tod genommen werden. Zudem hatten die Siegel auch Amulettcharakter. 18./17. Jahrhundert v. Chr. Nationalmuseum Damaskus.

In der Königsgruft von Qatna fanden sich acht Rollsiegel und sechs Skarabäen. Diese Objekte dienten in der staatlichen und privaten Administration der Sicherung von Warenbeständen, Lieferungen und Schriftdokumenten (s. S. 182 ff.; 186 f.). Welche Rolle aber spielten sie bei einer Bestattung?

Das Gros der Rollsiegel lag im Bereich einer Holzbahre in der Hauptkammer. Sie wurden offensichtlich als Grabbeigabe einem oder mehreren Verstorbenen mitgegeben. Diese Praxis war im Alten Orient seit alters her üblich. Das Siegel stellte nicht nur individuellen Besitz dar, sondern galt auch als persönliches Identitätssymbol einer Person und konnte in dieser Rolle mit in den Tod genommen werden. Es half dem Einzelnen bei der Aufrechterhaltung seines sozialen Status über den Tod hinaus, begleitete ihn auf seiner Reise in die Unterwelt und schützte ihn darüber hinaus amulettartig. Eines der Rollsiegel war als Schmuckstein auf eine goldene Perlenkette aufgezogen. Die zum Teil aus hartem Hämatit, teils auch aus der erheblich billigeren Fritte bestehenden Siegel wurden mit Goldkappen versehen, um sie als Grabbeigabe wertvoller und repräsentativer zu machen. Zwei Rollsiegel waren sogar aus dem kostbaren, aus Afghanistan importierten Lapislazuli geschnitten und zusätzlich mit Goldkappen ausgestattet, was ihnen einen hohen Prestigegehalt verlieh.

Ein Rollsiegel aus Hämatit

Kunstgeschichtlich besonders interessant ist ein Rollsiegel aus schwarzem Hämatit, auf dem winzige Motive in gleichmäßigen Kolumnen eingraviert sind. Das Siegel stammt aus dem 18. oder 17. Jahrhundert v. Chr., war also bereits mehrere Hundert Jahre alt, als es in der Königsgruft von Qatna deponiert wurde. 18 unterschiedliche Einzelmotive sind in zwölf Kolumnen auf dem Siegelbild verteilt, was in der erstaunlichen Zahl von 73 Bildsymbolen resultiert. Dazu gehören Personen, Hände, Stierköpfe, Löwen, Vögel, syrische Sphingen und Göttersymbole. Es fällt auf, dass es sich nur um syrische und mesopotamische Symbole handelt, ägyptische fehlen dagegen. Man gewinnt folglich den Eindruck, als habe der Siegelschneider hier einen Motivkanon der syrisch-mesopotamischen Bildlehre darstellen wollen.

Die Skarabäen

Die meisten Skarabäen aus Qatna fanden sich als Grabbeigaben bei den Bestattungen der Königsgruft. Es handelt sich um kleine Nachbildungen des Pillendreher-Käfers, auf dessen gewölbtem Rücken die Deckflügel und das Kopfschild des Käfers dargestellt sind. Auf der flachen Unterseite wurde ein Siegelbild eingraviert. Der Skarabäus stammt aus Ägypten, diente seit dem Mittleren Reich als Amulett sowie als Siegel, und wurde manchmal auch als Herzskarabäus in Mumien eingewickelt. Seit der Späten Bronzezeit trat er einen Siegeszug nach Palästina und Syrien an, zunächst durch Importe, dann als Kopien und schließlich in Form einer eigenständigen Kunsttradition. Seine Grundfunktionen als Amulett und Siegel scheinen sich dabei nicht verändert zu haben. In Westsyrien wurde er sogar zu einer Konkurrenz für das dort schon 2000 Jahre alte Rollsiegel.

Der Skarabäus wurde – in Syrien wie in Ägypten – gerne an goldenen Ringen befestigt am Finger getragen. In der Ostkammer der Königsgruft von Qatna fand sich dafür ein besonders schönes Beispiel. Ein kleiner Skarabäus aus blauem Lapislazuli ist auf einen Goldring aufgesteckt und mit gewickeltem Golddraht befestigt. Die Unterseite des käferförmigen Steins zeigt ein Siegelbild in Form eines dreifach verschlungenen Flechtbandes. Dabei handelt es sich um ein typisch syrisches Motiv, welches sich hier mit der ur-ägyptischen Form des Skarabäus verbindet und die Hybridität der syrischen Kunst veranschaulicht.

Ein außergewöhnlich schöner Skarabäus aus lilafarbigem, durchscheinendem Amethyst in einer Goldfassung wurde in der Hauptkammer der Gruft gefunden (s. S. 134). Auf seiner Unterseite ist eine weibliche Person in einem weiten, über den Kopf gezogenen, knöchellangen Umhang in feinster Ausführung eingraviert. Diese Frauendarstellung verdeutlicht als eindrucksvolles Zeugnis syrischer Ikonographie, wie stark die syrischen Künstler das ursprünglich fremde Medium des Skarabäus in ihre eigene Formenwelt einbezogen haben.

Alabastren und Amphoren – Die Steingefäße

Alexander Ahrens

Standfußschale
Das kleine Gefäß gehört zur einer besonders auffälligen Gattung. Es handelt sich hier um eine „Tazza". 15./14. Jahrhundert v. Chr. Nationalmuseum Homs.

Unter den zahlreichen Funden, die während der Grabungs- und Dokumentationsarbeiten innerhalb des Korridorraumes, der Vorkammer und der Königsgruft von Qatna im Jahr 2002 zutage kamen, befanden sich insgesamt über sechzig Steingefäße. Zahlenmäßig gelten diese als das bislang größte Konvolut von Steingefäßen im östlichen Mittelmeerraum, das in einem einzigen spezifischen Fundkomplex geborgen werden konnte. Während ein Großteil davon in der Gruft und der dazugehörigen Vorkammer lag, konnten auch im Versturzmaterial des zur Gruft führenden Korridorraumes, das aus den oberen Stockwerken des Palastes stammte, mehrere steinerne Töpfe aufgefunden werden. Gefäße aus diesem beständigen Material waren also auch ein wesentlicher Teil im Repertoire des „diesseitigen" Palastinventars und nicht nur auf den Jenseitskult beschränkt.

Die Steingefäße aus der Gruft

Einerseits setzt sich das typenreiche Gesamtcorpus der Steingefäße aus der Königsgruft von Qatna aus genuin ägyptischen Importstücken, andererseits aus lokal gefertigten, teilweise ägyptisierenden Exemplaren zusammen. Die meisten Gefäße – insgesamt 56 – bestehen aus Kalzit beziehungsweise Kalzit-Alabaster, nur sieben wurden aus anderen Gesteinsmaterialien wie Serpentinit, Karneol, Porphyr, Gabbro-Anorthosit oder Granodiorit gefertigt.

Die Formen der Steingefäße decken typologisch-chronologisch das gesamte 2. Jahrtausend v. Chr. – also die Mittel- und Spätbronzezeit – ab. Daneben gibt es drei Gefäße, die bei ihrer Deponierung in der Gruft bereits über tausend Jahre alt waren; sie stammen ursprünglich aus der Frühdynastischen Periode Ägyptens, dem späten 4. beziehungsweise frühen 3. Jahrtausend v. Chr.

Insgesamt lassen sich die Steingefäße aus der Königsgruft in 19 verschiedene Gefäßformen unterscheiden. Der am häufigsten vertretene Typ ist das Alabastron, hier vor allem das „Tropfenförmige Alabastron", von dem insgesamt 15 Exemplare gefunden wurden.

‹ Zwei Amphoren
Diese Form stammt aus Ägypten, wurde aber in Syrien aufgenommen und dann vor Ort hergestellt. Wie Funde aus Assur belegen, verbreitete sie sich über den Handel bis nach Mesopotamien. 15./14. Jahrhundert v. Chr. Nationalmuseum Homs.

Steingefäße aus der Gruft
Flache, gedrungene Gefäße aus Granit mit Schnurösen – hier in der Mitte abgebildet – sind typische Formen aus der 1. und 2. Dynastie Ägyptens, rechts ein Gefäß mit Inschrift aus der 12. Dynastie (s. S. 137). Ihre Auffindung in der Gruft weist sie möglicherweise als Geschenke eines ägyptischen Herrschers an den König von Qatna aus. Beginn 3. bzw. Beginn 2. Jahrtausend v. Chr. Nationalmuseum Homs.

Andere Gefäßformen sind zum Beispiel Kannen und Schalen. Besonders zu erwähnen sind eine aus Serpentinit gefertigte Kanne, die deutlich von spätbronzezeitlichen zyprischen Keramikformen beeinflusst ist, und eine kleine, aus Kalzit gefertigte Standfußschale, auch „Tazza" genannt.

Außerdem wurden mehrere große Amphoren in der Grabkammer entdeckt, die teilweise aus Ägypten stammen müssen, teilweise jedoch auch lokal hergestellt wurden. Als herausragend und einzigartig unter diesen Funden gilt eine kleine Flasche aus Karneol, die zumindest für die Levante ohne Parallelen ist.

Zwei Gefäße mit Hieroglyphen

Zwei der in der Königsgruft von Qatna gefundenen Steingefäße weisen zudem hieroglyphische Inschriften auf. Ein tropfenförmiges, aus Serpentinit gefertigtes Alabastron trägt die Namenskartuschen des Pharaos Amenemhet III. (12. Dynastie, 1853–1806 / 05 v. Chr.) mit einer Nennung des Gottes Sobek von Schedet, dem heutigen Medinat al-Fayum in Ägypten. Das Gefäß gehörte daher möglicherweise zum Inventar des großen Tempels, der dort von Amenemhet III. für Sobek errichtet wurde. Wann es allerdings nach Qatna gelangte, bleibt unklar; es könnte durchaus auch erst zu einem wesentlich späteren Zeitpunkt dorthin verbracht worden sein.

Gefäße als Kulturträger

Der Kontakt Qatnas mit anderen Regionen spiegelt sich auch in den Steingefäßen wider. So ist die Form der Kanne aus Serpentinit deutlich von spätbronzezeitlicher zyprischer Keramik beeinflusst. Das Knubbengefäß hingegen ist ägyptisch und wurde – wie die Inschrift verrät – einst von der Königin Ahmes-Nefertari (etwa 1575–1505 v. Chr.), der Schwester und Gattin des Pharaos Ahmose, an einen Schatzmeister namens Nefer-peret als Dank für die von ihm in Ägypten geleisteten Aufgaben übergeben. 16. bzw. 15. bis 14. Jahrhundert v. Chr. Nationalmuseum Homs.

Alabastren

Ihren Ursprung in Ägypten haben auch diese leicht transparenten sackförmigen Gefäße mit rundem Boden. Ihr Material wurde namensgebend für die Form; so werden auch Gefäße dieses Typs aus anderem Material Alabastron genannt. 1. Hälfte 2. Jahrtausend v. Chr. Nationalmuseum Homs.

Karneolgefäß
Einen besonderen Fund stellt die kleine Flasche aus Karneol dar, die zumindest für die Levante ohne Parallelen ist. Meist wird dieser Stein für Schmuck verwendet. 1. Hälfte 2. Jahrtausend v. Chr. Nationalmuseum Damaskus.

Bei dem zweiten mit einer hieroglyphischen Inschrift versehenen Gefäß aus der Gruft handelt es sich um einen bauchigen Topf aus Kalzit-Alabaster. Die Inschrift nennt die Namen der Königin Ahmes-Nefertari, der Schwester und Frau des Begründers der 18. Dynastie, Pharao Ahmose (1550–1525 v. Chr.), sowie eines Schatzmeisters namens Nefer-peret. Laut Inschrift übergab Ahmes-Nefertari besagtem Nefer-peret den Topf ursprünglich als Dank für die von ihm in Ägypten geleisteten Dienste. Wahrscheinlich wurde das Gefäß aus dem Grab Nefer-perets entwendet und gelangte erst später im Zuge einer sekundären Verwendung nach Qatna.

Parallelen in der nördlichen Levante

Parallelen für die in der Königsgruft geborgenen Steingefäße lassen sich in den bronzezeitlichen Palästen sowie den zugehörigen königlichen Gräbern und Grüften der nördlichen Levante, das heißt der Region des heutigen Westsyriens und des Libanon, finden. Fundorte wie die wichtigen ostmediterranen Handels- und Küstenstädte Gubla / Byblos und Ras Schamra / Ugarit, die nord- und mittelsyrischen Zentren Tell Atchana / Alalach und Tell Mardich / Ebla sowie der Handelsknotenpunkt Kamid el-Loz / Kumidi in der Beqa-Ebene zeigen die weite Verbreitung und Beliebtheit dieser Gefäße.

Der Inhalt der Steingefäße

Neben dem Prestigewert der aus wertvollen und seltenen Gesteinen gearbeiteten Gefäße selbst war sicher auch ihr Inhalt von Bedeutung. Mit hoher Wahrscheinlichkeit handelte es sich größtenteils um kostbare Öle und Essenzen, die nicht nur im täglichen Leben innerhalb des Palastes, sondern auch für den Jenseitskult der Herrscher von Wichtigkeit waren. Die berühmten Amarna-Briefe, Tontafeln mit akkadischer Keilschrift aus dem Palastarchiv des Pharaos Amenophis IV. / Echnaton in seiner Residenz Achet-Aton, dem heutigen Tell el-Amarna, nennen mehrere große Lieferungen von bis zu 200 Steingefäßen an vorderasiatische Könige, die allesamt mit Ölen und Balsamen gefüllt waren.

Ägyptische Geschenke an die Herrscher von Qatna?

Außer den ägyptischen und ägyptisierenden Steingefäßen aus der Königsgruft fanden sich zahlreiche andere ägyptische Objekte im Palast, die das Interesse der Herrscher von Qatna an exotischen Importgütern zur Untermauerung ihres eigenen politischen Status eindringlich belegen. Neben mehreren Skarabäen und weiteren Steingefäßen inklusive eines Fragments mit den Namenskartuschen des Pharaos Sesostris I. (1956–1911 / 10 v. Chr.), das im Ostteil des Palastes geborgen wurde, entdeckte man im Zerstörungshorizont des Palastes auch die Sphinx einer Tochter des Pharaos Amenemhets II. (1914–1879 / 76 v. Chr.) namens Ita. Beide Objekte stammen aus dem Mittleren Reich (12. Dynastie). Unklar ist jedoch, wann genau diese Importe an den Hof von Qatna gelangten. Möglicherweise wurden sie erst Jahrhunderte nach ihrer Herstellung aus Ägypten versandt und kamen – vermutlich als Geschenke, um die politischen Beziehungen zwischen den Herrschern zu festigen –, an die levantinischen Königspaläste. So kann mitunter auch ein Teil der Steingefäße aus der Königsgruft und dem Palast als königliche Geschenke aus Ägypten betrachtet werden.

> Ahrens 2006; Bevan 2007; Helck 1971; Helck 1976; Lilyquist 1996; Sparks 2007

Die Bestattungsrituale der Könige von Qatna

Peter Pfälzner

Die Verschüttung der Königsgruft während der Zerstörung des Königspalastes hatte zur Folge, dass ihr Inneres bis zur Entdeckung im Jahr 2002 nicht mehr betreten wurde. Dies eröffnet die einzigartige Möglichkeit, die Ritualhandlungen in einer altsyrischen Königsgruft und den Totenkult der altorientalischen Herrscher zu rekonstruieren.

Allerdings ist dabei zu bedenken, dass nicht alle Gegenstände vorhanden sind, die einst in das Grab gelangt waren. Dies hat seine Ursache nicht nur im Verlust vieler Objekte aus organischen Materialien. Schwerer wiegt die Tatsache, dass in der lange benutzten Gruft mit ihren aufeinanderfolgenden Bestattungen viele Grabbeigaben nach einer gewissen Zeit wieder herausgenommen worden sein könnten. In Zeiten von Rohstoffmangel wurden möglicherweise sogar gezielt wertvolle Metallgegenstände aus der Gruft geholt. Schließlich ist auch nicht auszuschließen, dass jemand kurz vor der vielleicht absehbaren und nahenden Katastrophe hinabstieg, um einige besonders kostbare Objekte zu entwenden.

Das Vorhandene besitzt allerdings einen so hohen materiellen Wert, dass eine gezielte Plünderung ausgeschlossen werden kann. Für die Wissenschaft genauso wichtig ist die Erkenntnis, dass die meisten Gegenstände in einem deutlichen, funktional relevanten räumlichen Bezug zueinander aufgefunden wurden; deshalb muss man davon ausgehen, dass sie so liegengeblieben sind, wie sie unmittelbar vor der Katastrophe benutzt worden waren. Dies ist die wesentliche Voraussetzung für eine detaillierte Rekonstruktion der Rituale in der Königsgruft.

Ein König stirbt

Wie wir aus altorientalischen Quellen wissen, fand nach dem Tod eines Menschen zunächst seine Aufbahrung statt. Ob dafür im Fall der Könige von Qatna der Wohnbereich des Palastes (Hof BM) oder der für Ahnenkulthandlungen verwendete Festsaal (Halle A) genutzt wurde, muss offen bleiben. Auch die Beweinung oder Be-

‹ Blick in Sarkophag 2
Bei den Knochen und dem einzigen in der Gruft gefundenen Schädel befanden sich in dem Sarkophag neben Keramikgefäßen auch Steingefäße sowie eine Gold- und eine Silberschale.

Hüftkette in situ
Die auf Golddrähte aufgezogenen Perlen der Kette bestanden unter anderem aus Bernstein, Amethyst, Karneol, Lapislazuli und Gold (s. S. 230). Dass hier die originale Auffädelung erhalten blieb, ist ein seltener Glücksfall.

Blick in die Hauptkammer
Eine große Anzahl von Vorratsgefäßen mit Nahrung für die Toten sowie Bänke für Ritualteilnehmer füllten die Haupthalle der Gruft.

Opfergaben in der südlichen Nebenkammer
Hier fanden sich neben Gefäßen auch sorgfältig deponierte Tierknochen.

klagung der Toten, die auf dem Sarkophag des Ahiram aus Byblos eindrucksvoll dargestellt ist, könnte am selben Ort geschehen sein.

Bemerkenswert ist die Tatsache, dass es in Qatna deutliche Hinweise auf eine Erhitzung des Leichnams gibt. Zum einen lässt sich dies an Kollagen-Veränderungen der Knochen in der Königsgruft ablesen, zum anderen wird die Annahme durch die Existenz eines geschwärzten, nachweislich erhitzten Textilgewebes in Verbindung mit den Knochen in der Königsgruft unterstützt (s. S. 208ff.; 216ff.). Diese Beobachtungen sprechen für eine mindestens einstündige Erhitzung der Leichname auf eine Temperatur von 200 bis 250° C. Dadurch wurde der Körper gedörrt und ihm die Körperflüssigkeiten weitgehend entzogen. So brachte der ausgetrocknete Leichnam während des reduzierten Verwesungsvorgangs keine ausgeprägte Geruchsbildung hervor – eine entscheidende Voraussetzung für die Abhaltung von Totenkulthandlungen in den Grabkammern in unmittelbarer Nähe der bestatteten Personen.

Wo der Dörrvorgang erfolgte, ist nicht bekannt. Ausschließen kann man die Grabkammern, weil entsprechende Brand- und Aschespuren fehlen. Wahrscheinlicher ist ein Platz im Freien im Bereich des Palastes. Ein erhöhtes Gerüst über einer Feuerstelle dürfte dafür ausgereicht haben. Der Verstorbene war dabei in einen Textilstoff gehüllt.

Vorher wurde der Leichnam gesalbt, was sich ebenfalls durch die chemischen Untersuchungen in der Königsgruft nachweisen ließ. Zur Salbung benutzte man Öle und Harze, die in Form einer Paste aus Ölen und Erdpigmenten auf den Körper aufgetragen wurden.

Nach den vorbereitenden Maßnahmen der Aufbahrung, Beweinung, Salbung und Dörrung fand die eigentliche Bestattung statt. Der Tote wurde in einen einfachen Holzsarg oder auf eine Holzbahre gelegt und mit zahlreichen kostbaren Stoffen bedeckt, unter denen Purpurstoff eine besondere Bedeutung einnahm. Dann wurde der Sarg oder die Bahre durch den langen Korridor getragen, in die Vorkammer hinabgelassen und in der Hauptkammer oder der Westkammer abgestellt. Man legte Grabbeigaben hinzu, darunter zahlreiche Schmuckstücke und auch Waffen, wie Pfeile und wertvolle Köcher. Wir wissen noch nicht, ob diese Beigaben zur Benutzung durch den Verstorbenen im Jenseits gedacht waren, als Geschenke an die Götter der Unterwelt auf die Reise mitgenommen wurden oder ob ihre Funktion darin bestand, den besonderen Status der Person über den Tod hinaus anzuzeigen und aufrechtzuerhalten. Eventuell waren diese Aspekte auch miteinander verbunden.

Der Totengeist

Im Unterschied zum ägyptischen Kulturkreis fand im alten Syrien keine Mumifizierung statt. Auch eine damit verbundene Einbalsamierung, also die Ersetzung der Körperflüssigkeiten durch künstliche Präparate mit dem Ziel der Konservierung des Körpers, ist nicht belegt. Dies erklärt sich aus einer unterschiedlichen Vorstellung über das Weiterleben im Jenseits. Während für die Ägypter die Vollständigkeit des Körpers eine wichtige Voraussetzung für die Existenz im Jenseits war, besaß der Körper im alten Syrien nach dem Tod eine untergeordnete Bedeutung. Der Totengeist, der als *Etemmu* bezeichnet wurde, löste sich in der altorientalischen Vorstellung von der körperlichen Hülle und repräsentierte in der Unterwelt die Identität des Verstorbenen. Folglich hatte die Fürsorge stärker dem Totengeist als dem Körper zu gelten.

Dennoch war nach der Bestattung der kultische Umgang mit dem Leichnam nicht beendet. Es begann ein Vorgang, den man sekundäre Bestattung nennt. Nach der Verwesung des Körpers wurden die Knochen aus ihrem anatomischen Verbund gelöst und umgelagert. Das konnte praktische Gründe haben, um Platz zu machen für neue Bestattungen. Es ist aber auch vorstellbar, dass einzelne Knochen zur Symbolisierung des Totengeistes dienten und in rituellen Handlungen benutzt wurden. In diesem Zusammenhang fällt auf, dass in der Königsgruft von Qatna – mit einer Ausnahme – keine Schädel vorhanden sind. Falls man es nicht auf zufällige Erhaltungsbedingungen zurückführen möchte, lässt sich dies als eine absichtliche Entnahme deuten. Die Schädel könnten an einen anderen, bisher nicht gefundenen Ort gebracht und dort kultisch versorgt worden sein. Mit Sicherheit wurden die übrigen Knochen zum Abschluss der sekundären Bestattung in die als Ossuarium dienende Ostkammer der Gruft verbracht, wo sie ihre letzte Ruhe fanden. Auch hier gab es allerdings immer noch eine kultische Verehrung, wie aus den Opferschalen deutlich wird, die auf den Knochenhaufen gestellt wurden. Aus diesen Belegen lässt sich auf ein langes Andauern des Totenkultes schließen.

Totenpflege

Begleitet wurde der Totenkult durch die regelmäßige Versorgung der Verstorbenen mit Nahrung. Auf diese Weise sollte der Totengeist zufriedengestellt werden. Der Umfang dieser Nahrungsopfer lässt sich aus den zahlreichen Vorratsgefäßen erschließen, die in der Gruft aufbewahrt wurden. Schalen, die in der Hauptkammer in großen Mengen vorhanden sind und teilweise aufeinandergestapelt waren, dienten sicher zur Portionierung und Verteilung des Essens. Zum Sitzen geeignete Bänke in der Hauptkammer und unter die Bänke geworfene Tierknochen, die als Essensreste aufzufassen sind, sprechen dafür, dass auch die lebenden Nachfahren an den Totenmahlen teilnahmen. Dies würde erklären, warum so viele Schalen in der Gruft gestapelt waren. In die Sarkophage, neben die Totenbahren und vor das Bett in der Südkammer wurden weitere Gefäße gestellt – und dort stehengelassen –, um den Toten ihren eigenen Anteil an der Nahrung zu präsentieren.

Die Totenpflege durch regelmäßige Speisung, als *Kispu* bezeichnet, ist eines der wichtigsten Konzepte des altorientalischen Totenkultes. Aus Texten erschließt sich, dass das *Kispu* in regelmäßigen Abständen, ein- oder zweimal im Monat, über einen langen Zeitraum hinweg praktiziert wurde. Fleisch, Brot, Butter, Milch und Bier zählten dabei zu den bevorzugten Lebensmitteln. In diesem Zusammenhang spielten auch Flüssigkeitsspenden (Libationen) eine Rolle. Vielleicht gehörte die in der Königsgruft von Qatna gefundene Goldhand zu einem Libationsarm, um derartige Opfer auszugießen.

Der Ahnenkult wurde in ritueller und räumlicher Verbindung mit dem Totenkult praktiziert. In der Königsgruft von Qatna kommt er am deutlichsten in den Ritualen der Vorkammer zum Ausdruck (s. S. 84 ff.; 200 ff.). Wie die Funde im königlichen Hypogäum verdeutlichen, gehörten der Ahnen- und der Totenkult zu den bedeutendsten religiösen Konzepten im Königtum von Qatna.

Goldene Hand in situ
Auf einer der Holzbahren in der Hauptkammer lag dieses kostbare Objekt, vielleicht der vordere Teil eines Libationsarmes.

Qatna › Die Kulturkontakte

Avaris und Peru-nefer – Flottenstützpunkte auf dem Weg nach Vorderasien

Manfred Bietak

Qatna tritt in ägyptischen Inschriften das erste Mal im 33. Jahr Tuthmosis' III. um 1446 v. Chr. auf, der bei seinen damals fast jährlichen Feldkampagnen die Stadt besetzte, die wohl zu den mittanischen Klientelstaaten gehörte. Auch Amenophis II. (1428–1397 v. Chr.) kreuzte in seinem Feldzug im Jahre 7 die Gegend. Der Ausgangspunkt dieser ägyptischen Feldzüge war mit großer Sicherheit Peru-nefer, der damals wichtigste Flotten- und Armeestützpunkt Ägyptens. Er wurde bislang meist in Memphis lokalisiert, doch haben in den letzten Jahren Ausgrabungen und geographische Studien einen großen Flottenstützpunkt bei Tell el-Dabᶜa zutage gefördert, der aus der Zeit von Tuthmosis III. (1479–1425 v. Chr.) und Amenophis II. stammt; das sind jene Könige, die ägyptischen Quellen nach Peru-nefer als Militär- und Flottenbasis benutzten. Von Tell el-Dabᶜa aus starteten die militärischen Unternehmungen Ägyptens in den nordsyrischen Raum.

Die Hauptstadt der Hyksos

Tell el-Dabᶜa befindet sich im nordöstlichen Nildelta und war in der Mittleren Bronzezeit die Hauptstadt der Hyksos namens Avaris. Diese Dynastie war syrisch-palästinensischer Herkunft und regierte Ägypten zwischen 1648/45 und 1539/36 v. Chr. Die Bewohner der Stadt stammten aus dem Vorderen Orient, genauer aus der nördlichen Levante. Sie kamen ursprünglich mit Billigung der Könige des Mittleren Reichs nach Ägypten, dem sie wohl als Soldaten, Seefahrer und Handeltreibende mit weitreichenden Verbindungen dienten. Eine Schwächezeit Ägyptens nutzend, errichteten diese Fremdlinge im Nordostdelta in der späten 13. Dynastie (spätes 18. Jahrhundert v. Chr.) ein eigenes Kleinkönigreich, das etwa hundert Jahre später Ägypten in Form eines Vasallensystems in seine Abhängigkeit bringen konnte. In Avaris schufen die Hyksos eine Mischkultur mit vorderasiatischen und ägyptischen Elementen. Die Tempelanlagen entstammten Architektur- und Kultkonzepten der kanaanäischen Welt, während ihre Häuser mit Ausnahme der ersten Siedlungsschicht von der ägyptischen Wohnarchitektur übernommen wurden. Hingegen zeigt der Palast, der mit hoher Wahrscheinlichkeit dem be-

‹ Relief eines Syrers

Die typischen verallgemeinernden Attribute, mit denen die Ägypter die „Asiaten", also die Levantebewohner, charakterisierten, sind auf diesem vertieften Relief vereint: die schmalen Augen, der spitze Kinnbart und das Haarband. 14./13. Jahrhundert v. Chr. Museum August Kestner, Hannover.

Plan von Tell el-Dabᶜa

Geomagnetische Untersuchungen trugen zur Entdeckung eines großen Hafenbeckens, eines Seebeckens und der genauen Position der Flussarme bei. Diese topographischen Eigenschaften machen gemeinsam mit der Palastanlage aus tuthmosidischer Zeit die Identifizierung mit dem Flottenstützpunkt Peru-nefer sehr wahrscheinlich.

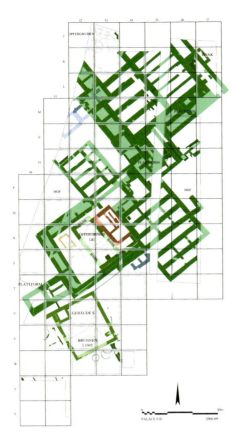

Palast in Tell el-Dabᶜa aus der Hyksoszeit
Wahrscheinlich von Chayan (nach 1600 v. Chr.)
erbaut. Die nebeneinander angeordneten
Räume und Höfe sowie die aus der Fassade
springenden Treppentürme zeigen Ähnlichkeit
mit nordsyrischen Herrscherpalästen.

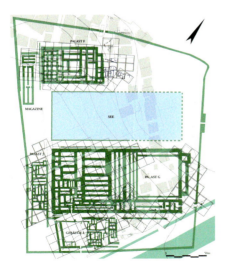

Palastanlage in Tell el-Dabᶜa
Die gewaltige, etwa 5,5 ha große Anlage mit
drei Palästen auf über 7 m hohen Podesten
entstand vermutlich unter Thutmosis III. und
Hatschepsut in der 1. Hälfte des 15. Jahrhunderts v. Chr.

deutenden Hyksos Chayan (nach 1600 v. Chr.) gehörte, keine Ähnlichkeit zu ägyptischen Palästen, sondern weist mit seinem kompakten Architekturkonzept in agglutinierender Bauweise mit nebeneinander angeordneten Elementen und Höfen sowie aus der Fassade springenden Treppentürmen Ähnlichkeit zu nordsyrischen Herrscherpalästen auf, unter anderem zu jenem von Qatna. Auch in seiner Größe von etwa 10 500 m² reiht er sich bestens unter diese syrischen Vorbilder ein. Ein geräumiger Palasthof war Schauplatz von in Abständen sich wiederholenden Riten mit kultischen Mahlzeiten, deren Relikte in großen Opfergruben begraben wurden. Die Einrichtung lässt sich unmittelbar mit dem *bet marzeah* im Alten Orient vergleichen. Es handelte sich dabei um feste Installationen, in denen eine Kultgemeinde in regel- oder unregelmäßigen Abständen zu Gedenktagen für Tote, Geburtstagen von Gottheiten oder zu anderen Anlässen rituelle Bankette abhielt. Dieser Palast hatte nicht lange Bestand, sondern wurde plötzlich aufgegeben. Eine neue Palastanlage aus der späten Hyksoszeit ist weiter westlich, unmittelbar am Nil feststellbar. Sie dürfte dem großen Hyksos Awoserreᶜ-Apophis (etwa 1590 / 87–1549 / 46 v. Chr.) und seinem Nachfolger Chamudi (etwa 1549 / 46–1539 / 36 v. Chr.) zuzuordnen sein. Entlang des Nils erstreckte sich eine große Verteidigungsmauer mit Bastionen. Dahinter lag ein ausgedehnter Garten, dessen Baum- und Strauchgruben noch erhalten waren. Auf der Landseite schloss er mit einer inneren Umfassungsmauer mit Parapet und Torturm ab. Der Palast konnte bisher nicht gefunden werden, doch führt eine große Wasserleitung weiter nach Süden, so dass der Bau im leider zerstörten Bereich des El-Samaᶜana-Kanals und unter der Autostraße nach Tanis zu vermuten ist. Avaris war eine Hafen- und Handelsstadt und blieb dies auch in der Hyksoszeit. Die zweite Stele des oberägyptischen Königs Kamose (etwa 1555–1550 v. Chr.), eines aufständischen Vasallen der Hyksos, berichtet, dass dort Hunderte von Schiffen vor Anker lagen.

Der Palast während der 18. Dynastie
Nach der Eroberung von Avaris durch Ahmose (1550–1525 v. Chr.), den König von Theben und ersten Herrscher der 18. Dynastie, wurde das Gros der Bevölkerung umgesiedelt. Die siegreichen Begründer des Neuen Reiches errichteten gewaltige Speicheranlagen, Garnisonen mit Soldatenfriedhöfen und vermutlich unter Tuthmosis III. sowie Hatschepsut (1479 / 73–1458 / 57 v. Chr.) eine gewaltige Palastanlage von 5,5 ha. Darin fanden sich drei Paläste auf über 7 m hohen Postamenten, von denen der Größte über 160 m Länge maß. Er war über eine Rampe begehbar und führte in einen weitläufigen quadratischen Hof, eine Portikus, ein breites Vestibül und schließlich in einen Bereich, der in einen großen Thronsaal und einen ebenso großen Tempel geteilt war. Dass hier die wichtigste Staatsgottheit und der König nebeneinander residierten, gilt als ideelle Übertragung von orientalischen Herrscherpalästen, mit denen Tuthmosis III. als Feldherr intensiv in Kontakt getreten ist, oder aber als ein Relikt aus der Hyksoszeit. Hinter diesen Repräsentations- und Kulträumen war ein geräumiges privates Apartment untergebracht. Östlich neben dem Palast fand sich ein weitläufiges öffentliches Gebäude mit unmittelbarem Zugang zu den Privatgemächern des Palastes. Dieser und der mittlere Palast waren alle mit originalen minoischen Wandmalereien und Stuckreliefs ausgestattet. Der bemalte Wandputz war im Lauf der Zeit von den weichen Lehmziegelwänden abgefallen und kam am Fuß der Aufgangsrampe zutage. Unter den Motiven gab es Stierspringer und -ringer, Jagdszenen mit Löwen und Leoparden, die Damwild und Stiere jagen – Themen, die die minoische Ideologie der Hierarchie in der Natur ansprechen. An der Spitze der Tiere stand ein Greif, der offenbar Bestandteil einer Jagdszene war. Unter den Szenen zeigte sich nichts Ägyptisches, es finden sich jedoch minoische höfische Embleme wie große Greife, vergleichbar mit jenen im Thronsaal von Knossos, Halbrosettenfriese und Labyrinthmuster. Diese Motive waren vor allem im mittleren Palast anzutreffen und weisen auf unmittelbaren Kontakt auf höchster Ebene zwischen Ägypten und Kreta hin. Insofern ist der Befund in Tell el-Dabᶜa einzigartig und hebt sich von anderen minoischen und ägäisch anmutenden Malereien in den Palästen von Alalach, Kabri und Qatna ab.

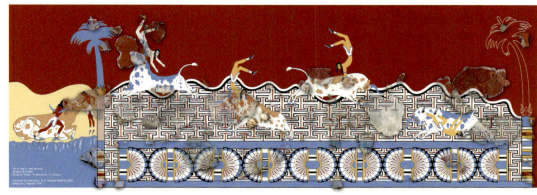

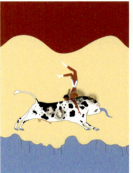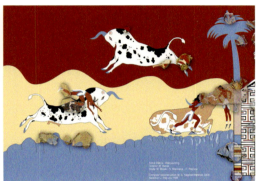

Stierspringerfries aus Tell el-Dabᶜa

Dieses höfische Motiv ist in der Malerei bisher
nur aus dem Palast von Knossos bekannt.
Sein Auftreten in minoischem Stil und Technik
weist auf enge Verbindung zwischen den
Höfen von Knossos und Tell el-Dabᶜa in der
1. Hälfte des 15. Jahrhunderts v. Chr. hin.

Die Hafenanlage

Abgesehen von dieser Anlage fand sich bei einem geomagnetischen Survey ein gewaltiges Becken (etwa 450 m
x 400 m), das als Hafen identifiziert werden konnte. Es hatte zwei Verbindungen zum Nil, einen Zubringer- und
einen Ausgangskanal, die auf regen Schiffsverkehr schließen lassen. Der Zubringer war von einer Festungs-
mauer des Königs Haremhab (1319–1292 v. Chr.) überbaut, der das Becken und den von ihm renovierten Seth-
Tempel der Hyksos durch eine Einfassungsmauer absichern ließ. Dies war sinnvoll in einer Epoche, in der die
Feindseligkeiten mit dem mächtigen Hethiterreich wiederaufflammten. Ein zweites mögliches, aber noch nicht
als Hafen verifiziertes Becken befand sich in einem Altwasserarm unmittelbar am mutmaßlichen Palast des
Hyksos Chayan; es diente möglicherweise nur als herrschaftliche Anlegestelle.

Tell el-Dabᶜa mit dem beschriebenen tuthmosidischen Palast und dem Hafenbecken stimmt mit der in der historischen Überlieferung beschriebenen Topographie der Marinebasis Peru-nefer überein und spricht deutlich
für die Identifizierung mit der Flottenstation, die bislang in Memphis gesucht wurde. Memphis aber fällt infolge einfacher hydrographischer Überlegungen als bedeutender Marinehafen aus, denn bis vor dem Bau der
Staumauern war die Nilschifffahrt in den Monaten der Dürre von Januar bis Juni nicht möglich; zudem ruhte
im Januar und Februar die Seeschifffahrt wegen der Winterstürme, und die ägyptischen Feldzüge fanden meist
im Frühjahr statt. In Küstennähe konnte man jedoch mit Hilfe des Meeres, das die leeren Nilkanäle bis 30 km
flussaufwärts füllte, auch in der Trockenzeit auslaufen: daher Peru-nefer, was „gute Ausfahrt" bedeutet.

Der Platz war auch noch in der Zeit Ramses II. (1279–1213 v. Chr.) der wichtigste Hafen und Militärstützpunkt
Ägyptens, wie ein Hymnus auf die Stadt in einem Papyrus deutlich zum Ausdruck bringt.

In der ehemaligen Hauptstadt der Hyksos ist die asiatische Tradition auch nach der Eroberung durch Ahmose
von Theben bestens belegt. Sie erreichte in der Zeit Ramses II. einen weiteren Höhepunkt, als der Gott Seth
mit asiatischer Ikonographie zum Ahnherrn der neuen Dynastie aufrückte, wie die sogenannte 400-Jahresstele
belegt.

> Bietak et al. 2007; Bietak 2009

Qatnas Beziehungen zur Ägäis

Marian H. Feldman

Während der Blütezeit von Qatna im 2. Jahrtausend v. Chr. bestanden enge Verbindungen zwischen dem Nahen Osten, dem östlichen Mittelmeer und der Ägäis. Diese Regionen verband der Bedarf an Erzen, besonders an Kupfer und Zinn, da beide Metalle für die Herstellung von Bronze benötigt wurden. Kupfer kam hauptsächlich aus den westlichen Gebirgen auf Zypern, wohingegen Zinn – von dem es möglicherweise kleinere Vorkommen in Zentralanatolien gab – zum großen Teil aus Zentralasien herbeigeschafft wurde. Folglich erforderte die Herstellung der aus Kupfer und Zinn bestehenden Legierung Bronze ein ausgeprägtes Fernhandelsnetz, das sich quer durch Syrien und den Mittelmeerraum erstreckte. Das Schiffswrack von Uluburun, das am Ende des 14. Jahrhunderts v. Chr. vor der türkischen Südküste sank, hatte etwa 10 t zyprisches Kupfer und 1 t Zinn an Bord, was diese Verbindungen veranschaulicht. Qatna war Teil dieses Handelsnetzes und konnte sowohl exotische Waren als auch elementare Erzeugnisse aus der Ägäis erwerben. Die Frage, ob die Kontakte direkt waren oder, was wahrscheinlicher ist, über Küstenstädte der Levante und Zypern liefen, bleibt offen.

Handelsrouten

Qatnas Verbindungen zur Ägäis folgten zwei verschiedenen geographischen Routen: Die eine führte unmittelbar westwärts über den Bergpass der Akkarebene nahe des modernen Homs zur Mittelmeerküste und von dort entweder in Richtung Süden nach Byblos oder in Richtung Norden nach Ugarit, die andere nordwärts entlang des Orontes, der sich durch die Amuqebene schlängelt und im Mittelmeer mündet. Von der levantinischen Küste aus segelten Schiffe entlang der türkischen Südküste – vermutlich mit einem kurzen Halt auf Zypern – und von dort aus weiter zu den ägäischen Inseln, Kreta und dem griechischen Festland. Ausgrabungen in Ugarit und Byblos brachten eine große Zahl an Importstücken aus der Ägäis zutage. Die Bedeutung der nördlichen Handelsroute entlang des Orontes wird deutlich durch die Verbindung zwischen Qatna und Alalach / Tell Atchana,

‹ Kopf aus Alalach
Der 16 cm hohe Kopf aus schwarzem Diorit wurde im Palastbereich gefunden und wird oft dem König Jarimlim zugeordnet (s. S. 206). 1750/1700 v. Chr. Museum Antakya.

Kamares-Ware aus Ugarit
Die feine Palastware mit geometrischen Mustern auf schwarzem Grund ist nach ihrem ersten Fundort benannt, einer Kulthöhle im Idagebirge auf Kreta. Die Gefäße wurden bis in den Orient gehandelt. 1900–1650 v. Chr. Musée du Louvre, Département des Antiquités orientales, Paris.

das in einer nördlichen Biegung des Flusses nahe des antiken Antiochia/Antakya liegt und ebenfalls für seine beträchtlichen ägäischen Funde bekannt ist. Diese drei Städte waren höchstwahrscheinlich die Haupthandelszentren des nordöstlichen Mittelmeers, von denen aus Güter, die über die Mittelmeerrouten herangebracht worden waren, im lokalen Umfeld verteilt wurden.

In der Forschung gilt das Vorhandensein auswärtiger Keramik als Indikator für direkten oder indirekten Kontakt zwischen verschiedenen Kulturkreisen. Kretische mittelminoische Keramik aus der ersten Hälfte des 2. Jahrtausends v. Chr., besonders die polychrome Kamaresware, wurde vor allem in den Küstenstädten der nördlichen Levante, Ugarit, Byblos, Beirut und Sidon, gefunden. Ein Fragment aus Qatna hingegen ist einer der am weitesten im Inland lokalisierten Belege für diesen Keramiktyp. In Alalach fehlt Kamares-Keramik gänzlich, was die Annahme nahelegt, dass zu dieser Zeit Ugarit und Byblos eine wichtigere Rolle als Vermittler spielten. Die Menge der mittelminoischen Keramik ist jedenfalls recht gering und lässt auf einen eher sporadischen Import in den Nahen Osten schließen. Spätere mykenische und minoische Keramik, die systematisch und in großer Menge importiert und in einem sehr viel größeren geographischen Bereich gefunden wurde, taucht auch in Qatna auf. Als Verteilungszentren für diese spätbronzezeitliche Keramik in der Levante wurden sowohl Ugarit als auch Alalach vorgeschlagen.

Texte als Zeugen

Texte aus dem mittelbronzezeitlichen Mari, das weit im Landesinneren am Euphrat liegt, sowie dem spätbronzezeitlichen Ugarit beweisen Handelsbeziehungen mit Kreta, das in den Mari-Texten als Kaptara/Kaphtor bezeichnet wird. So zählt ein Text ledernes Schuhwerk, Bronzewaffen mit Einlegearbeiten sowie Silber- und Goldgefäße als Importe aus dieser westlichen Region auf. Ein Schriftstück aus dem 13. Jahrhundert v. Chr. aus Ugarit nennt den bedeutenden Kaufmann Sinaranu, der enge Beziehungen zur Palastadministration hatte und dem Steuerbefreiung für seine Fracht aus Kreta gewährt wurde – vielleicht als Anreiz für das außergewöhnliche persönliche Risiko, das man bei solchen Unternehmungen einging. Die Mari-Texte sind von besonderer Bedeutung, denn sie belegen, dass ägäische Produkte tiefer ins Landesinnere eindrangen, als archäologische Erkenntnisse es vermuten lassen würden. Der Handel mit Zinn könnte die Transportwege aus dem Osten via Mari geebnet haben, über die dann andere luxuriösere und exotischere Dinge verhandelt wurden. Aus Mari stammt auch ein Text, der die komplizierten Transaktionen des Zinnhandels von Elam im südwestlichen Iran bis zu einem kretischen Händler dokumentiert, welcher seinen Teil einer Zinnlieferung in einer levantinischen Küstenstadt, vielleicht Ugarit, erhält. Auch dem König von Qatna, Amut-pi'el, steht nach diesem Text ein Anteil an der Ware zu.

In den zahlreichen Inschriften des 14. und 13. Jahrhunderts v. Chr., der Spätbronzezeit, aus Ugarit werden jedoch keine Personen mit ägäischen Namen genannt, was die Annahme nahelegt, dass nun zyprische Mittelsmänner den Hauptimport aus der Ägäis betreiben. Große Mengen zyprischer Keramik an allen Ausgrabungsstätten, die auch ägäische Keramik aufweisen und damit im Austausch mit dem Mittelmeer standen, bestätigen die entscheidende Rolle der Insel im östlichen Mittelmeer während dieser Epoche. Zu diesen Orten gehörte auch Qatna als aktiver Teil der Bronzekulturen im 2. Jahrtausend v. Chr.

Der Kontakt mit Alalach

Die ägäisierenden Wandmalereien, die im königlichen Palast von Qatna gefunden wurden, weisen auf einen möglichen direkten Kontakt zwischen der Stadt und der Ägäis, denn sie erforderten die Anwesenheit von Handwerkern mit umfangreichen Kenntnissen ägäischer Freskotechniken in Qatna. In geographischer und chronologischer Hinsicht finden die Malereien ihren Vorgänger in Alalach. Dort werden die Fresken von gehörnten Bullen, sich wiegendem Schilfrohr und geflügelten Greifen, die die Wände des Palasts von Jarimlim schmück-

Nuzi-Ware aus Alalach

Neben der eingeführten feinen Palastware aus der Ägäis fand man in den bedeutenden Städten der Levante auch Luxusware aus Nordmesopotamien. Dieses Beispiel der sogenannten Nuzi-Ware, benannt nach ihrem Fundort, zeichnet sich nicht nur durch aufwendige florale Bemalung, sondern auch durch eine besonders dünne Wandstärke aus. 15./14. Jahrhundert v. Chr. British Museum, Department of the Middle East, London.

„Wishbone-handle"-Gefäß

Die ursprünglich aus Zypern stammenden Tassen wurden in die Levante exportiert und später dort auch hergestellt. Sie werden aufgrund ihrer Henkelform „Schlüsselbein-Tassen" genannt. Eine andere Bezeichnung ist „milkbowl", was zeigt, dass Archäologen anschauliche Begriffe benutzen, um bestimmte Typen zu charakterisieren. 16.–14. Jahrhundert v. Chr. Nationalmuseum Damaskus.

ten, in die Mittelbronzezeit (18.–17. Jahrhundert v. Chr.) datiert. Die Freskotechnik, die sich durch Vorzeichnungen mit Hilfe von Schnurabdrücken und durch polierten Kalkputz auszeichnet, ist ein Kennzeichen des minoischen Kreta und der benachbarten ägäischen Inseln. Man entdeckt sie ebenfalls in der Nähe von Mittelmeerhäfen wie beispielsweise Tell Kabri in der Levante und Tell el-Dabᶜa im Nildelta in Ägypten. Die Wandmalereien von Qatna bilden die bislang am weitesten im Landesinneren des Vorderen Orients gefundenen Fresken. Vermutlich erfolgte der Transfer von Alalach den Orontes hinab. Eine besondere Beziehung zwischen Alalach und Qatna spiegelt sich ebenfalls in anderen kulturellen Hinterlassenschaften wider, die beiden Stätten gemeinsam sind. So enthalten ihre Archive hurritische linguistische Komponenten. Auch in der Skulptur gibt es Verwandtschaften. Zwei Ahnenstatuen aus Basalt, die den Eingang der königlichen Gruft unter dem Palast von Qatna flankieren, zeigen markante Ähnlichkeiten in der Haartracht und den Gesichtszügen mit einem schwarzen Steinkopf aus Alalach, der oft als König Jarimlim identifiziert wird. Ferner ist die sogenannte Nuzi-Keramik, die nach Meinung einiger Experten aufgrund ihrer Hell-auf-Dunkel-Verzierung einen ägäischen Einfluss aufweist und als typisch für die mittanische Periode in Alalach gilt, durch zwei Exemplare in der königlichen Gruft von Qatna vertreten. Qatna lag am südlichen Rand des Bereichs, der normalerweise der nördlichen syrisch-mesopotamischen Kulturtradition zugeschrieben wird, zu der auch Alalach gehörte. Die zentrale Position von Alalach spielte somit auch für Qatna eine Rolle und die Stadt darf als Vermittler für ägäische Importe und sogar eventuell von Künstlern nach Qatna angesehen werden.

Falkenfuß

In der Königsgruft von Qatna fand sich dieser bronzene Fuß eines Raubvogels. Parallelen aus Ugarit belegen, dass sich in der Levante Figuren ägyptischer Horus-falken großer Beliebtheit erfreuten. 15./14. Jahrhundert v. Chr. Nationalmuseum Damaskus.

Hatti, Mittani und Qatna – Kulturtransfer in der Bronzezeit

Stefano de Martino

Das Königreich Qatna gehörte zu den kleineren syrischen Staaten, die Begehrlichkeiten der konkurrierenden großen Reiche Hatti und Mittani weckten. Schon seit der Zeit der ersten hethitischen Herrscher Hattusili I. (etwa 1565–1540 v. Chr.) und Mursili I. (etwa 1540–1530 / 25 v. Chr.) versuchte das Hethiterreich – das Reich Hatti – sein Gebiet auf Syrien auszudehnen.

Bei den in jener Zeit im Konflikt mit den Hethitern stehenden syrischen Staaten handelte es sich um Jamchad (mit der Hauptstadt Halab / Aleppo) und die Stadtstaaten von Urschum, Haschschum sowie Hahhum. Die Eroberung dieser Gebiete war von entscheidender Bedeutung für Hatti, weil Halab und die oben erwähnten Städte die Verbindungswege zwischen Anatolien und Syrien kontrollierten, über die Waren aus Mesopotamien und weiter entfernten Gebieten gehandelt wurden. Wahrscheinlich gelangte auch das zur Herstellung von bronzenen Waffen und Gebrauchsgegenständen benötigte Zinn über diese syrischen Handelszentren nach Anatolien.

Das Reich Jamchad und die Hethiter

Daneben stellten Jamchad und allgemeiner die syrischen Staaten dieser Zeit wohl auch ein ideologisches und kulturelles Bezugsmodell für die hethitischen Herrscher dar, denn nach der Plünderung der eroberten syrischen Städte nahmen die Hethiter nicht nur Wertgegenstände mit, sondern verschleppten auch Schreiber in ihre Hauptstadt. Nicht zufällig wurden zur Zeit Hattusilis I. einige nicht internationale Dokumente, so zum Beispiel die Annalen, sowohl in hethitischer als auch in akkadischer Sprache verfasst. Tatsächlich existierte dereinst noch keine etablierte literarische Tradition der hethitischen Schrift, während das Akkadische schon zur Kultursprache geworden war. Das Studium der Annalen von Hattusili I. zeigt, wie stark der mesopotamische Einfluss in Hatti war, der sich durch die syrische Tradition und die syrischen Schreiber verbreitete.

In den historiographischen Erzählungen von Hattusili I. und Mursili I. wurden die hethitischen Militärkampagnen zur Eroberung Nordsyriens beschrieben. Beide Herrscher führten nicht nur mit dem Reich Jamchad und den Zentren von Urschum, Haschschum und Hahhum, sondern auch mit Emar und Ebla Krieg. Die Stadt Qatna taucht jedoch nicht in den historiographischen hethitischen Texten auf. Dieses könnte auf ihre bruchstückhafte Erhaltung zurückzuführen sein, wahrscheinlicher aber ist, dass Qatna einer weiter entfernten Gegend und damit nicht den primären Gebietsinteressen der Hethiter zuzurechnen war.

In den folgenden Jahrzehnten formte sich aufgrund der hethitischen Unfähigkeit, die eroberten syrischen Gebiete zu kontrollieren, im so entstandenen Machtvakuum nach dem Zusammenbruch Jamchads das hurritische Reich Mittani. Im 15. Jahrhundert v. Chr. kontrollierte Mittani einen Großteil von Syrien, auch Qatna stand unter seiner Herrschaft. Aufgrund der wenigen Quellen zum mittanischen Reich – die Hauptstadt Waschschukkanni konnte bislang noch nicht mit Bestimmtheit lokalisiert werden, weshalb wir keinen Zugang zu den zentralen Verwaltungsarchiven haben – mangelt es allerdings an sicheren Beweisen für diese Annahme.

Qatna und Mittani

Die Zugehörigkeit von Qatna zum mittanischen Reich kann aber aus zwei Texten gefolgert werden, die aus den Archiven der hethitischen Hauptstadt stammen. Dabei handelt es sich um zwei Evokationsrituale (CTH 483, 716) hurritischen Ursprungs; von ihnen erlangten die Hethiter wahrscheinlich über das Reich Kizzuwatna (im südöstlichen Anatolien) Kenntnis. Kizzuwatna zählte ehemals zum von Mittani beherrschten Gebiet und wurde erst am Anfang des 14. Jahrhunderts v. Chr. ein Teil von Hatti. In diesen Texten sind alle Länder aufgeführt, aus denen Gottheiten angerufen werden mussten. Beide Listen beginnen mit der Erwähnung von Mittani, was zeigt, dass die originalen Versionen noch während des 15. Jahrhunderts v. Chr. zur Blütezeit des Reiches aufgestellt wurden. In Folge sind die syrischen Ländernamen im politischen oder kulturellen Einflussbereich von Mittani aufgeführt, unter diesen auch Qatna.

Prunkaxt aus Ugarit
Bei der Herstellung dieser Waffe wurden drei Materialien eingesetzt: Bronze mit Einlagen aus Gold für den Griff und Eisen für die Klinge. Bislang ist es einer der frühesten Belege für die gleichzeitige Verwendung dieser Metalle. 14./13. Jahrhundert v. Chr. Nationalmuseum Aleppo.

Darüber hinaus war die Verbindung zwischen Qatna und Mittani auch ethno-linguistisch. Das in Qatna gefundene Inventar der „Schätze des Ninegal-Tempels" und die im Jahre 2002 entdeckten Tontafeln weisen die dortige Verwendung des Hurritischen neben dem Akkadischen nach. Ebenso belegte eine Untersuchung von Personennamen, dass Teile der Bevölkerung hurritischer und auch amurritischer Herkunft waren. Des Weiteren hatte Qatna wie andere syrische Zentren Gesellschaftsmodelle mittanischen Ursprungs assimiliert: Eine ägyptische Quelle aus dem siebten Regierungsjahr des Pharaos Amenophis II. (1428–1397 v. Chr.) berichtet über eine Militärexpedition gegen Syrien und dokumentiert so eine Schlacht zwischen dem Pharao und einer Gruppe von *marijannu* aus Qatna. Der Begriff *marijannu* bezeichnete Mitglieder der politischen und militärischen Elite von Mittanni und bezeugt klar einen gesellschaftlichen Einfluss der hurritischen Kultur in Qatna.

In der Zeit des Pharaos Thutmosis III. (1479–1425 v. Chr.) betraten die Hethiter erneut die politische Bühne Syriens, indem sie sich wieder gegen Mittani stellten, um die Vorherrschaft über Teile Syriens zu gewinnen. Der hethitische König Tutchalija I. (etwa 1420–1400 v. Chr.) eroberte Aleppo und erzwang Vereinbarungen mit Emar und Tunip. Auch jetzt, wie zur Zeit Hattusili I., wurde Qatna in den hethitischen Quellen nicht erwähnt; wir wissen allerdings wieder nicht, ob dieser Umstand auf die uns fragmentarisch erhaltene Dokumentation zurückzuführen ist oder aber ob die Stadt in jener Epoche noch außerhalb des hethitischen Interessensgebietes lag.

Die Eroberungen des Reiches Hatti

Einige Jahrzehnte später, in der Mitte des 14. Jahrhunderts v. Chr., zog der hethitische König Suppiluliuma I. (etwa 1355 / 50–1320 v. Chr.) mit einer gewaltigen Streitmacht gegen Mittani und seine Verbündeten. Diesmal befand sich Qatna inmitten eines kriegerischen Konflikts der Hethiter, den diese nicht nur mit Mittani, sondern auch mit Ägypten ausfochten. Am Ende kam es zur Eroberung von ganz Westsyrien, Qatna eingeschlossen – wie hethitische sowie auch die jüngst in Qatna gefundenen Quellen bezeugen – und zur Machtausdehnung bis nach Qadesch.

Zwei geschäftete Lanzenspitzen aus Qatna
Aus Bronze gegossen, die Ränder sind mit einem dünnen Silberband eingefasst. Die meisten Waffen dieser Zeit waren aus Bronze gefertigt. Erst die Hethiter perfektionierten die Eisenherstellung und setzten Waffen aus diesem Material im Kampf ein. Ihre großen militärischen Erfolge schreibt man auch diesen neuen Waffen zu. 15./14. Jahrhundert v. Chr. Nationalmuseum Damaskus.

Abrollung eines Rollsiegels aus der Mittani-Zeit
Hauptmotiv ist ein Beter, der vor einer Gottheit steht, die an ihrer Hörnerkrone zu erkennen ist. Mitte 2. Jahrtausend v. Chr. Staatliche Museen zu Berlin, Vorderasiatisches Museum.

Geschäftete Hacke

Dieses Werkzeug lag in der Königsgruft von Qatna. Hacken waren nicht nur Werkzeuge für das tägliche Leben, sondern gehörten auch zu Kriegerausrüstungen. 15./14. Jahrhundert v. Chr. Nationalmuseum Damaskus.

In den hethitischen Archiven haben sich viele der Verträge erhalten, die Suppiluliuma I. und auch seine Nachfolger mit den Herrschern der eroberten syrischen Reiche schlossen. Hingegen ist uns kein Vertrag mit Qatna bekannt. Das Reich von Qatna erscheint auch nicht unter den syrischen Verbündeten, die 1275 v. Chr. in Qadesch mit den Hethitern gegen die Ägypter kämpften. Man könnte die Hypothese aufstellen, dass Qatna nach der Eroberung von Suppiluliuma I. an politischer Bedeutung verlor und vielleicht sogar in das benachbarte Reich Nuhaschsche eingegliedert wurde.

Erst in der zweiten Hälfte des 13. Jahrhunderts v. Chr. wird Qatna in dem hethitischen Gerichtsprotokoll KBo VIII 32 als unter hethitischer Herrschaft stehend erwähnt. Des Weiteren sind wahrscheinlich Handelsbeziehungen zwischen dem Reich Hatti und Qatna in dem hethitischen Gerichtsprotokoll KBo XVIII 176 dokumentiert, denn er nennt in Qatna hergestellte Produkte. Es handelt sich um ein Inventurprotokoll; aufgeführt werden mit Waren gefüllte Behälter. Ihre Herkunftsorte sind Qatna und Karkemisch – leider ist der Kontext fragmentarisch.

Die Palastgöttin

Zum Schluss mag daran erinnert werden, dass einige hethitische Texte die Göttin Ninegal („Herrin des Palasts") nennen. Diese Gottheit verehrte man in verschiedenen syrischen Zentren und muss in Qatna eine so hohe Position im Pantheon gehabt haben, dass sie als „Herrin von Qatna" definiert wurde. Die Göttin, den Hethitern schon in früherer Zeit bekannt, taucht später vor allem im Götterkult syro-hurritischen Ursprungs auf, wie zum Beispiel in Opferlisten des Kultes der Göttin Hebat und des Gottes Tessup von Halab. Letztendlich wurde Ninegal auch in der Schwurgötterliste des Staatsvertrages Suppiluliumas von Hatti mit Schattiwaza von Mittani aufgezählt. Dabei handelt es sich um den einzigen hethitischen Vertrag, in dem die Göttin Ninegal Erwähnung findet. Da sie in diesem Vertrag sowohl zwischen den Göttern von Hatti als auch zwischen denen von Mittani aufgeführt wird, scheinen die Hethiter diese Göttin, auch wenn sie nicht fremd im eigenen Pantheon war, mit der mittanischen Welt verbunden zu haben.

❯ Bryce 2005; Haas 1994; Klengel 1999; Richter 2005; Wilhelm 1989

Der Osten ist fern – Qatnas Kontakte nach Mesopotamien

Felix Blocher

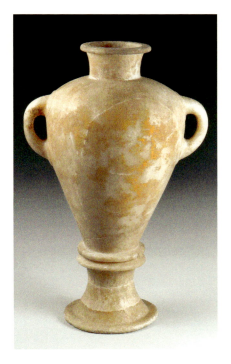

Die Kontakte Qatnas zu den in Mesopotamien gelegenen Kulturen – Assyrien, Babylonien, Stadtstaaten am Euphrat wie Mari und in Obermesopotamien –, die sich uns aus dem archäologischen Material erschließen, sind gering.

Die Architektur

Zunächst soll näher auf den Palast von Qatna eingegangen werden (s. S. 166). Es lassen sich einige Eigenheiten feststellen, die ebenso an Bauten in Mesopotamien beobachtet werden können, wie die von Ernst Heinrich so bezeichnete Abfolge von Thronsaal (in Qatna Raum B) und Festsaal (Raum A). Eine solche Abfolge ist im Palast der Herrscher von Eschnunna an der Wende vom 3. zum 2. Jahrtausend v. Chr. gut zu erkennen. Andere Beispiele sind der Palast von Mari – hier entspräche die Raumkette in Qatna C–B–A der Abfolge von dem kleineren Hof, Saal F und Saal E –, der Palast Nuradads von Larsa oder der Palast A in Tall Bi'a. Die Abfolge von Thron- und Festsaal wird von manchen Forschern als „amurritisch" bezeichnet und ist bereits in der Akkadzeit (um 2300–2100 v. Chr.) im Dijalagebiet belegt. In den genannten Palästen scheint allerdings der Raum, der die Halle C in Qatna bildet, eher ein Hof zu sein; auch für Qatna wäre die Interpretation als Hof möglich, dafür spräche die Tatsache, dass die Tür von Raum C nach B offenbar mit einer Art Vordach ausgestattet war, was an den Stützenstellungen erkennbar ist. Das dadurch entstehende nischenartige Zurückspringen der Türsituation von Raum C nach B ist nicht mesopotamisch; dort läge die Tür in der glatten Wand, die in Profanbauten meist ohne abgetreppte Leibungen auskommt. Für Mari wird von den französischen Ausgräbern vor Saal F ein Vordach rekonstruiert, das die ganze Breite des davorliegenden Hofes einnimmt.

Gefäß aus Ugarit
Wie in Qatna fanden sich auch in Ugarit Gefäße, deren Ursprung in Ägypten zu suchen ist. 15./14. Jahrhundert v. Chr. Nationalmuseum Aleppo.

‹ Alabastergefäß aus Assur
Die Form des Gefäßes leitet sich von ägyptischen doppelhenkeligen Vorbildern ab, die auch in der gesamten Levante verbreitet waren, wie es unter anderem Funde aus Qatna belegen. Von dort aus gelangte die Form auch nach Mesopotamien. 14. Jahrhundert v. Chr. Staatliche Museen zu Berlin, Vorderasiatisches Museum.

Plan des Palastes aus Tell Asmar/Eschnunna
Auf älteren Palästen aufbauend ließ der Herrscher Ibal-pi'el um 1900 v. Chr. dieses Gebäude errichten. Deutlich ist der quadratische Saal auszumachen, an den sich der schmale Längssaal und ein parallel liegender Festsaal anschließen. Das Schema ist vergleichbar mit dem Palast von Qatna.

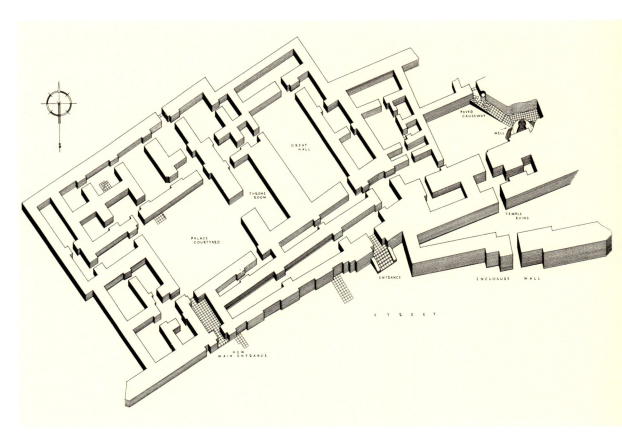

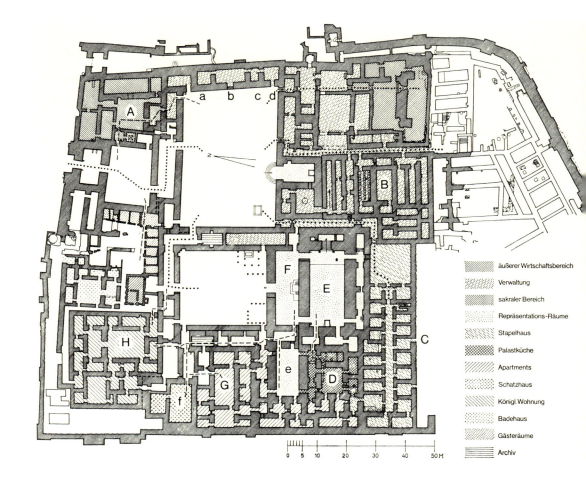

Plan des Palastes von Mari

In der ersten Hälfte des 18. Jahrhunderts v. Chr. galt er als einer der bestaunenswertesten Paläste seiner Zeit. Die Höfe der großen Anlage waren mit Wandmalereien geschmückt. Ähnlich wie in Tell Asmar/Eschnunna ist in diesem Plan im südlichen Teil die Abfolge eines quadratischen Raumes – in diesem Falle ein Hof – und zweier parallel liegender schmaler Säle zu erkennen. Im zum Hof geöffneten Saal fanden die Ausgräber noch eine mit Marmordekor verzierte Basis für den Thron.

äußerer Wirtschaftsbereich
Verwaltung
sakraler Bereich
Repräsentations-Räume
Stapelhaus
Palastküche
Apartments
Schatzhaus
Königl. Wohnung
Badehaus
Gästeräume
Archiv

0 5 10 20 30 40 50 M

Siegel aus dem Palast in Qatna

Die Darstellung zeigt einen Beter im Falbelgewand vor einer Gottheit. Die Szene wie auch die Füllmotive in Form einer senkrecht stehenden Waage, eines Gefäßes, eines krummbeinigen, kleinwüchsigen Männchens als Lautenspieler sowie eines hockenden Affen sind mesopotamischen Ursprungs und finden sich auch auf zeitgleichen altbabylonischen Siegeln. 18./17. Jahrhundert v. Chr. Nationalmuseum Homs.

Ein in mesopotamischen Bauten seltenes Element sind die Stützen in Raum C in Qatna, es findet sich jedoch in dem einige Jahrhunderte älteren Annex des Palastes A von Kisch: Raum 45 ist mit vier Pfeilern in Reihe ausgestattet, wodurch der Saal in zwei Schiffe geteilt wird. Die Stützen in Qatna könnten auch an den Palast König Sinkaschids in Uruk erinnern, befinden sich dort aber in einer Umgebung, die an einen Erschließungshof oder -raum für Magazine denken lässt. Am nächsten steht Raum C mit seinen vier Stützen und dem zentralen Becken einem Befund im kappadokischen Kültepe, der in die ausgehende Frühbronzezeit datiert. Dort liegt auf dem Ruinenhügel ein mehrräumiger Bau, der vier Stützen und eine zentrale Herdstelle im wohl wichtigsten Raum des Hauses kombiniert.

Ein zu erwähnendes Element in Qatna ist das kammerartige Heiligtum P der Belet-ekallim (NIN.É.GAL) an der Wand zwischen Raum C und B, über das wir durch spätbronzezeitliche Textfunde informiert sind. An seinem Boden markieren kleine Pfostenlöcher den Umriss. Solche Löcher sind auch im Hof von Mari vor der Wand zu Thronsaal F zu entdecken, jenem Hof also, in dem das bekannte Wandgemälde mit der sogenannten Investitur Zimrilims angebracht war. Die zentrale Gestalt ist die Göttin Ischtar; die in Qatna verehrte Belet-ekallim weist Ähnlichkeiten mit ihr auf. Somit gäbe es hier eine weitere Verbindung zwischen Qatna und einem westmesopotamischen Palast. Im babylonischen Larsa erscheint Belet-ekallim unter der Fürsorge einer der Frauen König Rim-Sins von Larsa.

Für unseren Vergleich ist der Zugang zur Gruft aus Raum A in Qatna, dem sogenannten Festsaal, sehr interessant, denn Grüfte *unter* solchen Sälen kommen ebenso in Mesopotamien vor. Eine aus Backsteinen gemauerte Gruft liegt unter dem Thronsaal des Schakkanakku-Palastes in Mari; das entspräche in Qatna Raum B. Im Palast A in Tall Bi'a war die Errichtung einer Gruft unter dem größten Saal, Raum Q, geplant. Altbabylonische Wohnhäuser können ebenfalls Gräber oder Grüfte aufweisen, etwa in Ur, wo solche Stätten sowohl unter dem Empfangsraum als auch unter dem Hauptsaal belegt sind.

Die Funde

Was die Funde betrifft, so sind die Beziehungen zu Mesopotamien äußerst schwach ausgeprägt. Die Tatsache, dass in Qatna sitzende und stehende Personen beziehungsweise Gottheiten abgebildet wurden, braucht wohl keine Vorbilder. Einige antiquarische Details seien hier aber erwähnt: Interessanterweise ist bei männlichen Statuen / Statuetten mit Bart die Mundpartie rasiert dargestellt. Diese Barttracht kann man im 3. Jahrtausend v. Chr. an vielen mesopotamischen Beterstatuetten beobachten, nicht zuletzt in Mari am Euphrat und in Assur am Tigris. Die akkad- und Ur III-zeitlichen sowie die altbabylonischen Herrscher in Mesopotamien weisen dann allerdings im Normalfall auch einen um die Lippen herum stehengelassenen Bart auf. Das gilt ebenso für die Herrscher Puzur-Eschtar und Ischtupilum von Mari. So ist vielleicht eher der umgekehrte Schluss zulässig, dass der rasierte Mund im Mesopotamien des 3. Jahrtausends v. Chr. eine syrische Sitte war, die sich in der Heimat länger hielt.

Die syrischen Wulstmäntel, die sowohl Könige als auch Götter tragen, sind nur entfernt mit dem in der späten Akkadzeit aufkommenden babylonischen Togagewand verwandt. Eigen ist beiden, dass eine lange Stoffbahn um den Körper gewickelt wird. Syrisch sind die üppigen Säume, deren Volumen vielleicht aus der besonderen Behandlung der Webkette entstand. Die auch in Syrien übliche Hörnerkrone stellt zweifellos ein mesopotamisches Element unter den göttlichen Attributen dar.

Vor Beginn der französischen Grabungen wurde in Tell Mischrife oder seiner näheren Umgebung ein verwitterter Kopf gefunden, der mit Köpfen der Gudea- und Ur III-Zeit um 2000 v. Chr. verglichen wurde, da er wie diese den typischen rasierten Schädel aufweist. Sein kleiner Mund, seine kurze Nase und die recht starke Betonung der Brauenwülste könnten hingegen für eine mittel- oder sogar spätbronzezeitliche Entstehung im syrischen Raum – mit Anklängen an die ägyptische Kunst – sprechen.

Bei den Kleinfunden lässt sich ein Beispiel nennen, das die Beziehungen Qatnas mit Mesopotamien verdeutlichen könnte. Es handelt sich um ein Rollsiegel, das, obwohl von mittelmäßiger Qualität, eindeutig altbabylonisch ist, sowohl vom ikonographischen Repertoire als auch von der Siegelinschrift her. Es zeigt einen Beter im Falbelgewand vor einer Gottheit, die möglicherweise als Sonnengott zu deuten ist, da sie einen Gegenstand in der rechten Hand hält, den man als Säge interpretieren könnte. Der Gott trägt ein langes Gewand, unter dem seine beiden Füße herausschauen. Zusätzlich sieht man noch ein Bein, das in Kniehöhe aus dem Gewand hervorschaut. Gewöhnlich ist der Sonnengott mit einem geschlitzten Rock abgebildet, ein Bein angewinkelt vorangestellt, denn er steigt morgens aus den Bergen, die er mit seiner Säge aufgeschnitten hat, um die Sonne zu befreien. Hier scheint eine Uminterpretation des vorderen Beines als Stab oder Ähnliches vorzuliegen. Den mesopotamischen Ursprung belegen darüber hinaus Füllmotive wie Waage und Gefäß, ein krummbeiniges, kleinwüchsiges Männchen als Lautenspieler sowie ein hockender Affe, denn diese Motive sind häufig auf altbabylonischen Siegeln zu finden.

Erwähnt werden muss außerdem die Nuzi-Keramik, die nach dem im Nordirak liegenden antiken Ort Nuzi benannt ist. Dabei handelt es sich um eine auffällig dekorierte Keramik, deren Muster hell auf dunkel erscheinen. Dargestellt werden florale Motive wie Blüten, Ranken, außerdem Vögel, Wellenlinien und Vergleichbares. Trotz ihres Namens beschränkt sich diese Keramik nicht auf die Region um Nuzi, sondern kommt in ganz Obermesopotamien vor. Ihr Verbreitungsgebiet reicht bis in den nord- und mittelsyrischen Bereich, so ist sie etwa in Alalach am Orontes und Qatna nachgewiesen.

Der Palast von Qatna und die ihn umgebende Siedlung sind ein gutes Beispiel für die Kultur Syriens im 2. Jahrtausend v. Chr. In fast allen Bereichen tritt uns die westlich des Euphrats herausgebildete Formensprache entgegen. Als übergreifendes und auch in Mesopotamien belegtes Element könnte man Einzelheiten bezeichnen, die in der Forschung gerne als „amurritisch" apostrophiert werden, so etwa Details der Grundrissgestaltung von Palästen.

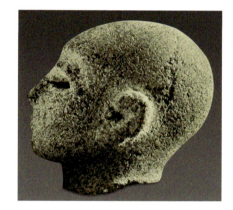

Zwei Köpfe

Der obere Kopf wurde in den 1920er Jahren in Qatna oder der Umgebung gefunden. Seine Datierung wird immer noch diskutiert; oft wird seine Entstehung aufgrund der Ähnlichkeit mit Darstellungen der neusumerischen Zeit, wie dem unten abgebildeten Gudea-Kopf, in die Zeit um 2000 v. Chr. gesetzt. Musée du Louvre, Département des Antiquités orientales, Paris.

Kunst im internationalen Austausch – Evidenz aus Qatna

Joan Aruz

Ägyptischer Haarschmuck
Aus Gold, Karneol, Türkis und Glas wurde dieser aufwendige Schmuck aus dem Grab der Frauen des Thutmosis III. hergestellt, der an die Rosette aus der Königsgruft in Qatna erinnert. 15. Jahrhundert v. Chr. The Metropolitan Museum of Art, New York (s. S. 22).

Jüngste Entdeckungen in Qatna weisen ein außergewöhnliches Spektrum an kunstvollen Gegenständen auf, das die wichtige Rolle der Stadt als Knotenpunkt für Handel und kulturelle Interaktion veranschaulicht. Aus Mari-Texten weiß man, dass in der Mittelbronzezeit die Route für das kostbare Zinn von Elam durch die syrische Wüste bis zum Orontestal verlief und dabei 20 Minas (etwa 10 kg) an Amut-pi'el, den König von Qatna, gezahlt werden mussten. Dieser Handelsweg führte weiter nach Ugarit; dort hielt sich laut den Texten ein Kaufmann von Kaphtor auf. Kaphtor wird gewöhnlich mit Kreta identifiziert. Die durch diese Texte belegte geographische Weite der Handelsbeziehungen ist nicht überraschend für eine Zeit, in der die Elite nach seltenen Steinen wie Lapislazuli oder nützlichen Metallen wie Zinn – zusammen mit Kupfer wesentlich zur Bronzeherstellung – verlangte und so treibende Kraft bei der Gründung von Handelsplätzen in der syrisch-levantinischen Region war. Kupfer war leichter erhältlich; eine Hauptquelle befand sich auf Zypern, das in den Mari-Texten erstmals mit Alaschija identifiziert wurde. Die Kontakte dieser Zeit dokumentieren auch die von Michel Al-Maqdissi gefundenen Keilschrifttafeln aus Tell Sianu, die Gold, Stoffe sowie Ölgefäße aus Ostsyrien und Alaschija auflisten.

Eliten im Austausch

Für die Spätbronzezeit ist die Nachfrage nach Kupfer, Zinn und Edelmetallen sowie anderen exotischen Materialien durch die Amarna-Korrespondenz belegt. Diese bezeugt einen lebhaften und vielfältigen Austausch – so von Prinzessinnenbräuten und Spezialisten wie Kunsthandwerkern, Priestern und Ärzten – zwischen den Großkönigen von Hatti, dem kassitischen Babylon, Mittani, Assyrien und Ägypten. Kleinere Vasallen-Königreiche wie Qatna, das zu verschiedenen Zeiten unter den Einfluss von Mittani, Hethitern und Ägyptern geriet, tauchen ebenfalls in der Korrespondenz auf. Darin erfährt man, dass Akkizi von Qatna fünf Briefe an Echnaton schrieb; in einem davon bat er um Gold für eine Götterstatue. Der Reichtum der Stadt wird in solchen wertvollen Weihungen der Herrscher offensichtlich. Andere Weihungen, die vermutlich ein Jahrhundert früher entstanden und in vier Tempelinventaren aufgelistet waren, bestanden aus wertvollem Schmuck und anderen aufwendig hergestellten Artefakten aus unterschiedlichen Goldtypen sowie mit Halbedelsteinen besetzten Metallarbeiten. Die in der Königsgruft entdeckten Schätze verstärken dieses Bild. Deren stilistische Bandbreite und das Spektrum ikonographischer Elemente bezeugen, welches Prestige die Kunst fremder Länder hatte – ganz besonders die aus Ägypten.

Ägypten als Inspirator

Möglicherweise handelt es sich bei den beiden beeindruckendsten Objekten aus dem Hypogäum – der Rosette und den goldenen Entenköpfen (s. S. 154–155) – um Importe aus dem Niltal, eine Annahme, die von Dorothea Arnold vom Metropolitan Museum unterstützt wird. Die halbmondförmigen Lapislazuli- und Karneoleinlagen der Rosettenblätter finden ihre nächsten Parallelen im Schmuck einer der drei Ehefrauen – einstige Prinzessinnen aus Kanaa – des Thutmosis III. Ihre Grabausstattung war rein ägyptisch bis auf eine einzige Ausnahme, nämlich einen Becher aus Fayence, vergleichbar mit Gefäßen aus dem mittanischen Nuzi. Die Enten, für die eine Funktion als Gefäßtaschen vorgeschlagen wurde, weisen eine fein wiedergegebene Textur des flaumigen Federkleids und eine gelungene Ausführung der geöffneten Schnäbel auf; sie sind in feinster Goldschmiedetechnik hergestellt. Das Muster der Federn lässt sich mit dem mit Straußenfedern versehenen Pferdekopfputz auf einem goldenen Fächer und dem Federschmuck der vergoldeten Holzskulptur des Ptah aus dem Grab von Tutanchamun vergleichen. In stilistischer Hinsicht ist der Hathorkopf zwischen den Entenköpfen ebenfalls völlig ägyptisch und bildet einen starken Kontrast zur Darstellung eines Hathorkopfes in auffallend lokalem Stil auf einem anderen Objekt aus Qatna: Ein Goldblech zeigt systematisch angeordnete Figuren mit ägyptisierenden Gewändern sowie Zeptern und bildete als eher grobe lokale Adaption ägyptischer Königs- oder Götterbilder einen Kleiderbesatz, der zusammen mit weiteren Plaketten in Qatna entdeckt wurde.

‹ **Gefäßständer aus Episkopi (?) auf Zypern**
Eine der Figuren hat einen Ochsenhautbarren geschultert. In diese Form gegossen wurde das Kupfer in alle Teile der damaligen Alten Welt verhandelt. Das Kupfererz „Cypros" gab schon in der Antike der Insel ihren Namen. 1250–1050 v. Chr. British Museum, Department of Greece and Rome, London.

Pyxisdeckel aus Byblos
Die ovale Elfenbeinscheibe ist in der Mitte
mit einer Rosette verziert, um die ein Ring mit
Greifendarstellungen gelegt ist. Sie erinnert
in ihrer Gestaltung deutlich an eine in Qatna
gefundene Goldplakette. 14. Jahrhundert v. Chr.
Generaldirektion des Antikendienstes, Beirut
(s. S. 225).

Einheimische Traditionen

Andere Schmuckplaketten aus Qatna sind dagegen außergewöhnlich in ihrer Qualität und mit Arbeiten aus der Levante verwandt. Ein fein gearbeitetes rundes Blech zeigt ein Greifenpaar, das ägyptische Symbole flankiert. Sowohl in ihrem Ausschreiten – beide Füße sind fest auf die Grundlinie gesetzt – als auch in Form und Muster ihrer ausgebreiteten Flügel entsprechen sie ganz der syrischen Version dieser pharaonischen Wesen. Die Komposition ist mit Schnitzereien auf einem Elfenbeindeckel aus Byblos verglichen worden, die weniger präzise, dafür aber dynamischer und mit Überschneidungen gearbeitet sind. Ein weiteres kreisrundes Goldornament aus der Gruft gehört zu den wenigen Beispielen mit Granulation. Es handelt sich um einen aufwendigen kanaanitischen Anhänger mit einem strahlenförmigen Stern; vergleichbare Stücke stammen aus dem Schiffswrack von Uluburun und waren vielleicht einst Schmuck der kanaanitischen Händler an Bord. Diese scheinen von einem südlich von Sidon gelegenen Hafen der Levante aus westwärts gereist zu sein. Die mykenischen Waffen, der Schmuck, die Siegel und die Keramik aus dem Wrack wurden von Cemal Pulak zwei mykenischen Gesandten zugeschrieben, die die wertvolle Fracht und diplomatischen Geschenke für einen Palast im griechischen Mutterland begleiteten.

Einflüsse von außen

In den orientalischen königlich-diplomatischen Austausch war auch die Ägäis eingebunden, wie etwa der Hortfund zyprischer Rollsiegel aus Lapislazuli im mykenischen Theben vermuten lässt. Ägäischen Einfluss hingegen belegen die wertvollen östlich-mediterranen Objekte mit Tierkampfszenen, die zum Beispiel aus dem Grab von Tutanchamun stammen. Ein besonders wertvolles Objekt ist eine goldene Dolchscheide mit zwei- und dreifigurigen Tierkampfgruppen, die Elemente des minoischen und mykenischen Tierstils enthalten. Eine solche Komposition kann man auch auf einer fragmentarisch erhaltenen Goldapplike aus der Königsgruft in Qatna erkennen, auf der ein Löwe mit frontal dargestelltem Kopf in den Rücken eines Stiers beißt. Das Stück wird zurzeit von Tulip Abd el-Hay untersucht.

Die Vielfalt des kulturellen Austausches in Qatna lässt sich auch an zwei anderen Plaketten aus der Königsgruft feststellen, die möglicherweise einen Zeremonialköcher schmückten. Sie zeigen Bilder von Jägern, die mit Dolchen – nicht mit Pfeil und Bogen – Hirsche angreifen. Wie Peter Pfälzner feststellte, werden Hirsche in der levantinischen Bilderwelt gewöhnlich vor Raubkatzen geschützt. Tatsächlich werden sie gemeinsam mit Stieren im oberen und unteren Register des U-förmigen Beschlags von Löwen und Leoparden bedroht. Stilistisch sind die Hirsche dennoch an der anatolischen Kunst orientiert, obwohl sie dort eine andere Ikonographie haben und oft das Ziel von Bogenschützen sind. Pfälzner legt weiterhin dar, dass für den dramatischen Habitus mancher Figuren auf dem Beispiel aus Qatna Parallelen fehlen. Allerdings ist die symmetrische Komposition mit informellen Registern auf diesem Stück ebenso wie bestimmte Aspekte der Haltung der Jäger, ihre Tracht, Gesichtszüge und Frisuren gängig für die levantinische Kunst, so auf der Schale aus Ugarit und einem Beschlag, der die Scheuklappe eines Pferdes zierte und vermutlich aus Kamid el Loz stammt. Gemeinsam ist bei Scheuklappe und Köcherbeschlag aus Qatna die Technik der Gold- beziehungsweise Elektronauflage auf Silber.

Indikatoren des Kulturtransfers

Zusammen mit der Löwen- und Stierapplike könnten die Köcherbeschläge aus Qatna die Adaption einer von außen inspirierten Bilderwelt darstellen, die eines der prominentesten Motive in der Kunst der Eliten ist: Beherrschung und Kontrolle. Das Thema wird durch die Szenen mit den Jägern und den Raubkatzen zum Ausdruck gebracht. Ihre Entdeckung in einem einzigen Kontext neben Arbeiten in verschiedenen levantinischen Stilen sowie möglicherweise ägyptischen Importen unterstreicht die enorme Bedeutung der Königsgruft von Qatna und verdeutlicht die komplexen Dimensionen kultureller Interaktion.

Anhänger mit Sonnensymbol
Der Anhänger wurde mit anderen Schmuckstücken, die ebenfalls Astralmotive zeigen,
im Schiffswrack von Uluburun gefunden. Diese
in Syrien und Mesopotamien weit verbreiteten
Anhänger lagen auch in der Königsgruft von
Qatna. Um 1300 v. Chr. Museum für Unterwasserarchäologie, Bodrum (s. S. 232).

Tierkampfszene auf einer Dolchscheide
Aus dem Grab des Tutanchamun stammt dieser
Dolch, dessen Scheide mit einem deutlich
levantinischen Dekor geschmückt ist: Ein von
Raubtieren angegriffenes Huftier. In Qatna
wurde ein Plakettenfragment gefunden, das
ein sehr ähnliches Sujet zeigt. 2. Hälfte 14. Jahrhundert v. Chr. Ägyptisches Museum, Kairo
(s. S. 224).

Europa und der Orient – Die Handelskontakte

Martin Bartelheim / Ernst Pernicka

Bernsteinperlen von Uluburun
Baltischer Bernstein war im mykenischen Griechenland sehr beliebt; von dort aus wird er auch nach Syrien gekommen sein. Noch wird diskutiert, ob der Handelsweg vom Baltikum über das Karpatenbecken ging oder via Südengland. Von dort gelangte Zinn aus Cornwall in die Ägäis. 14. Jahrhundert v. Chr. Museum für Unterwasserarchäologie, Bodrum.

Europa trat als Handelspartner seit dem 3. Jahrtausend v. Chr. allmählich und im 2. Jahrtausend v. Chr. vollständig in das Blickfeld des Orients. Im 3. Jahrtausend v. Chr. wurde die Ägäis nur am Rande in das weitgespannte orientalische Handelsnetz einbezogen, das sich in Ausläufern bis zum Industal hin erstreckte und zum Beispiel anhand von Materialien wie Lapislazuli, Karneol, Metallen – darunter Bronze und Gold – sowie einheitlichen Gewichtstandards nachgewiesen werden kann. Das frühminoische Kreta befand sich seinerseits aber bereits in einem engen kulturellen Austausch mit dem Alten Reich Ägyptens. Abgesehen von der Nordkaukasusregion verblieb das übrige Europa in jener Zeit noch ohne bedeutsame Verbindungen zur vorderorientalischen Welt, auch wenn es einzelne Hinweise auf mögliche Kontakte gibt, deren Ausmaß jedoch ungeklärt ist.

Verbindungen mit dem ägäischen Raum

Zu Beginn des 2. Jahrtausends v. Chr. intensivierten sich die Beziehungen besonders des ägäischen Raumes mit dem Orient, wobei hier vor allem wieder die minoische Kultur Kretas eine wichtige Brückenfunktion hatte: So tritt die charakteristische bunt bemalte kretische Kamares-Keramik auf Zypern, an der syrischen Küste und bis nach Oberägypten auf, etwa in Assuan. Im syrischen Mari am mittleren Euphrat wurden in einem Archiv Tontafeln gefunden, auf denen kretische Importe genannt werden, vorzugsweise Metallgefäße und Waffen. Auf Kreta wiederum kamen im Kontext der älteren Paläste ägyptische Skarabäen sowie Rollsiegel aus Syrien und Mesopotamien zum Vorschein. Die engen Verbindungen der Insel zum Orient zeigen sich deutlich in ihrer Entwicklung zu einer Palastgesellschaft mit einer zentralisierten Verwaltung und Wirtschaft, einem Schriftsystem sowie einem auf die Paläste bezogenen hochstehenden Kunsthandwerk, was nicht ohne Einflüsse aus dem levantinisch-mesopotamischen Raum zu verstehen ist.

In der späten Bronzezeit, um die Mitte und in der zweiten Hälfte des 2. vorchristlichen Jahrtausends, war der Austausch des Orients mit der Ägäis, hauptsächlich auf dem Seeweg, ebenfalls sehr rege. Dafür kann vor allem ägäische Keramik, die in Kleinasien, an der levantinischen Küste, auf Zypern und in Ägypten zahlreich vertreten ist, aber auch Kupfer in Form der sogenannten Ochsenhautbarren neben Produkten der Kunst und

‹ Mykenische Bügelkanne aus Troia
Diese Keramik wurde außer in der Ägäis auch in weiter entfernten Gebieten wie Anatolien und Syrien gefunden und belegt den gut organisierten, weitläufigen Handel. 14. Jahrhundert v. Chr. Archäologisches Museum, Istanbul.

Zyprischer Kupferbarren
Rohkupfer kam vor allem in Form von sogenannten Ochsenhautbarren in den Handel. Ihre Gestalt erinnert an die abgezogene Haut eines Ochsen. Ob diese typische Form sich damals von Tierhäuten ableitete, ist fraglich. Vielmehr erleichterten die abstehenden Enden das Tragen und Befestigen auf den Transportmitteln. Die wie Fell wirkende, unebene Oberfläche entstand durch den Gießvorgang. Ochsenhautbarren konnten ein Gewicht zwischen 25 und 28 kg haben. Kopie, Archäologische Staatssammlung, München.

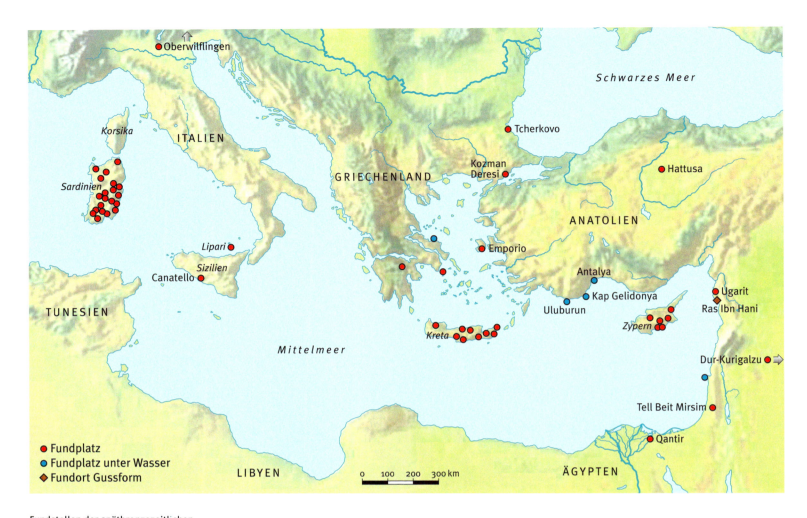

Fundstellen der spätbronzezeitlichen Ochsenhautbarren

Diese sind über den ganzen Mittelmeerraum verteilt und reichen bis nach Mitteleuropa. Nördlichster Fundort ist Oberwilflingen im Ostalbkreis, wo vier kleine Fragmente eines solchen Barrens entdeckt wurden.

des Kunsthandwerks als Zeugnis dienen. Außer Kreta war nun zunehmend auch das mykenische Griechenland in den Handel involviert.

Zypern und der Orient

Mit Zypern, das dem Orient noch näher liegt, beginnen engere Verbindungen erst deutlich später um die Mitte des 2. Jahrtausends v. Chr. Zwar erwähnen die Archive aus Mari für das 18. Jahrhundert v. Chr. bereits Kupferlieferungen aus Zypern, aber die reichen Vorkommen dieses wichtigen Metalls auf der Insel waren offenbar noch nicht in das Sichtfeld der orientalischen Herrscher geraten. Der wirtschaftliche und kulturelle Austausch war daher vergleichsweise gering. Dies änderte sich deutlich zu Beginn der Späten Bronzezeit, als Zypern zu einem begehrten Handelspartner des Orients und Ägyptens wurde und neben Kupfer insbesondere Hölzer, Öle, Riechstoffe und Keramik verhandelte. Die reichen archäologischen Hinterlassenschaften in verschiedenen wohlhabenden Handelsstädten auf Zypern wie in Enkomi, Kition, Hala Sultan Tekke oder Kalavassos Hagios Dimitrios, aber auch schriftliche Nachrichten, beispielsweise in den Amarna-Briefen des 14. Jahrhunderts v. Chr., die uns viele Informationen über politische und wirtschaftliche Beziehungen im ostmediterranen Raum jener Zeit liefern, legen beredtes Zeugnis dafür ab. Aufgrund der geographischen Nähe stand Zypern in besonders engem Kontakt mit den Städten an der syrischen Küste, vornehmlich Ugarit, das als wichtigste Drehscheibe des Überseehandels zwischen Mesopotamien und dem Westen diente.

Transport über den Seeweg

Auch wenn Landverkehr über längere Distanzen im Mittelmeerraum möglich war – was bislang allerdings aber kaum durch Funde belegt ist –, dürfte der Löwenanteil des Warenaustausches zwischen dem Okzident und dem Orient in der Bronzezeit per Schiff entlang der Küsten erfolgt sein. Die besten Einblicke in Art, Umfang und Gegenstände dieses Handels liefern drei Wracks von Handelsschiffen, die in den letzten Jahren intensiv untersucht wurden. Zwei davon entdeckte man vor der türkischen Südküste in Uluburun und am Kap Gelidonya, eines nahe der griechischen Argolis vor dem Kap Iria; sie markieren die damalige Hauptverbindungsroute von der Levante nach Westen. Besonders das Wrack von Uluburun zeigt mit seinem reichen Frachtgut die weitgespannten Verbindungen auf, die den Handel während der Späten Bronzezeit im östlichen Mittelmeerraum charakterisierten: Kupferbarren aus Zypern, Zinnbarren vermutlich aus Zentralasien beziehungsweise Mittel- oder Westeuropa, Rohglas aus Ägypten, Elfenbein aus dem Orient, Ebenholz aus Afrika, Bernstein aus dem Ostseeraum, organische Materialien aus der Mittelmeerregion sowie Produkte des Kunstgewerbes (Keramik, Waffen und ein Steinzepter), deren Herkunft von Ägypten, über die Levante, Zypern, die Ägäis bis ins Schwarzmeergebiet anzunehmen ist.

Der Handel mit Bernstein

Tief hinein nach Europa, bis in den baltischen Raum, reichte offenbar der Handel mit Bernstein. Auf welche Weise er nach Qatna gelangte, ist umstritten. Aufgrund seiner häufigen Verbindung mit einer Elitensphäre in der ostmediterranen Bronzezeit liegt die Vermutung nahe, dass er auch über diese Kreise weitergeleitet wurde. Eine wichtige Drehscheibe dürfte das mykenische Griechenland gewesen sein, da sich dort, allen voran in den mykenischen Schachtgräbern, dieses Material mit eindeutig baltischer Provenienz wiederfindet. Es muss derzeit noch offenbleiben, ob der Bezug direkt über das Karpatenbecken erfolgte, wie dies einige mykenische Funde suggerieren, wie etwa Schwerter und mykenisch wirkende Ornamente auf verschiedenen Objekten in dieser Region, oder ob eine Route über Südengland im Zusammenhang mit dem Handel von Zinn aus Cornwall benutzt wurde, wofür die markante Ähnlichkeit von Bernsteinschmuck in Mykene und in Wessex sprechen könnte.

Insgesamt wird deutlich, dass sowohl in den Hochkulturen des östlichen Mittelmeerraumes und des Vorderen Orients als auch im prähistorischen Europa der Austausch von Rohstoffen als Hauptmotor des überregionalen Handels anzusehen ist. Hier steht in der Forschung zumeist das Metall im Vordergrund des Interesses, da es sich besonders gut im archäologischen Befund erhält. Durch schriftliche Zeugnisse wie die bereits genannten Amarna-Briefe zeigt sich allerdings, dass vergängliche organische Produkte wie Hölzer, Öle, Riechstoffe, Drogen und Lebensmittel wie Getreide ebenfalls wichtige Austauschprodukte darstellten. Daneben dürfte Keramik, darunter Transportbehälter sowie Ess- und Trinkgeschirr, an einigen Orten, etwa auf Zypern oder in der Ägäis, in größeren Serien hergestellt und verschifft worden sein.

Mit dem Niedergang der ostmediterranen Hochkulturen der Bronzezeit um 1200 v. Chr. brach dort auch der überregionale Handel im großen Stil weitgehend zusammen. Bis zum Aufkommen des phönizischen Seehandels im 1. Jahrtausend v. Chr., für den man wieder den Weg zu den reichen Ressourcen des Westens suchte, vergingen mehrere Jahrhunderte, in denen Europa für den Orient ökonomisch nur eine untergeordnete Rolle spielte.

> Buchholz 1999; Gale 1991; Karageorghis 2002; Siebenmorgen 2000; Yalçın et al. 2005

Fundsituation von Uluburun
Eine von vier Reihen mit Kupferbarren auf dem spätbronzezeitlichen Schiffswrack. Insgesamt wurden 354 Ochsenhautbarren in dem gesunkenen Schiff gefunden.

Qatna › Der Untergang

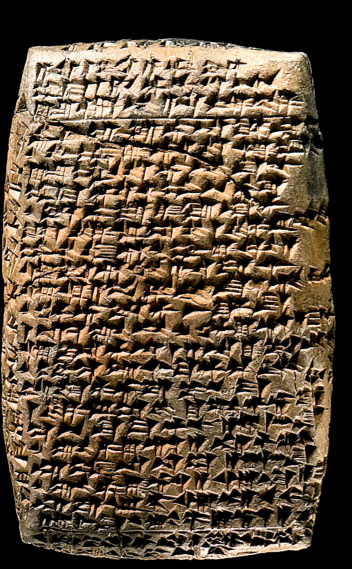

Der große Brand – Ende einer Epoche

Thomas Richter

Das Ende Qatnas als ein selbständiges Staatswesen wird durch die derzeit verfügbaren Quellen nur unvollständig beleuchtet; unmittelbare Beschreibungen der Ereignisse sind nicht bekannt und auch nicht zu erwarten. Sie stehen in einem ursächlichen Zusammenhang mit den Syrien-Aktivitäten des hethitischen Großkönigs Suppiluliuma I. (etwa 1355/50–1320 v. Chr.) und den dadurch ausgelösten innersyrischen Konflikten. Vor dem Eingreifen der Hethiter scheint der Raum des heutigen Syriens eine Periode relativer Ruhe durchlebt zu haben: Die politisch und militärisch bedeutendste Macht war das Reich Mittani, das mit dem pharaonischen Ägypten – nach einer früheren Periode kriegerischer Auseinandersetzungen – einen Interessensausgleich gefunden hatte und das weite Teile des nördlichen Mesopotamien bis in das Osttigrisgebiet direkt oder über Abhängigkeitsverhältnisse kontrollierte. Zu Ägyptens Einflussbereich darf der äußerste Süden Syriens und des Libanon (einschließlich von Damaskus) sowie Palästina gerechnet werden. In den übrigen Regionen hatte sich eine Reihe kleinerer Staatswesen etabliert, die vermutlich unter der Oberherrschaft Mittanis standen.

Der Aufstieg des Hethiterreiches

Suppiluliuma I. sah sich zu seinem Herrschaftsbeginn mit einer Revolte in den anatolischen Besitzungen des hethitischen Reiches konfrontiert, die noch zu Zeiten seines Vaters Tutchalija II. (etwa 1375–1355/50 v. Chr.) begonnen hatte. Es gelang ihm zwar, erste militärische Erfolge zu verbuchen; ein Teil der Aufständischen konnte sich jedoch in das Land Ischuwa (entspricht heute etwa der Region Sanlıurfa, Malatya) flüchten. Suppiluliuma I. verfolgte sie und konnte in Ischuwa einige Eroberungen tätigen. Aus unbekanntem Grund sah sich der König veranlasst, gegen das südöstlich davon gelegene Reich Mittani vorzugehen, das zu dieser Zeit von Tuschratta beherrscht wurde. Möglicherweise hatte Mittani die Aufständischen unterstützt oder direkt in den Konflikt eingegriffen, als die hethitische Armee gegen Ischuwa vorging. Diese Region galt gemeinhin als mittanisches Einflussgebiet.

Der Vormarsch der hethitischen Truppen gegen die mittanische Hauptstadt Waschschukkanni hatte allerdings keinen Erfolg. Als die Armee noch in Mittani stand, griff eine Koalition mehrerer syrischer Klein- und Mittelstaaten (Mukisch, Nija, Nuhaschsche) das Territorium der am Mittelmeer gelegenen Handelsstadt Ugarit an. Niqmaddu II. (etwa 1350–1315 v. Chr.), der König von Ugarit, wandte sich mit der Bitte um Unterstützung an den hethitischen Herrscher. Dass Suppiluliuma I. auf dieses Angebot einging, obwohl der Feldzug gegen Mittani nicht erfolgreich abgeschlossen war, könnte auf seine Hoffnung zurückzuführen sein, die Beziehungen zu der Hafenstadt zu festigen und durch eine formelle Unterwerfung des ugaritischen Königs auf eine sichere rechtliche Basis zu stellen. Da Ugarit nicht nur Hafenstadt, sondern auch Handelsknotenpunkt mit Beziehungen in alle Teile des östlichen Mittelmeeres war, konnten überdies beträchtliche jährliche Tribute erwartet werden. Während der Großkönig selbst nur bis nach Mukisch vordrang, gelang es den ausgesandten Truppen, die feindliche Koalition entscheidend zu schlagen und Ugarit zu retten; daraufhin zerstreute diese sich.

Allerdings handelte es sich nur um einen Teilerfolg, denn um eine dauerhafte Befriedung zu erlangen, war es notwendig, die Gegner nun gesondert zu verfolgen. Die größte Bedrohung ging offenbar von Nuhaschsche aus, das unter seinem König Adad-nirari (1306–1274 v. Chr.) weite Teile Mittelsyriens und des Libanon beherrschte.

Die Plünderung Qatnas

Aus diesem Grund sah sich der hethitische König veranlasst, den Feldzug nach Süden auszudehnen. Sein erstes Ziel war Qatna; möglicherweise deshalb, weil es als Zufluchtsort oder Machtbasis des Adad-nirari diente. Die Stadt wurde geplündert, aber nicht zerstört. Im weiteren Verlauf des Krieges wandten sich die Hethiter noch gegen andere Machtzentren von Nuhaschsche und – ohne dass dies derzeit erklärbar wäre – auch gegen

Tafelfragment
Dieser leider nur fragmentarisch erhaltene Brief stammt vom Herrscher von Qatna, Akizzi, wie man aus dem Absender entnehmen kann. 14. Jahrhundert v. Chr. Staatliche Museen zu Berlin, Vorderasiatisches Museum.

‹ Zwei Briefe aus Qatna
In einem schildert Hannutti, ein hethitischer Befehlshaber, die wirre politisch-militärische Entwicklung der damaligen jüngsten Vergangenheit in Syrien. Der andere Brief ist von Scharrup-sche, dem König von Nuhaschsche, und handelt unter anderem von den Auseinandersetzungen um die Stadt Armatte bei Alalach sowie von dem Verhältnis Scharrupsches zu dem Hethiter Hannutti und dem König von Qatna, Idadda. 14. Jahrhundert v. Chr. Nationalmuseum Homs.

Damaskus, das damals unter ägyptischer Oberherrschaft stand. Vermutlich währte der gesamte Feldzug, wie dies Mursili II. (etwa 1318–1290 v. Chr.) in einem Bericht über die Taten seines Vaters Suppiluliuma I. festhält, nur ein Jahr; danach kehrte Suppiluliuma I. mit seinen Truppen nach Anatolien zurück.

Neue Machtverhältnisse

Der hethitische König gestaltete die politische Landkarte Syriens neu. In Nija kehrte Takuwa auf seinen Thron zurück; diesen hatte er zwischenzeitlich an seinen Bruder verloren, der sich der Koalition gegen Ugarit angeschlossen hatte. Nun wurde der flächenmäßig größte Staat dreigeteilt: Die Städte Ugulzat und Qatna wurden als eigenständige Königtümer unter Takip-scharri beziehungsweise Idadda aus Nuhaschsche herausgelöst, das unter Scharrup-sche in verkleinertem Umfang weiterbestand. Über die Vergangenheit dieser Personen schweigen die Quellen. Möglicherweise handelte es sich um Angehörige der lokalen Eliten; zumindest Idadda dürfte zum Zeitpunkt seiner Thronbesteigung kein junger Mann mehr gewesen sein.

Tafelfragment
Auf diesem Bruchstück ist noch der Name der Stadt Qatna zu lesen. 14. Jahrhundert v. Chr. Staatliche Museen zu Berlin, Vorderasiatisches Museum.

Zwei weitere Briefe aus Qatna
In einem übermittelt der Hethiter Hannutti dem Herrscher von Qatna die Aufforderung seines Herrn, des Großkönigs: „Befestigt die Stadt Qatna!". Der andere Brief belegt die unruhige Lage und berichtet von der „Rettung" zweier Götterstatuen sowie deren Verschickung nach Qatna. 14. Jahrhundert v. Chr. Nationalmuseum Homs.

Tafelfragment

Inhaltlich schließt dieser Brief an diejenigen des Akizzi von Qatna an. 14. Jahrhundert v. Chr. Staatliche Museen zu Berlin, Vorderasiatisches Museum.

Die wichtigsten Ziele dieses Ersten Syrischen Krieges oder Einjährigen Feldzuges waren allerdings nicht erreicht worden: die Niederwerfung von Ischuwa und Mittani. Auch die strategisch wichtige Stadt Karkemisch am Euphrat befand sich nicht in hethitischer Hand.

Nachdem Suppiluliuma I. mit seiner Armee wieder nach Anatolien zurückgekehrt war – nur in der Nähe von Karkemisch dürfte ein Truppenkontingent zurückgeblieben sein –, musste es das Ziel Mittanis sein, die von diesem etablierte Ordnung zu beseitigen. Diese Zeit ist zwar nur sehr unvollkommen bekannt, doch hat es den Anschein, als habe Tusratta nun die hethitische Garnison nahe Karkemisch sowie Ugulzat angegriffen. Es bleibt allerdings offen, wie viel Zeit bis zum Zweiten Syrischen Krieg beziehungsweise dem Sechsjährigen Feldzug verstrich.

Veranlasst durch diesen Angriff, marschierte die hethitische Armee unter der persönlichen Führung des Großkönigs erneut über Ischuwa gegen Mittani; dieses Mal gelang ein entscheidender Sieg. Vielleicht wurde Tusratta (etwa 1365–1335 / 22 v. Chr.) im Anschluss daran ermordet; dass er einer Revolte zum Opfer fiel, ist unbestritten, lediglich der Zeitpunkt kann nicht näher bestimmt werden. Wie schon während des Einjährigen Feldzuges wandten sich die Hethiter danach gen Westen, wobei Karkemisch das Hauptangriffsziel war. Aus dieser Zeitspanne, als Suppiluliuma I. mit seiner Armee im Norden operierte, stammen die Briefe des Archivfundes von 2002 – und damit vermutlich das gesamte Archiv. Sie erwähnen unter anderem Auseinandersetzungen der Hethiter mit der Stadt Armatte, die in der Nähe des heutigen Antakya (Hatay / Iskenderun) liegen dürfte.

Qatna in Not

Aus diesen Briefen darf geschlossen werden, dass sich Qatna einem Angriff ausgesetzt sah; leider wird der Name dieses Feindes nicht genannt. Wohl als Antwort auf ein Schreiben von Idadda lässt Suppiluliuma I. ausrichten: „Befestigt Qatna, bis ich selbst eintreffen werde!"; Takuwa von Nija, ein „Bruder" und somit gleichrangiger Herrscher, überliefert in einem Brief Teile einer Ansprache an seine Truppen: „Beschützt meinen Bruder Idadda!".

Der Verlauf der sich hier abzeichnenden Auseinandersetzungen ist unbekannt. Vermutlich gelang es den Hethitern nicht, rechtzeitig Truppen nach Süden zu entsenden. Da das Archiv unvermittelt abbricht und außerdem in einem Zerstörungshorizont gefunden wurde, ist anzunehmen, dass die Angreifer Erfolg hatten, die Stadt einnahmen und – vermutlich – Idadda gefangen nahmen oder töteten. An der Spitze der feindlichen Truppen dürfte eine Person namens Akizzi gestanden haben, über deren Vergangenheit gleichfalls nichts bekannt ist.

Qatnas letzter Herrscher

Akizzi war der letzte König von Qatna. In den wenigen Monaten oder Jahren seiner Herrschaft residierte er vermutlich nicht im Königspalast, der kurz zuvor teilweise in Flammen aufgegangen war; es gibt bis zum heutigen Tag jedenfalls keinen Beweis für seine Anwesenheit in dieser Anlage. König Akizzi ist bisher ausschließlich aus Briefen bekannt, die er an Pharao Amenophis IV. / Echnaton von Ägypten (1351–1334 v. Chr.) richtete und die in dessen Hauptstadt Achet-Aton, dem heutigen Tell el-Amarna, gefunden worden sind. In ihnen schildert er, ebenso wie dies kurz zuvor Idadda gegenüber Suppiluliuma I. getan haben muss, eine äußerst bedrohliche militärische Lage: Nun waren es die Hethiter und ihre Verbündeten, die gegen Qatna vorstießen, allerdings zu spät für Idadda. Ihr Angriff war erfolgreich – und ebenso wie kurz zuvor Idadda verschwindet Akizzi unvermittelt und spurlos im Dunkel der Geschichte. Vielleicht war dies nicht das Ende der Stadt Qatna, aber auf der historischen Bühne sollte sie keine Rolle mehr spielen.

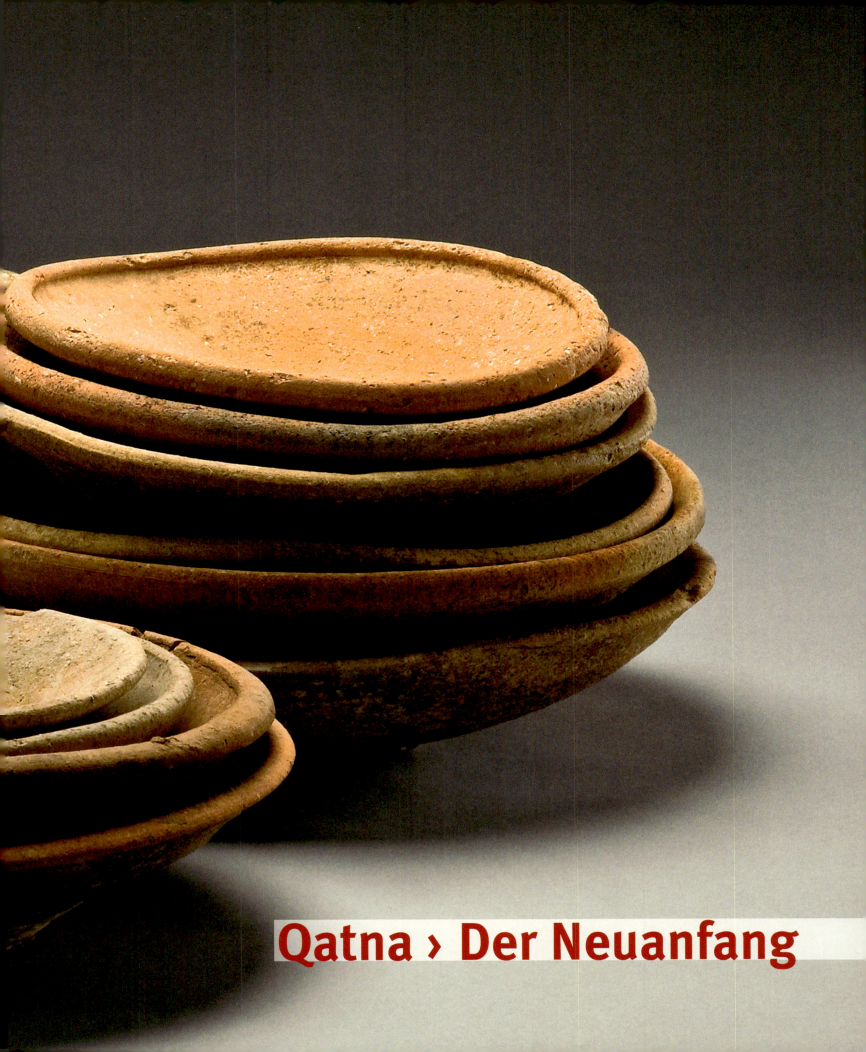

Qatna › Der Neuanfang

Die Geschichte geht weiter – Mischrife in der Eisenzeit

Michel Al-Maqdissi / Daniele Morandi Bonacossi

Das letzte Kapitel in der Geschichte des Ortes Mischrife in der ersten Hälfte des 1. Jahrtausends v. Chr. ist vielleicht weniger spektakulär als die vorherige Zeit, aber keineswegs bedeutungslos. Besonderes Augenmerk ist darauf zu legen, wie sich die Rolle dieser Stadt im Zentrum Syriens wandelt und wie sie sich mit großer Flexibilität den tiefgreifenden politischen, sozialen und ökonomischen Veränderungen anpasst, die die Levante zwischen dem Ende des 2. und dem Beginn des 1. Jahrtausends v. Chr. erfassten.

Nach dem Sieg der Hethiter

Nach der Zerstörung des Königspalastes infolge der Feldzüge des hethitischen Großkönigs Suppiluliuma I. nach Nord- und Zentralsyrien um die Mitte des 14. Jahrhunderts v. Chr. sowie nach der gleichzeitigen Aufgabe der untergeordneten Paläste, die wie ein Ring um den Königspalast lagen, muss in Qatna eine Phase der politischen und ökonomischen Krise sowie eine starke Verarmung des städtischen Lebens begonnen haben. Über das Stadtleben am Ende der Späten Bronzezeit war nur wenig bekannt, bis man in den letzten Jahren Gebäude aus der Zeit zwischen 1350 und 1200 v. Chr. am Fuß des „Loth-Hügels" in der Südostecke der Unterstadt und im Westen direkt neben dem Königspalast fand. Die Gebäude unterhalb des „Loth-Hügels" gehören zu einem Wohnviertel, in welchem die syrischen Ausgräber vier Wohneinheiten freilegten. Das von der syrisch-italienischen Mission ausgegrabene Gebäude im Osten der Straße, die an der östlichen Fassade des Königspalastes verlief, ist ein weiteres Wohnhaus.

Basaltköpfchen
Ein nur 16 cm hohes Köpfchen aus der Grabungsstelle K. Spätes 10. Jahrhundert v. Chr. Nationalmuseum Homs.

‹ **Kultflasche**
Die rot bemalte Flasche stellt im oberen Teil wahrscheinlich eine Schildkröte dar und ist mit menschlichen Armen versehen. Sie wurde im „Haus des Juweliers" gefunden und hatte sicher eine kultische Bedeutung. 10./9. Jahrhundert v. Chr. Nationalmuseum Homs.

Gussform
In einem Gebäude, das aufgrund seiner Funde „Haus des Juweliers" genannt wird, kam eine Gussform aus Ton für Perlen oder vielleicht auch ein Behälter für Hämatitgewichte zutage. 10./9. Jahrhundert v. Chr. Nationalmuseum Homs.

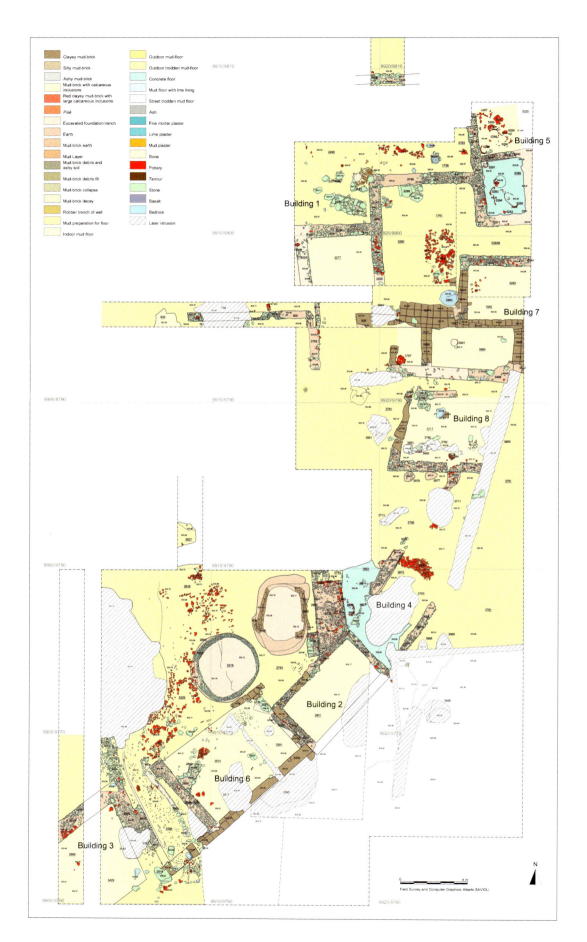

Plan des Handwerkerviertels
der Grabungsstelle H

In der Zeit von etwa 900 v. Chr. bis zum 6. Jahrhundert v. Chr. war das heutige Mischrife
nochmals besiedelt und erlangte als lokale
Produktionsstätte, vor allem für die Stoffverarbeitung, eine gewisse Bedeutung.

Die frühe Eisenzeit

Das Leben in Qatna ging demnach auch nach der teilweisen Zerstörung und Aufgabe der königlichen Zitadelle weiter, wenngleich offenbleiben muss, wie schwerwiegend diese Ereignisse waren. Aufgrund der durchgeführten Grabungen scheint dennoch deutlich, dass die Stadt während der Eisenzeit I, zwischen etwa 1200 und 900 v. Chr., – wie die Überreste vieler Siedlungen Syriens – im Wesentlichen unbewohnt war. Die fehlende Erwähnung des heutigen Mischrife – im Gegensatz zu den zahlreichen Nennungen im 2. Jahrtausend v. Chr. – in den bisher bekannten Quellen des 1. Jahrtausends v. Chr. ist ein weiterer Hinweis auf den politischen und kulturellen Niedergang der Stadt.

Nach der Jahrtausendwende

Nach etwa 900 v. Chr. (Eisenzeit II) begann im heutigen Mischrife eine erneute Phase wirtschaftlicher und städtischer Entwicklung. Auch wenn der Ort nicht mehr die Hauptstadt eines autonomen Reichs bildete, so war er wahrscheinlich doch Verwaltungszentrum eines kleinen Staates kantonaler Größe. Derartige Staaten sind als luwisch-aramäische oder neuhethitische Fürstentümer bekannt. Sie entstanden zwischen Südostanatolien und Nordzentralsyrien infolge des Zusammenbruchs des Hethiterreiches. Seit dem Beginn der Eisenzeit scheint das Orontestal mindestens bis in das Gebiet von Hama und Mischrife Teil des Fürstentums Padasatini oder Wadasatini mit der Hauptstadt Tell Ta'ynat in der Amuqebene gewesen zu sein. Dieses luwische Reich muss einen großen Anteil an verschiedenen Völkern mit einem hohen Prozentsatz aramäisch sprechender Bewohner gehabt haben. Um 800 v. Chr. ist das Aramäische mit einem gewissen Zakkur von Luasch und Hamath/Hama konkret zu fassen. Dieser stürzte die lokale luwische Dynastie und wurde der erste souveräne aramäische Herrscher von Hamath.

Der Neuanfang im ehemaligen Qatna

Nach der wahrscheinlichen Aufgabe zwischen dem 12. und dem Ende des 10. Jahrhunderts v. Chr. scheint der Ort zwischen dem Ende des 10. und dem Beginn des 9. Jahrhunderts v. Chr. zumindest in einigen Teilen neu besiedelt worden zu sein. In diese Zeit lassen sich zwei nur teilweise erforschte Gebäude im Grabungsareal K sowie ein Gebäudekomplex datieren, der sich über eine Fläche von 120 m² erstreckt und auf den Resten des älteren Palastes der Unterstadt erbaut war. Das aus mindestens sieben um einen Hof gruppierten Räumen bestehende Gebäude wurde sowohl für häusliche Tätigkeiten als auch wirtschaftlich zur Verarbeitung landwirtschaftlicher Produkte und zur Lagerung von Lebensmitteln, zum Weben sowie zur Herstellung von Siegeln, Schmuck und anderen Metallgegenständen (Raum C) genutzt. Aufgrund der Schmuckfunde nannte man das Gebäude „Haus des Juweliers". Raum D war vermutlich ein Heiligtum für den Hauskult. Darauf deutet ein kleiner Altar an der Nordwand des Raumes hin. Einen weiteren Hinweis liefert eine bemalte Kultflasche, die möglicherweise eine Schildkröte darstellt und am Fußende des Altars gefunden wurde.

Die Unterstadt

Die Besiedlung in diesem Bereich der Unterstadt scheint aus eng aneinanderstehenden Häusern mit großen multifunktionalen Wohneinheiten bestanden zu haben. Weniger klar ist die Nutzung des Areals H über den Resten des Königspalastes. Die archäologischen Grabungen haben hier nur eine sehr sporadische Besiedlung nachgewiesen.

Aus dieser älteren aramäischen Epoche in Mischrife stammen einige wertvolle Skulpturen, unter anderem zwei männliche Basaltköpfe: Einer ist eher klein und in sehr schematischem, aber kraftvollem und ausdrucksvollem Stil gearbeitet. Der zweite Kopf gehört zu einer größeren Statue und zeigt die typischen Korkenzieherlocken. Etwas später datiert das wunderschöne Fragment eines Löwenkopfes en miniature aus Hämatit, welches

vermutlich zu der in Nordsyrien vom 9. bis 8. Jahrhundert v. Chr. typischen Produktion von Kosmetikbehältern für Salben beziehungsweise Schalen für Libationen gehört.

Ein Teil des Reiches Hamath

Ab dem 8. Jahrhundert v. Chr. wird der Ort mit hoher Wahrscheinlichkeit zu einem bedeutenden politisch-administrativen und wirtschaftlichen Zentrum im Süden des Reiches Hamath. Das lassen die großen Dimensionen der Ansiedlung (mindestens 70 ha gegenüber 110 ha der vorhergehenden Mittleren und Späten Bronzezeit) sowie ein großer administrativer Gebäudekomplex im Zentrum der Akropolis vermuten (Areal C). Zu diesem Bauwerk gehören wahrscheinlich zwei ausgedehnte Viertel mit Werkstätten, die über den Resten des Königspalastes (Areal H) und auf der Spitze der Akropolis in dem Gebiet lagen, in dem während des 2. Jahrtausends v. Chr. die Keramikwerkstätten beheimatet waren (Areal J).

Bei der von der syrischen Mission am westlichen Abhang der Akropolis durchgeführten Grabung C konnte ein bedeutendes Gebäude mit großem offenem Hof nachgewiesen werden, das leider überwiegend nur in den Fundamentmauern erhalten ist. Die bisher zugewiesenen Architekturelemente legen nahe, dass es sich um einen großen öffentlichen Baukomplex handelte, der möglicherweise – wie etwa auch bei der zeitgleichen königlichen Zitadelle von Hama – mehrere Gebäude mit einschloss und große Magazine für die Lagerung von Lebensmitteln in großen, heute noch in situ vorhandenen Vorratsgefäßen enthielt.

Werkstattviertel

Das von der syrisch-italienischen Mission ausgegrabene Viertel der Werkstätten wurde über dem königlichen Palast der früheren Bronzezeit erbaut und liegt direkt nördlich des administrativen Gebäudekomplexes der Grabung C. Es besitzt den für die luwisch-aramäische Architektur in Syrien und im südöstlichen Anatolien der Eisenzeit II typischen halbrunden Grundriss. Im südlichen Teil besteht das Viertel aus kleineren Gebäuden zur Verarbeitung landwirtschaftlicher Produkte, ihrer Zubereitung als Lebensmittel sowie zur Lagerung von Getreide und Trauben in großen runden Silos. Direkt daneben befand sich im Norden ein großes, mehrräumiges Gebäude zum Weben und Färben von Stoffen: In seinem Inneren kamen Instrumente aus Knochen zum Weben der Wolle, Hunderte Webgewichte aus gebranntem Ton, zahlreiche Spinnwirtel, Fragmente von Spindeln oder Spinnrocken, Spulen aus Ton, etwa 1,5 m tiefe und ebenso breite Becken sowie große Gefäße zum Stofffärben zutage. Neben Letzteren lagen Ockerklumpen, die vermutlich zum Färben der Stoffe mit roter Farbe dienten. Möglicherweise wurde kalt gefärbt, indem man die Stoffe in die Becken und großen Gefäße mit den Färbemitteln tauchte. Für ihre Wiederverwendung musste die übrigbleibende Farbe in runden, verputzten Vertiefungen in den Fußböden der Räume gesammelt werden. Auf einem groben Tonfragment hat sich der Abdruck eines rot gefärbten Stoffrestes erhalten. Grubenförmige Becken, die mit großer Wahrscheinlichkeit zum Stofffärben verwendet wurden, fand man auch im Gebiet der Akropolis östlich und westlich des Gebäudes für die Herstellung gefärbter Stoffe.

Webereien

Bereits die von den französischen Archäologen in den 1920er Jahren durchgeführten Grabungen wiesen in der südlichen Unterstadt, nahe des städtischen Südtores, verschiedene Gebäude mit teilweise großen Ausmaßen nach, die zur Verarbeitung gefärbter Stoffe dienten und Einrichtungen wie die oben beschriebenen zum Waschen und Stofffärben enthielten. Die archäologischen Hinweise deuten demnach darauf hin, dass das heutige Mischrife in der Eisenzeit II ein wichtiges Zentrum für die Wollverarbeitung und Herstellung gefärbter Stoffe war. Übrigens machte auch die Lage der Stadt – als Scharnier zwischen dem grünen Orontes-Tal mit seinen Dörfern sesshafter Bauern und der angrenzenden halbtrockenen Steppe mit ihren saftigen Weiden für die Herden der umherziehenden Hirtennomaden – den Ort zu einem für die Textilherstellung prädestinierten Zentrum.

Fußschalen
Die rot überzogenen Schalen sind typisch für die Eisenzeit. 8. Jahrhundert v. Chr. Nationalmuseum Homs.

Räucherschale

Aus Kalzit ist diese flache Schale mit vier kleinen Griffen gefertigt. Sie diente einst als Gefäß für Räucherwerk. 8. Jahrhundert v. Chr. Nationalmuseum Homs.

Getreidespeicher

Die Kuppe der Akropolis nutzte man in dieser Zeit zur Lagerung von Getreide, Trauben und anderen landwirtschaftlichen Produkten, wie über hundert Gruben sowie große Getreidespeicher belegen. Hier wurden verkohlte Getreidesamen (Gerste, Zweikorn und Weizen), Weintrauben- und Olivenkerne gefunden – hilfreich für eine Rekonstruktion der Landwirtschaft in der Eisenzeit II.

Schließlich entdeckte die syrische Mission in der Grabung O am Nordosthang der Akropolis noch ein multifunktionales Gebäude mit großen Magazinen zur Lagerung von landwirtschaftlichen Produkten, einer Traubenpresse und Einrichtungen für die Herstellung von Keramik und Stoffen. Ein weiteres zur Keramikherstellung genutztes Areal wurde in der Grabung D in der südlichen Unterstadt festgestellt, während die Wohnviertel in der östlichen Unterstadt (Areal A) und auf der Akropolis im Osten des über den Ruinen des Königspalastes errichteten Handwerkerviertels (Areal T) lokalisiert wurden. Die Ausgrabungen der syrisch-italienischen Mission wiesen dort ein großes Gebäude mit Wohnräumen und Magazinen nach. Außerhalb befand sich ein Unterstand mit Futterkrippen für Tiere.

Kontrollinstanz Hamath

Das Verwaltungsgebäude auf der Akropolis kontrollierte sehr wahrscheinlich direkt die Stadtviertel, in der die Herstellung gefärbter Stoffe, die Lagerung landwirtschaftlicher Produkte und ihre Verarbeitung zu Lebensmitteln untergebracht waren. Zusammen mit der großen Ausdehnung der Stadt und ihrer Lage im Zentrum einer Besiedlung, die aus einem dichten Netz von zwanzig ländlichen, regelmäßig im Umland verteilten Ortschaften besteht, ist dieses Verwaltungsgebäude ein Hinweis darauf, dass der Ort während des 8. Jahrhunderts v. Chr. ein regional bedeutendes administratives und politisches Zentrum im Südosten Hamaths bildete. Er war ein wichtiger Platz für die Lagerung und Verarbeitung der landwirtschaftlichen Produkte und der Wolle sowie für die Produktion von Textilien.

Färbbecken

Im Bereich der Grabungsstelle T2 legte man runde, verputzte Becken für das Färben von Stoff frei. Möglicherweise wurde kalt gefärbt. In der Nähe befand sich ein mehrräumiges Gebäude, in dem man Utensilien der Stoffverarbeitung wie Spinnwirtel und Webgewichte zutage förderte.

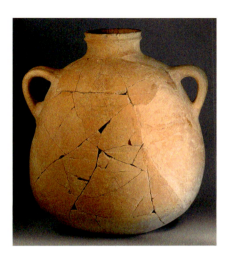

Doppelhenkelkrug

Das Gefäß wurde im Handwerkerviertel gefunden. 8. Jahrhundert v. Chr. Nationalmuseum Homs.

Hamaths Unterwerfung

Am Ende des 8. und zu Beginn des 7. Jahrhunderts v. Chr. zeigen sich radikale Veränderungen der Stadtanlage und der Funktionen der Stadt, wohl hervorgerufen durch die allgemeinen Neustrukturierungen des früheren Territoriums des aramäischen Fürstentums Hamath, das im Jahr 720 v. Chr. durch die Heere des assyrischen Herrschers Sargon II. (722–705 v. Chr.) erobert wurde. Die Siedlung scheint nun drastisch kleiner geworden zu sein. Während der Eisenzeit III (um 700–550 v. Chr.) konnte eine Besiedlung bisher nur auf der zentralen Akropolis nachgewiesen werden. Auf der Kuppe und dem nördlichen Teil der Akropolis (Areale J und T) fanden sich spärlich Gebäude mit Hinweisen auf hauswirtschaftliche Tätigkeiten (Lagerung und Verarbeitung landwirtschaftlicher Produkte, Weben). Schließlich wurden noch über dem Verwaltungskomplex des 8. Jahrhunderts v. Chr. im Areal C Keramikwerkstätten errichtet.

Der endgültige Untergang von Qatna

Die aktuell verfügbaren, aber sicher noch nicht vollständigen Informationen zur Siedlung in der letzten Phase ihrer Geschichte (7. bis Mitte des 6. Jahrhunderts v. Chr.) legen nahe, dass nach der Einverleibung in das neuassyrische Reich eine ländliche, offene Ansiedlung – geprägt durch vereinzelte Wohngebäude oder Bauernhöfe – mit sehr stark reduzierten Ausmaßen das frühere große Produktions- und Verwaltungszentrum ersetzte. Man produzierte wohl nur noch für den häuslichen Bereich. Dennoch deuten die Funde von Webgewichten, Spinnwirteln und Geräten zur Stoffbearbeitung darauf hin, dass auch in diesen Gebäuden Textilien hergestellt wurden, allerdings nun in bescheidenem Umfang und nicht mehr zentral sowie „industriell" organisiert wie in der vorhergehenden Zeit.

Nach dem großen Umbruch mit dem Sturz des Reiches von Hamath und der Zerstörung der königlichen Zitadelle durch die Truppen Sargon II. lebte die Stadt demnach noch einige Jahrzehnte ohne große Brüche weiter. Eine Krise scheint erst am Beginn des 7. Jahrhunderts v. Chr. eingetreten zu sein. Der Ort verlor seinen urbanen Charakter sowie die frühere Rolle als politisch-administratives und ökonomisches Zentrum und wurde zu einer ländlichen Siedlung, die in der neuen Ordnung des assyrischen Reiches für Zentralsyrien keine bedeutende Rolle mehr spielte.

Zu den Ursachen für die Aufgabe der Stadt und vieler ländlicher Siedlungen in der Umgebung am Ende der Eisenzeit gibt es keine genauen Informationen. Möglicherweise kann sie jedoch im größeren Kontext der tiefgreifenden politischen, ökonomischen und sozialen Veränderungen gesehen werden, die mit der Auflösung der luwisch-aramäischen staatlichen Gebilde und insbesondere mit der Auflösung des Reiches Hamath als Ergebnis der Eroberung und der Massendeportationen während der Herrschaft Sargon II. einhergehen.

Nicht ganz unbeteiligt an der Aufgabe der in ihren Ausmaßen und ihrer Bedeutung reduzierten Siedlung könnte auch eine Dürreperiode sein, die in der Eisenzeit die Wasserläufe und Karstquellen versiegen ließ und zur fortschreitenden Austrocknung des Sees des heutigen Mischrifes führte. Zusammen mit den oben erwähnten politischen, sozialen, ökonomischen und militärischen Faktoren könnten die Versumpfung des Gewässers, die zunehmende Dürre in der Region sowie die dadurch entstehende Verschlechterung der Wasserversorgung und damit auch der Landwirtschaft zu einer Situation geführt haben, in der das Gebiet nicht mehr besiedelbar war.

› Anhang

ZEITEN	PHASEN		NORDSYRIEN	SYRIEN/ OBERMESOPOTAMI
2800	Frühbronzezeit	FBZ III	Frühsyrisch	
2700				
2600				
2500				
2400		FBZ IV		
2300				
2200				
2100				
2000	Mittelbronzezeit	MBZ I	Altsyrisch	
1900				
1800		MBZ II A		
1700				
1600		MBZ II B		
1500		SBZ I	Mittelsyrisch	Hurritisches Reich (Mittani)
1400	Spätbronzezeit			
1300		SBZ II		
1200	Eisenzeit	EZ I	Luwisch-Aramäische Staaten	
1100				
1000				
900		EZ II	Neusyrisch	
800				
700		EZ III		
600			Spätbabylonisch	

SYRIEN	BABYLONIEN	ÄGYPTEN	ANATOLIEN	ÄGÄIS/MINO-ISCHE KULTUR	MYKENISCHE KULTUR	ZEITEN
Frühdynastisch II		Frühdynastische Zeit		Frühminoisch I	Frühhelladisch II	2800
						2700
						2600
Frühdynastisch III		Altes Reich		Frühminoisch II		2500
					Frühhelladisch III	2400
						2300
Akkadzeit			Fürstengräber-zeit			2200
		1. Zwischenzeit		Frühminoisch III		2100
Neusumerisch						2000
		Mittleres Reich	Karumzeit	Mittelminoisch	Mittelhelladisch	1900
...ssyrisch	Alt-babylonisch					1800
		2. Zwischenzeit				1700
			Althethitisches Reich			1600
					Frühmykenisch	1500
...ittel-...yrisch	Mittel-babylonisch	Neues Reich (Amarna-Zeit)	Hethitisches Großreich	Spätminoisch		1400
					Palastzeit	1300
						1200
					Nachpalastzeit	
				Subminoisch		1100
...ssyrisch	Neu-babylonisch	3. Zwischenzeit	Späthethitisch	Protogeometrisch	Protogeometrisch	1000
				Geometrisch	Geometrisch	900
						800
						700
			Lyder/Phryger	Archaisch	Archaisch	
Spätbabylonisch		Spätzeit				600

Schwarzes Meer

Kaspisches Meer

Vansee

Urmiasee

● Malatya

nlıurfa ●

Chuera ●
Beydar ●
● Mozan

Karkemisch

Waschschukkanni

Habuba Kabira

Emar ●

Euphrat

Chabur

ASSYRIEN

Assur ●
● Nuzi

lmyra

Mari ●

Syrisch-arabische Wüste

BABYLONIEN

Babylon ●
● Kisch

Tigris

● Susa

Uruk ●
● Larsa

Euphrat

Persischer Golf

Glossar

Agglutinierende Bauweise › Bauten aus mehreren aneinandergefügten Raumeinheiten, deren Grundriss je nach Bedarf durch Aufgabe oder Neuhinzufügung einzelner Zellen verändert werden konnte.

Akkadisch › in Keilschrift geschriebene, vom 3. bis 1. Jahrtausend v. Chr. verwendete semitische Sprache Mesopotamiens; wurde zeitweise auch als internationale Korrespondenzsprache von Vorderasien bis nach Ägypten benutzt.

Alabastron › Salben- und Parfümgefäß, ursprünglich aus dem namengebenden Material Alabaster, später auch aus Keramik oder Glas.

Amarna › Achet-Aton ("Horizont des Aton"), etwa 13 Jahre Residenz des Pharaos Echnaton (Mitte 14. Jahrhundert v. Chr.).

Amarna-Korrespondenz › Archiv von Tontafeln aus Amarna; enthielt die in Keilschrift geschriebene diplomatische Korrespondenz der benachbarten Großkönige und vorderasiatischen Kleinfürsten an den Pharao sowie Kopien/Duplikate der ägyptischen Antwortschreiben, aber auch Inventarlisten und literarische Texte.

Amurriter › semitisches Nomadenvolk, das um 2000 v. Chr. aus dem syrischen Raum nach Mesopotamien vordrang und dort 1894 v. Chr. die 1. Dynastie von Babylon gründete.

Baitylos › auch Massebe genannt; anikonisches, unbearbeitetes Objekt, das als Götterbild, aber auch als Gedenkstein für Verstorbene angesehen wird.

Cella › das meist fensterlose Innerste und Allerheiligste eines Tempels und der Aufstellungsort des Götterbildes; für die Öffentlichkeit nicht zugänglich.

DISH › eine Erkrankung älterer Menschen, die insbesondere bei Stoffwechselstörungen beobachtet wird und zur Bildung von Knochenspangen vornehmlich an der Wirbelsäule führt.

Elam › Reich der Elamiter im Südwestiran ab dem 3. Jahrtausend v. Chr.

Evokationsritual › Anrufung von Göttern oder Geistern, zum Beispiel verstorbener Ahnen.

Falbelgewand › Etagenrock, typisches Gewand von Gottheiten.

Filigran › Goldschmiedetechnik, bei der in Form gebogener Silber- oder Golddraht auf eine Oberfläche aus demselben Material aufgelötet wird.

Fritte › Bezeichnung für Objekte aus Quarzsand, eine Vorstufe von Glas.

Granulation › Goldschmiedetechnik, bei der winzige Kügelchen aus Gold oder Silber auf eine Oberfläche desselben Materials aufgeschmolzen werden.

Glyptik › Steinschneidekunst.

Hatti › Bezeichnung des antiken Kleinasiens, Heimat der vorhethitischen Hattier; die Hethiter übernahmen den Begriff.

Hethiter › kleinasiatisches Volk, Großreich zwischen etwa 1400 und 1200 v. Chr. mit der Hauptstadt Hattusa; der Name für ihr Land war "Hatti".

Hurriter › Bergvolk unbekannter Herkunft im nördlichen Mesopotamien, das um 1600 v. Chr. das Reich Mittani gründete und nach Nordsyrien vordrang.

Hyksos › "Herrscher der Fremdländer", Dynastie syrisch-palästinensischer Herkunft, die zwischen 1648/45 und 1539/36 v. Chr. Ägypten regierte, Hauptstadt Avaris/Tell el-Dabʿa.

Hypogäum › unterirdische Anlage unter einem Bauwerk, hier Grabanlage.

Idadda › auch Idanda, König von Qatna.

Inkarnat › hautimitierender Farbton, der für die Darstellung von Haut verwendet wird.

Kamares-Keramik › mittelminoische, mehrfarbige, feine Palastware aus der Zeit um 2000–1550 v. Chr., die zuerst in der namengebenden Kulthöhle am Hang des Ida-Gebirges auf Kreta gefunden wurde.

Kelim › flach gewebter oder gewirkter Wandbehang/Teppich, bei dem die Schussfäden nur durch einige Kettfadengruppen gehen.

Kartusche › ovale Einfassung des Königsnamens ägyptischer Pharaonen in Form eines geknoteten Seiles.

Koroplastik › figürliche Plastik aus gebranntem Ton.

Libation › Trankopfer; Bezeichnung für das Ausgießen von Flüssigkeiten im kultischen Bereich.

Mittani › hurritisches Reich, siehe Hurriter.

Kerma-Reich › unabhängiges kuschitisches Königreich in Obernubien (Sudan), etwa 2500–1500 v. Chr.

Ochsenhautbarren › flache, tafelförmige Barren mit verlängerten Tragegriffen an den Ecken und einem Gewicht von etwa 25–28 kg; die Form ähnelt einer abgezogenen Ochsenhaut; typische Handelsform für Kupfer in der Späten Bronzezeit.

Orthostat › Steinplatte der Wandverkleidung, meist im unteren Wandbereich.

Ossuarium › Ort oder Gefäß für die Knochen von Verstorbenen.

Parapet › im Festungsbau Bezeichnung einer Schutzmauer.

Protome › Vorderteil/Oberkörper eines Menschen, Tieres oder Mischwesens.

Pyxis › Büchse aus Elfenbein, Metall, Holz oder Stein.

Rhyton › Trink- oder Spendegefäß mit zwei Ausgüssen, oft in Tiergestalt.

Rollsiegel › zylinderförmiges Siegel, meist aus Schmuckstein, auf der Außenseite mit einem Bild und/oder Text versehen; die Abrollung wurde zur Beurkundung und Versiegelung benutzt.

Schakkanakku › akkadischer Begriff für Statthalter.

Semitisch › Zweig der afroasiatischen Sprachfamilie, zu der Akkadisch sowie Arabisch, Hebräisch und Aramäisch gehören.

Skarabäus › Nachbildung des im alten Ägypten heiligen Mistkäfers, der als Symbol der Sonne und der Schöpferkraft galt; kann auf der flachen Unterseite ein Siegelbild tragen.

Spinnschüssel › aus Stein oder Keramik; meist tiefere, schalenförmige Gefäße mit einem oder mehreren „Henkeln" im Inneren. Diese dienten unter Zugabe von Wasser zur Fadenführung beim Feinspinnen des Vorgarnes oder zur Verzwirnung mehrerer Garne aus Flachsfasern.

Substruktion › stützende Unterbauten für Gebäude.

Togagewand › langer, glatter Mantel, kann mit Fransen gesäumt sein.

Urartu › Königreich in Nordwest-Iran und Nordost-Anatolien von 858 bis zum Ende des 7. Jahrhunderts v. Chr.

Wulstmantel › Mantel mit umlaufendem wulstförmigem Saum.

Kleine Flasche aus Sardonyx
aus der Königsgruft in Ebla. Um 1800 v. Chr.
Nationalmuseum Aleppo.

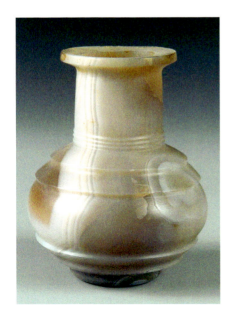

Glossar Götternamen

Kachelfragment
mit der Darstellung eines gefangenen Syrers.
14. Jahrhundert v. Chr. Museum August Kestner,
Hannover.

Adad › siehe Addu.

Addu › auch Haddu oder Baal; syrischer Wettergott, für Regen/Sturm, Blitz und Donner zuständig,
mit kriegerischem Aspekt.

Astarte › westsemitische syrisch-palästinische
Liebes-, Fruchtbarkeits-, aber auch Kriegsgöttin;
eng verwandt mit der mesopotamischen Ischtar,
der ugaritischen Attart und der alttestamentarischen
Asthoret.

Baal › siehe Addu.

Belet-ekallim › „Herrin des Palastes", auch Ninegal
genannt, zentrale Göttin von Qatna.

Dagan › westsemitischer, vielleicht hurritischer
Unterwelts-, Wetter-, Fruchtbarkeits- und Getreidegott; im Alten Testament Hauptgott der Philister.

El › wörtlich „Gott"; Göttervater des ugaritischen
Pantheons, Schöpfer von Himmel, Erde und Mensch-
heit; darüber hinaus Fruchtbarkeitsgott.

Hadad › siehe Addu.

Hathor › „Haus/Tempel des Horus", ägyptische Uni-
versalgöttin; Göttin der Liebe, der Schönheit, der
Musik, des Tanzes und der Freude, aber auch für Tod
und Fruchtbarkeit zuständig sowie Himmelsgöttin
und Beschützerin der Frauen; dargestellt mit Kuhohren oder in Gestalt einer Kuh; gemeinsame Aspekte
mit Ischtar und Astarte.

Hepat › auch Schala, Anat oder Ascherah; Gefährtin
des Wettergottes.

Ilu › siehe El.

Ischtar › siehe Astarte.

Mot › „Tod", phönikischer Unterweltsgott, verantwortlich für Tod, Dürre und Unfruchtbarkeit; möglicherweise auch Fruchtbarkeitsgott.

Ninegal › siehe Belet-ekallim.

Ninurta › „Herr der Erde", mesopotamischer Kriegs-,
Vegetations- und Fruchtbarkeitsgott, Gott der Gewit-
terstürme.

Osiris › ägyptischer Unterweltsgott, aber auch Gott
des Lebens und der Fruchtbarkeit; Herrscher des To-
tenreiches und zugleich Totenrichter.

Raschpu › Pest- und Seuchengott.

Reschef › westsemitischer Kriegs- und Wettergott.

Schala › Getreidegöttin, ursprünglich wahrschei lich
hurritischen Ursprungs.

Schamasch › mesopotamischer Sonnengott.

Seth › ägyptischer Gott des Chaos, des Bösen,
der Vernichtung, der Wüste, des Sturmes und des
Unwetters.

Sobek › ägyptischer Krokodilgott.

Literaturverzeichnis

Ahrens 2006 › A. Ahrens, A Journey's End. Two Egyptian Stone Vessels with Hieroglyphic Inscriptions from the Royal Tomb at Tell Mišrife/Qaṭna, Ägypten und Levante 16, 2006, 15–36

Al Dbiyat 1995 › M. Al Dbiyat, Homs et Hama en Syrie centrale: concurrence urbaine et développement régional. Publications de l'Institut Français de Damas 157, Damaskus (1995)

Akkermans/Schwartz 2003 › P. M. M. G. Akkermans/G. M. Schwartz, The Archaeology of Syria from Complex Hunter-Gatherers to Early Urban Societies (c. 16.000–300 BC), Cambridge (2003)

Al-Maqdissi 2001 › M. al-Maqdissi, Kurzbericht über die syrischen Ausgrabungen in Mišrife-Qaṭna, Mitteilungen der Deutschen Orientgesellschaft 133, 2001, 141–155

Al-Maqdissi 2002 › M. al-Maqdissi, Ergebnisse der sechsten Kampagne der syrischen Ausgrabungen in Mišrife-Qaṭna im Jahr 2000, Mitteilungen der Deutschen Orientgesellschaft 134, 2002, 193–206

Al-Maqdissi 2003 › M. al-Maqdissi, Ergebnisse der siebten und achten Grabungskampagne 2001 und 2002 in Mišrife/Qaṭna, Mitteilungen der Deutschen Orientgesellschaft 135, 2003, 219–245

Al-Maqdissi et al. 2003 › M. al-Maqdissi/H. Dohmann-Pfälzner/P. Pfälzner/A. Suleiman, Das königliche Hypogäum von Qaṭna. Bericht über die syrisch-deutsche Ausgrabung im November-Dezember 2002, Mitteilungen der Deutschen Orientgesellschaft 135, 2003, 189–218

Andrae 1977 › W. Andrae, Das wiedererstandene Assur, München (1977²)

Archi et al. 1993 › A. Archi et al., I nomi di luogo dei testi di Ebla, Rom (1993)

Astour 1988 › M. Astour, The Geographical and Political Structure of the Ebla Empire, in: H. Waetzoldt/H. Hauptmann (Hrsg.), Wirtschaft und Gesellschaft von Ebla. Akten der Internationalen Tagung Heidelberg 4.–7. November 1986, Heidelberg (1988) 139–158

Barnett 1982 › R. Barnett, Ancient Ivories in the Middle East and Adjacent Countries. QEDEM 14, Jerusalem (1982)

Berlin 1982 › Land des Baal. Syrien. Forum der Völker und Kulturen. Ausstellungskatalog Berlin, Mainz (1982)

Bevan 2007 › A. Bevan, Stone Vessels and Values in the Bronze Age Mediterranean, Cambridge (2007)

Bietak 2007 › M. Bietak, Bronze Age Paintings in the Levant. Chronological and Cultural Consideration, in: M. Bietak/E. Czerny (Hrsg.), The Synchronisation of Civilisation in the Eastern Mediterranean in the Second Millenium BC III. Proceedings of the SCIEM 2000/2nd EuroConference, Vienna, 28th of May – 1st of June 2003. Contributions to the Chronology of the Eastern Mediterranean 9, Wien (2007) 269–300

Bietak et al. 2007 › M. Bietak/N. Marinatos/C. Palyvou, Taureador Paintings in Tell el-Dabᶜa (Avaris) and Knossos. Untersuchungen der Zweigstelle Kairo des Österreichischen Archäologischen Institutes 27, Wien (2007)

Bietak 2009 › M. Bietak, Perunefer. The Principal New Kingdom Naval Base, Egyptian Archaeology 34 (im Druck)

Boesken Kanold/Haubrichs 2008 › I. Boesken Kanold/R. Haubrichs, Tyrian Purple Dyeing. An Experimental Approach with Fresh *murex trunculus*, in: C. Alfaro/L. Karali (Hrsg.), Purpureae Vestes. II. Symposium Internacional sobre Textiles y Tintes del Mediterráneo en el mundo antiguo, València (2008) 253–255

Brandau et al. 2004 › B. Brandau/H. Schickert/P. Jablonka, Troia. Wie es wirklich aussah, München (2004)

‹ Ägyptisches Sandsteinrelief
mit Darstellung einer syrischen Festung,
vor der Einheimische um Gnade flehen. 1550–
1300 v. Chr. Staatliche Museen zu Berlin,
Ägyptisches Museum und Papyrussammlung.

297 › ANHANG

Bryce 2005 › T. Bryce, The Kingdoms of the Hittites, Oxford (2005)

Brysbaert 2004 › A. Brysbaert, Technology and Social Agency in Bronze Age Aegean and Eastern Mediterranean Painted Plaster, University of Glasgow (unpublished PhD thesis, 2004)

Buchholz 1999 › H.-G. Buchholz, Ugarit, Zypern und Ägäis. Kulturbeziehungen im zweiten Jahrtausend v. Chr. Alter Orient und Altes Testament 261, Münster (1999)

Buisson 1935 › Comte du Mesnil du Buisson, Le site archéologique de Mishrifé–Qatna, Paris (1935)

Cardon 2007 › D. Cardon, Natural Dyes. Sources, Tradition, Technology and Science, London (2007)

Caubet 1999 › A. Caubet (Hrsg.), Cornaline et pierres précieuses. La Méditerranée, de l'Antiquité à l'Islam, Paris (1999)

Caubet/Poplin 1987 › A. Caubet/F. Poplin, Les objets de matière dure animale. Étude du matériau, in: M. Yon (Hrsg.), Ras Shamra-Ougarit III. Le centre de la ville, 38–44e campagnes (1978–1984), Paris (1987) 273–306

Charpin 1998 › D. Charpin, Toponymie amorrite et toponymie biblique. La ville de Áîbat/Áobah, Revue d'assyriologie 92, 1998, 79–92

Charpin/Ziegler 2003 › D. Charpin/N. Ziegler, Florilegium marianum V. Mari et le Proche-Orient à l'époque amorrite: Essai d'histoire politique. Mémoires de NABU 6, Paris (2003)

Collon 2000 › D. Collon, Syrian Glyptic and the Thera Wall Paintings, in: S. Sherrat (Hrsg.), The Wall Paintings of Thera 1, Athen (2000) 283–294

Cornelius/Niehr 2004 › I. Cornelius/H. Niehr, Götter und Kulte in Ugarit, Mainz (2004)

David/Al Dbiyat 2001 › J.-Cl. David/M. Al Dbiyat (Hrsg.), La ville en Syrie et ses territoires. Héritages et mutations. Bulletin d'Études Orientales 52, Damaskus (2001)

Del Olmo Lete 2008 › G. Del Olmo Lete (Hrsg.), Mythologie et religion des sémites occidentaux I–II. Orientalia Lovaniensia Analecta 162, Leuven (2008)

Dietrich 1989 › M. Dietrich, Das Einsetzungsritual der Entu von Emar (Emar VI/3, 369), Ugarit-Forschungen 21, 1989, 47–100

Dohmann-Pfälzner et al. 2006 › H. Dohmann-Pfälzner et al., Ausgrabungen in Tall Mišrife-Qaṭna 2004 und 2005: Vorbericht der deutschen Komponente des internationalen Kooperationsprojekts, Mitteilungen der Deutschen Orientgesellschaft 138, 2006, 57–107

Terrakotta eines Tieres
aus Qatna. Beginn 2. Jahrtausend v. Chr.
Nationalmuseum Homs.

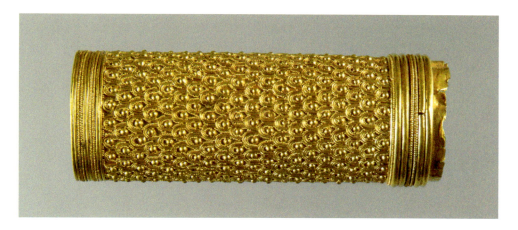

Goldener Griff
aus der Königsgruft in Ebla.
2. Hälfte 18. Jahrhundert v. Chr.
Nationalmuseum Aleppo.

Dunand 1958 › M. Dunand, Fouilles de Byblos II, Paris (1958)

Dupret et al. 2007 › B. Dupret/Z. Ghazzal/Y. Courbage/M. Al Dbiyat (Hrsg.), La Syrie au présent. Reflets d'une société, Paris (2007)

Durand 1990 › J.-M. Durand, La façade occidentale du Proche-Orient d'après les textes de Mari, in: A. Caubet (Hrsg), L'acrobate au taureau. Les découvertes de Tell Daba'a et l'archéologie de la Méditerranée Orientale, Paris (1999) 149–164

Eidem 2007 › J. Eidem, Notes on the Topography of Late Bronze Age Qatna, in: Morandi Bonacossi 2007, 281–287

Elsen-Novák 2002 › G. Elsen-Novák, Die altsyrische Glyptik aus Qaṭna. Eine erste Einordnung, Mitteilungen der Deutschen Orientgesellschaft 134, 2002, 257–274

Feldman 2006 › M. H. Feldman, Diplomacy by Design. Luxury Arts and an „International Style" in the Ancient Near East, 1400–1200 BCE, Chicago/London (2006)

Flemming 2000 › D. E. Flemming, Time at Emar. The Cultic Calendar and the Rituals from the Diviner's House. Mesopotamian Civilization 11, Winona Lake (2000)

Forstner-Müller 2009 › I. Forstner-Müller, Providing a Map of Avaris, Egyptian Archaeology 34, 2009, 10–13

Gale 1991 › N. H. Gale (Hrsg.), Bronze Age Trade in the Mediterranean. Studies in Mediterranean Archaeology 90, Göteborg (1991)

Geyer et al. 2007 › B. Geyer et al., The Arid Margins of Northern Syria. Occupation of the Land and Modes of Exploitation in the Bronze Age, in: Morandi Bonacossi 2007, 269–281

Grimaldi 1996 › D. A. Grimaldi, Amber: Window to the Past, New York (1996)

Harding/Hughes-Brock 1974 › A. Harding/H. Hughes-Brock, Amber in the Mycenean World, Annual of the British School Athens 69, 1974, 145–172

Haas 1994 › V. Haas, Geschichte der hethitischen Religion, Leiden/New York/Köln (1994)

Haider et al. 1996 › P. W. Haider/M. Hutter/S. Kreuzer (Hrsg.), Religionsgeschichte Syriens, Stuttgart (1996) 29–100

Haubrichs 2004 › R. Haubrichs, L'étude de la pourpre. Histoire d'une couleur, chimie et expérimentations, in: Preistoria Alpina: rivista annuale della Sezione di Paletnologia del Museo Tridentino di Scienze Naturali v. 40, suppl. 1, 2004, 133–160

Heinz 2002 › M. Heinz, Altsyrien und Libanon. Geschichte, Wirtschaft und Kultur vom Neolithikum bis Nebukadnezar, Darmstadt (2002)

Helck 1971 › W. Helck, Die Beziehungen Ägyptens zu Vorderasien im 3. und 2. Jt. v.Chr., Wiesbaden (1971²)

Helck 1976 › W. Helck, Ägyptische Statuen im Ausland. Ein chronologisches Problem, Ugarit-Forschungen 8, 1976, 101–115

Helck 1994 › W. Helck, Byblos und Ägypten, in: E. Acquaro et al., (Hrsg.), Biblo, una città e la sua cultura, Rom (1994) 105–111

Izre'el 1997 › S. Izre'el, The Amarna Scholarly Tablets. Cuneiform Monographs 9, Groningen (1997)

Izre'el 2000 › S. Izre'el, Adapa and the South Wind. Language has the Power of Life and Death. Mesopotamian Civilizations 10, Winona Lake (2000)

Jaubert/Geyer 2006 › R. Jaubert/B. Geyer (Hrsg.), Les marges arides du Croissant fertile. Peuplements, exploitation et contrôle des ressources en Syrie du Nord. Maison de l'Orient et de la Méditerranée 43, Lyon (2006)

Joannès 1997 › F. Joannès, Palmyre et les routes du désert au début du deuxième millénaire av. J.-C., MARI 8, 1997, 393–416

Karageorghis 2002 › V. Karageorghis, Early Cyprus. Crossroads of the Mediterranean, Los Angeles (2002)

Klengel 1965, 1969, 1970 › H. Klengel, Geschichte Syriens im 2. Jahrtausend v. u. Z. 1–3, Berlin (1965, 1969, 1970)

Klengel 1980 › H. Klengel, Geschichte und Kultur Altsyriens, Wien/München (1980)

Klengel 1989 › H. Klengel (Hrsg.), Kulturgeschichte des alten Vorderasien. Veröffentlichungen des Zentralinstituts für Alte Geschichte und Archäologie, Berlin (1989)

Klengel 1992 › H. Klengel, Syria. 3000 to 300 B. C. A Handbook of Political History, Berlin (1992)

Klengel 1999 › H. Klengel, Geschichte des hethitischen Reiches, Leiden/Boston/York/Köln (1999)

Klengel 2000 › H. Klengel, Qaṭna – Ein historischer Überblick, Mitteilungen der Deutschen Orientgesellschaft 132, 2000, 239–252

Klotz 1997 › H. Klotz, Die Entdeckung von Çatal Höyük. Der archäologische Jahrhundertfund, München (1997)

Knudtzon 1915 › J. A. Knudtzon, Die El-Amarna-Tafeln. Vorderasiatische Bibliothek 2, Leipzig (1915)

Lilyquist 1996 › C. Lilyquist, Stone Vessels at Kamid el-Loz. Egyptian, Egyptianizing or Non-Egyptian? A Question at Sites from the Sudan to Iraq to the Greek Mainland, in: R. Hachmann (Hrsg.), „Schatzhaus"-Studien. Kāmid el-Lōz 16, Bonn (1996) 133–173

Luciani 2003 › M. Luciani, The Lower City of Qatna in the Late Bronze and Iron Ages, Akkadica 124, 2003, 144–163

Luciani 2006 › M. Luciani, Ivory at Qatna, in: E. Czerny et al. (Hrsg.), Timelines. Studies in Honour of Manfred Bietak III, Orientalia Lovaniensia Analecta 149, Leuven/Paris/Dudley (2006) 17–38

Matthiae 1962 › P. Matthiae, Ars Syra. Contributi all'arte figurativa siriana nelle Età del Medio e Tardo Bronzo, Rom (1962)

Matthiae 1975 › P. Matthiae, Syrische Kunst, in: W. Orthmann (Hrsg.), Propyläen Kunstgeschichte XIV, Der Alte Orient, Berlin (1975) 466–493

Matthiae 1995 › P. Matthiae, Ebla. Un impero ritrovato. Dai primi scavi alle ultime scoperte, Turin (1995³)

Maxwell-Hyslop 1971 › K. R. Maxwell-Hyslop, Western Asiatic Jewellery c. 3000–612 BC, London (1971)

Mayer/Sallaberger 2003–2005 › W. R. Mayer/W. Sallaberger, „Opfer A. I", in: Reallexikon der Assyriologie und Vorderasiatischen Archäologie 10, Berlin/New York (2003–2005) 93–102

Michaud 2007 › J.-M. Michaud (Hrsg.), Le royaume d'Ougarit de la Crète à l'Euphrate. Nouveaux axes de recherche. Actes du colloque Sherbrooke 2005, Montréal (2007)

Darstellung eines menschenköpfigen Wisents
aus dem Palast von Ebla. 24. Jahrhundert v. Chr.
Nationalmuseum Idlib.

Montet 1928 › P. Montet, Byblos et l'Égypte, Paris (1928)

Moorey 1994 › P. R. S. Moorey, Ancient Mesopotamian Materials and Industries: The Archaeological Evidence, Oxford (1994)

Moran 1987 › W. L. Moran, avec la collaboration de V. Haas et G. Wilhelm, Les lettres d'el-Amarna. Correspondance diplomatique du Pharaon. Traduction française de Dominique Collon et Henri Cazelles. Littérature anciennes du Proche-Orient 13, Paris (1987)

Moran 1992 › W. L. Moran, The Amarna Letters, Baltimore (1992)

Morandi Bonacossi 2007 › D. Morandi Bonacossi (Hrsg.), Urban and Natural Landscapes of an Ancient Syrian Capital. Settlement and Environment at Tell Mishrifeh/Qatna and in Central-Western Syria. Proceedings of the International Conference held in Udine, 9–11 December 2004. Studi Archeologici su Qatna 1, Udine (2007)

Mukherjee et al. 2008 › A. J. Mukherjee/E. Roßberger/M. A. James/P. Pfälzner/C. L. Higgitt/R. White/D. A. Peggie/D. Azar/R. P. Evershed, The Qatna Lion: Scientific Confirmation of Baltic Amber in late Bronze Age Syria, Antiquity 82, 2008, 49–59

Musche 1992 › B. Musche, Vorderasiatischer Schmuck von den Anfängen bis zur Zeit der Achämeniden (ca. 10 000–330 v. Chr.), Leiden (1992)

Niemeier/Niemeier 1998 › B. Niemeier/W.-D. Niemeier, Minoan Frescoes in the Eastern Mediterranean, in: E. H. Cline/D. Harris-Cline (Hrsg.), The Aegean and the Orient in the Second Millennium. Proceedings of the 50th Anniversary Symposium, Cincinnati, 18–20 April 1997. Aegaeum 18, Liège (1998) 69–96

Novák/Pfälzner 2000 › M. Novák/P. Pfälzner, Ausgrabungen in Tall Mišrife-Qaṭna 1999. Vorbericht der deutschen Komponente des internationalen Kooperationsprojekts, Mitteilungen der Deutschen Orientgesellschaft 132, 2000, 253–295

Novák/Pfälzner 2001 › M. Novák/P. Pfälzner, Ausgrabungen in Tall Mišrife-Qaṭna 2000. Vorbericht der deutschen Komponente des internationalen Kooperationsprojekts, Mitteilungen der Deutschen Orientgesellschaft 133, 2001, 157–198

Novák/Pfälzner 2002 › M. Novák/P. Pfälzner, Ausgrabungen in Tall Mišrife-Qaṭna 2001. Vorbericht der deutschen Komponente des internationalen Kooperationsprojekts, Mitteilungen der Deutschen Orientgesellschaft 134, 2002, 207–246

Novák et al. 2003 › M. Novák/P. Pfälzner/G. Elsen-Novák, Ausgrabungen im bronzezeitlichen Palast von Tall/Mišrife 2002. Vorbericht der deutschen Komponente des internationalen Kooperationsprojekts, Mitteilungen der Deutschen Orientgesellschaft 135, 2003, 131–165

Ogden 1982 › J. Ogden, Jewellery of the Ancient World. The Materials and Techniques, New York (1982)

Otto 2000 › A. Otto, Die Entstehung und Entwicklung der Klassisch-Syrischen Glyptik. Untersuchungen zur Assyriologie und Vorderasiatischen Archäologie 8, Berlin/New York (2000)

Palavestra 2007 › A. Palavestra, Was there an Amber Road?, in: I. Galanaki/H. Tomas/Y. Galanakis/R. Laffineur (Hrsg.), Between the Aegean and Baltic Seas: Prehistory across Borders, Aegaeum 27, Liège (2007) 349–356

Alabastergefäße
aus der Gruft in Qatna. 15./14. Jahrhundert v. Chr. Nationalmuseum Homs.

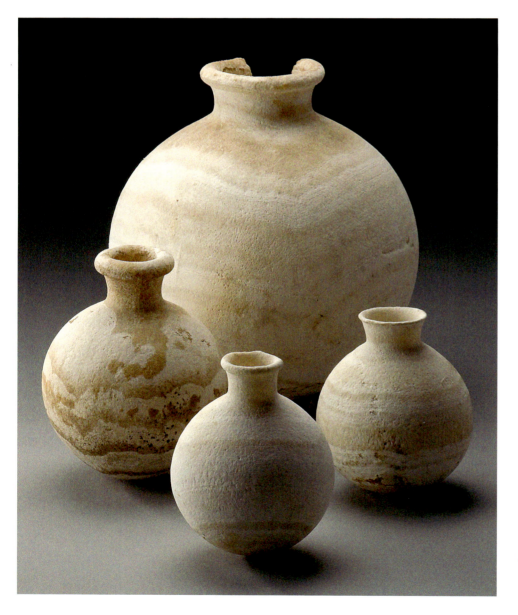

Paris 1993 › Syrie. Mémoire et civilisation. Exposition réalisée par l'Institut du Monde Arab, Paris (1993)

Richter 2002 › Th. Richter, Bericht über die 2001 in Qaṭna gemachten Inschriftenfunde, Mitteilungen der Deutschen Orientgesellschaft 134, 2002, 247–255

Richter 2003 › Th. Richter, Das „Archiv des Idanda". Bericht über Inschriftenfunde der Grabungskampagne 2002 in Mišrife/Qaṭna, Mitteilungen der Deutschen Orientgesellschaft 135, 2003, 167–188

Richter 2004 › Th. Richter, Ein Tontafelfund der Grabungskampagne 2003 in Tall Mišrife/Qaṭna, Mitteilungen der Deutschen Orientgesellschaft 136, 2004, 217–222

Richter 2005 › Th. Richter, Qatna in the Late Bronze Age, Studies on the Civilizations and Culture of Nuzi and the Hurrians 15, 2005, 109–126

Richter/Pfälzner 2006 › Th. Richter/P. Pfälzner, „Qatna", in: Reallexikon der Assyriologie und Vorderasiatischen Archäologie 11, Lief. 1/2, Berlin/New York (2006) 159–170

von Rüden (im Druck) › C. von Rüden, Die Wandmalereien von Tall Mishrife/Qatna im Kontext überregionaler Kommunikation. Qatna II (im Druck)

Sallaberger/Huber-Vulliet 2003–2005 › W. Sallaberger/F. Huber-Vulliet, „Priester", in: Reallexikon der Assyriologie und Vorderasiatischen Archäologie 10, Berlin/New York (2003–2005) 617–640

Schmid 2008 › J. Schmid, Versturz- und Verfallsprozesse bei Lehmziegelmauerwerk im Palastbrunnen von Qatna und den rezenten Ruinen von Mishrife, Zeitschrift für Orient-Archäologie 1, 2008, 434–450

Seeden 1980 › H. Seeden, The Standing Armed Figurines in the Levant. Prähistorische Bronzefunde I,1, München (1980)

Seeher 2007 › J. Seeher, Die Lehmziegel-Stadtmauer von Hattusa. Bericht über eine Rekonstruktion, Istanbul (2007)

Siebenmorgen 2000 › H. Siebenmorgen (Hrsg.), Im Labyrinth des Minos. Kreta. Die erste europäische Hochkultur, München (2000)

Singer 2008 › I. Singer, Purple-Dyers in Lazpa, in: B. J. Collins/M. R. Bachvarova/I. C. Rutherford (Hrsg.), Anatolian Interfaces. Hittites, Greeks and their Neighbours. Proceedings of an International Conference on Cross-Cultural Interaction, September 17–19, 2004, Emory University, Atlanta, Oxford (2008), 21–43

Sparks 2007 › R. T. Sparks, Stone Vessels in the Levant. The Palestine Exploration Fund Annual VIII, London (2007)

Talon/Van Lerberghe 1997 › Ph. Talon/K. Van Lerberghe, En Syrie. Aux origines de l'écriture, Turnhout (1997)

Völling 2008 › E. Völling, Textiltechnik im Alten Orient. Rohstoffe und Herstellung, Würzburg (2008)

Werner 1994 › P. Werner, Die Entwicklung der Sakralarchitektur in Nordsyrien und Südostkleinasien vom Neolithikum bis in das 1. Jt. v. Chr. Münchener Vorderasiatische Studien XV, München (1994)

Wilhelm 1989 › G. Wilhelm, The Hurrians, Warminster (1989)

Wirth 1971 › E. Wirth, Syrien. Eine geographische Landeskunde, Darmstadt (1971)

Wolters 1983 › J. Wolters, Die Granulation. Geschichte und Technik einer alten Goldschmiedekunst, München (1983)

Xella 2007 › P. Xella, Religioni e religione in Siria-Palestina, Rom (2007) 17–49

Yalçın et al. 2005 › Ü. Yalçın/C. Pulak/R. Slotta (Hrsg.), Das Schiff von Uluburun. Welthandel vor 3000 Jahren. Veröffentlichungen aus dem Deutschen Bergbau-Museum Bochum 138, Bochum (2005)

Yon 1997 › M. Yon, La cité royale d'Ougarit sur le tell de Ras Shamra, Paris (1997)

Ziegler 2004 › N. Ziegler, Samsî-Addu et la combine sutéenne, in: C. Nicolle (Hrsg.), Nomades et sédentaires en Mésopotamie. Compte rendu de la XLVIe Rencontre Assyriologique Internationale. Amurru 3, Paris (2004) 95–109

Ziegler 2006 › N. Ziegler, Die „internationale" Welt der Musik anhand der Briefe aus Mari (Syrien, 18. Jh. v. Chr.), in: E. Hickmann/A. A. Both/R. Eichmann (Hrsg.), Studien zur Musikarchäologie V. Musikarchäologie im Kontext. Archäologische Befunde, historische Zusammenhänge, soziokulturelle Beziehungen, Orient-Archäologie 20, 2006, 345–354

Ziegler 2007a › N. Ziegler, Florilegium Marianum IX. Les musiciens et la musique d'après les archives de Mari. Mémoires de NABU 10, Paris (2007)

Ziegler 2007b › N. Ziegler, Les données des archives royales de Mari sur le milieu naturel et l'occupation humaine en Syrie centrale, in: Morandi Bonacossi 2007, 311–318

Zuckerman 2008 › S. Zuckerman, Fit for a (not-quite-so-great) King: A Faience Lion-Headed Cup from Hazor, Levant 40, 2008, 115–125

Dank

Für die umfassende Unterstützung
bei der Realisierung der Ausstellung dankt
das Landesmuseum Württemberg

**dem Kulturminister
der Syrischen Arabischen Republik, Damaskus**
S.E. Dr. Riyadh Nassan Agha
sowie
dem Direktor für internationale Beziehungen
am Kulturministerium
Nazikh Khouri

**der Generaldirektion für Antiken und Museen
der Syrischen Arabischen Republik**
dem Generaldirektor
Dr. Bassam Jamous, Damaskus
sowie
Mouna Moaudin, Damaskus
Dr. Michel Al-Maqdissi, Damaskus
Ahmad Fadlallah, Damaskus
Ahmad Deeb, Damaskus
Samer Abdel Ghafour, Damaskus
Muyassar Fattal, Damaskus
Nadim Faqash, Aleppo
Nasar Sharf, Aleppo
Moain Al-Ali, Der ez Zor
Fajr Haj Mohammed, Idlib
Rakkan Sulaiman, Hama
Farid Jabbour, Homs
Nedaa Dandashi, Homs
Lobabah Al-Ali, Homs
Bahaa Al-Miham, Homs
Jamal Haydar, Lattakia

**dem Tourismusminister
der Syrischen Arabischen Republik, Damaskus**
S.E. Dr. Saadallah Agha Al-Kalaa
sowie
dem Generaldirektor für Tourismus und Marketing
Bassam Barsik
und seiner Mitarbeiterin
Lama Nisser

‹ **Kleine Steinfigur eines Sitzenden**
aus Qatna. 15./14. Jahrhundert v. Chr.
Nationalmuseum Homs.

**dem Ministerium für Wissenschaft, Forschung
und Kunst des Landes Baden-Württemberg,
Stuttgart**
Prof. Dr. Peter Frankenberg
Dr. Dietrich Birk
Dr. Veit Steinle
Jutta Ulmer-Straub
Peter Guntermann
Harald Gall
Karin Rohm

**dem Botschafter der Syrischen Arabischen Republik
in Berlin**
S.E. Dr. Hussein Omran
sowie seinen Mitarbeitern
Nancy Gauck
Ramez Kabibo
Akram Omran
Muhannad Rachwani

**dem Referenten des Auswärtigen Amtes
in Berlin**
Stefan Bantle

dem Deutschen Botschafter in Damaskus
S.E. Dr. Andreas Reinicke
mit seinen Mitarbeitern
Peter Adams
Petra Drexler
Doris Nuss
Carina Trümper

**Ebenso bedanken wir uns für
die Unterstützung der Ausgräber in Damaskus,
Udine und Tübingen**
Dr. Michel Al-Maqdissi
Prof. Dr. Daniele Morandi Bonacossi
Prof. Dr. Peter Pfälzner
und ihren Teams

**Stets entgegenkommend und sehr hilfreich
waren**
der Bundesverband der Deutsch-Syrischen
Kulturvereine, Berlin
Dr. Nedal Daghestani

die Deutsch-Arabische Freundschaftsge-
sellschaft, Berlin
Dr. Otto Wiesheu
Bruno Kaiser
die Deutsch-Syrische Gesellschaft e.V.,
Bonn
Dr. Salem El-Hamid
das Institut für Auslandsbeziehungen e.V.
(ifa-Galerie), Stuttgart
Ronald Grätz

Ebenso danken wir für die Bereitschaft und Hilfe den Kollegen in den Museen

Béatrice André-Salvini, Paris
Guillemette Andreu-Lanoë, Paris
Norbeil Aouici, Paris
Dean Baylis, London
Agnès Benoit, Paris
Barbara Berlowicz, Kopenhagen
Caroline Biro, Paris
Prof. Dr. Peter Blome, Basel
Anne Cahen-Delhaye, Brüssel
Dr. John Curtis, London
Prof. Dr. Falko Daim, Mainz
Prof. Dr. Jean Marie Durand, Paris
Prof. Dr. Johanna Eder, Stuttgart
Prof. Dr. Markus Egg, Mainz
Dr. Michael Eissenhauer, Berlin
Ramona Föllmer, Berlin
Dr. Michael Ganzelewski, Bochum
Prof. Dr. Rupert Gebhard, München
Philippe Goris, Brüssel
Prof. Dr. Detlef Gronenborn, Mainz
Prof. Dr. Eric Gubel, Brüssel
Dr. Ingelore Hafemann, Berlin
Dr. Clemens Lichter, Karlsruhe
Dr. Christian E. Loeben, Hannover
Henri Loyrette, Paris
Neil MacGregor, London
Per Kristian Madsen, Kopenhagen
Jill Maggs, London
Dr. Joachim Marzahn, Berlin
Doris Mörike, Stuttgart
Robert Owen, London
Dr. Geneviève Pierrat-Bonnefois, Paris

Bodil Bundgaard Rasmussen, Kopenhagen
Prof. Dr. Beate Salje, Berlin
Dr. Wolfgang Schepers, Hannover
Prof. Dr. Stephan Johannes Seidlmayer,
Berlin
Prof. Dr. Harald Siebenmorgen, Karlsruhe
Dr. Anne Viola Siebert, Hannover
Prof. Dr. Rainer Slotta, Bochum
Winnetou Sosa, Berlin
Prof. Dr. Ludwig Wamser, München
Dr. Ralf-B. Wartke, Berlin
Dr. André Wiese, Basel
Prof. Dr. Dietrich Wildung, Berlin
Ute Wolf, Berlin
Dr. Olivia Zorn, Berlin

Ebenso bedanken wir uns bei

Anwar Abdel Ghafour, Aleppo
Tulip Abd el-Hay, Tübingen
Ghaidaa Abdullatif, Damaskus
Jens Afflerbach, Berlin
Jörg Armbruster, Stuttgart
Giovanni Atria, Stuttgart
PD Dr. Karin Bartl, Damaskus
Brigitta Bauer, Stuttgart
Gert Bawinski, Trier
Jürgen Beckedorf, Stuttgart
Silke Beinlich, Stuttgart
Dr. Hans-Dieter Bienert, Bonn
Dr. Franziska Bloch, Damaskus
Sabine Böhme, Istanbul
Dr. Beate Bollmann, Oldenburg
Corinna Bosch, Stuttgart
Marion Boschka, Stuttgart
Birgit Bosse, Esslingen am Neckar
Prof. Dr. Joachim Bretschneider, Leuven
Dr. Stuart Brookes, London
Ariane Brückel, Stuttgart
Prof. Dr. Nicholas Conard, Tübingen
Maria Courtial, Darmstadt
Deanna Cross, New York
Armin Dellnitz, Stuttgart
Musa Dogan, Ludwigsburg
Michael Doll, Stuttgart
Sinisa Dragojlovic, Stuttgart

Cornelia Dutzmann-Schoch, Stuttgart
Prof. Dr. Bernd Eberhardt, Stuttgart
Margit Ensslen, Esslingen am Neckar
Jasmin Eriksson, Stuttgart
Meike Etmann, Stuttgart
Prof. Dr. Mamoun Fansa, Oldenburg
Joachim Fernes, Stuttgart
Prof. Dr. Uwe Finkbeiner, Tübingen
Hala Fraih, Damaskus
Claudia Frey, Ulm
Martine Friedmann, Berlin
Andrea Gehrlach, Stuttgart
Nicole Gentz, Berlin
Margit Gindner-Brenner, Stuttgart
Erika Gitt, Drensteinfurt
Benjamin Glissmann, Tübingen
Axel Grau, Stuttgart
Armin Gröger, Stuttgart
Theo Härtner, Stuttgart
Issam Halabi, Damaskus
Thorsten Hauser, Künzelsau
Kamal Hayek, Karlsruhe
Dr. Regina Heilmann, Mannheim
Marianne Hennig, München
Frank Herb, Stuttgart
Gesa Heym-Halayqa, Berlin
Kai Holland, Berlin
Mathias Hütter, Schwäbisch Gmünd
Sabine Hulin, Berlin
Dieter A. Irion, Hamburg
Mareen Jäger, Künzelsau
Undine Jahnz, Stuttgart
Rima Janisi, Esslingen am Neckar
Mahmoud Kabibo, Lattakia
Renate Kabibo, Lattakia
Julia Kamenik, Stuttgart
Dr. Susanne von Karstedt, Hamburg
Ulrich Keinath, Bonn
Beate Kelm, Berlin
Nadja Kensche, Stuttgart
Oliver Kern, Stuttgart
Anja Kilian, Stuttgart
Markus F. Knauss, Stuttgart
Birgit Koelz, Stuttgart
Siegfried Kurz, Stuttgart

Prof. Dr. Hartmut Kühne, Berlin

Ilse Lange-Tiedje, Stuttgart

Dirk Lenhard, Stuttgart

Frieder Lempp, Esslingen am Neckar

Dr. Lutz Martin, Berlin

Alexandra Messmer, Künzelsau

Doris Mörike, Stuttgart

Bianco Neuber, Stuttgart

PD Dr. Mirko Novák, Tübingen

Andreas Oppermann, Bonn

Daniel von Recklinghausen, Tübingen

Dr. Clemens Rehm, Stuttgart

Prof. Uwe J. Reinhard, Düsseldorf

Katharina Riedel, Stuttgart

Margit Riedmeier, Stuttgart

Christian Rieker, Stuttgart

Abel Ruiz-Vazquez, Stuttgart

Agata Rutkowska, London

Yassine Salhani, Damaskus

Bernd Schäfer-Surén, Stuttgart

Hans-Helmut Schild, Bonn

Christian Schmutz, Ulm

Verena Schmynec, Stuttgart

Sandra Schoell, Stuttgart

Detlef Schulze, Stuttgart

Pfarrer Eberhard Schwarz, Stuttgart

Dr. Jürgen Seeher, Istanbul

Adnan Shujaa, Frankfurt am Main

Christina Stehr, Berlin

Katja Sternizke, München

Hans-Jürgen Trinkner, Stuttgart

Angela Tschorsnig, Karlsruhe

Ulrich Wagenbrenner, Stuttgart

André Wais, Stuttgart

Gunter Weinreuter, Freiberg am Neckar

Dr. Susanne Wichert, Bonn

Martin Wille, Mannheim

Regina Wimmer, Esslingen

Christina Winkelmann, Münster

Konrad Wita, Berlin

Dr. Anne-Maria Wittke, Tübingen

Silke Woodruff, Stuttgart

Prof. Dr. Ünsal Yalçın, Bochum

Ahmad Yazigi, Damaskus

Wir danken allen unseren ehrenamtlichen
Mitarbeiterinnen und Mitarbeitern.

Dank

Leihgeber

Syrien
Generaldirektion der Antiken und Museen
der Syrischen Arabischen Republik
Nationalmuseum Aleppo
Nationalmuseum Damaskus
Nationalmuseum Der ez Zor
Nationalmuseum Hama
Nationalmuseum Homs
Nationalmuseum Idlib
Nationalmuseum Lattakia

Belgien
Koninklijke Musea voor Kunst en Geschiedenis,
Brüssel

Deutschland
Staatliche Museen zu Berlin, Ägyptisches Museum
und Papyrussammlung
Staatliche Museen zu Berlin, Vorderasiatisches
Museum
Berlin-Brandenburgische Akademie der
Wissenschaften
Deutsches Bergbau-Museum Bochum
Museum August Kestner, Hannover
Badisches Landesmuseum Karlsruhe
Römisch-Germanisches Zentralmuseum, Mainz
Archäologische Staatssammlung München
Staatliches Museum für Naturkunde Stuttgart

Dänemark
The National Museum of Denmark, Kopenhagen

Frankreich
Musée du Louvre, Paris

Großbritannien
The British Museum, London

Schweiz
Antikenmuseum Basel und Sammlung Ludwig

Kooperationspartner

Best Western Premier Hotel Park Consul,
Stuttgart/Esslingen am Neckar
Biblische Reisen GmbH, Stuttgart
Damals. Das Magazin für Geschichte und Kultur,
Leinfelden-Echterdingen
Deutsch-Syrische Gesellschaft e.V. Bonn
Deutsch-Arabische Freundschaftsgesellschaft e.V.
Berlin
E. Breuninger GmbH & Co., Stuttgart
Esslinger Stadtmarketing & Tourismus GmbH
Evangelische Kirche in der City, Stuttgart
in.Stuttgart. Veranstaltungsgesellschaft mbH & Co. KG,
Stuttgart
Institut für Auslandsbeziehungen, Stuttgart
Konrad Wittwer GmbH, Stuttgart
Le Méridien Stuttgart
Stuttgart.Marketing GmbH
Stuttgarter Straßenbahnen AG
SüdBest GmbH, Stuttgart
The History Channel Germany GmbH & Co. KG,
München
Verkehrs- und Tarifverbund Stuttgart GmbH (VVS),
Stuttgart

‹ **Löwenfigur**
aus Hama. Beginn 1. Jahrtausend v. Chr.
Nationalmuseum Hama.

Dose aus Alabaster
aus der Königsgruft in Ebla. 1. Hälfte 17. Jahrhundert v. Chr. Nationalmuseum Aleppo.

Dank

Ehrenkomitee

Dr. Hans-Dieter Bienert,
Programmdirektor der Deutschen Forschungsgemeinschaft, Bonn

Prof.ssa Cristiana Compagno,
Rektorin der Universität Udine

Prof. Dr. Bernd Engler,
Rektor der Eberhard Karls Universität Tübingen

Prof. Dr. Peter Frankenberg,
Minister für Wissenschaft, Forschung und Kunst,
Baden-Württemberg

Dr. Bassam Jamous,
Generaldirektor der Antiken und Museen der
Syrischen Arabischen Republik, Damaskus

Dr. Michel Al-Maqdissi,
stellvertretender Direktor der Generaldirektion
der Antiken und Museen,
Direktor der Abteilung für Ausgrabungen und
archäologische Studien, Damaskus

S.E. Dr. Riyadh Nassan Agha,
Minister für Kultur der Syrischen Arabischen Republik,
Damaskus

S.E. Dr. Hussein Omran,
Botschaft der Syrischen Arabischen Republik, Berlin

Mohammad Iyad Taha Ghazal,
Gouverneur von Homs

Wissenschaftlicher Beirat

Prof. Dr. Manfred Bietak,
Universität Wien

Prof. Dr. Ricardo Eichmann,
Deutsches Archäologisches Institut, Berlin

Prof. Dr. Horst Klengel, Berlin

Dr. Michel Al-Maqdissi,
stellvertretender Direktor der Generaldirektion
der Antiken und Museen,
Direktor der Abteilung für Ausgrabungen und
archäologische Studien, Damaskus

Prof. Daniele Morandi Bonacossi,
Universität Udine

Prof. Dr. Peter Pfälzner,
Eberhard Karls Universität Tübingen

Prof. Dr. Gernot Wilhelm,
Julius-Maximilians-Universität Würzburg

‹ **Kriegerdarstellung**
aus dem Palast in Ebla. 24. Jahrhundert v. Chr.
Nationalmuseum Idlib.

Ausgrabungsteams

Syrische Mission

Michel Al-Maqdissi, Leitung
Ibrahim Ahmad
Hikmat Awad
Fayez Ayyash
Massoud Badawi
Ghuzamz Bahloule
Chadi Chabo
Wurud Ibrahim
Yasmine Kanhouch
Roxana Kassouha
Georgers Mouamar
Ibrahim Moussa
Ali Othman
Ramz Sabagh
Fmad Samir
Antoine Souleiman
Ahmad Taraqji

Italienische Mission

Daniele Morandi Bonacossi, Leitung
Riccardo Besana
Alessandro Canci
Leonor Chocarro-Peña
Mauro Cremaschi
Monica Da Ros
Jesper Eidem
Isabella Finzi Contini
Giancarlo Garna
Massimliano Gatti
Marco Iamoni
Matteo Merlino
Roberto Orazi
Alberto Saviolo
Luigi Turri
Verushka Valsecchi
Paolo Vedovetto
Emmanuelle Vila

Deutsche Mission

Peter Pfälzner, Leitung
Tulip Abd-el Hay
Alexander Ahrens
Giulia Baccelli
Alice Bianchi
Ann Brysbaert
Heike Dohmann-Pfälzner
Stephanie Döpper
Edilberto Formigli
Eva Geith
Benjamin Glissmann
Francesco Leprai
Valeria Paoletti
Nicole Reifarth
Thomas Richter
Simone Riehl
Elisa Roßberger
Constance von Rüden
Jochen Schmid
Conrad Schmidt
Emmanuelle Vila
Anne Wissing
Konrad Wita
Carsten Witzel

‹ **Alabastergefäße**
aus der Gruft in Qatna. 15./14. Jahrhundert v. Chr. Nationalmuseum Homs.

Mitarbeiter

Gesamtleitung
Cornelia Ewigleben
Ulrich Volz

Idee
Erwin Keefer

Projektleitung
Ellen Rehm
Erwin Keefer

**Konzeption und
wissenschaftliche Leitung**
Ellen Rehm

Objektrecherche
Ellen Rehm

Organisation
Karin Birk
Ellen Rehm

Wissenschaftliche Mitarbeit
Christiane Herb
Marc Kähler
Nina Willburger

Ausstellungssekretariat
Christiane Herb

Projektsteuerung
Karin Birk, Leitung
Georg Schnepper
Jan-Christian Warnecke

**Kommunikation und Kultur-
vermittlung**
Heike Scholz, Leitung
Barbara Babel
Ulrike Fiess
Monika Haug
Sabine Hulin
Tanja Karrer
Elke Kreimendahl
Ulrike Reimann

Maria Rothhaupt-Kaiser
Vera Schernus

Eröffnung
Petra Härtl
Heike Scholz
Vera Schernus

Sponsoring
Markus Wener

**Audioguide Konzepte und
Texterstellung**
Ellen Rehm
Audioguide für Kinder:
Nicole Deisenberger

Restaurierung
Jan-Christian Warnecke,
Organisation
Martin Raithelhuber

Henriette Apel
Bettina Beisenkötter
Elisabeth George
Roland Hahn
Elisabeth Krebs
Michael Kriebel
Moritz Paysan
Petra Schaefer
Marie-Anne Schaible
Eva Sulzer
Astrid Wollmann

Fotoatelier
Peter Frankenstein
Hendrik Zwietasch

Graphikatelier
Christoph Milde

Leihverkehr
Ellen Rehm
Christiane Herb
Anice Fräbel

Bildredaktion
Ulrike Klotter
Ellen Rehm
Christiane Herb

**Übersetzung
der Ausstellungstexte**
Gerard Gilbertson

Verwaltung
Ulrich Volz, Leitung
Gudrun Riedesser-Gerecke
Elmar Feitscher
Marlies Hasenfuß
Sylvia Noske
Anna Piusinska
Christine Reiber
Helene Schnell
Christa Schönwald
Wolfgang Schönwald
Ingrid Ziefle

Direktionssekretariat
Brigitte Oesterle
Anice Fräbel

Postversand
Berthold Schreiner
Elke Schneider

Technik
Manfred Bock
Steffen Glatzle
Goran Ilicic
Manfred Ruthardt
Frank Schaub
Alexander Schnell

Werkstatt
Thomas Peter
Dieter Wolf
Peter Wolf

Bibliothek
Birgit Diehl

**Ausstellungsgestaltung
und -graphik**
Bertron Schwarz Frey, Ulm/Berlin
Claudia Frey
Anja Kilian
Christian Schmutz

PR-Agenturen
Projekt2508. Kultur- und Tourismus-
marketing GmbH, Bonn
salaction public relations GmbH,
Hamburg

Werbegraphik
Attraktive Grautöne
Kommunikationsgestaltung,
Stuttgart

Internetauftritt
Inhalte:
Heike Scholz
Vera Schernus
Elke Kreimendahl
Gestaltung:
Attraktive Grautöne
Kommunikationsgestaltung,
Stuttgart
Zimmer *10_designstudio,
Stuttgart

Ausstellungsmedien
Thomas Hoppe, Koordination
Karin Birk
Ellen Rehm
Jan-Christian Warnecke
Bernd Eberhardt, Stuttgart
FaberCourtial, Darmstadt
Undine Jahnz, Stuttgart
Abel Ruiz-Vazquez, Stuttgart

Medieninstallationen
AVE Audio Visual Equipment
Verhengsten GmbH & Co., Hannover
Storz Medienfabrik GmbH,
Esslingen

Katalog

Produktion der Ausstellungs-graphik
Cut Design, Holzgerlingen

Modelle
Modellbau Milde Berlin

Illustrationen
Göbel und Hütter,
Schwäbisch Gmünd

Hands on-Objekte
Tilla Halder, Ludwigsburg
Imitat, Berlin
Scharstein, Berlin

Produktion der Audioguides
Acoustiguide GmbH, Berlin

Ausstellungsbau
Die Eibe, Ochsenhausen
F&E Elektroanlagen GmbH,
Fellbach
Günter Weinreuter GmbH,
Freiberg am Neckar

Vitrinenbau
Holz+Design, Birkenfeld-
Gräfenhausen

Lichtplanung
Ringo T. Fischer, Lichtdesign,
Leipzig

Transporte
Cham Cargo, Damaskus
Dart, Stuttgart
Hasenkamp, Köln

Redaktion
Ellen Rehm, Leitung
Nina Willburger, Leitung
Christiane Herb

Lektorat
Ellen Rehm, Leitung
Nina Willburger, Leitung
Christiane Herb
Marc Kähler

Verlagslektorat
Verlagsbüro Wais & Partner, Stuttgart
André Wais
Meike Etmann
Margit Riedmeier

Bildredaktion
Ulrike Klotter
Ellen Rehm

Übersetzung
Eva Geith-Hidam
Michael Lesky
Dahlia Shehata
David Wigg-Wolf
Sabine Wolf

**Übersetzung
der arabischen Ausgabe**
Mahmoud Kabibo

**Übersetzungslektorat
der arabischen Ausgabe**
Ahmad Hebbo

**Graphische Umsetzung der
arabischen Ausgabe**
Salhani, Printing Establishment,
Damaskus

Gestaltung
Verlagsbüro Wais & Partner, Stuttgart
Hans-Jürgen Trinkner

Umschlaggestaltung
(Museums- und Buchhandelsausgabe)
Attraktive Grautöne
Kommunikationsgestaltung, Stuttgart
Birgit Koelz

Reproduktionen
DDS Lenhard, Stuttgart
Siegfried Kurz

Satzproduktion
Verlagsbüro Wais & Partner, Stuttgart
Verena Schmynec

Gesamtherstellung
Konrad Theiss Verlag GmbH, Stuttgart
Jürgen Beckedorf
Julia Kamenik
Christian Rieker

Abkürzungen

Allgemeine Hinweise

Die Chronologie des 2. Jahrtausends v. Chr. ist in der Wissenschaft umstritten. Verschiedene Wissenschaftler bevorzugen unterschiedliche Ansätze, bei denen es für konkrete Daten Schwankungen bis zu 200 Jahren gibt. Die einzelnen Meinungen und damit verbundenen Diskussionen würden den Rahmen des Begleitbandes sprengen, der sich in erster Linie an ein interessiertes Publikum wendet. Somit wurden alle Daten seitens der Redaktion angeglichen. Sie richten sich nach: W. Eder (Hrsg.), Herrscherchronologien der Alten Welt. Der Neue Pauly Supplemente, Stuttgart (2004). Ebenfalls wurde die Schreibweise der Orts- und Herrschernamen zum besseren Verständnis aufeinander abgestimmt.
Die meisten Bildlegenden verfasste Ellen Rehm, für das Glossar zeichnen Christina Winckelmann und Ellen Rehm verantwortlich.

Abkürzungen

EA › Vgl. Knudtzon 1915

ALT › D. J. Wiseman, The Alalakh Tablets. Occasional Publications of the British Institute of Archaeology in Ankara Vol. 2, London (1953)

ARM › Archives Royales de Mari. Editionsreihe der Texte aus Mari. Musée du Louvre/Paris. Département des Antiquités orientales. Textes cunéiformes. Publiziert zum Beispiel in: J.-M. Durand, Les Documents épistolaires du palais de Mari, tome I. Littératures anciennes du Proche-Orient 16, Paris (1997); ders., Les Documents épistolaires du palais de Mari, tome II. Littératures anciennes du Proche-Orient 17, Paris (1998); ders., Les Documents épistolaires du palais de Mari, tome III. Littératures anciennes du Proche-Orient 18, Paris (2000); N. Ziegler, Briefe aus Mari, in: B. Janowski/G. Wilhelm (Hrsg.), Texte aus der Umwelt des Alten Testaments. Neue Folge, Band 3, Gütersloh (2007) 38–76

CTH › E. Laroche, Catalogue des textes Hittites, Paris (1971)

KBo › Keilschrifttexte aus Boghazköi. Akademie der Wissenschaften und Literatur Mainz. Kommission für den Alten Orient

‹ Prunkwetzstein
aus der Gruft in Qatna. 15./14. Jahrhundert v. Chr. Nationalmuseum Damaskus.

Abbildungshinweise

Abbildungsnachweise

Ägyptisches Museum, Kairo, Foto Antikenmuseum Basel und Sammlung Ludwig, Fotograf Andreas F. Voegelin: 265 (rechts).

akg-images: 41 (links).

akg-images/Bildarchiv Steffens: 116–117.

akg-images/Erich Lessing: 64, 92.

akg-images/Philippe Maillard: 54, 216–217.

Antikenmuseum Basel und Sammlung Ludwig, Fotograf Andreas F. Voegelin: 7.

Archäologische Ausgrabung der Universität Udine zu Mishrife/Qatna, Giorgio Albertini, Alfio Buscaglia, Romina Denti: 126, 128–129; A. Beinat und A. Marchesini: 120 (unten); Mirco Cusin: 122, 133, 147, 148, 158, 159, 161 (unten), 162; R. Ercolino: 123 (unten), 285; Massimiliano Gatti 2008: 163; M. A. Giovinazzo: 151; Marco Iamoni: 152; P. Iannuzziello: 284 (unten); Alberto Savioli: 156, 280.

© Archäologische Mission von Mari: 43 (links); Zeichnung von N. Bresch: 43 (unten); Zeichnung von N. Bresch, A. Horrenberger: 45 (oben).

Archäologisches Museum, Istanbul, Foto Mehmet Gülbüz, Universität Tübingen, Troia-Projekt: 266.

Archäologische Staatssammlung München, Fotograf Manfred Eberlein: 267 (unten).

Beirut National Museum, Generaldirektion des Antikendienstes, Libanon 19295. Fotograf Tony Farraj. Image © The Metropolitan Museum of Art: 264.

© Manfred Bietak, Archiv der Österreichischen Akademie der Wissenschaften: 247, 248.

© M. Bietak, N. Marinatos, C. Palyvou. Computer Rekonstruktion: M. A. Negrete-Martinez 2006, basierend auf C. Palyvou 1998: 249.

bpk/Ägyptisches Museum und Papyrussammlung, SMB/Margarete Büsing: 68.

bpk/Ägyptisches Museum und Papyrussammlung, SMB/Jürgen Liepe: 296.

bpk/Vorderasiatisches Museum, SMB/Olaf M. Teßmer: 71, 77, 90 (oben), 256 (unten), 258, 273, 274 (links), 275.

bpk/RMN/Musée du Louvre, Paris: 93.

bpk/RMN/Musée du Louvre, Paris/Daniel Arnaudet/ Jean Christian: 65.

bpk/RMN/Musée du Louvre, Paris/Les frères Chuzeville: 42, 74.

bpk/RMN/Musée du Louvre, Paris/Hervé Lewandowski: 16, 58.

bpk/RMN/Musée du Louvre, Paris/Franck Raux: 89, 167, 251, 261 (unten).

DAI, Archiv der Grabung Bogazköy/Hattusa: 192–193.

360 Derece, Izmir/Foto: Selva Egeli: 244–245.

Französisch-syrische Ausgrabung zu Tell Aswad unter Leitung der CNRS und der Generaldirektion der Antiken und Museen der Syrischen Arabischen Republik, Foto Laurent Dugué: 84.

Generaldirektion der Antiken und Museen der Syrischen Arabischen Republik: 98, 100, 121, 161 (links).

Copyright of the Institute of Nautical Archaeology: 267 (links), 269.

Robert Kinkead/National Geographic Image Collection: 198–199.

Landesmuseum Württemberg, Stuttgart, Foto P. Franken- stein, H. Zwietasch: 118, 120 (links).

© J.-C. Margueron/F. Lachenet, Musée du Louvre, Paris: 45 (links).

Morro Images, Potsdam: 197.

Museum Antakya 10022. Fotograf Bruce White. Image © The Metropolitan Museum of Art: 206, 250.

Museum August Kestner, Hannover, Fotograf Christian Tepper: 63, 219, 246, 295.

Museum für Unterwasserarchäologie, Bodrum. Fotograf Bruce White. Image © The Metropolitan Museum of Art: 265 (links).

Nationalmuseum Aleppo, Foto Anwar Abdel Ghafour: 32 (unten), 33 (links), 39, 41 (oben), 44, 48, 49, 59, 61, 75, 78, 90 (links), 95, 142, 143, 145, 254–255, 259 (links), 294, 299, 309.

Nationalmuseum Damaskus, Foto Anwar Abdel Ghafour: 33 (rechts), 35, 38, 62, 81, 88, 91, 214 (links), 253 (oben); P. Frankenstein, H. Zwietasch, Landesmuseum Württemberg, Stuttgart: 1, 5, 10, 12, 14, 22, 114, 134, 136, 154–155, 188, 212–213, 220–232, 233 (unten links), 233 (oben: rechteckige Applikation und Lotusornament), 234, 239, 253 (links), 256 (links), 257, 286–287, 316; Konrad Wita, Qatna-Projekt der Universität Tübingen: 183, 184, 215, 233 (oben: 3 Applikationen und Knopf), 235 (unten).

Nationalmuseum Der ez Zor, Foto Anwar Abdel Ghafour: 66, 67.

Nationalmuseum Hama, Foto Anwar Abdel Ghafour: 308.

Nationalmuseum Homs, Foto Anwar Abdel Ghafour: 18, 298, 304; Mirco Cusin, Archäologische Ausgrabung der Universität Udine zu Mishrife/Qatna: 279 (links);

R. Ercolino, Archäologische Ausgrabung der Universität
Udine zu Mishrife/Qatna: 123 (unten), 153, 186, 187;
P. Frankenstein, H. Zwietasch, Landesmuseum Württemberg, Stuttgart: 20, 36–37, 94, 108, 110–112, 115 (oben),
123 (links), 130, 137 (oben), 138, 144, 146, 149, 150, 160,
182, 185, 189, 236, 237 (unten), 238, 272, 274 (unten),
276–279 (unten), 282, 284 (links), 292, 302, 312;
Pascale Sorrent no, Archäologische Ausgrabung der Universität Udine zu Mishrife/Qatna: 125, 157; Constance
von Rüden: 177–181; Konrad Wita, Qatna-Projekt der
Universität Tübingen: 2, 106–107, 113, 135 (links), 176,
204, 207, 237 (links).
Nationalmuseum Idlib, Foto Anwar Abdel Ghafour: 30,
32 (links), 34, 40, 46, 47, 76, 80, 87 (links), 115 (unten),
301, 310.
Nationalmuseum Lattakia, Foto Anwar Abdel Ghafour:
79.
Peter Palm, Berlin: 268, 288–289, 290–291.
Leonor Peña-Chocarro: 139 (unten).
Peter Pfälzner: 24–25, 26, 28, 29, 135 (unten).
Simone Riehl: 139 (links), 140 (oben), 141.
Helene Sader: 57.
The Trustees of the British Museum. All rights reserved.
Copyright © The British Museum/British Museum
Images: 50, 51, 52, 69, 252, 262.
Universität Tübingen, Altorientalisches Seminar, Qatna-
Projekt: M. Abbado, H. Dohmann-Pfälzner, C. Schmidt:
203; Alice Bianchi: 166; Peter Pfälzner: 105 (oben), 165,
173 (oben), 175, 270–271; Nicole Reifarth: 218; Jochen
Schmid: 196; Konrad Wita: 86, 96–97, 102, 105 (links),
137 (links), 164, 169, 170, 171, 172, 173 (unten), 174,
200, 201, 202, 205, 208, 235 (oben), 240–243; Carsten
Witzel: 209, 211.
Universität Tübingen, Troia-Projekt: 195.
Emmanuelle Via: 140 (unten).
Martin Wille, Mannheim: 72–73.

Nach: Grundkarte von Hélène David, IFPO, Damaskus,
2003: 27.
Nach: C. L. Wooley, Ein vergessenes Königreich – Die Ausgrabung der zwei Hügel Atschana und al-Mina im türkischen Hatay, Wiesbaden (1954) fig. 13: 53.
Aus: P. Montet, Byblos et l'Égypte, Paris (1928) Pl. LXXIV:
55 (links); Pl. XXXIX fig. 42: 55 (unten); Pl. XLII fig. 78:
56 (unten); Pl. CXXII fig. 847: 56 (oben).

Aus: M. Yon, The City of Ugarit at Tell Ras Shamra (2006)
p. VI: 60; fig. 66bis: 83.
Nach: P. Werner, Die Entwicklung der Sakralarchitektur in
Nordsyrien und Südostkleinasien vom Neolithikum bis in
das 1. Jt. v. Chr. Münchener Vorderasiatische Studien XV,
München (1994) Taf. 19,1: 82.
Aus: J. Aruz, Art of the First Cities, New York (2003) 149,
No. 89a: 85.
Aus: A. Parrot, Assur – Die mesopotamische Kunst vom
XIII. vorgeschichtlichen Jahrhundert bis zum Tode Alexanders des Grossen. München (1961) Abb. 103: 87 (rechts).
Aus: Comte du Mesnil du Buisson, Le site archéologique
de Mishrifé–Qatna, Paris (1935) Pl. XVIII.2: 99 (links);
Pl. XV.2: 99 (unten); Pl. XV.1: 101; Pl. XIX.1: 103; Pl. XVI:
104.
Nach: A. Caubet/F. Poplin, Les objets de matière dure
animale. Étude du matériau, in: M. Yon (Hrsg.),
Ras Shamra-Ougarit III. Le centre de la ville, 38–44e
campagnes (1978–1984), Paris (1987), Zeichnung von
Caroline Florimont: 190.
Nach: R. Barnett, Ancient Ivories in the Middle East
and Adjacent Countries. QEDEM 14, Jerusalem (1982) fig.
2: 191.
Nach: E. Heinrich, Die Paläste im Alten Mesopotamien.
Denkmäler antiker Architektur 15. Berlin (1984) Abb. 53:
194; Abb. 30: 259 (unten); Abb. 42: 260 (oben).
Aus: N. de Garis Davies, The Tomb of Rekh-mi-Re' at Thebes. New York (1943) Pl. XVIII: 214 (unten).
Nach: M. Novák/P. Pfälzner, Ausgrabungen in Tall Mišrife-
Qatna 1999. Vorbericht der deutschen Komponente
des internationalen Kooperationsprojekts, Mitteilungen
der Deutschen Orientgesellschaft 132, 2000, 186, Abb.
17: 260 (links).
Nach: Mélanges de la Faculté Orientales VII, 1914–1921,
Pl. IV: 261 (oben).
Vorlage Joan Aruz: The Metropolitan Museum of Art,
Purchase, Henry Walters and Edward S. Harkness Gifts,
1920, 26.8.117A: 263.

Wir danken allen Leihgebern, Institutionen und Personen
für das freundliche Bereitstellen des Bildmaterials.
Leider war es nicht immer möglich, alle Abbildungsrechte
eindeutig zu klären. Berechtigte Ansprüche werden
selbstverständlich im Rahmen der üblichen Vereinbarungen abgegolten.